Unionsrechtliche Sachaufklärung
de lege ferenda

AF837541

Europäische Hochschulschriften Recht

European University Studies in Law

Publications Universitaires Européennes de Droit

Band/Volume **6210**

Rick Sprotte

Unionsrechtliche Sachaufklärung *de lege ferenda*

Informationsbeschaffung
in der Einzelzwangsvollstreckung
im Lichte europäischer Grundrechte

PETER LANG

Bibliografische Information der Deutschen Nationalbibliothek
Die Deutsche Nationalbibliothek verzeichnet diese Publikation in der Deutschen Nationalbibliografie; detaillierte bibliografische Daten sind im Internet über http://dnb.d-nb.de abrufbar.

Zugl.: Jena, Univ., Diss., 2019

27
ISSN 0531-7312
ISBN 978-3-631-81041-5 (Print)
E-ISBN 978-3-631-83512-8 (E-PDF)
E-ISBN 978-3-631-83513-5 (EPUB)
E-ISBN 978-3-631-83514-2 (MOBI)
DOI 10.3726/b17814

© Peter Lang GmbH
Internationaler Verlag der Wissenschaften
Berlin 2021
Alle Rechte vorbehalten.
Peter Lang – Berlin · Bern · Bruxelles · New York · Oxford · Warszawa · Wien

Das Werk einschließlich aller seiner Teile ist urheberrechtlich geschützt.
Jede Verwertung außerhalb der engen Grenzen des Urheberrechtsgesetzes ist ohne Zustimmung des Verlages unzulässig und strafbar.
Das gilt insbesondere für Vervielfältigungen, Übersetzungen, Mikroverfilmungen und die Einspeicherung und Verarbeitung in elektronischen Systemen.

Diese Publikation wurde begutachtet.

www.peterlang.com

Meinem Großvater

Danksagung

Die Rechtswissenschaftliche Fakultät der Friedrich-Schiller-Universität Jena hat die vorliegende Arbeit im November 2019 unter dem Titel „Unionsrechtliche Sachaufklärung *de lege ferenda* – Informationsbeschaffung in der Einzelzwangsvollstreckung im Lichte europäischer Grundrechte“ als Dissertation angenommen.

Den Grundstein für die Arbeit konnte ich während meiner Zeit als wissenschaftlicher Mitarbeiter an der Rechtswissenschaftlichen Fakultät meiner Alma Mater, der Friedrich-Schiller-Universität in Jena, am Lehrstuhl meiner Doktormutter, Frau *Professorin Dr. Giesela Rühl, LL.M. (Berkeley)*, legen. Für die Freiheit bei der Themenwahl, ihre Betreuung sowie die Verbesserungsvorschläge zum Entwurf dieser Arbeit möchte ich mich ganz herzlich bei ihr bedanken. Durch ihre Unterstützung konnte ich Ressourcen erschließen, die für die Fertigstellung der Arbeit essentiell waren. Für die zügige Erstellung des Zweitgutachtens sowie wertvolle Anmerkungen gebührt Dank Herrn *Professor Dr. Volker Michael Jänich*. Darüber hinaus bedanke ich mich vielmals bei Frau *Professorin Dr. Martina Haedrich (em.)* für ihre Bereitschaft als Drittprüferin zu fungieren. Ich danke den Genannten für die zügige Ermöglichung der Disputation.

Bei der Heinrich-Böll-Stiftung bedanke ich mich für die Unterstützung mittels eines Promotionsstipendiums. Das Stipendium hat die Erstellung der Arbeit ermöglicht, mir wertvolle Bekanntschaften beschert sowie Einblicke in weitere wissenschaftliche Bereiche verschafft. Herrn *Dr. Konrad Hentze* danke ich vielmals für die ermutigenden Worte während des gesamten Bewerbungs- und Promotionsprozesses.

Für die Gelegenheit, mit ihr mein Dissertationsthema diskutieren zu können, für spannende Einblicke in die israelische Gesellschaft sowie für ihre Gastfreundschaft danke ich Frau *Professorin Dr. Talia Einhorn* ganz herzlich.

Aufrichtiger Dank gilt auch Herrn *Professor Dr. Dres. h.c. Burkhard Hess* und den Mitarbeiterinnen und Mitarbeitern des Max Planck Institute Luxembourg for International, European and Regulatory Procedural Law. Die Initialzündung für die Fertigstellung der Arbeit erfolgte in meiner Zeit als Visiting Scholar des Instituts im Sommer 2018. Als Visiting Scholar konnte ich die Arbeit durch den umfassenden Zugang zu internationalen Quellen vervollkommnen. Für die Aufnahme in das Guest Program des Max Planck Institute Luxembourg bin ich Herrn *Professor Dr. Dres. h.c. Hess* überaus dankbar.

An dieser Stelle sind gedanklich zahlreiche Freunde genannt, die auf dem langen Weg der Erstellung meiner Dissertation stets ein offenes Ohr für mich hatten. Sie haben mir in zahlreichen Situationen den nötigen Rückhalt gegeben. Namentlich danke ich meinem ehemaligen Kollegen vom Lehrstuhl in Jena und sehr guten Freund Herrn *Dr. Marc Dietrich, LL.M. (Duke)* für inspirierende Gespräche, die notwendige Abwechslung vom Alltag und vor allem für seine kritische Begutachtung des Entwurfs dieser Arbeit. Mit Frau *Dr. Katrin Fenrich* und Herrn *Christopher Hunt* nahm ich die Hürden der Examensvorbereitung und des Ersten Staatsexamens. Dafür und für vieles mehr werde ich ihnen stets verbunden bleiben. Mit Herrn *Dr. Michael Groth* weiß ich seit den ersten Tagen meines Studiums in Jena einen treuen Freund an meiner Seite.

Der größte Dank gilt meiner Mutter Frau *Heike Hönsch*, vor allem für immer wieder motivierende Worte, die mich mein ganzes Studium und auf dem Weg bis zum Abschluss der Arbeit begleitet haben. Darüber hinaus stemmte sie mehrfach die verantwortungsvolle Durchsicht des Manuskripts. Für ihre Anstrengungen in der stressigen Phase der Endkorrekturen bin ich ihr zutiefst verbunden.

Vor allem meinen Großeltern gebührt neben meinem Vater Dank für die umfassende Unterstützung während meiner gesamten Ausbildung.

Die Dissertation habe ich in liebevoller Erinnerung an meinen Großvater Herrn *Dr. Joachim Sprotte* verfasst. Meine im Oktober 2008 begonnene akademische Laufbahn konnte er nicht mehr verfolgen. Gedanklich hat er mich während meines Studiums und während der Erstellung dieser Arbeit jedoch immer wieder begleitet. Ihm ist diese Arbeit gewidmet.

Leipzig, im Juni 2020 Rick Sprotte

INHALTSVERZEICHNIS

Abkürzungsverzeichnis

a.A.	andere Ansicht
a.a.O.	am angegebenen Ort
ABl.	Amtsblatt der Europäischen Gemeinschaften/Amtsblatt der Europäischen Union
Abs.	Absatz/Absätze
AEUV	Vertrag über die Arbeitsweise der Europäischen Union
a.F.	alte Fassung
AG	Aktiengesellschaft
AG	Amtsgericht
Alt.	Alternative
Anh.	Anhang
AO	Abgabenordnung
Art./art.	Artikel/article
Aufl.	Auflage
AUG	Auslandsunterhaltsgesetz
AZRG	Gesetz über das Ausländerzentralregister
Az.	Aktenzeichen
Bd.	Band
bearb.	bearbeitet
BeckRS	Beck-Rechtsprechung
Beschl.	Beschluss
BFH	Bundesfinanzhof
BGB	Bürgerliches Gesetzbuch
BGBl.	Bundesgesetzblatt
BGH	Bundesgerichtshof
BGHZ	Entscheidungen des Bundesgerichtshofes in Zivilsachen
BIC	Business Identifier Code
BMG	Bundesmeldegesetz
BR	Bundesrat
BR-Drs.	Drucksache des Bundesrats
Brüssel I-VO	Verordnung (EG) Nr. 44/2001 über die gerichtliche Zuständigkeit und die Anerkennung und Vollstreckung von Entscheidungen in Zivil- und Handelssachen

Brüssel Ia-VO	Verordnung (EU) Nr. 1215/2012 über die gerichtliche Zuständigkeit und die Anerkennung und Vollstreckung von Entscheidungen in Zivil- und Handelssachen
BT	Bundestag
BT-Drs.	Drucksache des Bundestags
BVerfGE	Entscheidungen des Bundesverfassungsgerichts
bzw.	beziehungsweise
CCZ	Corporate Compliance Zeitschrift
COM	Commission
CR	Computer und Recht
Datenschutz-RL	Richtlinie 95/46/EG zum Schutz natürlicher Personen bei der Verarbeitung personenbezogener Daten und zum freien Datenverkehr
ders.	derselbe
DG	Directorate-General
DGVZ	Deutsche Gerichtsvollzieher-Zeitung
dies.	dieselbe/dieselben
Diss.	Dissertation
DNotZ-Sonderheft	Sonderheft der Deutschen Notar-Zeitschrift
DSGVO	Datenschutzgrundverordnung
DStR	Deutsches Steuerrecht
DStRK	DStR kurzgefaßt: steuerrechtliche Rechtsprechung kurzgefaßt
DVBl.	Deutsches Verwaltungsblatt
DuD	Datenschutz und Datensicherheit
EAPO	European Account Preservation Order
ECFR	European Company and Financial Law Review
ECLI	European Case Law Identifier
Ed.	Edition
EG	Europäische Gemeinschaft
EGMR	Europäischer Gerichtshof für Menschenrechte
EGV	Vertrag zur Gründung der Europäischen Gemeinschaft
Einf.	Einführung
Einl	Einleitung
EKMR	Europäische Kommission für Menschenrechte
EL	Erstlieferung
EMRK	Europäische Konvention zum Schutz der Menschenrechte und Grundfreiheiten
endg.	endgültig

EO	Exekutionsordnung
EPR	European Payment Report
EU	Europäische Union
EuBeitrRL	Richtlinie 2010/24/EU über die Amtshilfe bei der Beitreibung von Forderungen in Bezug auf bestimmte Steuern, Abgaben und sonstige Maßnahmen
EuBVO	Verordnung (EG) Nr. 1206/2001 über die Zusammenarbeit zwischen den Gerichten der Mitgliedstaaten auf dem Gebiet der Beweisaufnahme in Zivil- oder Handelssachen
EuGH	Gerichtshof der Europäischen Union
EuGFVO	Verordnung (EG) Nr. 861/2007 zur Einführung eines Europäischen Verfahrens für geringfügige Forderungen
EuKoPfVO	Verordnung (EU) Nr. 655/2014 zur Einführung eines Verfahrens für einen Europäischen Beschluss zur vorläufigen Kontenpfändung im Hinblick auf die Erleichterung der grenzüberschreitenden Eintreibung von Forderungen in Zivil- und Handelssachen
EuMVVO	Verordnung (EG) Nr. 1896/2006 zur Einführung eines Europäischen Mahnverfahrens
EuUntVO	Verordnung (EG) Nr. 4/2009 über die Zuständigkeit, das anwendbare Recht, die Anerkennung und Vollstreckung von Entscheidungen und die Zusammenarbeit in Unterhaltssachen
EuR	Europarecht – EuR
EUV	Vertrag über die Europäische Union
EuVTVO	Verordnung (EG) Nr. 805/2004 zur Einführung eines europäischen Vollstreckungstitels für unbestrittene Forderungen
EuZVO	Verordnung (EG) Nr. 1393/2007 über die Zustellung gerichtlicher und außergerichtlicher Schriftstücke in Zivil- oder Handelssachen in den Mitgliedstaaten
EuZW	Europäische Zeitschrift für Wirtschaftsrecht
EWG	Europäische Wirtschaftsgemeinschaft
EWiR	Entscheidungen zum Wirtschaftsrecht
EWR	Europäischer Wirtschaftsraum
f./ff.	folgende/folgenden
Fn.	Fußnote
FPR	Familie, Partnerschaft, Recht
FS	Festschrift

GBO	Grundbuchordnung
GG	Grundgesetz
GK	Große Kammer
GmbH	Gesellschaft mit beschränkter Haftung
GRC/GRCh	Charta der Grundrechte der Europäischen Union
GVGA	Geschäftsanweisung für Gerichtsvollzieher
GwG	Gesetz über das Aufspüren von Gewinnen aus schweren Straftaten (Geldwäschegesetz)
h.M.	herrschende Meinung
Habil.-Schr.	Habilitationsschrift
HGB	Handelsgesetzbuch
Hrsg.	Herausgeber
hrsg.	herausgegeben
Hs.	Halbsatz
HUDOC	Human Rights Documentation
IBAN	International Bank Account Number
ibid.	ibidem
insbes.	insbesondere
IPR	Internationales Privatrecht
IPRax	Praxis des Internationalen Privat- und Verfahrensrechts
i.V.m.	in Verbindung mit
IZVR	Internationales Zivilverfahrensrecht
JurBüro	Das juristische Büro
JZ	Juristenzeitung
Kap.	Kapitel
KGaA	Kommanditgesellschaft auf Aktien
KOM	Kommission
KWG	Gesetz über das Kreditwesen
LG	Landgericht
lit.	littera
Losebl.	Loseblattsammlung
m.w.N.	mit weiteren Nachweisen
NJW	Neue Juristische Wochenschrift
NJW-RR	Neue Juristische Wochenschrift – Rechtsprechungs-Report
Nr./Nrn.	Nummer/Nummern
NZWiSt	Neue Zeitschrift für Wirtschafts-, Steuer- und Unternehmensstrafrecht
o.	oben
ÖstBGBl.	Bundesgesetzblatt für die Republik Österreich (BGBl.)

OLG	Oberlandesgericht
para.	paragraph
RL-PKH	Richtlinie 2002/8/EG zur Verbesserung des Zugangs zum Recht bei Streitsachen mit grenzüberschreitendem Bezug durch Festlegung gemeinsamer Mindestvorschriften für die Prozesskostenhilfe in derartigen Streitsachen
RabelsZ	Rabels Zeitschrift für ausländisches und internationales Privatrecht
RdC	Collected Courses of the Hague Academy of International Law
RIW	Recht der internationalen Wirtschaft: Betriebs-Berater international
RFH	Reichsfinanzhof
RFHE	Sammlung der Entscheidungen des RFH
Rom I-VO	Verordnung (EG) Nr. 593/2008 über das auf vertragliche Schuldverhältnisse anzuwendende Recht
Rpfleger	Der deutsche Rechtspfleger
Rn.	Randnummer/n
Rs.	Rechtssache
S.	Satz
S.	Seite/n
SCHUFA	Schutzgemeinschaft für allgemeine Kreditsicherung
SEC/SEK	Arbeitsdokumente der Kommissionsdienststellen vor 2012
SGB	Sozialgesetzbuch
SGB IV	Viertes Buch Sozialgesetzbuch – Gemeinsame Vorschriften für die Sozialversicherung –
SGB VI	Sechstes Buch Sozialgesetzbuch – Gesetzliche Rentenversicherung –
SGB X	Zehntes Buch Sozialgesetzbuch – Sozialverwaltungsverfahren und Sozialdatenschutz –
Slg.	Sammlung der Rechtsprechung des Gerichtshofes und des Gerichts Erster Instanz
StGB	Strafgesetzbuch
StVG	Straßenverkehrsgesetz
Tijdschrift@ipr.be	Tijdschrift voor Internationaal Privaatrecht
TrEinV	Transparenzregistereinsichtnahmeverordnung
u.	unten
u.a.	unter anderem/und andere
UAbs.	Unterabsatz

v.	von
Var.	Variante
verb.	verbundene
Verh.	Verhandlung
vgl.	vergleiche
Vol.	Volume
Vorbem.	Vorbemerkung
Wahlp.	Wahlperiode
WiRO	Wirtschaft und Recht in Osteuropa
WM	Wertpapiermitteilungen
Z.	Zeile
ZaöRV	Zeitschrift für ausländisches öffentliches Recht und Völkerrecht
ZBB	Zeitschrift für Bankrecht und Bankwirtschaft
ZD	Zeitschrift für Datenschutz
ZEuP	Zeitschrift für europäisches Privatrecht
Ziff.	Ziffer
ZP.	Zusatzprotokoll
ZPO	Zivilprozessordnung
ZRP	Zeitschrift für Rechtspolitik
zugl.	zugleich
ZVI	Zeitschrift für Verbraucher- und Privat-Insolvenzrecht
ZZP	Zeitschrift für Zivilprozess
ZZPInt	Zeitschrift für Zivilprozeß international: Jahrbuch des internationalen Zivilprozeßrechts

TEIL 1: Sachaufklärung im Unionsrecht: Defizite

> *„In tatsächlicher Hinsicht hindern Informationsdefizite des Gläubigers bezüglich des Verbleibs des Schuldners oder des Vollstreckungsobjektes vor allem die Zwangsvollstreckung wegen einer Geldforderung und die Herausgabevollstreckung wegen einer beweglichen Sache."*[1]

A. Einleitung: Informationsdefizite im Gläubiger-Schuldner-Verhältnis

Informationsdefizite sind Teil jeder zwischenmenschlichen Beziehung. Zu Beginn einer rechtlichen Verbindung zweier oder mehrerer Parteien können derartige Defizite ebenfalls auftreten.[2] Dazugehörig ist das damit verbundene Bestreben, das Defizit zu beseitigen.

Vor der Aufnahme einer Vertragsbeziehung oder währenddessen können sich die Parteien durch Hintergrundinformationen, beispielsweise mittels Scoringverfahren, zumindest potentiell absichern.[3] Eine Partei kann Nachforschungen

---

1 *Weinert*, S. 45.

2 Die vorliegende Bearbeitung verwendet aus Gründen der besseren Lesbarkeit das generische Maskulinum, soweit die Bezeichnung nicht in der jeweiligen Form übernommen wurde. Weibliche sowie weitere Geschlechteridentitäten sind von den getätigten Aussagen ausdrücklich mit umfasst.

3 Kenntnisse über das Vermögen des Schuldners kann der Gläubiger beispielsweise von Dienstanbietern über Schuldnerdaten erlangen. Hervorzuheben ist dahingehend die SCHUFA-Auskunft. Das deutsche Privatunternehmen, die Schutzgemeinschaft für allgemeine Kreditsicherung, verfügt über 1,002 Milliarden Daten von 67,9 Millionen natürlichen Personen und von 6 Millionen Unternehmen (siehe <www.schufa.de/de/ueber-uns/unternehmen/schufa-zahlen/> [zuletzt abgerufen am 01.06.2020]). Mittels der SCHUFA-Auskunft können Informationen über Adressen, Pfändungsschutzvorkehrungen und Kontonummern eingeholt werden (siehe das SCHUFA Produktportfolio unter <www.meineschufa.de/downloads/SCHUFA_Broschuere-Produktueberblick.pdf> [zuletzt abgerufen am 01.06.2020]). Weiterführende Hinweise zum Kreditinformationssystem SCHUFA bei S/B/L BankR-HdB/*Krepold*, § 41. Ausführlich zum Thema Scoring und Datenschutz: *Overbeck, Alice*, Datenschutz und Verbraucherschutz bei Bonitätsprüfungen durch Wirtschaftsauskunfteien mittels Scoring, 2017. Zur

darüber anstellen, wie sich ein Vertragspartner bis zu dem Zeitpunkt verhalten hat, zu dem die Parteien eine rechtliche Bindung eingegangen sind.[4] Die relevanten Informationen beziehen sich auf die Bonität des Vertragspartners, die bisherige Vertragstreue gegenüber anderen Geschäftspartnern, eventuell vorhandene Sicherheiten oder auch auf konkrete personenbezogene Daten der anderen Partei, wie den vollständigen Namen oder eine ladungsfähige Anschrift.[5]

Will eine Partei vermeiden, zum Gläubiger und Kläger zu werden, sollte sie bereits vor Vertragsschluss nach der Devise handeln „Drum prüfe, wer sich [. . .] bindet".[6] Aber auch intensive vorvertragliche Informationsermittlungen können fehlgehen.

Bedeutung erhalten die aufgezeigten Informationen, sobald eine Störung des Vertragsverhältnisses auftritt. Für die gerichtliche Durchsetzung etwaig entstandener Ansprüche sind exakte Informationen über den jeweiligen Schuldner essentiell. Spätestens zu dem Zeitpunkt, zu dem der Gläubiger die staatliche Durchsetzung eines Urteils mittels der Zwangsvollstreckung initiieren möchte,[7] muss er wissen, wo sich Vermögensgegenstände seines Schuldners befinden.[8] Der erfolgreiche Gläubiger kann nach Abschluss des zivilprozessualen Erkenntnisverfahrens mit folgender Situation konfrontiert sein: Der Schuldner besitzt das notwendige Vermögen, die Schuld zu begleichen, weigert sich aber auch nachdem ein Urteil gegen ihn ergangen ist, dem Gläubigerverlangen nachzukommen.[9] Will der Gläubiger den Anspruch daraufhin vollstrecken lassen, kann sich zur Leistungsverweigerung des Schuldners fehlende Kenntnis des Gläubigers über Vermögensgegenstände des Schuldners hinzugesellen. Die geschilderte Situation konstituiert ein informationelles Ungleichgewicht zu Lasten des Gläubigers. Um

---

Rechtmäßigkeit der Datenverarbeitung nach Inkrafttreten der DSGVO: *von Lewinski/Pohl* ZD 2018, 17ff., weiterhin *Weichert* ZRP 2014, 168ff.

4 Siehe zur Absicherung durch Vertragsgestaltung: *Schmittmann/David*, Rn. 1ff.

5 „Personenbezogene Daten" ist der *terminus technicus*, den nun die Verordnung (EU) 2016/679 des Europäischen Parlaments und des Rates vom 27. April 2016 zum Schutz natürlicher Personen bei der Verarbeitung personenbezogener Daten, zum freien Datenverkehr und zur Aufhebung der Richtlinie 95/46/EG (Datenschutz-Grundverordnung), ABl. EU L 119/1 v. 04.05.2016 (im Folgenden: DSGVO), definiert und die Verarbeitung der Daten reglementiert. Siehe zu datenschutzrechtlichen Aspekten der Sachaufklärung ausführlich u. Teil 4, C.

6 *Schiller* in Schiller, Musen-Almanach für das Jahr 1800, 251 (255 Z. 91).

7 Zur Definition der Zwangsvollstreckung, siehe *Stamm*, S. 5; *Brox/Walker*, Rn. 1; Gaul/Schilken/Becker-Eberhard/*Gaul*, § 1 Rn. 1.

8 Rechtsvergleichend zum Zeitpunkt der notwendigen Kenntnis, siehe u. Teil 1, C. I. 2.

9 Vgl. *Stamm*, S. 5 sowie *Alsfasser*, S. 2.

das Gleichgewicht zwischen Gläubiger und Schuldner wieder herzustellen ist es notwendig, das bestehende Informationsdefizit zu beseitigen. Dafür kann der Gläubiger den Weg der rechtsstaatlichen Sachaufklärung innerhalb eines staatlich organisierten bzw. verantworteten Zwangsvollstreckungsverfahrens wählen. Die Sachaufklärung in der privatrechtlichen Einzelzwangsvollstreckung[10] verkörpert die Suche nach und das Auffinden von der für die Durchsetzung des Gläubigeranspruchs notwendigen Vermögensgegenständen eines Schuldners.[11] Eine Immobilie, ein Kraftfahrzeug, Konten, Depots, Versicherungen, Ansprüche gegen die öffentliche Hand oder einen privaten Schuldner wie einen Arbeitgeber, Barvermögen, auch ideelle Rechte oder Anteile daran sowie der Einzug von Kapital-, Miet-, oder Pachteinkommen sind Vermögensgegenstände und -werte, die für eine Zwangsvollstreckung in Betracht kommen.[12] Erhält der Gläubiger Informationen über die genannten Gegenstände, löst sich das Informationsdefizit zu seinen Gunsten auf.[13] Selbst wenn das Schuldnervermögen ausschließlich im Inland belegen ist, ist der Erfolg der Sachaufklärung keineswegs garantiert.[14] Die Situation verschärft sich dann zu Lasten des Gläubigers, wenn der Schuldner über Vermögensgegenstände im Ausland verfügt und der Gläubiger darüber keine gesicherte Kenntnis besitzt.[15] Sodann steht er vor der Frage, ob sich die Einleitung der Sachaufklärung im Rahmen der Zwangsvollstreckung in einem weiteren Staat überhaupt lohnt. Solange er nicht um Vermögensgegenstände des Schuldners weiß, kann er die Frage auch nicht unter Effizienzgesichtspunkten beantworten.

Zumindest für in einem Mitgliedstaat der Europäischen Union belegene Vermögensgegenstände des Schuldners dürfte die Grundannahme Gültigkeit besitzen, dass der Gläubiger geringeren Schwierigkeiten gegenübersteht,

---

10 In Abgrenzung zu Gesamtvollstreckungsverfahren, die in Insolvenzverfahren Anwendung finden. Das Vermögen des Schuldners wird in Gesamtheit liquidiert, siehe Schuschke/Walker/*Schuschke*, Einf. Buch 8 ZPO Rn. 4; auf den Unterschied geht ebenso ein D/M/V/*Hippler* HdB ZwangsvollR, 5. Kap. Rn. 38. Nicht nur ein Gläubiger, sondern alle bestehenden Gläubiger des Schuldners sind vom Verfahren erfasst, siehe BeckOK InsO/*Madaus*, InsO, § 4 Rn. 7. Zur konzeptionellen Idee der Gesamtvollstreckung siehe Gottwald/*Gottwald*, § 1 Rn. 10.

11 Nach *Holzapfl*, S. 19f. ist das die Sachaufklärung im engeren Sinne.

12 Siehe instruktiv *Schmittmann/David*, Rn. 33ff.

13 Vgl. *Würdinger* JZ 2011, 177 (178).

14 Siehe dazu die ausführliche Untersuchung des Sachaufklärungsverfahrens nach der deutschen Zivilprozessordnung in Teil 3 und im Speziellen die Tücken der Vermögensauskunft unter Teil 3, C. I. und D. I.

15 Instruktiv *Kennett*, S. 99ff.

Informationen darüber zu erhalten, als vergleichsweise über Vermögen, das in Drittstaaten belegen ist. In der Europäischen Union bestehen allerdings auf dem Gebiet der grenzüberschreitenden Sachaufklärung erhebliche Defizite.

I. Unionsrechtlicher Kontext

Rückblickend, vor dem Hintergrund der heutigen europäischen Werte-, Rechts- und Wirtschaftsgemeinschaft, war es vor einem Jahrhundert unvorstellbar, in welchen räumlichen Dimensionen der Schutz des Gläubigers, und damit gleich bedeutend der Austausch von Daten, einmal von Nöten sein würde.[16] Auf Ebene der Europäischen Union ist die Sachaufklärung ein nahezu weißer Fleck auf der Landkarte unionsrechtlicher Sekundärrechtsakte.

Im Jahr 2008 hat die Kommission mit dem Grünbuch „Effiziente Vollstreckung gerichtlicher Entscheidungen in der Europäischen Union: Transparenz des Schuldnervermögens" versucht, der Debatte um ein europäisches Sachaufklärungsverfahren neuen Schwung zu verleihen.[17] Das Problem war zu dem Zeitpunkt längst bekannt.[18] Die Problematik der Transparenz des Schuldnervermögens und damit verbundene legislative Überlegungen gehen daher weit zurück. Bereits im Jahr 1998 hat die Kommission in einer Mitteilung an Rat und Parlament hervorgehoben, dass es für den Gläubiger möglich sein müsse, „die tatsächliche Beschaffenheit des Schuldnervermögens [...] genau zu beurteilen, bevor er entscheidet, ob die Betreibung der Vollstreckung zweckmäßig ist".[19] Zweckmäßigkeitserwägungen haben in Fällen grenzüberschreitender

---

16 Bereits zu Beginn der dreißiger Jahre des vorangegangenen Jahrhunderts sollte in Deutschland ein stärkerer Schutz des Gläubigers gegen seinen Schuldner gesetzlich verankert werden. Die Fortschreibung der bereits 1924 begonnenen Zivilprozessrechtsnovelle sollte unter folgender Prämisse ergehen: „Der Vorwurf, der Gläubiger finde keinen ausreichenden Schutz gegen den zahlungssäumigen und insbesondere den böswilligen Schuldner, ist der schwerste, der gegen eine Vollstreckungsordnung erhoben werden kann.", siehe Entwurf einer Zivilprozessordnung, S. 400.

17 Grünbuch der Kommission: Effiziente Vollstreckung gerichtlicher Entscheidungen in der Europäischen Union: Transparenz des Schuldnervermögens, KOM(2008) 128 endg. v. 06.03.2008 (im Folgenden: Grünbuch Schuldnertransparenz).

18 Bereits im Jahr 1964 verwies *Hallstein* RabelsZ 1964, 211 (222f.) auf zukünftige Probleme; für *Lüttringhaus* ZZP 2016, 187 (188) bildet das Zwangsvollstreckungsrecht die „Achillesferse" des europäischen internationalen Zivilverfahrensrechts.

19 Siehe die Mitteilung der Kommission an den Rat und das Europäische Parlament: „Wege zu einer effizienteren Erwirkung und Vollstreckung von gerichtlichen Entscheidungen in der Europäischen Union", ABl. EG C 33/3 v. 31.01.1998, S. 15 Nr. 48. Dem Befund schließen sich an *Harsági/Kengyel* in Kengyel/Harsági (Hrsg.), Grenzüberschreitende

Zwangsvollstreckung gesteigerte Bedeutung. Bevor der Gläubiger beispielsweise für geringfügige Forderungen die kostspielige Sachaufklärung in einem anderen Mitgliedstaat betreiben lässt, wird er stattdessen von der Rechtsdurchsetzung absehen.[20] Die oben vorgestellte Mitteilung schließt mit der Forderung, dass sich ein zukünftiges System der Zusammenarbeit nicht auf den Austausch von Informationen über Rechtsvorschriften beschränken könne, sondern, dass der Gläubiger Zugriff auf Daten über den Schuldner erhalten müsse, die in einem anderen Mitgliedstaat über den Schuldner vorhanden sind. Dazu würden nicht nur Daten zählen, die Auskunft über die Person des Schuldners geben, sondern vor allem auch solche über Aktiva und Passiva seines Vermögens.[21] Ein Maßnahmenprogramm zur Umsetzung des Grundsatzes der gegenseitigen Anerkennung, das im Jahr 2000 erlassen wurde, führte wie folgt aus: „Die Vollstreckung gerichtlicher Entscheidungen innerhalb der Europäischen Union könnte [...] erleichtert werden, wenn die Möglichkeit bestünde, die finanzielle Situation eines Schuldners exakt zu ermitteln."[22] Die Vorstellungen der EU sind somit klar umrissen. Maßnahmen, die die aufgedeckten Missstände beheben könnten, wurden allerdings kaum ergriffen.

Die folgende Bearbeitung ordnet der grenzüberschreitenden Sachaufklärung eine übergeordnete Stellung für die grenzüberschreitende Zwangsvollstreckung in der Europäischen Union zu. Wie aufgezeigt ist die Sachaufklärung als Teil der Zwangsvollstreckung bisher in der Europäischen Union weder vereinheitlicht noch angeglichen. Die Problematik der grenzüberschreitenden Zwangsvollstreckung hat jedoch bereits über die Grenzen der Union hinweg für Aufmerksamkeit gesorgt: Im Jahr 2011 berichtete die New York Times in einem Artikel über die mit der Durchsetzung von grenzüberschreitenden Ansprüchen in der Europäischen Union verbundenen Schwierigkeiten. Der Artikel zitierte eine spanische Anwältin. Sie riet ihren Mandanten davon ab, Forderungen im grenzüberschreitenden Rechtsverkehr einzutreiben, wenn diese nicht einen Wert von 100.000 Euro überstiegen.[23] Die Aussage in Verbindung mit dem Zeitpunkt,

---

Vollstreckung in der Europäischen Union, 385 (403); abstrakt *Bruns* ZEuP 2010, 809 (810).

20 Siehe zu Statistiken u. Teil 1, C. II. 5.

21 Vgl. ABl. EG C 33/3 (o. Fn. 19) S. 17.

22 *Europäischer Rat*, Maßnahmenprogramm zur Umsetzung des Grundsatzes der gegenseitigen Anerkennung gerichtlicher Entscheidungen in Zivil- und Handelssachen, ABl. EG C 12/1 v. 15.01.2001, S. 6.

23 Siehe *Daley, Suzanne/Castle, Stephen*, Slow Payers Hinder Trade in Europe, New York Times, 18.04.2011, verfügbar unter <www.nytimes.com/2011/04/19/business/global/19debt.html> [zuletzt abgerufen am 01.06.2020].

zu dem sie getätigt wurde, stellt den Kern des Problems innereuropäischer Rechtsdurchsetzung präzise dar. Bis zum Jahr 2011 hatte die Europäische Union bereits wesentliche Instrumente für die vereinfachte Anerkennung von Urteilen im grenzüberschreitenden Rechtsverkehr erlassen. Ein Hauptaugenmerk hatte der Unionsgesetzgeber auf die Problematik geringfügiger Forderungen gelegt.[24] Nicht ohne Grund. 14,7 Millionen am grenzüberschreitenden Handel teilnehmende Verbraucher waren in Geschäfte involviert, die einen Wert von 2.000 Euro nicht überschritten hatten.[25] Nichtsdestotrotz musste eine spanische Anwältin auf Grundlage der zu dem Zeitpunkt bestehenden Rechtslage in der EU zu der Schlussfolgerung kommen, dass es sich kaum lohnen dürfte, Forderungen im grenzüberschreitenden Rechtsverkehr durchzusetzen.[26] Der Verfasser der vorliegenden Bearbeitung sieht einen Grund für die vorgenommene Einschätzung darin, dass sich das Informationsdefizit des Gläubigers im grenzüberschreitenden Rechtsverkehr wesentlich stärker materialisiert als bei rein innerstaatlichen Sachverhalten. Das innerstaatlich bereits bestehende Problem des Gläubigers, nicht über Informationen über vollstreckbares Vermögen des Schuldners zu verfügen, potenziert sich, sobald Vermögensgegenstände in anderen Mitgliedstaaten der Europäischen Union belegen sind.

Nicht nur die tatsächliche Befriedigung des Gläubigers steht im Mittelpunkt eines Europäischen Sachaufklärungsverfahrens. Im Mittelpunkt steht vielmehr das Vertrauen der Unionsbürger in eine umfassende europäische Rechtsordnung, die nur den nächsten und logischen Schritt nach der wirtschaftlichen Einheit Europas darstellen kann. Hinzu kommt, dass die europäischen Grundrechte nunmehr universal für die Union und die Mitgliedstaaten gelten.[27] Gewachsen aus den Traditionen der Mitgliedstaaten, der Konvention zum Schutz der Menschenrechte[28] und der Grundrechtecharta[29] ist es nicht mehr nur an den

---

24 Verordnung (EG) Nr. 861/2007 des Europäischen Parlaments und des Rates vom 11. Juli 2007 zur Einführung eines Europäischen Verfahrens für geringfügige Forderungen, ABl. EU L 199/1 v. 31.07.2007 (im Folgenden: EuGFVO).

25 European Commission, Directorate General Justice, *Assessment of the socio-economic impacts of the policy options for the future of the European Small Claims Regulation* (Deloitte Report), Final Report, RDT-L05-2010, Deloitte, Brüssel, 19.02.2013, S. 26.

26 Dazu noch im Speziellen u. Fn. 191.

27 Dazu u. Teil 4.

28 Europäische Konvention zum Schutz der Menschenrechte und Grundfreiheiten (im Folgenden: EMRK), verfügbar unter <www.echr.coe.int/Documents/Convention_DEU.pdf> [zuletzt abgerufen am 01.06.2020].

29 Feierliche Verkündung der Charta der Grundrechte der Europäischen Union am 7. Dezember 2000, ABl. EG C 364/1 v. 18.12.2000; geändert durch Charta der

Mitgliedstaaten, Rechtsfrieden und Vertrauen zu schaffen. Die Aufgabe ist heutzutage vielmehr auf der Ebene des Unionsrechts verankert. Vor diesem Hintergrund werden die sich in der Sachaufklärung diametral gegenüberstehenden Schuldner- und Gläubigerrechte anhand der europäischen Grundrechte im Rahmen der Untersuchung in Ausgleich gebracht.[30]

Die Arbeit untersucht dabei inzident weitere problematische Aspekte für Fälle der grenzüberschreitenden Rechtsverfolgung.[31] Darunter werden Faktoren gefasst, die den Gläubiger davon abhalten können, sein Recht im grenzüberschreitenden Rechtsverkehr durchzusetzen. Zu den Faktoren gehören die Komplexität des Verfahrens, dessen Länge, die entstehenden Kosten sowie die Notwendigkeit der Einschaltung eines weiteren Rechtsbeistandes in der dem Gläubiger fremden Rechtsordnung.[32]

Für den letzten Schritt der Rechtsverwirklichung und Vereinheitlichung sollten sich die Mitgliedstaaten zu Herzen nehmen, was bereits vor einiger Zeit hinsichtlich des europäischen Vereinheitlichungsprozesses geäußert wurde: Vielleicht liegt es doch nicht mehr ausschließlich in der Hand der Mitgliedstaaten, allein zu bestimmen, was das beste Recht für sie ist. Stattdessen sollten sie lieber einen Blick über den Tellerrand wagen, der in derartigen Fragen umso wichtiger sein könnte.[33] Die Bearbeitung stellt das bisherige, ausschließlich auf den mitgliedstaatlichen Vollstreckungsordnungen fußende, Konzept ausdrücklich in Frage. Oder, um es überaus passend mit den Worten *Bettina Heiderhoffs* zu sagen: „Es kann nicht sein, dass innerhalb eines Raums der Freiheit, der Sicherheit und des Rechts der Schuldner dem Gläubiger mit Leichtigkeit eine lange Nase zeigen kann."[34]

II. Sachaufklärungsmaßnahmen

Die Bearbeitung befasst sich mit den beiden in Europa vorherrschend eingesetzten Instrumenten, Schuldnervermögen aufzuklären: der Vermögensauskunft sowie der Drittauskunft. Der deutsche Begriff der Vermögensauskunft

Grundrechte der Europäischen Union vom 12.12.2007, ABl. EU C 303/1 v. 14.12.2007 (im Folgenden GRCh).

30 Dazu u. Teil 4. So auch EuGH Rs. C-468/10 und 469/10, ECLI: EU: C:2011:777, Slg. 2011, I-12186 Rn. 45 - ASNEF und FECEMD.

31 Der sprichwörtliche „Flaschenhals", so bezeichnet von *Onţanu*, S. 22.

32 Vgl. *Onţanu*, S. 22.

33 In Anlehnung an *Eickmann* DGVZ 1980, 129 (129).

34 Siehe *Heiderhoff*, in Hess (Hrsg.), Anerkennung im internationalen Zivilprozessrecht, 149 (171).

entstammt den Regelungen der Sachaufklärung in § 802c ZPO.[35] Im deutschen Recht galt vor der Reform der Sachaufklärung der Begriff der Offenbarungsversicherung oder der des Offenbarungseides. Beide bezogen sich auf die Pflicht des Schuldners, die Angaben zu seinem Vermögen eidesstattlich zu versichern.[36] Unter dem Begriff der Vermögensauskunft sammelt die Bearbeitung alle zwangsvollstreckungsrechtlichen Maßnahmen der Mitgliedstaaten, die den Schuldner verpflichten, vor einem mitgliedstaatlich näher bestimmten Organ der Zwangsvollstreckung Auskünfte über sein Vermögen preiszugeben. Unabhängig davon, ob in den jeweiligen Mitgliedstaaten die Vollstreckung bei einem Gericht oder bei einem Äquivalent zum deutschen Gerichtsvollzieher angesiedelt ist, verwendet die Arbeit durchgehend den umspannenden Begriff des Organs der Zwangsvollstreckung.[37] Nach der französischen Rechtsordnung ist das beispielsweise der *hussier de justice*, ein Justizbeamter, ähnlich dem in Italien. In der englischen Rechtsordnung kann dies der *court officer* oder ein *bailiff* sein, in den Niederlanden der *deurwaarder.*

Das Grünbuch zur Transparenz des Schuldnervermögens befragte die Mitgliedstaaten und interessierte Akteure zur möglichen Einführung einer „European Asset Declaration".[38] Die darunter verstandene Vermögenserklärung betrachtet der Verfasser als Synonym zur Maßnahme der Vermögensauskunft. Aus diesem Grund wird durchgehend der Begriff der Vermögensauskunft verwendet.

Unter der Drittauskunft versteht die Untersuchung die Kompetenz des zuständigen Organs der Zwangsvollstreckung, auf sämtliche Register oder Verzeichnisse bei Behörden oder anderen öffentlich-rechtlichen Stellen zuzugreifen.

---

35 Ausführlich zur Systematik der deutschen Sachaufklärung, siehe u. Teil 3.

36 Siehe § 807 Abs. 3 S. 1 ZPO a.F. Die Pflicht der eidesstattlichen Versicherung besteht heutzutage noch immer, siehe § 802c Abs. 3 S. 1 ZPO.

37 Einen rechtsvergleichenden Überblick über das Pendant des aus der deutschen Rechtsordnung bekannten Gerichtsvollziehers gibt *Kennett*, S. 75ff.; Überblick über die unterschiedlichen Strukturen der Zwangsvollstreckungssysteme bei *Hess* in Stürner/Kawano (Hrsg.), Comparative Studies on Enforcement and Provisional Measures, 49 (53ff.); weiterhin zu mitgliedstaatlich ähnlichen Institutionen, siehe den *Hess-Report*, S. 142; zur mitgliedstaatlichen Organisation dahingehend, ob es sich bei den Organen um staatliche oder private Institutionen handelt, siehe Case study enforcement proceedings, S. 13, „Status of enforcement agents".

38 Siehe dazu u. Teil 2, B. IV.

Von diesen soll das Organ der Zwangsvollstreckung Informationen abfragen, die über das Vermögen des Schuldners Auskunft geben.[39]

Die Vermögensauskunft und die Drittauskunft verkörpern verschiedene Möglichkeiten hinsichtlich einer „geheimen" oder verdeckten Informationsermittlung. Die Vermögensauskunft ist zwangsläufig eine offene Maßnahme der Informationsbeschaffung. Für sie ist vorgesehen, dass das Organ der Zwangsvollstreckung den Schuldner persönlich zu seinem Vermögen befragt. Die Befragung nimmt ein Organ der Zwangsvollstreckung im Vorfeld einer Pfändung oder auch nach einem erfolglosen Pfändungsversuch vor.[40] Im Gegensatz zur nicht verdeckten Methode der Sachaufklärung stellt die Drittauskunft eine verdeckte Form der Vermögensermittlung dar. Ausschließlich unter der Prämisse einer verdeckten Vermögensermittlung wird die Drittauskunft analysiert. Der Schuldner soll gerade nicht im Vorfeld der Sachaufklärungsmaßnahme darüber informiert werden.

Übernimmt der Gläubiger die Sachaufklärung komplett selbstständig, das heißt ohne Inanspruchnahme staatlicher Unterstützung, läuft solch ein Verfahren grundsätzlich für den Schuldner im Verborgenen ab. Einerseits kann der Gläubiger gegen den Schuldner vorgehen, ohne dass dieser zuvor in das Verfahren einbezogen wurde, wenn der Gläubiger die gewünschten Informationen erhält. Andererseits besteht die Gefahr, dass der Gläubiger am Rande der Legalität agierende Unternehmen beteiligt, wenn er ohne die Unterstützung staatlicher Institutionen nach Vermögensgegenständen sucht.[41] Wenn aber im Gegensatz dazu staatliche Institutionen die Ermittlungen durchführen, sind sie an die nationalen und europäischen Grundrechte gebunden. Schon mittels der öffentlich-rechtlich verankerten und somit institutionalisierten Aufklärung verwirklicht sich ein grundlegender Schutz für den Schuldner: Für ihn ergeben sich Möglichkeiten, sich darüber zu informieren und auch darüber informiert zu werden, wie der Gläubiger zum Zweck der Zwangsvollstreckung Zugriff auf seine personenbezogenen Daten erlangt und wie der Gläubiger die Daten verwendet. Dem Schuldner ist von vornherein bekannt, welche Aufklärungsmethoden dem Gläubiger zur Seite stehen. Mittels einer unionsrechtlichen Ausgestaltung der

---

39 *Hippler/Wasserl*, S. 275ff.; auch als „Externe Informationsquellen" bezeichnet und erläutert bei D/M/V/*Kobelev*, HdB ZwangsvollR, 1. Kap. Rn. 19.

40 Siehe die Länderberichte, u. C. I. 2. sowie für die deutsche Rechtsordnung Teil 3, A.

41 Von Gaul/Schilken/Becker-Eberhard/*Gaul*, § 1 Rn. 13 unter der Überschrift „Keine Vollstreckung" aufgegriffen und unter Bezug auf ein Werk von *Walter Nothnagel* als die „Exekution durch soziale Interessengruppen" dargestellt. Zur Bekämpfung unseriöser Inkassopraktiken: *Leutheusser-Schnarrenberger/Goebel* NJW 2017, 3207ff.

Sachaufklärung werden folglich nicht nur die Gläubigerbelange berücksichtigt. Die Ausgestaltung der Sachaufklärung in der Form, dass der Schuldner nicht einbezogen wird, verwirklicht einen Schutzeffekt zu Gunsten des Schuldners gleichermaßen.

Die ausbleibende Einbeziehung des Schuldners ist für die Gewährung der Gläubigerrechte essentiell. Zweifelsohne ist die Drittstellenabfrage ein geeignetes Mittel der Dateneinholung. Sie verfolgt, wie die Schuldnerbefragung, einen legitimen Zweck. Die Bearbeitung untersucht die Maßnahmen der Sachaufklärung ergebnisneutral. Schlussendlich nimmt die Untersuchung eine umfassende Abwägung vor, ob eine der Maßnahmen die Gläubiger- und Schuldnerrechte besser verwirklicht und folglich bevorzugt für ein unionsrechtliches Sachaufklärungsverfahren Anwendung finden sollte.[42]

III. Unionsrechtliche Sachaufklärung *de lege ferenda*

Das im Laufe der Bearbeitung herausgearbeitete Verfahren einer unionsrechtlichen Sachaufklärung soll dem Gläubiger für die Transparenz von Schuldnervermögen in grenzüberschreitenden Fällen optional zur Verfügung stehen.[43] Der angestrebte Sekundärrechtsakt versetzt den Gläubiger in die Lage, noch vor Einleitung eines Zwangsvollstreckungsverfahrens im zukünftigen Vollstreckungsmitgliedstaat[44] Informationen über das Vermögen des Schuldners zu erhalten.[45]

Das Verfahren sollte wie folgt ausgestaltet sein: Der Gläubiger kann im Mitgliedstaat seiner Wahl, zumeist in der Rechtsordnung des vollstreckungstitelgebenden Mitgliedstaates, die Zwangsvollstreckung einleiten und gleichzeitig die unionsrechtliche Sachaufklärung beantragen.[46] Die unionsrechtliche

---

42 Zur Abwägung, siehe u. Teil 5, A.

43 Siehe zur Ausgestaltung Teil 5, C.

44 Siehe zur Terminologie sogleich unter B.

45 In eine ähnliche Richtung weist die Argumentation im Verordnungsvorschlag zur Verordnung (EG) Nr. 4/2009 des Rates vom 18. Dezember 2008 über die Zuständigkeit, das anwendbare Recht, die Anerkennung und Vollstreckung von Entscheidungen und die Zusammenarbeit in Unterhaltssachen, ABl. EU L 7/1 v. 10.01.2009 (im Folgenden: EuUntVO), wonach der Unterhaltsberechtigte mittels der Verordnung alle Hilfe und Unterstützung erhalten soll, an der es noch gemangelt hat, siehe Vorschlag für eine Verordnung des Rates über die Zuständigkeit und das anwendbare Recht in Unterhaltssachen, die Anerkennung und Vollstreckung von Unterhaltsentscheidungen und die Zusammenarbeit im Bereich der Unterhaltspflichten, KOM(2005) 649 endg. v. 15.12.2005, S. 4.

46 Dazu u. Teil 5, C. I. 1.

Sachaufklärung enthält die Option, die Vermögensauskunft abnehmen zu lassen oder das grenzüberschreitende Verfahren der Drittauskunft einzuleiten.[47] Dem Gläubiger soll die Wahl überlassen bleiben, welche Maßnahme er für die unionsrechtliche Sachaufklärung durch das Organ der Zwangsvollstreckung primär beantragt. Die Vermögensauskunft wird dafür in allen Mitgliedstaaten eingeführt und soll den Schuldner dazu verpflichten, Auskunft über sein gesamtes in Europa (oder weltweit) belegenes Vermögen zu erteilen. Für die beiden Aufklärungsmaßnahmen sollte das unionsrechtliche System wie folgt unterscheiden: Die Drittstellenabfrage sollte das Organ der Zwangsvollstreckung selbstständig durchführen können. Zu diesem Zwecke sollte es legitimiert sein, die relevanten Behörden direkt zu kontaktieren und bei diesen die Informationen entweder zu erfragen oder direkt mittels elektronischer Authentifizierung abzurufen. Spezifizierte Daten werden von dem zuständigen Organ im ersuchten Mitgliedstaat eingeholt sowie weiter an den Gläubiger übermittelt.[48]

Konkrete Vorschläge für ein unionsrechtliches Sachaufklärungsverfahren entwickelt die Bearbeitung aus Ideen des Grünbuchs sowie aus Erkenntnissen bereits erlassenen Unionsrechts. Die beiden Maßnahmen der Informationsbeschaffung werden im Laufe der Untersuchung anhand von drei wesentlichen Voraussetzungen gemessen: Das ist zum Ersten, ob der Europäischen Union die erforderliche Kompetenz zum Erlass der notwendigen Regelungen zusteht.[49] Zum Zweiten erfolgt eine ausführliche Überprüfung der mitgliedstaatlichen Rechtsordnung, der der Verfasser entstammt, danach, ob durch das mitgliedstaatliche Recht bereits der Zweck des anvisierten Rechtsaktes – die Transparenz von im Ausland belegenem Schuldnervermögen – erreicht wird.[50] Zum Dritten nimmt die Untersuchung eine Überprüfung der Gläubiger- und Schuldnerbelange anhand der europäischen Grundrechte vor.[51] Die Rechte des Gläubigers zum einen sowie die Rechte des Schuldners zum anderen sind ausschlaggebend dafür, in welchem Umfang dem Gläubiger Informationsrechte mittels eines Sekundärrechtsaktes eingeräumt werden können.

47 Dazu u. Teil 5, C. III.

48 Dazu u. Teil 5, C. III. 3.

49 Dazu u. Teil 2, D.

50 Dazu u. Teil 3.

51 Dazu u. Teil 4.

B. Terminologie

Die Sachaufklärung sowie die zu Rate gezogenen Sekundärrechtsakte bedienen sich mitunter einer eigenständigen Terminologie. Um Verständnisschwierigkeiten von vornherein auszuschließen und um Missverständnissen vorzubeugen, stellt dieser Abschnitt die wichtigsten Begrifflichkeiten kurz vor und erläutert deren Inhalt.

Die beiden Sachaufklärungsinstrumente der Vermögensauskunft sowie der Drittauskunft sind zuvor bereits definiert worden.[52] Ebenso die Bedeutung und der Umfang des Begriffes des Organs der Zwangsvollstreckung.[53]

In grenzüberschreitenden Fällen der Zwangsvollstreckung, aber auch der generellen Zusammenarbeit von Behörden der Mitgliedstaaten, gibt es einen ersuchenden und einen ersuchten Mitgliedstaat. Die Terminologie bezieht sich auf Rechts- oder Amtshilfeersuchen in Fällen mit Bezügen zu mehreren Mitgliedstaaten.[54] Der ersuchende Mitgliedstaat ist für die vorliegenden Zwecke derjenige Mitgliedstaat, der ein Rechtshilfeersuchen für behördliche oder gerichtliche Zwecke in den ersuchten Mitgliedstaat übersendet. Der ersuchte Mitgliedstaat ist derjenige, in dem vollstreckbares Vermögen des Schuldners vermutet wird. Aus diesem Grund wird er, sobald Vollstreckungshandlungen im ersuchten Mitgliedstaat beantragt worden sind, auch als Vollstreckungsmitgliedstaat bezeichnet. Für die Zwecke der Bearbeitung wird er im Rahmen der Sachaufklärung auch als potentieller Vollstreckungsmitgliedstaat bezeichnet. Für den Mitgliedstaat, in dem der Vollstreckungstitel ergangen ist, benutzt die Bearbeitung den Begriff des Ursprungsmitgliedstaates. Unter Umständen können beide

---

52 Siehe zuvor unter A. II.

53 Ibid.

54 In Deutschland ist die Rechtshilfe die Unterstützung, die sich Gerichte gegenseitig leisten. Im Gegensatz dazu leisten sich Behörden gegenseitig Amtshilfe. Gerade für die europäische Zwangsvollstreckung ist eine trennscharfe Unterscheidung nicht möglich, da in den jeweiligen Mitgliedstaaten Gerichte oder Behörden am Austausch der Informationen und somit an der Rechts- oder Amtshilfe beteiligt sein können. Im internationalen Kontext, und somit im Fortgang der Bearbeitung, wird ausschließlich der Begriff der internationalen Rechtshilfe verwendet, der sich aber im Kontext auf die beiden Formen der gegenseitigen Hilfe beziehen kann. Die internationale Rechtshilfe ist Ausfluss des Prinzips der Gegenseitigkeit, *Linke/Hau*, Rn. 3.35; siehe zum Prinzip der Gegenseitigkeit u. Fn. 492; siehe auch *Nagel/Gottwald*, § 7 Rn. 38f.; weiterhin *Knöfel* IPRax 2018, 487 (487). Auch Art. 4 Abs. 3 EUV wird das Prinzip entnommen, wobei die Amtshilfe zwischen Behörden nicht uneingeschränkt gelten soll. Siehe zur Diskussion Calliess/Ruffert/*Calliess/Kahl/Puttler*, EUV, Art. 4 Rn. 118.

Parteien eines möglicherweise zuvor stattgefundenen Erkenntnisverfahrens ihren (Wohn-)Sitz ebenfalls im Ursprungsmitgliedstaat haben.

Die Arbeit bezieht sich auf beide Möglichkeiten eines grenzüberschreitenden Bezuges.[55] Hat eine der Ausgangsparteien des Verfahrens ihren Sitz in einem anderen Mitgliedstaat als die andere Partei, dann kann eine Sachaufklärung aufgrund eines bestehenden grenzüberschreitenden Elements notwendig sein. In einer Konstellation, in der beide Parteien des Erkenntnisverfahrens ihren Sitz im gleichen Mitgliedstaat haben, aber Vermögensgegenstände in einer anderen Rechtsordnung belegen sind, konstituiert die Sachaufklärung das grenzüberschreitende Element und somit besteht eine „Grenzüberschreitung durch Sachaufklärung".[56]

C. Notwendigkeit der Untersuchung

Die Europäische Union soll nach Ansicht des Verfassers ein System der Sachaufklärung für grenzüberschreitende Fälle der zivilrechtlichen Zwangsvollstreckung bereitstellen. Nicht nur das Kriterium der Subsidiarität, zu dem die Untersuchung innerhalb der Prüfung der Unionskompetenz Stellung nimmt,[57] zwingt zu der eingehenden Untersuchung des Bedarfs an einer Vereinheitlichung. *Jürgen Stamm* hat die Anforderungen an eine unionsrechtlich vereinheitlichte Sachaufklärung wie folgt formuliert: „Solange [. . .] Vollstreckungslücken nicht aufgezeigt werden, die ein Versagen der grenzüberschreitenden Vollstreckung nachweisen, fehlt nicht nur der tatsächliche Bedarf, sondern auch die rechtliche Befugnis der Union zur Schaffung eines grenzüberschreitenden Informationssystems."[58] Der Verfasser der vorliegenden Bearbeitung sieht eine Vollstreckungslücke bereits darin, dass der Gläubiger bei Fällen grenzüberschreitender Zwangsvollstreckung nach Erhalt eines rechtskräftigen Urteils nicht auf unionsrechtliche Instrumente zur Sachaufklärung zurückgreifen kann. In dem zu immer größerer Einheit strebenden Wirtschafts- und Rechtsraum der Union wird es dem Gläubiger noch immer erschwert, Gerichtsurteile in anderen Mitgliedstaaten zu vollstrecken. Die nachfolgende Untersuchung untermauert die angenommene Notwendigkeit sekundärrechtlicher Legislativtätigkeit. Der Bedarf einer rechtsangleichenden Regelung ergibt sich aus einem viel weiteren Spektrum, als aus einer Feststellung

---

55 Ausführlich zum grenzüberschreitenden Bezug, siehe u. Teil 2, D. I. 1.

56 Vgl. *Alsfasser*, S. 196.

57 Siehe u. Teil 2, D. II.

58 *Stamm* in Leible/Terhechte (Hrsg.), Europäisches Rechtsschutz- und Verfahrensrecht (EnzEuR) Bd. 3, Rn. 36.

von Vollstreckungslücken oder gar dem Versagen von Rechtsordnungen. Mitgliedstaatliche Vollstreckungslücken sind, dem folgend, nicht Gegenstand der Bearbeitung. Auf Defizite der mitgliedstaatlichen Vollstreckungsverfahren, vor allem im Hinblick auf ihre Dauer, hat eine umfangreiche Studie bereits hingewiesen.[59]

Zunächst stellt die Untersuchung abstrakt die Rechtszersplitterung in der Union dar,[60] bevor der sich daran anschließende Teil konkrete Unterschiede aufzeigt.[61] Maßgeblich für die Notwendigkeit der Untersuchung sind weiterhin ökonomische Aspekte, die mit der Informationserlangung in Zusammenhang stehen.[62] Als abschließendes unterstützendes Argument stellt die Bearbeitung die beiden wichtigsten europäischen Verordnungen auf den Gebieten des Internationalen Privatrechts und des Internationalen Zivilprozessrechts kurz vor. Nach Ansicht des Verfassers verpflichtet die Existenz dieser beiden Verordnungen in einer Gesamtschau mit den zuvor vorgelegten Argumenten den Unionsgesetzgeber dazu, sich dem Bereich der Zwangsvollstreckung bzw. der Vorstufe der Zwangsvollstreckung, der Sachaufklärung, unionsrechtlich anzunehmen. Die von *Stamm* ebenso geforderten empirischen Belege der Notwendigkeit unionalen Handelns werden in den einzelnen Abschnitten vorgestellt.[63] Mittels der Argumentation von *Carolin Holzapfl* beleuchtet die Untersuchung die Anreizfunktion der Sachaufklärung.[64] Abschließende Argumente für einen Sekundärrechtsakt liefert sodann die bereits ergangene Rechtsetzung der Union.[65]

I. Rechtszersplitterung

1. Überblick

Augenfälligstes sowie zugleich lediglich abstraktes Argument für eine Rechtsvereinheitlichung ist die bestehende Rechtszersplitterung durch die individuellen Rechtsordnungen der 28 Mitgliedstaaten der Europäischen Union.[66] Der

---

59 Case study enforcement proceedings, S. 16ff.

60 Siehe sogleich I. 1.

61 Siehe sogleich I. 2.

62 Siehe sogleich II.

63 Gefordert von *Stamm*, IPRax 2014, 124 (124).

64 Siehe sogleich II. 5.

65 Siehe sogleich III.

66 Das Problem der Rechtszersplitterung durch die Mitgliedstaaten konstatieren neben vielen, *Hess*, EU-ZivilprozessR, § 10 Rn. 165; weiterhin mit Länderberichten: *Andenas/Nazzini* in Andenas/Hess/Oberhammer (Hrsg.), Enforcement Agency Practice in Europe, 53ff.

Fakt der Rechtszersplitterung ist lediglich eine Zustandsbeschreibung. Nachteile müssen sich aufgrund unterschiedlich gearteter Rechtsvorschriften in den Mitgliedstaaten nicht ergeben. Die Bearbeitung orientiert sich daran, dass schon die Rechtszersplitterung als solche den Gläubiger davon abhalten kann, Ansprüche zu verfolgen oder sie in einem anderen Mitgliedstaat durchzusetzen. Belastbare Zahlen untermauern die Vermutung. Bei einer Befragung äußerten 61 %, dass sich die größten Schwierigkeiten durch die Besonderheiten der nationalen Zivilprozessrechtsordnungen ergeben würden.[67] Auf eine weitere Frage antworteten 56 %, dass die Unterschiede zwischen den nationalen Rechtsordnungen selbst in den Fällen noch zu groß seien, in denen unionsrechtliche Zivilprozessrechtsmaßnahmen umgesetzt oder durchgeführt werden müssten.[68]

Die Mitgliedstaaten sowie Rechtsgelehrte entgegnen den auf dem Argument der Rechtszersplitterung basierenden Vereinheitlichungsbestrebungen, dass die Zwangsvollstreckungssysteme an den soziokulturellen und rechtlichen Maßstäben der einzelnen Staaten gewachsen seien.[69] Dem will sich die vorliegende Arbeit nicht entziehen. Gewachsene Rechtstraditionen und fest verankerte Systeme umfassend europäisch reformieren zu wollen, erscheint nicht zielführend.[70] Folglich wird sich ein Ansatz, der dem mitgliedstaatlichen Zwangsvollstreckungsrecht ein gesamteuropäisches Gewand überstülpen will, Widerständen ausgesetzt sehen und dürfte nicht nur aufgrund mangelnder Akzeptanz scheitern.[71] Das berücksichtigt die Bearbeitung und wägt im letzten Abschnitt ab, welche Form der Rechtsangleichung, eine Harmonisierung oder eine Vereinheitlichung, angebracht ist.[72] Für den Unionsgesetzgeber müssen Unterschiede zwischen den Mitgliedstaaten nicht unbedingt zu Problemen führen.[73] Es gebe

---

67 *Hess-Report*, S. 148.

68 Ibid.

69 Für Beispiele siehe *Tarzia* ZEuP 1996, 231 (233ff.); weiterhin *Kennett*, S. 61ff.; *Hess-Report*, S. 8f.; *Onțanu*, S. 3 m.w.N.; konkret zur Entwicklung in Frankreich, England und Deutschland, siehe *Holzapfl*, S. 26ff.; weiterhin *Hess* in Stürner/Kawano (Hrsg.), Comparative Studies on Enforcement and Provisional Measures, 49 (63ff.).

70 Auch der *Hess-Report* empfiehlt lediglich unterstützende unionsrechtliche Maßnahmen, siehe S. 147f.

71 Ebenfalls Zweifel äußern *Andenas/Nazzini* in Andenas/Hess/Oberhammer (Hrsg.), Enforcement Agency Practice in Europe, 53 (56) sowie *Kennett*, S. 75.

72 Siehe u. Teil 5, B.

73 *Europäische Kommission*, Arbeitsdokument der Kommissionsdienststellen - Anhang zum Grünbuch zur Effizienteren Vollstreckung von Urteilen in der Europäischen Union: Vorläufige Kontenpfändung {KOM(2006) 618 endgültig}, SEK(2006) 1341 v. 24.10.2006 unter „Handlungsbedarf auf Gemeinschaftsebene".

zwischen den Rechtsordnungen der Mitgliedstaaten diverse Unterschiede und Unstimmigkeiten. Deren Auswirkungen auf die Funktionsweise der Ziviljustiz in Europa seien relativ unbedeutend.[74] Ungeachtet dessen konstatiert die Union, dass das Vorhandensein unterschiedlicher Regelungen derart gravierend sein könne, „dass eine Lösung auf europäischer Ebene geboten [sei]".[75] Die Zahlen unter II. werden das belegen.

Zunächst zeigt aber die nachfolgende Betrachtung der Mitgliedstaaten, dass sich deren Sachaufklärungssysteme in ihren übergeordneten Strukturen ähneln, aber in der konkreten Ausgestaltung doch unterscheiden.

2. *Sachaufklärung in den Mitgliedstaaten der EU*

In allen Mitgliedstaaten der EU steht dem Gläubiger ein Verfahren zur Verfügung, um im Rahmen der Zwangsvollstreckung Schuldnervermögen von Organen der Zwangsvollstreckung offenlegen zu lassen. Die Ausführungen geben einen Überblick über die zur Anwendung kommenden Systeme und verdeutlichen die Heterogenität der mitgliedstaatlichen Zwangsvollstreckungs- und vor allem der Sachaufklärungsrechte. Die Heterogenität tritt insbesondere beim Verhältnis der Systeme der Vermögensauskunft beim Schuldner im Vergleich zur Abfrage von Informationen bei öffentlichen Behörden oder in Registern hervor. Teilweise beruhen die dargestellten Erkenntnisse auf älteren Untersuchungen. Im Laufe der Zeit erschienene Studien ermöglichten es, die Befunde zu bestätigen oder sie zu aktualisieren. Entscheidend sind nicht die detaillierten Regelungen der einzelnen Mitgliedstaaten, sondern die grundsätzlichen Strukturen und deren Vergleichbarkeit.

Deutlich macht das ein erster Befund. Die Systeme der Vermögensauskunft und Drittstellenabfrage sind in allen mitgliedstaatlichen Rechtsordnungen bekannt.[76] Nur vereinzelte Staaten sehen ausschließlich ein Instrument der Sachaufklärung vor. In den anderen Mitgliedstaaten ist der relevante Unterschied, ob eines der Instrumente primär zur Anwendung gelangt bzw., ob das andere Instrument nur in Abhängigkeit des primär anwendbaren Aufklärungsinstruments dem Gläubiger zur Verfügung steht. Weitere Unterschiede bestehen im Zusammenhang mit dem Umfang der Forderung, den zuständigen Organen der

74 Ibid.
75 Ibid.
76 Siehe *Stamm* in Leible/Terhechte (Hrsg.), Europäisches Rechtsschutz- und Verfahrensrecht (EnzEuR) Bd. 3, Rn. 37.

Vollstreckung sowie dem Zeitpunkt, zu dem Informationen akquiriert werden können. Insgesamt bestehen im Detail erhebliche Unterschiede, aber Gemeinsamkeiten in den generellen Strukturen.

Eine erste Trennlinie verläuft zwischen den Mitgliedstaaten hinsichtlich einer unterschiedlichen Ausgestaltung dahingehend, in welchem Umfang der Gläubiger bereits zu Beginn des Verfahrens selbstständig Informationen über Vermögensgegenstände für die potentielle Vollstreckung bereitstellen muss. In *England* muss der Gläubiger zur Verfahrenseinleitung keine potentiellen Vollstreckungsobjekte angeben.[77] In *Italien* liegt es demgegenüber am Gläubiger, die notwendigen Informationen über vollstreckbares Vermögen beizubringen.[78] Bei Misslingen der eingeleiteten Pfändung oder nicht ausreichenden Vermögensgegenständen kann der Gläubiger sodann aber die Vermögensauskunft beim Schuldner abnehmen lassen.[79] Auch in *Polen* hat der Gläubiger zunächst Informationen über Gegenstände beizubringen, in die die Zwangsvollstreckung betrieben werden soll.[80] Ist der Gläubiger dazu nicht in der Lage, muss der Gerichtsvollzieher den Schuldner zunächst zu seinen Vermögensgegenständen befragen.[81] Nach Pfändung beim Schuldner und nicht vollständiger Befriedigung kann der Gläubiger beantragen, dass der Gerichtsvollzieher eine erweiterte Vermögensauskunft beim Schuldner abnimmt.[82]

Ist das Vollstreckungsverfahren eingeleitet und trifft nicht primär den Gläubiger die Pflicht, Vermögen zu ermitteln, bestehen Unterschiede darin, welches Organ der Zwangsvollstreckung die Vermögensermittlung übernimmt.[83] Es handelt sich hauptsächlich um Gerichtsbedienstete, die dem deutschen Gerichtsvollzieher funktional ähneln. Zuständige Organe sind aber auch Richter, generell

77 Siehe *Holzapfl*, S. 71.

78 *de Cristofaro* in Kengyel/Harsági (Hrsg.), Grenzüberschreitende Vollstreckung in der Europäischen Union, 117 (126ff.).

79 Ibid.

80 Siehe *Weitz* in Kengyel/Harsági (Hrsg.), Grenzüberschreitende Vollstreckung in der Europäischen Union, 181 (194).

81 *Weitz* (o. Fn. 80) 181 (195).

82 Vgl. die Studie der Verbraucherzentrale Brandenburg (VZB), der polnischen Federacja Konsumentów und des Zentrums für Europäischen Verbraucherschutz, Redress 17 – Enforcement in Cross-Border Consumer Disputes – Legal Analysis und darin den deutschen Teil „Vergleichsbericht zur grenzüberschreitenden Vollstreckung in Verbrauchersachen in Deutschland, Polen und Frankreich", unter Punkt 4.1. Studie verfübar unter <www.konsument-info.eu/de/images/stories/Redress17/vergleichsstudie.pdf> [zuletzt abgerufen am 01.06.2020].

83 In Frankreich die Staatsanwaltschaft.

Gerichte und in einem Mitgliedstaat sogar die Staatsanwaltschaft. Die im englischen Recht als *oral examination* bezeichnete Befragung des Schuldners wird vom sog. *court officer* durchgeführt, wenn dafür nicht ein Richter vom zuständigen Gericht bestimmt wurde.[84] In *Frankreich* greift die Staatsanwaltschaft auf behördliche Daten zu.[85] Vorher muss ein Gerichtsbediensteter, der *hussier de justice*, vor dem staatsanwaltschaftlichen Verfahren schon Versuche unternommen haben, das Vermögen ausfindig zu machen.[86] *Irland* verpflichtet den Schuldner, vor einem Gericht Auskunft über sein Vermögen abzugeben.[87] In *Finnland* begibt sich der Gerichtsvollzieher auf die Suche nach vollstreckbaren Vermögensgegenständen.[88] Der Gerichtsvollzieher kann den Schuldner detailliert zu seinen Vermögensverhältnissen befragen.[89] In *Griechenland* ist das Vollstreckungsorgan befugt, Daten zum Zwecke der Zwangsvollstreckung einzuholen, wenn eine Legitimation durch einen vollstreckbaren Titel vorliegt.[90] Nach der Zivilprozessordnung in der *Tschechischen Republik* kann der Gläubiger beantragen, dass der Schuldner zu seinem Vermögen eine Erklärung vor dem zuständigen Gericht abgibt.[91] In *Portugal* stehen dem Gerichtsvollzieher mehrere Informationsplattformen zur Verfügung, über die er Informationen über Vermögensgegenstände

---

84 Siehe Civil Procedure Rules 71.6 Abs. 2; näheres bei *Holzapfl*, S. 86ff.; vgl. weiterhin *Bruns* ZEuP 2010, 809 (814); *Baur/Stürner/Bruns*, Rn. 59.47.

85 Siehe ausführlich zum Verfahren, *Holzapfl*, S. 111.

86 Ibid.; *Baur/Stürner/Bruns*, Rn. 59.19.

87 Siehe National Report Ireland für den *Hess-Report*, S. 20, verfügbar unter <www2.ipr.uni-heidelberg.de/studie/National%20Reports/Ireland/Report%20Ireland.pdf> [zuletzt abgerufen am 01.06.2020], sowie Synopses of the study JAI/A3/2002/02, Transparency, On Basis Of Title, S. 8, verfügbar unter <www2.ipr.uni-heidelberg.de/studie/synopses/Transparency/Synopsis%20Transparency%20On%20Basis%20of%20Title%20Feb%2004.pdf> [zuletzt abgerufen am 01.06.2020].

88 *Ervo* in Kengyel/Harsági (Hrsg.), Grenzüberschreitende Vollstreckung in der Europäischen Union, 49 (72).

89 *Ervo*, a.a.O., 49 (77ff.); siehe auch Finland's reply to the Green Paper, Paper on Effective Enforcement of Judgments in the European Union: The Transparency of Debtors' Assets, COM(2008) 128 final, S. 2.

90 ENABLE Project, National Report Hellenic Republic, S. 12, verfügbar unter <https://access2just.eu/wp-content/uploads/2018/01/National-report_GREECE.pdf> [zuletzt abgerufen am 01.06.2020].

91 Vgl. „Statement on Property" in § 260a - § 260h, Act of the Czech Republic No. 99/1963 Sb.Civil Procedure Code, Übersetzung verfügbar unter <www.newyorkconvention.org/11165/web/files/document/2/0/20974.pdf> [zuletzt abgerufen am 01.06.2020].

des Schuldners einholen kann.[92] Nicht öffentlich zugängliche Datensammlungen in *Slowenien* können durch ein Gericht, einen Gerichtsvollzieher oder einen Rechtsanwalt (bei einem Verfahren seines Klienten) konsultiert werden.[93] Die genannten Organe können Angaben über den Arbeitgeber des Schuldners einholen, die über die Krankenkassen erfragt werden.[94] Aber auch der über einen Exekutionstitel verfügende Gläubiger kann Auskunft über die Daten erhalten.[95] Das slowenische Zivilprozessrecht räumt dafür umfassenden Zugriff auf Informationen über den Schuldner ein.[96] Öffentlich zugänglich sind zum Beispiel das Grundbuch und Handelsregister. Gerichte verfügen über spezielle Suchsysteme, die dem einfachen Gläubiger nicht zur Verfügung stehen.[97]

Unterschiede gibt es ebenfalls beim Zeitpunkt, zu dem der Schuldner zur Abgabe der Vermögenserklärung verpflichtet ist. Ähnlich dem vor der ZPO Reform von 2013 anwendbaren System in *Deutschland* verfährt noch *Österreich*. Dort kann der Schuldner zur – auch zwangsweisen – Abgabe eines Vermögensverzeichnisses aufgefordert werden, sobald der erstmalige Exekutionsvollzug erfolglos war.[98] Das gleiche System einer Abnahme der Vermögensauskunft nach erfolglosem ersten Pfändungsversuch kommt in *Italien* zur Anwendung.[99] Im Gegensatz dazu gibt der Schuldner in *Portugal* die Vermögensauskunft zu

92 ENABLE Project, National Report Portugal, S. 3, 9ff., insbes. 25ff, verfügbar unter <https://access2just.eu/wp-content/uploads/2018/01/National-report_PORTUGAL.pdf> [zuletzt abgerufen am 01.06.2020].

93 *Galič* in Kengyel/Harsági (Hrsg.), Grenzüberschreitende Vollstreckung in der Europäischen Union, 209 (224f.) mit weiteren Beispielen.

94 Ibid.

95 *Galič* (o. Fn. 93) 209 (210).

96 Siehe den Beitrag Sloweniens zur Konsultation im Rahmen des Grünbuchs Schuldnertransparenz, S. 8, verfügbar unter <http://collections.internetmemory.org/haeu/20171122154227/http://ec.europa.eu/justice/news/consulting_public/debtor_assets/contributions/member_states/slovenia_en.pdf> [zuletzt abgerufen am 19.12.2018].

97 Ibid.

98 Verpflichtung zur Offenbarungsversicherung und zur Erstellung des Vermögensverzeichnisses, siehe §§ 47ff. Exekutionsordnung; dazu *Frauenberger-Pfeiler* in Kengyel/Harsági (Hrsg.), Grenzüberschreitende Vollstreckung in der Europäischen Union, 151 (168, 173).

99 Art. 492 Codice di Procedura Civile, darauf nimmt Bezug *de Cristofaro* (o. Fn. 78) 117 (127).

Beginn des Vollstreckungsverfahrens ab, ohne dass zuvor ein fruchtloser Vollstreckungsversuch unternommen worden sein muss.[100]

Andere Länder haben die Drittauskunft als primäres Sachaufklärungssystem implementiert. Sie begründen dies mit der Effektivität dieser Systeme. *Estland* wird als Beispiel hervorgehoben, da sich die Effizienz von Vollstreckungsverfahren im Land erheblich verbessert haben soll, seitdem Gerichtsvollzieher das Krankenversicherungs-, Sozialversicherungs- und Wertpapierregister abfragen können.[101] Innerhalb der Mitgliedstaaten mit Drittauskunft als Instrument bestehen Unterschiede, auf welche Drittstellen welches Organ zugreifen kann. Ein online einsehbares *Company Register* hält Unternehmensinformationen in *England* bereit.[102] Auf gerichtliche Anordnung hin oder durch Antrag des Gläubigers ist Einsicht in das *Land Registry* möglich.[103] In *Frankreich* beschränkt sich die Drittauskunft auf die Informationen, die auch durch die Befragung des Schuldners erlangt werden können, wie etwa die Identität und Adresse des Arbeitgebers, aber auch Datenbestände der Steuer- und Sozialbehörden, Konten und Institute, wo sie geführt werden, sowie die Adresse des Schuldners.[104] Dem Gläubiger ist ein Zugriff auf Meldedaten verwehrt. Auf das Grundbuch und Handelsregister kann er ähnlich wie in *Deutschland* zugreifen.[105] Sind Register oder Datensammlungen in *Polen* für Private nicht zugänglich, kann das Vollstreckungsorgan nach Antrag des Gläubigers und mangelnder Vermögensauskunft des Schuldners diese Informationen beschaffen.[106] In *Spanien* werden Informationen über ein Arbeitsverhältnis und daraus entstehendes pfändbares Einkommen mittels der Sozialversicherungen und somit mittels Drittstellen eingeholt.[107] Steuerregister können ebenso konsultiert werden.[108] In *Litauen*, *Lettland* und *Estland* sind öffentliche Register der hauptsächliche Anknüpfungspunkt für die

---

100 Synopses of the study JAI/A3/2002/02, Transparency, On Basis Of Title (o. Fn. 87) S. 12; *Kennett*, S. 106f.; *Hess-Report*, S. 36f.

101 Grünbuch Schuldnertransparenz (o. Fn. 17) S. 8.

102 Siehe <www.gov.uk/government/organisations/companies-house> [zuletzt abgerufen am 01.06.2020].

103 Vgl. *Holzapfl*, S. 129.

104 *Holzapfl*, S. 112; *Tarzia* ZEuP 1996, 231 (237).

105 Vgl. *Bruns* ZEuP 2010, 809 (815).

106 *Weitz* (o. Fn. 80) 181 (197); siehe auch die Vergleichsstudie, Redress 17 – Enforcement in Cross-Border Consumer Disputes – Legal Analysis (o. Fn. 82) unter Punkt 4.1.

107 Art. 590 Law 1/2000, of 7 January, On Civil Procedure; Synopses of the study JAI/A3/2002/02, Transparency, On Basis Of Title, (o. Fn. 87) S. 13.

108 Ibid.

Sachaufklärung.[109] Die öffentlichen Register werden alle elektronisch geführt. Entweder greifen die Vollstreckungsorgane oder der Gläubiger selbst auf die Daten zu.[110] Gläubiger können sich an registerführende Stellen, wie beispielsweise das Äquivalent zum Grundbuchamt, wenden. Für Auskünfte müssen Gläubiger spezifische Daten beibringen, bevor sie auf die Informationen zum Schuldner zugreifen können.[111] Im Gegensatz dazu können die Gerichtsvollzieher als öffentliche Einrichtungen auf Informationen zugreifen, vor allem auf Sozialversicherungsregister und die bei Steuerbehörden vorhandenen Daten.[112] Daneben gibt es in *Lettland* ein Vollstreckungsverfahrensregister (*Register of Enforcement Cases*), das sämtliche Informationen für Vollstreckungsverfahren enthält. Die Vollstreckungsorgane können die darin enthaltenen Informationen abfragen.[113] In den *Niederlanden* können Angaben zur Adresse des Schuldners und einem möglicherweise bestehenden Arbeitsverhältnis mittels der Träger der Sozialversicherung erfragt werden.[114] In *Belgien* ist das zuständige Vollstreckungsorgan ermächtigt, Informationen über Registerauskünfte einzuholen.[115] Zum Beispiel kann der Gerichtsvollzieher auf Auskünfte der Sozialversicherung

---

109 *Nekrošius/Vėbraitė* in Kengyel/Harsági (Hrsg.), Grenzüberschreitende Vollstreckung in der Europäischen Union, 133 (142); siehe für Litauen: National Report Republic of Lithuania, S. 12f., Bericht verfügbar unter <https://access2just.eu/wp-content/uploads/2018/01/NATIONAL-REPORT-LITHUANIA.pdf> [zuletzt abgerufen am 01.06.2020]; siehe für Lettland: National Report Republic of Latvia, S. 24f., Bericht verfügbar unter <https://access2just.eu/wp-content/uploads/2018/01/National-report_LATVIA.pdf> [zuletzt abgerufen am 01.06.2020]; siehe zu den Kompetenzen des Gerichtsvollziehers in Estland: National Report Republic of Estonia, S. 4 und zum Umfang der abrufbaren Daten S. 12, Bericht verfügbar unter <https://access2just.eu/wp-content/uploads/2018/01/National-report_ESTONIA.pdf> [zuletzt abgerufen am 01.06.2020] sowie Estonia's replies to the questions in the Green Paper on improving the efficiency of the enforcement of judgments in the European Union: the transparency of debtors' assets, S. 4, verfügbar unter <http://collections.internetmemory.org/haeu/20171122154227/http://ec.europa.eu/justice/news/consulting_public/debtor_assets/contributions/member_states/estonia_en.pdf> [zuletzt abgerufen am 19.12.2018].

110 *Nekrošius/Vėbraitė* (o. Fn. 109) 133 (142).

111 Ibid.

112 *Nekrošius/Vėbraitė* (o. Fn. 109) 133 (143).

113 National Report Republic of Latvia (Fn. 109) S. 23f.

114 Wie zuvor, Nr. 13; *Hess-Report*, S. 39; *Kennett*, S. 102.

115 In Belgien kommt das Konzept der Vermögenserklärung nicht zur Anwendung, siehe *Sala* in Kengyel/Harsági (Hrsg.), Grenzüberschreitende Vollstreckung in der Europäischen Union, 275 (284); *Hess-Report*, S. 35 und 54.

zugreifen, um Arbeitsverhältnisse und pfändbares Einkommen aufzudecken.[116] *Dänemark* hingegen räumt Vollstreckungsorganen keinen Zugriff auf Daten der Steuerbehörden oder der Sozialversicherung ein, um die Vollstreckung von zivilrechtlichen Ansprüchen durchzusetzen.[117] In *Finnland* wiederum kann der Gerichtsvollzieher auf Registerinformationen zugreifen und Daten abfragen.[118]

In einigen Mitgliedstaaten kommt die Drittauskunft sekundär zur Anwendung. Nachdem in *Italien* ein weiterer Vollstreckungsversuch auf Grundlage der Vermögensauskunft vorgenommen wurde, können Informationen der Steuerbehörden oder andere öffentliche Register abgefragt werden.[119] Dabei steht es im Ermessen des *ufficiale giudiziario*, einem Justizbeamten, der den für die Vollstreckung zuständigen Richter unterstützt,[120] von welchen öffentlichen Registern oder Datenbanken er die Informationen einholt.[121]

Es ergeben sich zwischen den Rechtsordnungen auch Unterschiede hinsichtlich der anwendbaren Sachaufklärungsmaßnahme durch den Inhalt der zu vollstreckenden Forderung. Erleichterungen bei der Sachaufklärung und der Pflicht, konkrete Angaben zum Drittschuldner machen zu können, finden sich beispielsweise in *Österreich* für die Forderungspfändung. Denn für die Pfändung von Arbeitseinkommen kann das Exekutionsgericht die notwendigen Angaben beim österreichischen Sozialversicherungsträger einholen, auch schon vor der Exekutionsbewilligung.[122] In den *Niederlanden* ist grundsätzlich keine Befragung

---

116 *Hess-Report*, S. 39.

117 Danish Government's comments on European Commission's Green Paper on the effective enforcement of judgments in the European Union: the transparency of debtors' assets (COM(2008) 128 of 6 March 2008), Letter to DG JLS, 29 September 2008, S. 3, verfügbar unter <http://collections.internetmemory.org/haeu/20171122154227/http://ec.europa.eu/justice/news/consulting_public/debtor_assets/contributions/member_states/denmark_en.pdf > [zuletzt abgerufen am 19.12.2018].

118 Ibid.; siehe weiterhin Finland's reply to the Green Paper (o. Fn. 89) S. 2, verfügbar unter <http://collections.internetmemory.org/haeu/20171122154227/http://ec.europa.eu/justice/news/consulting_public/debtor_assets/contributions/member_states/finland_en.pdf > [zuletzt abgerufen am 19.12.2018].

119 Ibid.

120 Siehe *de Cristofaro* (o. Fn. 78) 117 (117).

121 *de Cristofaro* (o. Fn. 78) 117 (128).

122 Siehe §§ 47 Abs. 2, 294a Abs. 1 Nr. 2 i.V.m. § 290a EO. Dazu auch *Frauenberger-Pfeiler* (o. Fn. 98) 151 (161f., 168) sowie Synopses of the study JAI/A3/2002/02, Transparency, On Basis Of Title (o. Fn. 87) S. 1; siehe dazu mit weiteren Nachweisen S/K/T/*Schumacher*, Art. 14 Rn. 71; § 55 Abs. 3 EO verkörpert einen Untersuchungsgrundsatz.

des Schuldners vorgesehen.[123] Mit einer Ausnahme: Wird der Schuldner verurteilt, eine Geldschuld zu bezahlen, ist er grundsätzlich verpflichtet, Angaben zu seinem Vermögen zu machen.[124] Diese Pflicht ist nur teilweise vollstreckbar.[125] In *Frankreich* wird die Befragung des Schuldners und die damit verbundene Auskunft nur im Hinblick auf eine Auskunft über den Arbeitgeber und bestehende Konten bei Forderungen bis zu einer Höhe von ca. 500 Euro angewandt.[126] Allerdings ergeben sich keine Sanktionen, wenn der Schuldner sich weigert, die Erklärung abzugeben.[127]

Weitere Unterschiede zwischen den Mitgliedstaaten materialisieren sich darin, in welchem Umfang der Schuldner über das Vermögen Auskunft erteilen muss. In *Portugal* beispielsweise muss der Schuldner Vermögensgegenstände nur bis zu dem Wert angeben, der ausreichend ist, um die Schuld zu befriedigen.[128]

Dass schon während des Erkenntnisverfahrens Informationen über das Schuldnervermögen vom Gericht gesammelt werden ist äußerst unüblich. Soweit erkennbar wird dieses System nur in *Ungarn* angewandt. Während des Erkenntnisverfahrens werden Daten wie die Arbeitsstelle oder das „Steueridentifizierungszeichen", bei natürlichen Personen und bei Wirtschaftsorganisationen sogar Bankdaten und das kontoführende Kreditinstitut, im Verhandlungsprotokoll festgehalten.[129] Der Gläubiger muss im Zwangsvollstreckungsverfahren nichtsdestotrotz Angaben machen, die den Schuldner eindeutig identifizieren

---

123 Answers of the Netherlands to the Green Paper on Transparency of Debtors' Assets, Preliminary Observations, Nr. 9, verfügbar unter <http://collections.internetmemory.org/haeu/20171122154227/http://ec.europa.eu/justice/news/consulting_public/debtor_assets/contributions/member_states/netherlands_en.pdf> [zuletzt abgerufen am 19.12.2018].

124 Siehe zu den Offenbarungspflichten im niederländischen Recht, ENABLE, Expert Report The Netherlands, S. 41, verfügbar unter <https://access2just.eu/wp-content/uploads/2018/01/National-report_NETHERLANDS.pdf> [zuletzt abgerufen am 01.06.2020].

125 Wie zuvor, Nr. 12.

126 Vgl. *Holzapfl*, S. 108; siehe auch *Hess-Report*, S. 35, Fn. 167; Note des Autorites Françaises, Antwort zu Frage 8, S. 8, verfügbar unter <http://collections.internetmemory.org/haeu/20171122154227/http://ec.europa.eu/justice/news/consulting_public/debtor_assets/contributions/member_states/france_fr.pdf> [zuletzt abgerufen am 19.12.2018]; *Baur/Stürner/Bruns*, Rn. 59.19.

127 Vgl. *Bruns* ZEuP 2010, 809 (815).

128 *Hess-Report*, S. 35; ENABLE Project, National Report Portugal (o. Fn. 92) S. 13.

129 *Harsági/Herédi/Király/Kengyel* in Kengyel/Harsági (Hrsg.), Grenzüberschreitende Vollstreckung in der Europäischen Union, 239 (249f.).

und auch Informationen beibringen, an welchem Ort sich vollstreckbares Vermögen befinden könnte.[130] Allerdings hat die Beibringung letzterer Informationen lediglich informativen Charakter für den Gerichtsvollzieher, denn dieser ist grundsätzlich für die Einholung von genauen Auskünften, zum Beispiel auch aus Registern, zuständig.[131] Der Gerichtsvollzieher nimmt eine starke Stellung bei der Informationseinholung ein, vor allem in Bezug auf Registerauskünfte. Eine Vermögenserklärung ist im ungarischen Recht nicht vorgesehen.[132]

3. *Schlussfolgerungen*

Auf der Grundlage der erstellten Länderberichte lassen sich folgende Erkenntnisse ableiten:

1. Die Systeme zum Auffinden von Schuldnervermögen in der EU sind heterogen hinsichtlich der unterschiedlichen Ausgestaltung der Schuldnereinbeziehung, der Kompetenz der unterschiedlichen Vollstreckungsorgane sowie des Vorhandenseins von und den Zugang zu Drittstelleninformationen.[133] Die Unterschiede sollten allerdings nicht überbewertet werden.[134]
2. Nahezu alle Rechtsordnungen sehen beide Modelle der Sachaufklärung vor. Nur wenige Mitgliedstaaten wenden ausschließlich ein System an. Mitgliedstaaten, die die Schuldnerbefragung vorsehen, haben sich auch für ein System der Drittauskunft geöffnet.
3. Die Auskunft über das Vermögen durch den Schuldner sehen die Mitgliedstaaten verbreitet als die bevorzugte Variante an.[135] Die Konsultation der Mitgliedstaaten für das Grünbuch zur Transparenz des Schuldnervermögens

---

130 Wie zuvor, 239 (255).

131 Wie zuvor, sowie zu den Registerauskünften 252ff.

132 Wie zuvor, 258f.

133 Ebenso untermauert durch *Hess*, EU-ZivilprozessR, § 10 Rn. 155; *Kennett*, S. 61 (62) sowie Study of National Procedural Laws and Practices, S. 31, Nr. 49: „data [...] clearly suggest[s] that national procedural laws [...], constitute a particularly fragmented field of law with significant discrepancies among the Member States and consequences on the freedom of circulation of judgements within the EU.“; siehe weiterhin *Andenas/Nazzini* in Andenas/Hess/Oberhammer (Hrsg.), Enforcement Agency Practice in Europe, 53 (57ff.).

134 Vgl. die Einschätzung im *Hess-Report*, S. 147.

135 Für eine historische Herleitung siehe *Bruns* ZEuP 2010, 809 (811). So wohl auch der *Hess-Report*, S. 148f., der eine drittstellenbasierte Informationsermittlung nicht vorschlägt.

verdeutlicht den Befund.[136] Mehrheitlich sprachen sich die befragten Mitgliedstaaten für die Einführung einer Europäischen Vermögenserklärung (*European Asset Declaration*) aus.[137]

4. Die Auskünfte aus Registern, neben der Auskunft durch den Schuldner, werden aber als ebenso sinnvoll und notwendig angesehen sowie teilweise auch als das effektivere Mittel der Sachaufklärung.[138]
5. Der Beibringungsgrundsatz scheint gesamteuropäisch mehr in den Hintergrund zu treten.[139] Vielmehr wird die Sachaufklärung als beim Staat angelagert betrachtet.[140]

Vor diesem Hintergrund beschäftigt sich die vorliegende Untersuchung mit den einzelnen Punkten und wird darauf konkret in Teil 5 eingehen.

Der Befund zur bestehenden Rechtszersplitterung stellt lediglich ein Indiz dafür dar, angleichende oder vereinheitlichende Regelungen erlassen zu können. Gewichtiger sind aber die Konsequenzen, die aus den Unterschieden der Rechtsordnungen resultieren. Darauf geht der folgende Abschnitt ein. Er zeigt auf, welche ökonomischen Gesichtspunkte für einen Unionsrechtsakt sprechen.

II. Ökonomische Aspekte

Begründet in ihrem Ursprung als reine Wirtschaftsunion hat die Europäische Union einen prosperierenden Markt entstehen lassen, auf dem Güter über kaum mehr sichtbare Grenzen gehandelt werden.[141] Jeder kann heutzutage in der

---

136 Siehe weiterhin die „Summary of Replies to the Green Paper on Effective Enforcement of Judgments in the European Union: The Transparency of Debtors´ Assets", verfügbar unter <http://ec.europa.eu/civiljustice/news/com_2008_0128/summary_en.pdf> [zuletzt abgerufen am 01.06.2020] (im Folgenden: Summary of Replies); weiter ausführlich zum Grünbuch, u. Teil 2, B.

137 Dafür sprachen sich (teilweise unter Einschränkungen) aus: Dänemark, Deutschland, Estland, Finnland, Griechenland, Lettland, Österreich, Polen, Schweden, Slowenien, Spanien, Tschechische Republik und das Vereinigte Königreich. Ausdrücklich dagegen lediglich Frankreich und die Niederlande.

138 *Heiderhoff* in Hess (Hrsg.), Anerkennung im internationalen Zivilprozessrecht, 149 (166).

139 Vgl. *Stamm* in Leible/Terhechte (Hrsg.), Europäisches Rechtsschutz- und Verfahrensrecht (EnzEuR) Bd. 3, Rn. 28. A.A. *Bruns*, ZeuP 2010, 809 (821).

140 *Stamm*, wie zuvor.

141 Vgl. *Hess*, EU-ZivilprozessR, § 1 Rn. 1; die Verwirklichung des Binnenmarktes ist verankert in Art. 26 Abs. 1 AEUV und wird gewährleistet durch die Grundfreiheiten; stellvertretend für die Grundfreiheiten steht die Warenverkehrsfreiheit,

Europäischen Union kaufen und verkaufen, frei über nationalstaatliche Grenzen hinweg. Komplikationen bleiben dabei selbstverständlich nicht aus. Die Europäische Kommission prognostizierte, dass „die meisten Unternehmer und Verbraucher angesichts der Entwicklung des Binnenmarktes früher oder später in [...] Streitigkeiten im Ausland verwickelt werden dürften".[142] Die Streitigkeiten müssen ihren Ursprung nicht im Ausland haben. Auch im ursprünglichen Sachverhalt reine Inlandsfälle können durch die Belegenheit des Vollstreckungsgegenstandes im Ausland ein grenzüberschreitendes Gepräge erhalten.[143] Die ausländische Zwangsvollstreckung ist die Krux des Ganzen. Aus diesem Grund hat die Note der Kommission aus dem Jahr 1959 keinesfalls an Aktualität verloren. In dieser hieß es: „Ein echter Binnenmarkt [...] wird erst dann verwirklicht sein, wenn ein ausreichender Rechtsschutz gewährleistet ist. Es wären Störungen und Schwierigkeiten [...] zu befürchten, wenn die sich aus den vielfältigen Rechtsbeziehungen ergebenden Ansprüche nicht erforderlichenfalls auf dem Rechtswege festgestellt und durchgesetzt werden könnten."[144] Die Aussage wird vom Verfasser der Bearbeitung keinesfalls als Kritik an den Mitgliedstaaten selbst gewertet, geschweige denn will er sie als solche verstanden wissen. Einzig ein quasi europäischer Rechtsweg mittels eines supranationalen Sachaufklärungsinstruments wird gefordert und entwickelt, unabhängig von der Effektivität und Effizienz mitgliedstaatlicher Systeme. Für Streitigkeiten mit Auslandsbezug fordert die vorliegende Untersuchung, dass die Europäische Union als supranationales Gebilde die Institution ist, die den Betroffenen Rechtssicherheit in

---

Art. 28ff. AEUV insbes. Art. 34 AEUV, siehe dazu Calliess/Ruffert/*Kingreen*, AEUV, Art. 36 Rn. 127ff.

142 Vgl. den Vorschlag für eine Verordnung des Europäischen Parlaments und des Rates zur Einführung eines europäischen Verfahrens für geringfügige Forderungen, KOM(2005) 87 endg. v. 15.03.2005 (im Folgenden: Vorschlag-EuGFVO), S. 6; auf die Verknüpfung des Binnenmarktes und das Vorhandensein wirksamer Rechtsmittel verweist auch die Entschließung des Europäischen Parlaments vom 22. April 2009 zu der effizienten Vollstreckung gerichtlicher Entscheidungen in der Europäischen Union: Transparenz des Schuldnervermögens (2008/2233(INI)), ABl. EU C377 E/7 v. 7.12.2012; vgl. auch *Alsfasser*, S. 195: „Aus grenzüberschreitendem Wirtschaftsverkehr resultiert also grenzüberschreitende Zwangsvollstreckung.".

143 Siehe bereits zuvor Fn. 56.

144 Note der Kommission der EWG vom 22.10.1959, abgedruckt im Bericht Jenard, ABl. EG C 59/1 v. 05.03.1979, S. 3. Der Befund wird in der Case study enforcement proceedings, S. 5 unterstrichen: „Effective justice systems are important structural components of an attractive business environment: trusting that the rule of law is fully upheld directly translates into the confidence to invest in the economy".

Grundzügen durch den Erlass von Sekundärrechtsakten garantiert. Damit die Union tätig werden darf, muss tatsächlicher Bedarf an einer unionsrechtlichen Regelung bestehen. Dieser Bedarf ergibt sich aus einer Gesamtschau der folgenden Unterpunkte.

Dabei beschäftigen sich die einzelnen Unterpunkte zunächst mit Migrationsbewegungen von Unionsbürgern[145] und der Tatsache, dass diese zu Vermögensakquisitionen und somit einer Binnenmarktbetätigung im Ausland führen. Statistische Erhebungen zur Häufigkeit zweier für die Zwangsvollstreckung lukrativ wirkender Vermögensobjekte verdeutlichen den Befund.[146] Die Kaufentscheidungen der Unionsbürger zum einen als auch nicht fristgerecht beglichene Forderungen von Unternehmen zum anderen führen zu Gerichtsverfahren, in denen auch Unionsbürger mit Sitz im EU-Ausland auf Kläger- oder Beklagtenseite beteiligt sind.[147] Die Gerichtsverfahren können schlussendlich in Zwangsvollstreckungsverfahren münden.[148] Für letztere wird überblicksartig eine Analyse der Sachaufklärung unter der Prämisse vorgenommen, inwiefern sie den innereuropäischen Handel positiv beeinflussen kann.[149]

1. Innereuropäische Migrationsbewegungen

Staatsangehörigen der Mitgliedstaaten der Europäischen Union ist der Raum der 28 Mitgliedstaaten eröffnet und die Mobilität zwischen ihnen garantiert. Art. 21 AEUV verankert die generelle Freizügigkeit, die zur Wohnsitznahme in einem anderen Mitgliedstaat der Europäischen Union berechtigt.[150] Art. 45 AEUV enthält die Arbeitnehmerfreizügigkeit. Statistische Erhebungen zu den innereuropäischen Migrationsbewegungen sind ein Indiz für die Notwendigkeit einer verbesserten Rechtsschutzgewährung auf Unionsebene.

Zahlen zu eingereisten EU-Bürgern nach Deutschland vermitteln einen ersten Eindruck über Migrationsbewegungen in der EU. Statistiken belegen eindeutig, dass sich seit Jahren konstant mehr Unionsbürger in der Bundesrepublik niederlassen. Insgesamt wanderten im Jahr 2017 634.836 Unionsbürger nach

---

145 Siehe unter 1.

146 Siehe unter 2.

147 Siehe unter 3.

148 Siehe unter 4.

149 Siehe unter 5.

150 Dazu Calliess/Ruffert/*Kluth*, AEUV, Art. 21 Rn. 4; vdG/S/H/*Haag*, AEUV, Art. 21 Rn. 16.

Deutschland ein.[151] Spiegelbildlich wandern EU-Bürger in teils großem Umfang aus ihren Herkunftsstaaten ab. Im Jahr 2015 wanderten annähernd drei Mal so viele Unionsbürger von Bulgarien nach Deutschland aus wie noch im Jahr 2010.[152] Ähnlich hohe Abwanderungsraten lagen für Unionsbürger aus Polen oder Rumänien vor.[153] Auch aus älteren Mitgliedstaaten der Union wandern Unionsbürger nach Deutschland ein. Die Anzahl zugewanderter Unionsbürger aus Belgien, Frankreich und auch dem Vereinigten Königreich steigt seit Jahren kontinuierlich an.[154] Bereits diese Migrationsbewegungen innerhalb der EU machen deutlich, in welchen Größenordnungen Rechtsstreitigkeiten mit Bezügen zum EU-Ausland als nachgelagerte Folgen der Bewegungen entstehen können. Von den zugewanderten Unionsbürgern sind auch nahezu 90 % im erwerbsfähigen Alter.[155] Das bedeutet, ein Großteil hat bereits Vermögen oder wird relevantes Vermögen anhäufen. Im Falle einer notwendigen Zwangsvollstreckung wird der Gläubiger Informationen über dieses Vermögen einholen wollen.

Zahlen zu Unionsbürgern, die ihren Wohnsitz verlegt haben, sind ebenfalls aufschlussreich. Insgesamt haben in allen 28 Mitgliedstaaten der Europäischen Union im Jahr 2018 ca. 15 Millionen Menschen in einem anderen Mitgliedstaat ihren ständigen Wohnsitz genommen als in dem Mitgliedstaat, in dem sie geboren wurden.[156] Im Vergleich zur Einwohnerzahl aller Mitgliedstaaten der EU mag die Zahl der migrierten Unionsbürger gering erscheinen. Allerdings

151 Siehe Bundesamt für Migration und Flüchtlinge, Forschungszentrum Migration, Integration und Asyl: Freizügigkeitsmonitoring: Migration von EU-Bürgern nach Deutschland, Jahresbericht 2016, S. 6, verfügbar unter <https://www.bamf.de/SharedDocs/Anlagen/DE/Forschung/BerichtsreihenMigrationIntegration/Freizuegigkeitsmonitoring/freizuegigkeitsmonitoring-jahresbericht-2016.pdf?__blob=publicationFile&v=16> [zuletzt abgerufen am 01.06.2020].

152 Ibid.

153 Ibid.

154 Siehe Bundesamt für Migration und Flüchtlinge, Forschungszentrum Migration, Integration und Asyl: Freizügigkeitsmonitoring: Migration von EU-Bürgern nach Deutschland, Jahresbericht 2017, S. 6, verfügbar unter <https://www.bamf.de/SharedDocs/Anlagen/DE/Forschung/BerichtsreihenMigrationIntegration/Freizuegigkeitsmonitoring/freizuegigkeitsmonitoring-jahresbericht-2017.pdf?__blob=publicationFile&v=16> [zuletzt abgerufen am 01.06.2020].

155 Wie zuvor, S. 5.

156 Vgl. Eurostat, LFS Reihe Spezifische Themengebiete, Mobilität der Arbeitskräfte: „In einem EU-/EFTA-Land geborene Bevölkerung im erwerbsfähigen Alter, die ihren üblichen Aufenthaltsort in einem anderen EU-/EFTA-Land hat, nach Geburtsland und Alter“, verfügbar unter <https://ec.europa.eu/eurostat/web/lfs/data/database> [zuletzt abgerufen am 01.06.2020].

bilden die Zahlen nur eine konkrete Grundlage für die Annahme grenzüberschreitender wirtschaftlicher Betätigung. Sogleich wird aufgezeigt, dass auch grenzüberschreitende Geschäfte von im Inland verbliebenen EU-Bürgern eine nicht zu vernachlässigende Größe einnehmen. Denn aus den generellen Zahlen zu Wanderungsbewegungen in der EU lassen sich keine konkreten Hinweise auf Vermögen der Unionsbürger in ihrem ehemaligen Mitgliedstaat ableiten.

Unionsbürger erwerben allerdings Vermögensgegenstände auch grenzüberschreitend. Deutlich wird das durch das Special Eurobarometer 395 aus dem Jahr 2013 zur EU-Verordnung über geringfügige Forderungen. Nahezu ein Drittel der Befragten gab an, dass sie bereits Waren in einem anderen Mitgliedstaat gekauft oder Dienstleistungen von Unternehmen in Anspruch genommen hatten, die in einem anderen Mitgliedstaat ihren Sitz haben.[157] In Verbindung mit der Einschätzung der Kommission, dass sich daraus früher oder später auch Rechtsstreitigkeiten ergeben, sind die Migrationsbewegungen innerhalb der EU in jedem Falle ein nicht zu vernachlässigendes Indiz für die Notwendigkeit verbesserter Regelungen im Bereich der Zwangsvollstreckung.

2. *Auslandsvermögen*

Migrationsbewegungen, aber auch stärker verknüpfte Märkte führen zwangsläufig zu Vermögensakquisitionen von EU-Bürgern in anderen Mitgliedstaaten. Statistiken zu zwei Vermögenspositionen, an denen Gläubiger bei der Aufklärung von Vermögen des Schuldners im Zuge der Zwangsvollstreckung gesteigertes Interesse haben dürften, verdeutlichen die Annahme. Die Existenz der Kontenpfändungsverordnung verdeutlicht das Interesse an Konten als Vermögenswert in der Zwangsvollstreckung, vor allem seitens der europäischen Union.[158] Weiterhin sind Immobilien zumeist gewinnträchtige Vermögensgegenstände in der Zwangsvollstreckung.

---

157 Special Eurobarometer 395 European Small Claims Procedure, S. 21 verfügbar unter <http://ec.europa.eu/commfrontoffice/publicopinion/archives/ebs/ebs_395_en.pdf> [zuletzt abgerufen am 01.06.2020].

158 Verordnung (EU) Nr. 655/2014 des Europäischen Parlamentes und des Rates zur Einführung eines Verfahrens für einen Europäischen Beschluss zur vorläufigen Kontenpfändung im Hinblick auf die Erleichterung der grenzüberschreitenden Eintreibung von Forderungen in Zivil- und Handelssachen, ABl. EU L 189/59 v. 27.06.2014 (im Folgenden: EuKoPfVO); ausführlich dazu u. Teil 2, A. I. sowie in Teil 3, E. I.

a) Bankkonten

In der Europäischen Union waren bereits vor Erlass der Richtlinie über ein Basiskonto[159] lediglich ca. 30 Millionen Menschen nicht Inhaber eines Bankkontos.[160] Hinzu kommt, dass 6 % von 26.856 Unionsbürgern bei einer Befragung durch die Europäische Kommission im Jahr 2011 angaben, bereits mindestens einmal Finanzprodukte in einem anderen Mitgliedstaat erworben zu haben. Die Hälfte davon eröffnete ein ausländisches Bankkonto.[161] Unter Berücksichtigung der etwas geringeren Bevölkerungszahl der EU im Jahr 2011 hatten statistisch betrachtet etwa 12,7 Millionen EU-Bürger Bankkonten außerhalb ihres europäischen Heimatstaates eröffnet.[162] Der Wert ist bis zum Jahr 2016 leicht gestiegen. Das aktuelle Special Eurobarometer zur Thematik der „Retail Financial Services" verweist auf 7 % der Befragten, die bereits Finanzprodukte im Ausland erwarben. Davon entfielen vier Prozent auf erworbene Bank- oder Sparkonten.[163] Somit hätten statistisch betrachtet innerhalb von fünf Jahren ca. 4,5 Millionen mehr EU-Bürger ein Bank- oder Sparkonto in einem anderen Mitgliedstaat eröffnet.[164] Der Umfang der Steigerung ist jedoch nicht komplett belastbar, da

159 Richtlinie 2014/92/EU des Europäischen Parlaments und des Rates vom 23. Juli 2014 über die Vergleichbarkeit von Zahlungskontoentgelten, den Wechsel von Zahlungskonten und den Zugang zu Zahlungskonten mit grundlegenden Funktionen, ABl. EU L 257/214 v. 28.8.2014.

160 Betreffend über 18-Jährige, siehe Impact Assessment basic payment account, SEC(2011) 906, S. 4.

161 Siehe Special Eurobarometer 373, „Retail Financial Services", S. 28, verfügbar unter <http://ec.europa.eu/commfrontoffice/publicopinion/archives/ebs/ebs_373_en.pdf> [zuletzt abgerufen am 01.06.2020].

162 Die Bevölkerung der EU betrug 2010 ca. 501.100.000 Einwohner laut Eurostat Jahrbuch 2012. Davon waren 15,7 % unter 15 Jahren alt. Belastbare Zahlen zu über 18 jährigen sind nicht vorhanden. Aber auch das Special Eurobarometer 2016 berücksichtigt bereits EU-Bürger ab 15 Jahren. Unter Zugrundelgung dieser Bevölkerungsgruppe beläuft sich die relevante Anzahl potentiell Finanzprodukte erwerbender Europäer auf 422,5 Millionen.

163 Knapp 28.000 Bürger wurden befragt. Siehe Special Eurobarometer 446, „Retail Financial Services", S. 16, verfügbar unter <http://ec.europa.eu/COMMFrontOffice/publicopinion/index.cfm/Survey/getSurveyDetail/instruments/SPECIAL/surveyKy/2108> [zuletzt abgerufen am 01.06.2020].

164 Ca. 508.200.000 Einwohner zum 01.01.2015 laut Eurostat. Der Wert der unter 15 jährigen lag 2015 bei 15,6 %. Die relevante Einwohnerzahl der EU für die Berechnung beträgt 429 Millionen.

Mehrfachnennungen der erworbenen Finanzprodukte im Rahmen der neueren Umfrage möglich waren und Sparkonten erstmals extra angegeben werden konnten.

Die Zahlen für den Erwerb ausländischer Finanzprodukte in der EU wirken grundsätzlich widersprüchlich zu den oben genannten Zahlen der Migrationsbewegungen. Allerdings wurde das Special Eurobarometer zu Finanzprodukten in den Mitgliedstaaten in der einheimischen Sprache durchgeführt. EU-Bürger, die im Ausland leben, dürften deswegen nicht bzw. eher in geringem Umfang an der Umfrage partizipiert haben. Theoretisch müssten die Migrationsbewegungen zum vermehrten Erwerb ausländischer Finanzprodukte führen. Andererseits ist ebenso wenig ausgeschlossen, dass Unionsbürger, die sich in einem anderen Mitgliedstaat niederlassen, weiterhin die Finanzprodukte des Heimatmitgliedstaates nutzen. Das würde für eine notwendigerweise verbesserte Sachaufklärung innerhalb der Zwangsvollstreckung sprechen, um genau diese mitgliedstaatlichen Vermögensgegenstände ausfindig zu machen. Statistiken, um diese Annahme zu untermauern, sind jedoch nicht vorhanden. Alles in allem haben trotz alledem nahezu 20 Millionen EU-Bürger Konten in einem anderen Mitgliedstaat. Bereits diese Zahl spricht für die Notwendigkeit einer verbesserten Sachaufklärung.

b) Immobilien

Ein weiterer für die Zwangsvollstreckung äußerst lukrativer Vermögensgegenstand sind Immobilien.

Im Jahr 2016 wurde eine Studie von der Generaldirektion Interne Politikbereiche, Fachabteilung C: Bürgerrechte und konstitutionelle Angelegenheiten, Rechtsangelegenheiten des Europäischen Parlaments über Hürden veröffentlicht, die sich beim grenzüberschreitenden Erwerb von Wohneigentum und Immobilien ergeben können.[165]

Herausgestellt wurde Spanien als eines der Länder, in welchem die Rate für Immobilienkäufe besonders hoch ist. Ergebnisse zur Herkunft ausländischer Käufer von Immobilien in Spanien sind für die Untersuchung von Interesse. Im Betrachtungszeitraum von 2012 bis 2015 stammten 18.000 von insgesamt 64.000 ausländischen Käufern spanischer Immobilien aus den 28 europäischen

---

165 Grenzüberschreitender Erwerb von Wohnimmobilien in der EU: Probleme der Bürgerinnen und Bürger, Studie verfügbar unter <www.europarl.europa.eu/thinktank/en/document.html?reference=IPOL_STU(2016)556936> [zuletzt abgerufen am 01.06.2020].

Mitgliedstaaten.[166] Davon waren allein 13.000 Käufer aus dem Vereinigten Königreich. Aus der hohen Anzahl allein britischer Käufe folgert die Studie, dass die Kaufströme kleinerer Mitgliedstaaten fast unmöglich nachzuzeichnen seien, was nicht heißt, dass sie nicht trotzdem vorhanden sind.[167] Die Zahlen belegen nur, dass es etwas wahrscheinlicher sein könnte, dass ein britischer Schuldner über Immobilienbesitz in Spanien verfügt.

Auch die Zahlen für Immobilienkäufe in Schweden durch Personen, die in anderen EU-Staaten leben, sprechen eine eindeutige Sprache. Allein für das Jahr 2015 schlagen über 3.000 Immobilienkäufe durch Unionsbürger in Schweden zu Buche.[168]

In der Zusammenfassung des Papieres konstatieren die Verfasser des Berichtes, dass aufgrund diverser Bevölkerungsverschiebungen, vor allem von den östlichen Beitrittsländern, aber zum Beispiel auch von Großbritannien nach Spanien, erhebliche Schwierigkeiten ausgelöst werden können, die Anlass genug seien, um auf europäischer Ebene tätig zu werden.[169] Abgeleitet für die vorliegende Bearbeitung bedeutet das, dass je mehr Unionsbürger Immobilienvermögen erwerben, desto größer die Wahrscheinlichkeit von Streitigkeiten ist und umso dringlicher die Notwendigkeit eines europäisch vereinheitlichten Rechts.

3. *Schuldeintreibung*

Mangelnde Rechtssicherheit ist insbesondere für kleine und mittelständische Unternehmen wirtschaftlich nachteilig. Aber auch alle anderen Wirtschaftsteilnehmer können negativ betroffen sein. Das verdeutlichen die folgenden Einschätzungen von Instituten sowie Studien zu wirtschaftlichen Auswirkungen einer mangelnden Effektivität grenzüberschreitender Vollstreckung.

Ohne dezidierte Nachweise bezog sich das Centrum für Europäische Politik in einer ökonomischen Folgenabschätzung auf die Leistungsfähigkeit einer Wirtschaftsordnung. Die Leistungsfähigkeit sei der Funktionsfähigkeit der Rechtssysteme unterworfen. Aus diesem Grund habe eine effektiv ausgestaltete grenzüberschreitende Vollstreckung positive Auswirkungen auf die Sektoren Wachstum und Beschäftigung.[170]

---

166 Als Quelle diente das spanische Grundbuchamt, Stand 2014.

167 Siehe o. Fn. 165, S. 34.

168 Wie zuvor, S. 50f.

169 Wie zuvor, S. 38.

170 Siehe Centrum für Europäische Politik, cepAnalyse, Effiziente Vollstreckung: Transparenz des Schuldnervermögens, S. 3, verfügbar unter <www.cep.eu/fileadmin/user_upload/cep.eu/Analysen_KOM/KOM_2008_128_Schuldnervermoegen/

Die nicht belegte Annahme kommt nicht von ungefähr, wie der European Payment Report unterstreicht. In der jährlich durchgeführten Studie des Privatunternehmens Intrum[171] werden mehrere tausend Unternehmen aus ganz Europa befragt.[172] Intrum will mit den Daten die Auswirkungen von Zahlungsverzügen und auch Zahlungsausfällen auf Unternehmen und deren Entscheidungen verdeutlichen. Die Europäische Kommission bezog sich in einer Folgenabschätzung zur Implementierung der EuKoPfVO auf den „2010 Intrum Justitia European Payment Index".[173] Auf Grundlage der Intrum-Analyse wurden im Impact Assessment Bericht Schätzungen zu den wirtschaftlichen Auswirkungen der Umsetzung des Verordnungsvorschlages zum Europäischen Beschluss zur vorläufigen Kontenpfändung[174] aus dem Jahr 2009 vorgenommen. Der Bericht rechnete vor, dass Unternehmen in Europa jährlich zwischen ca. 54,2 und 56 Milliarden Euro im grenzüberschreitenden Geschäftsverkehr abschreiben müssten, weil Schulden nicht getilgt werden würden.[175] Die Schätzung beruhte auf einer Quote von 2,6 % aller nicht getilgten Schulden.[176] Der Wert berücksichtigte allerdings nicht, ob die Abschreibung wegen inländischer oder ausländischer Schulden vorgenommen wurde. Für rein ausländische Schulden, die abgeschrieben worden sein sollen, ermittelte die EU einen Wert von 0,45 %. In einer weiteren Schätzung, die sich auf die Auskünfte von drei Unternehmen zur Schuldbeitreibung stützte, ermittelte die Kommission einen Wert von ca. 38 % für ausländische von diesen Schuldbeitreibungsunternehmen eingezogene

---

cepAnalyse_KOM_2008_128_Transparenz_Schuldnervermoegen.pdf> [zuletzt abgerufen am 01.06.2020].

171 Credit-Management und Inkassodienstleister Intrum, siehe <www.intrum.com/about-us/company-info/about-our-company/> [zuletzt abgerufen am 01.06.2020].

172 Siehe <www.intrum.de/business-losungen/analysen-wissen/european-payment-report/> [zuletzt abgerufen am 01.06.2020].

173 Impact Assessment Proposal EAPO Regulation, SEC(2011) 937 final.

174 Vorschlag für eine Verordnung des Europäischen Parlamentes und des Rates zur Einführung eines Europäischen Beschlusses zur vorläufigen Kontenpfändung im Hinblick auf die Erleichterung der grenzüberschreitenden Eintreibung von Forderungen in Zivil- und Handelssachen, KOM(2011) 445 endg. v. 25.07.2011 (im Folgenden: Vorschlag-EuKoPfVO).

175 Impact Assessment Proposal EAPO Regulation, SEC(2011) 937 final, S. 21 mit Verweis auf die ausführliche Herkunft der Schätzung in Annex VII.

176 Impact Assessment Proposal EAPO Regulation, SEC(2011) 937 final, S. 83. Darüber wurde der Wert von 56 Milliarden Euro errechnet; im European Payment Report von 2017 liegt der Wert bei 2,1 %, siehe S. 15 EPR 2017, verfügbar unter <www.intrum.com/media/2634/epr2017.pdf> [zuletzt abgerufen am 01.06.2020].

Forderungen. Über eine Kontrollrechnung bestätigte sie den oben bezeichneten Wert der gesamt abgeschriebenen Forderungen von ca. 54,2 Milliarden Euro.[177] Der Impact Assessment Bericht führte weiterhin an, dass mit einer Maßnahme wie der EuKoPfVO Unternehmen in der Lage wären, jährlich nicht beglichene Forderungen in einer Höhe von ca. 373–600 Millionen Euro durchzusetzen.[178] Darüber hinaus nahm die Schätzung an, dass Unternehmen, die sich im grenzüberschreitenden Handel betätigen, Kosten zwischen 81,9–149 Mio. Euro jährlich sparen könnten.[179] Die Schätzung beruhte auf Kosten der Rechtsverfolgung. Der Wert wurde auf Rechtsanwaltsgebühren gestützt, für die geschätzt wurde, dass sie zehn Stunden geringer ausfallen könnten.[180]

Verlässlichere Zahlen als die vorgenommenen Schätzungen sind indes nicht vorhanden. Auch wurden die Berechnungen lediglich für die Implementierung eines europäischen Arrestbeschlusses in Form der EuKoPfVO vorgenommen und können nicht einschränkungslos als Argumente für die europäische Sachaufklärung dienen. Ungeachtet dessen zeigen die Zahlen zum einen die möglichen Verluste der Unternehmen im internationalen Handel, als auch Einsparmöglichkeiten, wenn der Zugriff auf Forderungen besser verwirklicht werden würde.

Die verbesserte Sachaufklärung soll gerade Zwangsvollstreckungen aufgrund von Zahlungsausfällen ermöglichen. Der European Payment Report 2017, für den 10.468 Unternehmen in ganz Europa befragt wurden, zeigte, dass 27 % der befragten Unternehmen verspätete Zahlungen bereits als existenzbedrohend betrachten.[181] Komplett ausbleibende Zahlungen verschlimmern die Situation der betroffenen Unternehmen noch.

Auch 2018 wurde die Umfrage wieder durchgeführt.[182] Für nahezu ein Fünftel der Befragten war es wahrscheinlich oder sogar sicher, dass sie in der Lage wären, mehr Mitarbeiter einzustellen, wenn Kunden schneller zahlen würden.[183] Um Zahlungsverzüge zu vermeiden, bestand fast die Hälfte der befragten Unternehmen auf Vorauszahlungen der Geschäftspartner.[184] Einschränkend ist

---

177 Impact Assessment Proposal EAPO Regulation, SEC(2011) 937 final, S. 83f.

178 Impact Assessment Proposal EAPO Regulation, SEC(2011) 937 final, S. 53.

179 Ibid.

180 Zur Herleitung siehe Impact Assessment Proposal EAPO Regulation, SEC(2011) 937 final, S. 35f.

181 Siehe EPR 2017 (o. Fn. 176) S. 3.

182 Es wurden dafür 9.607 Unternehmen befragt.

183 Siehe <www.intrum.de/media/3328/intrum_epr-umfr_factsheet_2_auswirkungen_zahlungsverzug.pdf> [zuletzt abgerufen am 01.06.2020].

184 Ibid.

jedoch zu erwähnen, dass fast dreiviertel der Befragten Unternehmen angaben, dass Zahlungsschwierigkeiten den Grund für die verspätete Zahlung darstellen würden.[185] Auf willentliche Verzögerungen sowie eine bewusste Vermögensverschleierung ging die Umfrage nicht explizit ein. Welchen Einfluss eine verbesserte Sachaufklärung auf die Zahlungsmoral einzelner Geschäftspartner hätte, lässt sich nicht abschätzen.

Abschließend hat eine neuere Umfrage zur Problematik nicht eintreibbarer Forderungen Folgendes herausgearbeitet: Für mehr als zwei Drittel der befragten Unternehmen sind die mit der Eintreibung von Schulden verbundenen Probleme im grenzüberschreitenden Handel ein wichtiger oder sogar sehr wichtiger Faktor bei der Frage, ob sie sich daran beteiligen sollten oder nicht.[186]

Ein letzter Beleg für die problematische Forderungsdurchsetzung und folglich der Schuldeintreibung liegt in der Notwendigkeit und Existenz der Verordnung über geringfügige Forderungen. Eine Evaluation der 2009 in Kraft getretenen Verordnung belegt die bestehende Relevanz der Verordnung für Verfahren bis zu einem Wert von 2.000 Euro.[187] Die Studie zeigt, dass von 327 Millionen Verbrauchern 98,1 Millionen jährlich am grenzüberschreitenden Handel teilnehmen.[188] Wie oben bereits ausgeführt, gaben 14,7 Millionen Verbraucher an, dass die grenzüberschreitende Betätigung mit Schwierigkeiten behaftet war und dass die Betätigung einen Wert von 2.000 Euro nicht überschritten hatte. 588.000 dieser Fälle wurden grenzüberschreitend gerichtlich verfolgt.[189] Das bedeutet, dass nur 4 % der Fälle überhaupt vor Gericht verhandelt wurden.[190] Die Zahlen bezogen sich lediglich auf die gerichtliche Durchsetzung. Doch gerade in Fällen mit äußerst geringen Streitwerten, für die anscheinend schon der Gang zu den Gerichten kaum in Kauf genommen wird, ist es weitaus wahrscheinlicher, dass Gläubiger schlussendlich von einer Zwangsvollstreckung absehen. Das verdeutlichen Erhebungen, die sich mit den entstehenden Kosten bei der Durchsetzung einer geringfügigen Forderung befassen. In der Evaluation wurde die Rechnung aufgestellt, dass für eine Forderung in Höhe von 2.000 Euro allein für die Feststellung des Anspruchs Kosten in Höhe von 2.525 bis 3.011 Euro für den Gläubiger entstehen können, wenn eine mündliche Verhandlung stattgefunden hat,

185 Ibid.

186 Siehe Impact Assessment Proposal EAPO Regulation, SEC(2011) 937 final, S. 79.

187 *Assessment of the socio-economic impacts of the policy options for the future of the European Small Claims Regulation*, Nachweis siehe o. Fn. 25.

188 Wie zuvor, S. 26.

189 Ibid.

190 Untersuchung durchgeführt durch Special Eurobarometer 395 (siehe o. Fn. 157) S. 25.

ein Rechtsbeistand eingeschaltet wurde und die Kommunikation nicht allein auf elektronischem Wege durchgeführt wurde.[191] Es handelt sich um Kosten, die viele der betroffenen Gläubiger von einer Rechtsdurchsetzung abhalten wird.

Insgesamt sind die Befunde der zuvor vorgestellten Untersuchungen nicht einschränkungslos auf die vorliegende Bearbeitung übertragbar. Die Erkenntnisse der Statistiken beziehen sich hauptsächlich auf die verspätete Forderungsbegleichung und die Frage, wie der Gläubiger dieser entweder mittelbar mit Hilfe der EuKoPfVO oder unmittelbar durch die Verordnung über geringfügige Forderungen entgegenwirken kann. Zahlungsverzögerung und -ausfall sind zunächst nur eine Vorstufe verweigerter Forderungsbegleichung nach Urteilsspruch bzw. einer vereitelten Zwangsvollstreckung. In Verlängerung der verbesserten Gläubigerposition im Wege der Sicherung von Forderungen soll ein unionsrechtliches Sachaufklärungsverfahren dem Gläubiger mit Urteilsspruch den Effekt verschaffen, den das Einfrieren eines Kontos besitzt: Mittels der Sachaufklärung soll die Möglichkeit geschaffen werden, dass die Zwangsvollstreckung in Vermögen des Schuldners überhaupt stattfinden kann. Der Vorgang der Kontenpfändung sichert bereits offengelegtes Vermögen, die Sachaufklärung sichert die Kenntnis über bisher unbekanntes Vermögen. Vor allem soll der Gläubiger im Vorfeld einer kostenintensiven Zwangsvollstreckung in der fremden Rechtsordnung einschätzen können, ob er die Zwangsvollstreckung überhaupt kostendeckend durchführen kann. Kostendeckendes Vorgehen dürfte nur ein Faktor für die Überlegungen des Gläubigers darstellen. Vollstreckungshandlungen im Ausland, die unter Umständen langwierig sind, sollten mindestens ebenso aussichtsreich sein wie solche, die im Inland durchgeführt werden, um den zusätzlichen Aufwand zu rechtfertigen. Selbst die Kommission hatte bereits im Jahr 1997 eine Verknüpfung von schleichender Forderungsbegleichung und Effizienz der Zwangsvollstreckungssysteme hergestellt: „Im Rahmen der Folgearbeiten zu der Empfehlung betreffend die Fristen im Zahlungsverkehr zwischen Unternehmen wurde gezeigt [. . .], daß in den Mitgliedstaaten, in denen die Verfahren zur Erwirkung und Vollstreckung von Urteilen schnell, kostengünstig und effizient sind, sehr viel weniger Zahlungsrückstände verzeichnet werden. In diesen Staaten liegt der Anteil des *vorsätzlich herbeigeführten Zahlungsverzugs* gegenüber der Gesamtheit der Rückstände deutlich unter dem Durchschnitt von 35 %."[192]

---

191 *Assessment of the socio-economic impacts of the policy options for the future of the European Small Claims Regulation* (o. Fn. 25) S. 29f.

192 [Hervorhebung durch Autor]; Siehe die Mitteilung der Kommission an den Rat und das Europäische Parlament: „Wege zu einer effizienteren Erwirkung und Vollstreckung

4. *Gerichtsverfahren unter der Beteiligung von Unionsbürgern*

Weitere statistische Indizien ergeben sich aus einer Betrachtung der abgeschlossenen Gerichtsverfahren sowie aus Daten zur Zwangsvollstreckung in Deutschland und der Beteiligung von EU-Bürgern an diesen Verfahren.

1,4 % der Kläger als auch der Beklagten vor Gerichten in Deutschland hatten im Jahr 2017 zum Zeitpunkt der Rechtshängigkeit des Verfahrens vor Amtsgerichten in Deutschland ihren Sitz in einem anderen EU-Mitgliedstaat.[193] Bei 952.413 insgesamt erledigten Verfahren handelt es sich folglich um 13.300 Verfahren vor Amtsgerichten, an denen ausländische Unionsbürger beteiligt waren.[194] In allen Verfahren lag die Zahl der Beklagten etwas höher, bei 953.511. Folglich waren 13.350 Beklagte mit Sitz im EU-Ausland an Verfahren in Deutschland beteiligt. Im Jahr 2014 lag der Wert mit 1 % der Kläger und 0,8 % der Beklagten mit Sitz im EU-Ausland noch darunter.[195]

Vor den deutschen Landgerichten als Eingangsinstanz waren von 308.433 Klägern 1,7 % und von 309.814 Beklagten 1,9 % EU-Bürger mit Sitz im EU-Ausland.[196] Das ergibt ca. 5.900 ausländische Unionsbürger auf Beklagtenseite. Aus den Zahlen der Amts- und Landgerichte folgt, dass an Verfahren in Deutschland ca. 19.200 ausländische Unionsbürger als Beklagte beteiligt waren.

Insgesamt wurden von Amts- und Landgerichten im Jahr 2017 in der ersten Instanz 1.260.439 Verfahren erledigt.[197] Bei einem Mittelwert von Klägern und Beklagten mit EU-Beteiligung vor Amts- und Landgerichten ergibt sich ein Wert von 1,6 %. Damit sind schätzungsweise 20.167 Verfahren mit EU-Beteiligten auf Kläger- oder Beklagtenseite. Von diesen Verfahren sind geschätzte 63 %

---

von gerichtlichen Entscheidungen in der Europäischen Union", ABl. EG C 33/3 v. 31.01.1998, S. 13.

193 Statistisches Bundesamt (Destatis), 2018, Fachserie 10 Reihe 2.1, Rechtspflege, Zivilgerichte, 2017, S. 30.

194 Ibid; Werte aufgerundet.

195 Statistisches Bundesamt Wiesbaden 2015, Fachserie 10 Reihe 2.1, Rechtspflege, Zivilgerichte, 2014, S. 30.

196 Statistisches Bundesamt (Destatis), 2018, Fachserie 10 Reihe 2.1, Rechtspflege, Zivilgerichte, 2017, S. 60.

197 308.026 in erster Instanz vor Landgerichten. Die abweichenden Werte für Kläger- und Beklagtenseite finden keine Berücksichtigung; 952.413 in erster Instanz vor Amtsgerichten; die 47.390 erledigten Verfahren vor Oberlandesgerichten sowie die 46.346 erledigte Verfahren vor dem Landgericht in der Berufungsinstanz werden nicht berücksichtigt.

notwendig, vollstreckt zu werden.[198] Es verbleiben somit ca. 12.700 Verfahren, die unter Umständen EU-weit vollstreckt werden müssen. Die Anzahl an Vollstreckungsverfahren, die dem Urteil folgen, muss darunter liegen.[199] In diesen verbleibenden Verfahren ist es unter Umständen notwendig, Informationen über im Ausland belegenes Vermögen einzuholen.

Für die Beteiligung von ausländischen EU-Bürgern an Zwangsvollstreckungsverfahren in Deutschland wurden keine Statistiken erhoben.

Abschließend verdeutlichen Zahlen über die Anerkennung und Vollstreckung nach der Brüssel I-Verordnung[200] die Relevanz einer europäisch geprägten Sachaufklärung. Die Betrachtung unterliegt einer grundlegenden Einschränkung. Seitdem das Exequaturverfahren für Urteile aus anderen europäischen Mitgliedstaaten abgeschafft wurde, werden keine Zahlen mehr zu Vollstreckungstiteln aus mitgliedstaatlichen Urteilen erhoben. Im Jahr 2014 gab es in Deutschland noch 414 Anträge auf Vollstreckbarerklärung in Deutschland von Entscheidungen, die in einem anderen Mitgliedstaat ergangen waren.[201] Im Zuge der Reform der Brüssel I-VO erging ein Impact Assessment Bericht, der die Problematik thematisierte, aber auf älteren Zahlen basierte.[202] Unter dem Stichwort der ungehinderten Zirkulierbarkeit von Gerichtsurteilen in der EU stellte die Folgenabschätzung dar, dass für ca. 10.000 Urteile jährlich in der Europäischen Union nach der Brüssel I-VO die Anerkennung und Vollstreckung im Vollstreckungsstaat beantragt wurde.[203] Diese Zahl ist maßgeblich dafür, ob dieser Gruppe das Auffinden von Vermögen für die sich anschließende Zwangsvollstreckung einfacher gemacht wird.

---

198 60 % vor Amtsgerichten, 66 % vor Landgerichten. Wert gebildet anhand der Art der Erledigung. Es wurden für die Schätzung nur Verfahren einbezogen, welche aufgrund streitigen Urteils, Vergleichs oder aufgrund eines Versäumnisurteils als erledigt eingestuft worden sind.

199 Die Annahme bezieht sich ausschließlich auf die Notwendigkeit, den Titel zu vollstrecken und nicht darauf, wie viele Vollstreckungshandlungen eines Organs der Zwangsvollstreckung notwendig sind, um den Anspruch vollständig zu befriedigen.

200 Verordnung (EG) Nr. 44/2001 des Rates vom 22. Dezember 2000 über die gerichtliche Zuständigkeit und die Anerkennung und Vollstreckung von Entscheidungen in Zivil- und Handelssachen, ABl. EG L 12/1 v. 16.01.2001 (im Folgenden: Brüssel I-VO).

201 Statistisches Bundesamt Wiesbaden 2015, Fachserie 10 Reihe 2.1, Rechtspflege, Zivilgerichte, 2014, S. 48.

202 Impact Assessment enforcement of judgments in civil and commercial matters (Recast), SEC(2010) 1547 final.

203 Wie zuvor, S. 12.

5. *Anreizfunktion der Sachaufklärung*

Carolin Holzapfl nahm in ihrer Dissertation eine Untersuchung der Sachaufklärung in Deutschland, England und Frankreich vor. Ihre Schlussfolgerungen für das deutsche Recht untermauerte sie mittels einer ökonomischen Analyse des Rechts.[204] Vor allem erörterte die Autorin die Anreizfunktion der Sachaufklärung unter besonderer Berücksichtigung der Frage, wie das Verfahren der Sachaufklärung ausgestaltet sein müsse, damit die Förderung des Allgemeinwohls angeregt wird.[205] Als einen ersten Aspekt führte *Carolin Holzapfl* die Frage der Kostentragung in der Zwangsvollstreckung an. Sie erwartete einen möglichst kostensparenden bzw. „kostenarmen" Vollstreckungsversuch des Gläubigers, wenn dieser nicht wisse, wo er Vermögensgegenstände auffinden könne.[206] Die vorliegende Untersuchung ist getragen von einer übereinstimmenden Prämisse und fußt auf der Überzeugung, dass der Gläubiger von einer grenzüberschreitenden Vollstreckung absehen wird, wenn sich die Kosten der Zwangsvollstreckung nicht amortisieren.[207] Als praktisch wichtig für die vermeintliche Lenkungsfunktion subjektiver Rechte ist nach Ansicht von *Carolin Holzapfl*, dass sich Kosten einer Zwangsvollstreckungs- und somit Aufklärungsmaßnahme nach der Intensität des Eingriffs beim Schuldner richten.[208] In der momentanen Ausgestaltung der Sachaufklärung in grenzüberschreitenden Fällen der Zwangsvollstreckung wird das im Ausland belegene Schuldnervermögen jedoch unter Umständen von jeglichen Zugriffen verschont. Der Fakt, dass bei der Vollstreckung im Ausland bzw. einem zweigleisigen Vorgehen, das heißt einer parallelen Vollstreckung im Inland und Ausland, eine grundsätzliche finanzielle Ausstattung des Gläubigers vorhanden sein muss, unterstützt die Annahme.

In Deutschland kann der Gläubiger auf die Kostenregelung der Zwangsvollstreckung nach § 788 ZPO vertrauen. Für die Auslandsvollstreckung und -aufklärung muss er sich zunächst darüber informieren, welche Kosten durch das Verfahren im ersuchten Mitgliedstaat entstehen. Zu der Schwierigkeit, dass sich nicht vorhersagen lässt, wie hoch die Vollstreckungsgebühren sein werden,[209] kommt eine weitere Komponente hinzu: Der Gläubiger kann bei einer

---

204 *Holzapfl*, S. 157ff.

205 Wie zuvor, S. 160ff.

206 Wie zuvor, S. 160.

207 Dass solche Effekte möglich sind, haben die ökonomischen Betrachtungen unter B. II. 3. und 4. aufgezeigt.

208 Ibid.

209 Einführend dazu *Hess-Report*, S. 147.

grenzüberschreitenden Zwangsvollstreckung nur unzuverlässig abschätzen, welche weiteren Kosten ihm entstehen werden. Beispielsweise wird der Gläubiger einen weiteren Rechtsbeistand im Vollstreckungsmitgliedstaat einschalten müssen. Darauf weist auch eine Studie zur Kostentransparenz von Zivilprozessen in der EU hin.[210] In eine ähnliche Richtung argumentierte der Deutsche Anwaltsverein in seiner Stellungnahme für die Konsultation im Rahmen des Grünbuchs zur Transparenz des Schuldnervermögens. Die Vielfalt der Rechtsordnungen zwinge die zu Rate gezogenen Anwälte zu einer unökonomischen Betätigung.[211] Die Stellungnahme berief sich vor allem auf die in den Mitgliedstaaten unterschiedlichen und „nicht sonderlich ergiebigen" Gebühren für Angelegenheiten der Zwangsvollstreckung, die eine kostendeckende Betätigung nicht zuließen.[212] Im Umkehrschluss könnte dies nach Ansicht des Verfassers der vorliegenden Bearbeitung wieder höhere Kosten für den Schuldner verursachen.

Abschließend ging *Carolin Holzapfl* auf die Effektuierung der Zwangsvollstreckung ein. Ihre Argumentation für eine effektive Sachaufklärung auf nationaler Ebene lässt sich vollständig auf die internationale bzw. die supranationale Ebene übertragen. Der Einzelne stärke das Gemeinwohl dann, wenn Normen des Privatrechts ihn zu einem positiv wirkenden Gemeinwohlverhalten animieren würden.[213] Die Anreizwirkung nehme jedoch ab, je größer die Unsicherheit für den Einzelnen sei, seine Rechte effektiv durchsetzen zu können.[214] Die zuvor bereits aufgezeigten Antworten der Unternehmen sowie die angestellten Überlegungen zu Einbußen aufgrund abgeschriebener Forderungen bestätigen die These.[215] Gerade im grenzüberschreitenden Rechtsverkehr kann die mangelnde Aussicht auf Durchsetzung des Rechts auch eine Entwicklung des Binnenmarktes hindern. Umfassende Recherchen zum Vertragspartner müssen im Vorfeld angestellt werden, der Vertragspartner wird zu Vorleistungen verpflichtet, oder der Unternehmer muss das Risiko tragen, dass seine Forderung nicht erfüllt wird. Steht jedoch von vornherein fest, dass sich der Schuldner im europäischen

210 Siehe Study on the Transparency of Costs of Civil Judicial Proceedings in the European Union, CONTRACT JLS/2006/C4/007-30-CE-0097604/00-36, implemented by Demolin, Brulard, Barthelemy, S. 338, verfügbar unter <https://e-justice.europa.eu/content_costs_of_proceedings-37-de.do> [zuletzt abgerufen am 01.06.2020].

211 Siehe Stellungnahme des Deutschen Anwaltvereins durch den Zivilverfahrensrechtsausschuss zum Grünbuch, Stellungnahme Nr.: 39/2008, S. 6.

212 Ebd.

213 *Holzapfl*, S. 162.

214 Ibid.

215 Siehe o. II. 3.

Ausland bzw. durch die Verlagerung von Vermögen ins europäische Ausland schwerer der Zwangsvollstreckung entziehen kann, schützt dies den Gläubiger bereits zu einem Zeitpunkt, zu welchem er eine rechtliche Bindung eingeht. Für *Holzapfl* bleibt jedoch die Annahme fraglich, ob weitere dem Gläubiger zur Verfügung stehende Sachaufklärungsmittel auch das Wachstum nachweisbar anregen. Trotz alledem plädiert *Holzapfl* für eine möglichst große „Drohkulisse" gegenüber dem Schuldner, um die gewünschten Effekte zu erhalten.[216]

Nach *Carolin Holzapfl* spreche aus rechtsökonomischer Sicht viel dafür, die Sachaufklärung durch die staatliche Hand durchführen zu lassen.[217] Übertragen auf die vorliegende Bearbeitung würde sich dieser Grundsatz in einer vom Unionsrecht überlagerten Sachaufklärung niederschlagen.

Kritisch im Hinblick auf das Konzept der ökonomischen Analyse schränkte sie schlussendlich ein, dass einfachgesetzliche Regelungen der Verwirklichung von verfassungsrechtlich garantierten Grundrechtsgewährleistungen unterworfen seien.[218] Prägend dabei sei der bestmögliche Ausgleich der widerstreitenden Individualrechte.[219] Eben jenen Ansatz des Ausgleichs der Rechte von Gläubigern und Schuldnern verfolgt die vorliegende Arbeit unter Teil 4.

Die Ansätze der ökonomischen Notwendigkeit einer verbesserten Sachaufklärung sowie der Ausgleich der Grundrechte von Schuldner und Gläubiger müssen sich allerdings nicht ausschließen. Die folgende Untersuchung verdeutlicht das.

6. *Würdigung*

Innereuropäische Migrationsbewegungen nehmen seit Jahren kontinuierlich zu. Eine gravierende Änderung des Befundes ist in den nächsten Jahren nicht abzusehen.[220] Unionsbürger im arbeitsfähigen Alter verlassen in nicht zu vernachlässigenden Zahlen ihre Heimatstaaten und lassen sich in anderen Mitgliedstaaten nieder. Unionsbürger konsumieren und erwerben Eigentum über die Grenzen der Mitgliedstaaten hinweg. Das hat Auswirkungen auf das Betätigungsfeld von Unternehmen. Nicht garantierte Zahlungen und Unsicherheiten über die

---

216 *Holzapfl*, S. 163
217 *Holzapfl*, S. 162.
218 *Holzapfl*, S. 164.
219 Ibid.
220 Temporäre Krisensituationen und damit einhergehende Begleiterscheinungen wie Einschränkungen der Freizügigkeit innerhalb der Europäischen Union sind für den Befund zu vernachlässigen.

Anspruchsverfolgung können das Marktverhalten der Unternehmen beeinträchtigen. Gerichtsverfahren mit europäischen Bürgern als Beteiligte sind ebenfalls bereits an der Tagesordnung. Den geschilderten Situationen könnte auch ein umfassendes europäisches Rechtsschutzsystem nicht vollständig abhelfen. Die unionsrechtliche Sachaufklärung markiert aber einen Beginn und zugleich einen Zuwachs an Rechtssicherheit für alle Marktakteure. Die Informationen über Schuldnervermögen sind dabei nur ein kleiner Baustein für die Verwirklichung des Justizgewährungsanspruchs. Doch der Bedarf an einer unionsweiten Aufklärung besteht und hätte schon vor langer Zeit in Angriff genommen werden sollen. Dass sich solch ein unionsrechtliches Instrument in die bestehende Rechtsordnung der Union einfügt, als auch logische Fortsetzung derselben ist, zeigt der nächste Abschnitt auf.

III. Ergänzung grundlegender unionaler Rechtsetzung

Das Zusammenspiel der beiden wichtigsten Verordnungen der EU auf dem Gebiet des Internationalen Privatrechts sowie des Internationalen Zivilverfahrensrechts zeigt, dass die unionsrechtlich verankerte Zwangsvollstreckung, bzw. die ihr vorgelagerte unionsweite Sachaufklärung, schlussendlich lediglich die konsequente Ergänzung europäischer Legislativtätigkeit darstellt. Die im Folgenden aufgezeigte Entwicklung des europäischen Justizraumes zeigt die mit der vorliegenden Untersuchung zu schließende Regelungs- und Rechtsschutzlücke auf und weist dadurch auf die Notwendigkeit einer übergeordneten europäischen Lösung für die Zwecke der Sachaufklärung hin.[221]

Die Europäische Union befindet sich nach Ansicht des Autors spätestens dadurch an einem Punkt, an dem eine weitergehende Rechtsvereinheitlichung entsprechend des Auftrages aus Art. 81 Abs. 2 S. 1 AEUV unumgänglich ist.[222]

1. Unionsrecht auf den Gebieten des IPR und des IZVR

Unionsrecht ist im Internationalen Privatrecht der Mitgliedstaaten tief verankert. Agieren die Parteien im grenzüberschreitenden Kontext, das heißt besteht eine Verbindung zum Recht verschiedener Staaten, regelt die Rom I-Verordnung

---

221 Siehe zu den Anfängen der Vergemeinschaftung des Zivilverfahrensrechts nach dem Inkrafttreten des Amsterdamer Vertrages, *Hess* NJW 2000, 23ff.

222 Auch wenn die Norm lediglich als nicht einklagbarer Auftrag zu verstehen ist, siehe Calliess/Ruffert/*Rossi*, AEUV, Art. 81 Rn. 4; zur kompetenzrechtlichen Problematik und ausführlichen Auseinandersetzung mit Art. 81 Abs. 2 AEUV, u. Teil 2, D.

das auf einen Vertrag anwendbare Recht in Zivil- und Handelsrechtssachen.[223] Die Regelungen sind verbindlich und direkt in den Mitgliedstaaten anwendbar. Nach den Vorgaben der Rom I-VO können die Parteien das Recht auch privatautonom bestimmen.[224] Liegt keine Bestimmung durch die Parteien vor, enthält die Rom I-VO Regelungen über die Rechtswahl für bestimmte Vertragstypen.[225] Zuständigkeitsrechtliches Komplementär ist die Brüssel Ia-Verordnung.[226] Nach Ansicht der Literatur stellen beide Verordnungen das Rückgrat des europarechtlichen IPR dar und sollen so die Funktionsfähigkeit des Binnenmarktes sicherstellen.[227]

Die Brüssel Ia-VO normiert das zentrale Zuständigkeitssystem im europarechtlichen Internationalen Zivilverfahrensrecht unter der Prämisse gegenseitiger Anerkennung und Vollstreckung von Urteilen.[228] Vor allem die reformierte Brüssel Ia-VO verbessert die Freizügigkeit von Gerichtsurteilen.[229] Das in der Brüssel I-Verordnung noch bestehende System der notwendigen Vollstreckbarerklärung einer Entscheidung wurde abgeschafft.[230] Art. 36 und 39 Brüssel Ia-VO verkörpern für generelle Zuständigkeitsfragen, was diverse Rechtsakte zuvor für spezielle Materien bereits eingeführt hatten:[231] Die Abschaffung des

---

223 Art. 1 Verordnung (EG) Nr. 593/2008 des Europäischen Parlaments und des Rates vom 11. Juli 2007 über das auf vertragliche Schuldverhältnisse anzuwendende Recht, vom 17. Juni 2008, ABl. EU L 177/6 v. 04.07.2008 (im Folgenden: Rom I-VO); näheres bei *Garcimartín Alférez* in Basedow/Rühl/Ferrari/de Miguel Asensio (Hrsg.), Encyclopedia of Private International Law, Vol. 2, 1553ff.

224 Art. 3 Rom I-VO.

225 Siehe *Garcimartín Alférez* in Basedow/Rühl/Ferrari/de Miguel Asensio (Hrsg.), Encyclopedia of Private International Law, Vol. 2, 1553 (1557ff.).

226 Verordnung (EU) Nr. 1215/2012 des Europäischen Parlaments und des Rates vom 12. Dezember 2012 über die gerichtliche Zuständigkeit und die Anerkennung und Vollstreckung von Entscheidungen in Zivil- und Handelssachen, ABl. EU L 351/1 v. 20.12.2012 (im Folgenden: Brüssel Ia-VO); näheres bei *Hess/Richard* in Basedow/Rühl/Ferrari/de Miguel Asensio (Hrsg.), Encyclopedia of Private International Law, Vol. 1, 219ff.

227 Vgl. *Garcimartín Alférez* in Basedow/Rühl/Ferrari/de Miguel Asensio (Hrsg.), Encyclopedia of Private International Law, Vol. 2, 1553 (1561).

228 Art. 4ff. Brüssel Ia-VO.

229 Siehe zur Entwicklung der Urteilsfreizügigkeit *Hess*, EU-ZivilprozessR, § 3 Rn. 12ff.

230 Art. 38ff. Brüssel I-Verordnung.

231 Siehe Art. 20 Abs. 1 EuGFVO; Art. 19 Verordnung (EG) Nr. 1896/2006 des Europäischen Parlaments und des Rates vom 12. Dezember 2006 zur Einführung eines Europäischen Mahnverfahrens, ABl. EU L 399/1 v. 31.12.2006 (im Folgenden: EuMVVO); Art. 5 und 20 Verordnung (EG) Nr. 805/2004 des Europäischen Parlaments und des

Exequaturverfahrens und damit die Notwendigkeit, dass der Titel in einem anderen Mitgliedstaat ein Anerkennungsverfahren durchlaufen muss und im weiteren Fortgang für vollstreckbar erklärt wird.[232] Der Gläubiger kann Urteile somit ohne vorgelagertes Verfahren in der gesamten europäischen Union (nach dem Recht der Mitgliedstaaten) vollstrecken.[233]

Hinzugekommen sind über die Jahre europäisch-autonome Verfahren, wie die Möglichkeit bei unbestrittenen Forderungen einen Titel als Europäischen Vollstreckungstitel bestätigen zu lassen,[234] ein europäisches Mahnverfahren für fällige Geldforderungen[235] sowie ein Verfahren im Falle geringfügiger Forderungen.[236] Begleitet werden die – teils originär europäischen – Erkenntnisverfahren durch Sekundärrechtsakte, die verbindlich für die Mitgliedstaaten bestimmen, dass das Recht durchgesetzt werden kann und auch auf welche Art und Weise. Die Prozesskostenrichtlinie[237] gibt den Mitgliedstaaten vor, wie sie das Recht auf Anrufung eines Gerichtes und den Anspruch auf rechtliches Gehör in grenzüberschreitenden

---

Rates vom 21. April 2004 zur Einführung eines europäischen Vollstreckungstitels für unbestrittene Forderungen, ABl. EU L 143/15 v. 30.04.2004 (im Folgenden: EuVTVO).

232 Generell dazu *Domej* in Basedow/Rühl/Ferrari/de Miguel Asensio (Hrsg.), Encyclopedia of Private International Law, Vol. 2, 1471ff. sowie *Briggs* in Basedow/Rühl/Ferrari/de Miguel Asensio (Hrsg.), Encyclopedia of Private International Law, Vol. 2, 1479ff. Umfassend weiterhin *Thöne*, S. 77ff.; siehe weiterhin *Geimer* FS Schütze, 109ff.

233 *Alio*, NJW 2014, 2395 (2396); *Mańko*, S. 8; *Leible* in Leible/Terhechte (Hrsg.), Europäisches Rechtsschutz- und Verfahrensrecht (EnzEuR) Bd. 3, Rn. 48; trotzdessen kann nicht von einem „Idealzustand eines echten Binnenmarktes für Gerichtsentscheidungen" gesprochen werden, siehe *Thöne*, S. 119, der auch darauf verweist, dass noch nicht alle Verordnungen die Exequatur beseitigt haben, beispielsweise Art. 43 Verordnung (EU) Nr. 650/2012 des Europäischen Parlaments und des Rates vom 4. Juli 2012 über die Zuständigkeit, das anzuwendende Recht, die Anerkennung und Vollstreckung von Entscheidungen und die Annahme und Vollstreckung öffentlicher Urkunden in Erbsachen sowie zur Einführung eines Europäischen Nachlasszeugnisses, ABl. EU L 201/107 v. 27.07.2012.

234 Art. 6 EuVTVO.

235 Art. 4 EuMVVO; Überblick bei *Hau* in Basedow/Rühl/Ferrari/de Miguel Asensio (Hrsg.), Encyclopedia of Private International Law, Vol. 2, 1342ff.

236 Art. 1 EuGFVO; näheres bei *Kroll-Ludwigs* in Basedow/Rühl/Ferrari/de Miguel Asensio (Hrsg.), Encyclopedia of Private International Law, Vol. 2, 1641ff.

237 Richtlinie 2002/8/EG des Rates vom 27. Januar 2003 zur Verbesserung des Zugangs zum Recht bei Streitsachen mit grenzüberschreitendem Bezug durch Festlegung gemeinsamer Mindestvorschriften für die Prozesskostenhilfe in derartigen Streitsachen, ABl. EU L 26/41 v. 31.01.2003 (im Folgenden: RL-PKH).

Rechtssachen auszugestalten haben.[238] Für die Vereinfachung der Beweisaufnahme in grenzüberschreitenden Verfahren stellt die Beweisaufnahmeverordnung[239] umfangreiche Möglichkeiten der Beweisaufnahme in einem anderen Mitgliedstaat zur Verfügung.[240] Die Verordnung ermöglicht eine Beweisaufnahme der erkennenden Gerichte in einem anderen Mitgliedstaat.[241] Darin ist eine ausgeprägte und fortentwickelte Form der Rechtshilfetätigkeit zu sehen, auf die die Bearbeitung im Fortgang eingeht.[242] Die Übersendung und Zustellung von Schriftstücken gerichtlicher oder außergerichtlicher Art in einen anderen Mitgliedstaat regelt die Zustellungsverordnung.[243]

Unionsrecht prägt folglich die Ebene des Erkenntnisverfahrens mit grenzüberschreitenden Bezügen, aber auch bereits die Ebene der Vollstreckung durch die Maßnahmen zur Urteilsfreizügigkeit. Die Parteien können bestimmen, welcher Rechtsordnung ein Vertrag unterliegt. Zusätzlich determiniert Unionsrecht die international zuständigen Gerichte. Während des Erkenntnisverfahrens ergeben sich Erleichterungen für die Beweiserhebung und Zustellung, falls eine der beiden Parteien ihren Sitz in einem anderen Mitgliedstaat hat. Die unionsrechtliche Überlagerung gipfelt in der Urteilsfreizügigkeit, ohne dass ein vorgeschaltetes Anerkennungsverfahren stattgefunden haben muss. Die Begünstigung des Gläubigers durch das Unionsrecht bis zum Zeitpunkt der Zwangsvollstreckung legt die Annahme nahe, dass sich die begünstigenden Faktoren auch im Zwangsvollstreckungsrecht und somit im Recht der Sachaufklärung niederschlagen sollten.

---

238 Näheres bei *Kramer* in Basedow/Rühl/Ferrari/de Miguel Asensio (Hrsg.), Encyclopedia of Private International Law, Vol. 2, 1088 (1090ff.).

239 Verordnung (EG) Nr. 1206/2001 des Rates vom 28. Mai 2001 über die Zusammenarbeit zwischen den Gerichten der Mitgliedstaaten auf dem Gebiet der Beweisaufnahme in Zivil- oder Handelssachen, ABl. EG L 174/1 v. 27.06.2001 (im Folgenden: EuBVO).

240 Näheres bei *Seibl* in Basedow/Rühl/Ferrari/de Miguel Asensio (Hrsg.), Encyclopedia of Private International Law, Vol. 1, 709ff., insbes. 713ff.

241 Siehe Art. 17 EuBVO sowie *Seibl*, wie zuvor, 714.

242 Siehe u. Teil 2, B. III.

243 Verordnung (EG) Nr. 1393/2007 des Europäischen Parlaments und des Rates vom 13. November 2007 über die Zustellung gerichtlicher und außergerichtlicher Schriftstücke in Zivil- oder Handelssachen in den Mitgliedstaaten (Zustellung von Schriftstücken) und zur Aufhebung der Verordnung (EG) Nr. 1348/2000 des Rates, ABl. EU L 324/79 v. 10.12.2007 (im Folgenden: EuZVO). Näheres bei *Hau* in Basedow/Rühl/Ferrari/de Miguel Asensio (Hrsg.), Encyclopedia of Private International Law, Vol. 2, 1628ff.

2. *Unionsrecht auf dem Gebiet des Zwangsvollstreckungsrechts*

Die für das Erkenntnisverfahren entscheidenden Verordnungen auf den Gebieten des IPR und des IZVR wurden zuvor aufgezeigt. Nachdem dem Gläubiger die Forderung im Urteil zugesprochen wurde, nimmt die Dichte europäisch regulierter Bereiche entgegen der zuvor dargestellten Erwartung erheblich ab. Zwar müssen Urteile in jedem anderen Mitgliedstaat gleichwertig behandelt werden.[244] Allerdings endet die Vereinheitlichung damit nahezu vollständig und somit noch vor der Zwangsvollstreckung. Die Brüssel Ia-VO regelt in Art. 41 Abs. 1, dass das Zwangsvollstreckungsverfahren nach dem Verfahren des Mitgliedstaates behandelt wird, der für die Vollstreckung ersucht wurde. Will der Gläubiger in einem anderen Mitgliedstaat die Vollstreckung anstrengen, muss er der zuständigen Vollstreckungsbehörde eine Ausfertigung der Entscheidung oder eine Bescheinigung über die Entscheidung des Ursprungsgerichts vorlegen.[245] Die Bescheinigung muss dem Schuldner vor der ersten Vollstreckungsmaßnahme zugestellt werden.[246] Der Gläubiger muss sodann auf die Zwangsvollstreckungs- und somit die Aufklärungsinstrumente der anderen Rechtsordnung zurückgreifen. Darüber hinaus wurden keine der Vereinheitlichung der Zwangsvollstreckung zuträglichen Maßnahmen ergriffen.

Kritisch betrachtet vor allem *Jürgen Stamm* die Entwicklung einer europäisch einheitlichen Zwangsvollstreckung.[247] Allerdings gesteht er ein, dass zumindest für die Einleitung eines Zwangsvollstreckungsverfahrens europäischer Konsens besteht. Die Formel „Titel, Klausel, Zustellung" lasse sich seiner Meinung nach als „kleinste[r] gemeinsame[r] Nenner" auf europäischer Ebene bezeichnen.[248] Mit der Abschaffung der Exequatur wurde unionsweit zumindest das Verfahren vereinfacht, dem Vollstreckungstitel die Klausel der Vollstreckbarkeit im grenzüberschreitenden Kontext zu verleihen.[249] Die im Verlauf der Untersuchung

---

244 Art. 36, 39 Brüssel Ia-VO; siehe zuvor zur Abschaffung des Exequaturverfahrens, Fn. 233.

245 Siehe Art. 42 Abs. 1 lit. b) i.V.m Art 53 sowie Anhang I Brüssel Ia-VO.

246 Art. 43 Abs. 1 Brüssel Ia-VO.

247 *Stamm* in Leible/Terhechte (Hrsg.), Europäisches Rechtsschutz- und Verfahrensrecht (EnzEuR) Bd. 3. Seine Kritik macht er vor allem an der mutmaßlich mangelnden Kompetenz der Union für den Erlass zwangsvollstreckungsrechtlicher Regelungen (Rn. 5ff.) als auch an einer mangelnden Prinzipienbildung (Rn.15f.) fest. Zur Auseinandersetzung mit der Kritik mangelnder Kompetenz, siehe u. Teil 2, D.

248 Wie zuvor, Rn. 17.

249 In diesem Sinne argumentiert *Stamm* in Leible/Terhechte (Hrsg.), Europäisches Rechtsschutz- und Verfahrensrecht (EnzEuR) Bd. 3, Rn. 17.

unterbreiteten Vorschläge erheben nicht den Anspruch darauf, die Zwangsvollstreckung umfassend europarechtlich zu überformen. In einem ersten Schritt soll dem Gläubiger lediglich die Entscheidung darüber erleichtert werden, ob er ein weiteres Vollstreckungsverfahren in einem anderen Mitgliedstaat anstrengt. Darin betrachtet der Verfasser die notwendige und vor allem sinnvolle Ergänzung der bisherigen unionalen Rechtsetzung auf den Gebieten des IPR und des IZVR. Die Grundvoraussetzungen für die Einleitung des Zwangsvollstreckungsverfahrens stellen als europäischer Konsens den Grundpfeiler des Vereinheitlichungsansatzes dar.

IV. Zusammenfassung

Die Rechtszersplitterung in der Union ist nicht derart gravierend, dass keine gemeinsamen Anknüpfungspunkte für einen unionsrechtlichen Sekundärrechtsakt bestehen würden. Das hat die obige Untersuchung aufgezeigt.

Es sticht heraus, dass der Einzelne mittels rechtsangleichender oder -vereinheitlichender Regelungen angeregt wird, sich grenzüberschreitend vertraglich derart zu betätigen, wie er auch innerhalb der eigenen Rechtsordnung agieren würde.[250] Zumindest auf prozessualer Ebene, im Rahmen des Erkenntnisverfahrens, kommen den Parteien europarechtliche Regelungen zugute. Vor dem Hintergrund der innereuropäischen Migrationsbewegungen ist die vereinfachte Rechtsdurchsetzung nach Ansicht des Verfassers unabdingbar. Die Union kann nicht ausschließlich begünstigende Faktoren schaffen, damit sich Unionsbürger auf dem europäischen Binnenmarkt betätigen. Die rechtliche Absicherung der aus der Betätigung resultierenden Ansprüche ist das Pendant zu den vorgenannten Faktoren. Die Zahlen zum Auslandsvermögen der Unionsbürger sowie zu deren Beteiligung an deutschen Zivilprozessen haben die Notwendigkeit ebenfalls belegt.

Die Abschaffung des Exequaturverfahrens verdeutlicht, dass nationale Grenzen für Urteile grundsätzlich bedeutungslos geworden sind. Ein in der Slowakei ergangenes Urteil hat in den anderen europäischen Mitgliedstaaten den gleichen Stellenwert wie ein im Saarland ergangenes Urteil Wirkkraft in ganz Deutschland entfaltet.[251] Damit enden die Gemeinsamkeiten eines in einem föderal

---

250 In Bezug auf Maßnahmen, um die Faktormobilität im grenzüberschreitenden Verkehr zu erhöhen, vgl. *Rühl*, S. 24, weiterhin S. 34f. zu Auswirkungen unionaler Maßnahmen auf die internationale Transaktionssicherheit innerhalb Europas.

251 Abgesehen von *ordre* public-Einwendungen, auf die sich die Mitgliedstaaten zumeist noch berufen dürfen. Siehe Art. 34 Abs. 2 EuKoPfVO zur Vollstreckung eines Beschlusses sowie Art. 24 lit. a) Unterhalts-VO und Art. 45 Abs. 1 lit. a) Brüssel Ia-VO

organisierten Mitgliedstaat der EU ergangenen Urteils und eines solchen, das im supranationalen Rechtsraum der Europäischen Union grenzüberschreitend vollstreckt werden soll, allerdings bereits.

Anhand der Betrachtung des Zustandes der Rechtszersplitterung und der zusätzlichen ökonomischen Aspekte einer möglichen Ergänzung unionaler Rechtsetzung ist die Notwendigkeit der vorgenommenen Untersuchung und somit die Notwendigkeit des Unionsgesetzgebers, auf dem Gebiet der Zwangsvollstreckung tätig zu werden, belegt.

D. Einordnung der Untersuchung

In den vergangenen Jahren wurden teils umfassende Bestandsaufnahmen zu den Themen der Sachaufklärung, insbesondere aber zur Thematik der Pfändung von Bankkonten, die in anderen europäischen Mitgliedstaaten belegen sind, erstellt. Die folgende Untersuchung greift auf die Studien, Berichte, Monographien und Artikel zurück, um die rechtsangleichenden Bestrebungen auf europäischer Ebene einerseits nachzuzeichnen und andererseits um daraus ein eigenständiges Konzept für die Sachaufklärung in Europa zu entwickeln.

Am Anfang der berücksichtigten Materialien steht *Wendy A. Kennett*. Sie führte im Jahr 2000 umfassend zur Thematik in ihrer Monographie *Enforcement of judgments in Europe* im Kapitel *Information about the debtor* aus.[252] Darin erstellte sie einen einführenden Überblick über die angewandten Aufklärungssysteme in Europa zur damaligen Zeit.

Ausführlich und rechtsvergleichend beschäftigte sich *Burkhard Hess* mit der Thematik. In einer 2004 veröffentlichten Studie, *Study No. JAI/A3/2002/02 on making more efficient the enforcement of judicial decisions within the European Union: Transparency of a Debtor's Assets, Attachment of Bank Accounts, Provisional Enforcement and Protective Measures, Version of 2/18/2004*, wurde für die damals 15 europäischen Mitgliedstaaten unter anderem dargestellt und verglichen, wie die Sachaufklärung in den Staaten organisiert ist.[253]

Im Jahr 2008 beschäftigte sich die bereits zitierte *Carolin Holzapfl* im Rahmen ihrer Dissertationsschrift, neben den Regelungen der Sachaufklärung

---

zur Möglichkeit der Versagung einer Entscheidung; zum *ordre public*-Vorbehalt generell siehe *Thoma* in Basedow/Rühl/Ferrari/de Miguel Asensio (Hrsg.), Encyclopedia of Private International Law, Vol. 2, 1453ff.

252 Siehe *Kennett*, S. 99ff.

253 Siehe S. 20ff. Die Studie sowie alle dazu erstellten National Reports sind verfügbar unter <http://www2.ipr.uni-heidelberg.de/studie/> [zuletzt abgerufen am 01.06.2020].

nach der deutschen Rechtsordnung, ausführlich rechtsvergleichend mit der Sachaufklärung in der englischen und französischen Rechtsordnung.[254] *Carolin Holzapfl* entnahm dem Vergleich Schlussfolgerungen für die damals noch nicht durchgeführte Reform der Sachaufklärung in Deutschland. Die Reform trat sodann 2013 in Kraft.[255] Die vorliegende Bearbeitung unternimmt eine eigene Analyse der reformierten Sachaufklärungsregelungen in Deutschland unter der Prämisse, ob die Regelungen eine Aufklärung ohne Beteiligung des Schuldners vorsehen und wie die Regelungen Auslandsvermögen offenlegen.[256] Derartige Überlegungen konnte *Carolin Holzapfel* in ihrer Dissertationsschrift noch nicht durchführen.

Eine weitere Studie, teilweise für die der EU nach 2002 beigetretenen Länder, unternahmen *Miklós Kengyel* und *Viktória Harsági*.[257] Die Studie griff die gleichen Untersuchungsgegenstände wie die ein knappes Jahrzehnt zuvor erschienene Studie von *Burkhard Hess* auf und vervollständigte sie. In einem zweiten Teil widmete sich die Studie Zukunftsperspektiven. Auch die Perspektiven für die grenzüberschreitende Vollstreckung in Europa sind Gegenstand dieses zweiten Teils.[258]

In jüngster Zeit hat sich ein Zusammenschluss, bestehend aus dem *Centre for European Constitutional Law*, der *Union Internationale des Huissiers de Justice et Officiers Judiciaires (UIHJ)* sowie der *Aristotle University of Thessaloniki*, Griechenland, in umfangreichen Länderberichten zu acht Mitgliedstaaten der EU der Thematik der Sachaufklärung angenommen.[259] Mittels der neueren Länderberichte werden ältere rechtsvergleichende Darstellungen mit aktuellen Befunden versehen.

---

254 *Holzapfl, Carolin*, Sachaufklärung und Zwangsvollstreckung in Europa, Baden-Baden 2009.

255 Siehe zur Sachaufklärung nach der deutschen Zivilprozessordnung u. Teil 3.

256 Siehe u. Teil 3, D.

257 *Kengyel, Miklós/Harsági, Viktória* (Hrsg.), Grenzüberschreitende Vollstreckung in der Europäischen Union, München 2011.

258 Siehe *Sala* in Kengyel/Harsági (Hrsg.), Grenzüberschreitende Vollstreckung in der Europäischen Union, 275.

259 Siehe für einen rechtsvergleichenden Abschlussbericht <https://access2just.eu/wp-content/uploads/2019/02/COMPARATIVE-REPORT_final.pdf > [zuletzt abgerufen am 01.06.2020] sowie für die einzelnen Länderberichte: <https://access2just.eu/library/> [zuletzt abgerufen am 01.06.2020].

Weiterhin sind für die Thematik wichtige Aufsätze von *Burkhard Hess*[260] sowie *Alexander Bruns*[261] erschienen. Auch die Ausführungen von *Bettina Heiderhoff* im Rahmen der Zweijahrestagung der Wissenschaftlichen Vereinigung für Internationales Verfahrensrecht,[262] speziell zur Vermögenstransparenz in Europa, sind wertvoll. *Jürgen Stamm* beschäftigte sich ebenfalls mit der Thematik. Auf seine kritischen Anmerkungen geht die Bearbeitung an relevanten Stellen ausführlich ein.[263]

Höchst aktuell beschäftigte sich eine Dissertation aus dem Jahr 2018 mit der Reform der Zwangsvollstreckung in Deutschland und dabei vor allem mit der verbesserten Sachaufklärung.[264] Der Autor *Alexander Alsfasser* nahm eine umfassende verfassungsrechtliche Überprüfung der Regelungen der §§ 802a ff. ZPO *de lege lata* vor[265] und unterbreitete Vorschläge zur Nachsteuerung, die *de lege ferenda* vom Gesetzgeber übernommen werden sollen.[266] Zur europäischen Perspektive der Problematik führte der Autor erst am Ende seiner Untersuchung aus.[267] *Alsfasser* setzte sich dezidiert damit auseinander, ob die deutschen Regelungen zur Abnahme der Vermögensauskunft mit den Datenschutzanforderungen der DSGVO vereinbar sind.[268] Die folgende Bearbeitung untersucht Bestimmungen der DSGVO, insofern sie als Konkretisierung des Datenschutzrechtes in der GRCh dienen. Eine Überprüfung mitgliedstaatlicher Vorschriften bezüglich deren Vereinbarkeit mit höherrangigem Recht erfolgt nicht. Überschneidungen mit der Arbeit von *Alexander Alsfasser* ergeben sich in diesem Bereich daher nicht. Eine Auswertung des bereits angesprochenen Grünbuchs nahm *Alsfasser* ebenfalls vor.[269] Allerdings nicht in dem Umfang, in dem sich

---

260 *Hess, Burkhard*, Europäisches Zwangsvollstreckungsrecht: Herausforderungen und rechtspolitische Perspektiven, DGVZ 2010, 45 (49ff.) sowie *ders.*, Der Vorschlag der EU-Kommission zur vorläufigen Kontenpfändung - ein wichtiger Integrationsschritt im Europäischen Zivilverfahrensrecht, DGVZ 2012, 69ff.

261 *Bruns, Alexander*, Das Grünbuch Effiziente Vollstreckung gerichtlicher Entscheidungen in der Europäischen Union – empfehlenswerte Erleichterungen des Zwangsvollstreckungszugriffs durch Transparenz des Schuldnervermögens? ZEuP 2010, 809ff.

262 Siehe *Heiderhoff*, in Hess (Hrsg.), Anerkennung im internationalen Zivilprozessrecht, 149.

263 *Stamm* in Leible/Terhechte (Hrsg.), Europäisches Rechtsschutz- und Verfahrensrecht (EnzEuR) Bd. 3.

264 *Alsfasser, Alexander*, Sachaufklärung in der Einzelzwangsvollstreckung, Tübingen 2018.

265 *Alsfasser*, S. 11ff.

266 *Alsfasser*, S. 120ff., 154ff., 178ff. und 184ff.

267 *Alsfasser*, S. 195ff.

268 *Alsfasser*, S. 199ff.

269 *Alsfasser*, S. 216ff.

die vorliegende Arbeit mit dem Grünbuch und vor allem den Antworten der Mitgliedstaaten und interessierter Akteure auseinandersetzt.[270] Abschließend befasste sich *Alexander Alsfasser* mit der europäischen Vermögensoffenbarung.[271] Als Kernstück der vorliegenden Untersuchung führt diese dazu selbstständig ausführlich aus.[272] Auch stellt die Vermögensauskunft nur einen Teil des in der vorliegenden Bearbeitung vorgeschlagenen Sachaufklärungsverfahrens dar.

Aus der rechtswissenschaftlichen Analyse entwickelten sich Impulse für den Unionsgesetzgeber. Der legislative Grundstein wurde mit dem Grünbuch der Europäischen Kommission zur Transparenz des Schuldnervermögens aus dem Jahr 2008 gelegt.[273] Zwei Jahre zuvor war bereits das Grünbuch zur europäischen Kontenpfändung erschienen. Beide berücksichtigten die umfangreiche Studie von *Burkhard Hess* aus dem Jahr 2002. Auf die beiden Grünbücher sind zahlreiche und teils umfangreiche Reaktionen erschienen. Beispielhaft ist die Reaktion der *Max Planck Working Group* auf das Grünbuch zur EuKoPfVO.[274] Das Grünbuch zur EuKoPfVO mündete schließlich in der gleichnamigen Verordnung, die zum 01.01.2017 in Kraft trat. Der folgende zweite Hauptteil der Bearbeitung geht darauf ausführlich ein.

Aus der Betrachtung der bereits ergangenen Literatur folgt, dass es an einer ausführlichen Untersuchung der Möglichkeiten eines unionsrechtlich geprägten Sachaufklärungsverfahrens vor dem Hintergrund der europäischen Grundrechte mangelt. Die folgende Untersuchung stellt das Komplementär zu den bisherigen Studien dar, die sich mit der Vereinheitlichung des Sachaufklärungsrechts unter Berücksichtigung rechtsvergleichender Studien der mitgliedstaatlichen Rechtsordnungen beschäftigt haben. Die Arbeit führt somit zum einen die gesammelten Erkenntnisse der bisherigen Literatur zusammen und entwickelt zum anderen daraus und aus den grundrechtlichen Vorgaben Ideen für einen unionsrechtlichen Sekundärrechtsakt, der die Transparenz des Schuldnervermögens zum Gegenstand hat.

---

270 Siehe dazu u. Teil 2, B.

271 *Alsfasser*, S. 223ff.

272 Siehe u. Teil 2, B. IV sowie D. I 2. g) und in Teil 4, C. I. 4. c) aa) (2) sowie bb) (2). Als Baustein des Sachaufklärungsverfahrens siehe Teil 5, C. III. 2.

273 Siehe bereits zuvor Fn. 253.

274 *Max Planck Working Group*, Comments on the European Commission's Green Paper on Improving the Efficiency of the Enforcement of Judgments in the European Union: The Attachment of Bank Accounts, ECFR 2007, S. 252–300.

E. Eingrenzung des Untersuchungsgegenstandes

Die Untersuchung folgt der Maxime der praktischen Verbesserung der Gläubigerposition in grenzüberschreitenden Fällen der zivilprozessualen Zwangsvollstreckung. Die Arbeit widmet sich ausschließlich zwangsvollstreckungsrechtlichen Sachverhalten zwischen juristischen und/oder natürlichen Personen des Privatrechts. Im Vordergrund steht die Sachaufklärung in Zivil- und Handelsrechtsfällen. Die Untersuchung klammert das Erbrecht aus. Das Familienrecht wird nur für die Zwecke der Sachaufklärung und Behördenvernetzung im Rahmen der EuUntVO untersucht.

Materiellrechtliche Informationsansprüche gegen den Beklagten sind ebenfalls nicht Gegenstand der Untersuchung.[275] Sie sind für den Gläubiger wertlos, da sie prozessual gegen den Schuldner erstritten und auch durchgesetzt werden müssen.

Weiterhin werden keine strafrechtlichen oder öffentlich-rechtlichen Aufklärungsansprüche untersucht.

Die europäischen Grundfreiheiten bilden keinen Maßstab für die Entwicklung des Zwangsvollstreckungsrechts und sind aus diesem Grund ebenso wenig Bearbeitungsgegenstand.[276] Sekundärrecht soll die Grundfreiheiten verwirklichen und ihnen nicht widersprechen.[277] Auch wenn zur Begründung der Notwendigkeit einer unionsrechtlichen Regelung ökonomische Aspekte herangezogen wurden, stellt die Untersuchung keine Verknüpfung zwischen den mitgliedstaatlichen speziellen Regelungen zur Sachaufklärung und den einzelnen Grundfreiheiten in dem Sinne her, ob die mitgliedstaatlichen Regelungen gegen Grundfreiheiten verstoßen könnten. Im Gegensatz zu den Grundrechten der GRCh, die sich primär gegen die Union richten, richten sich die Grundfreiheiten gegen die Mitgliedstaaten.[278]

Da sich die Bausteine für einen Sekundärrechtsakt ausschließlich auf der Ebene des Europarechts bewegen, werden nationalstaatliche Verfassungen sowie deren übergesetzliche Schutzvorschriften außer Betracht gelassen. Die Einschränkung gilt ebenso für die deutsche Rechtsordnung, auch wenn diese detailliert betrachtet wird.

---

275 Instruktiv zum deutschen Recht *Brox/Walker*, Rn. 1126.

276 Zu den Grundfreiheiten im Zusammenhang mit justiziellen Garantien, siehe *Heinze* EuR 2008, 654 (675ff.).

277 Vgl. *Ehlers* in Ehlers, EuGR, § 7 Rn. 9.

278 *Ehlers* in Ehlers, EuGR, § 7 Rn. 13.

F. Gang der Untersuchung

Die Untersuchung hat sich zum Ziel gesetzt, notwendige Bausteine für ein unionsrechtliches Verfahren zur Sachaufklärung zu entwickeln. Die im Folgenden überblicksartig vorgestellten Teile der Untersuchung sind die Etappen zum angestrebten Ziel.

Nachdem Teil 1 das Problem umrissen, die notwendige Terminologie definiert und den Bedarf der unionsrechtlichen Sachaufklärung aufgezeigt hat, gibt Teil 2 zunächst einen Überblick über bereits vorhandene unionsrechtliche Maßnahmen, die auf dem Gebiet der Sachaufklärung erlassen wurden. Die EuKoPfVO[279] sowie die EuUntVO[280] sind dafür Untersuchungsgegenstand. Weiterhin beleuchtet Teil 2 der Arbeit die Vorschläge des Grünbuchs zur Transparenz des Schuldnervermögens und die Reaktionen der Mitgliedstaaten sowie weiterer Akteure, die sich an der Konsultation der Europäischen Kommission beteiligt haben. Danach wird für die beiden Hauptinstrumente der Informationsbeschaffung, der Vermögensauskunft des Schuldners sowie der Drittauskunft, überprüft, ob der Union im jeweilig zu regelnden Bereich die Kompetenz zum Erlass eines Sekundärrechtsakts zusteht.[281]

Teil 3 der Untersuchung analysiert die Sachaufklärung nach der deutschen Rechtsordnung ausführlich. Nach einer Reform des Sachaufklärungsrechts im Jahr 2013 können Daten in Deutschland ebenfalls bei Drittstellen abgefragt werden. Ausgehend von einer Analyse der Vorschriften widmet sich die Untersuchung der Frage nach der Möglichkeit der Sachaufklärung von im Ausland belegenem Vermögen mittels der zuvor dargestellten innerstaatlichen Maßnahmen. Die Betrachtung hat nicht zum Gegenstand, Verbesserungsvorschläge für die deutsche Rechtsordnung zu präsentieren oder die Normen an höherrangigem Recht zu messen.

Schwerpunkt der Betrachtung in Teil 4 ist, wie der europäische Gesetzgeber unter Berücksichtigung der EMRK und der GRCh einen gerechten Ausgleich der Interessen von Schuldnern und Gläubigern auszugestalten hat. Darin enthalten ist eine Darstellung der supranationalen und völkerrechtlichen Verbürgungen, vor allem verwirklicht durch eine Analyse der ergangenen Rechtsprechung des Europäischen Gerichtshofs in Luxemburg sowie des Europäischen Gerichtshofs für Menschenrechte in Straßburg.[282] Die untersuchten Urteile zeigen auf,

---

279 Nachweis siehe o. Fn. 158.

280 Nachweis siehe o. Fn. 45.

281 Siehe Teil 2, D. 2. f) und g).

282 Siehe zur Idee Meyer/*Borowsky*, Vorbem. Titel VII, Rn. 2 Fn. 8 sowie u. Teil 4.

in welchem Umfang dem Gläubiger in grenzüberschreitenden Sachverhalten Rechtsschutz effektiv gewährleistet werden muss. Damit materialisiert sich ein Teil des Anspruchs auf Justizgewährung. Im Vordergrund für die Schuldnerrechte steht die Auseinandersetzung mit Datenschutzvorschriften des europäischen Primärrechts. Die Problematik des Datenschutzes wurde in den Rückmeldungen zum Grünbuch wiederholt thematisiert.[283]

Das verbleibende Konzentrat an möglichen Regelungen wird nach einer umfassenden Gesamtabwägung abschließend in Teil 5 vorgestellt und um notwendige Begleitregelungen für ein unionsrechtliches Sachaufklärungsverfahren ergänzt.[284] Die Begleitregelungen gehen auf die Erkenntnisse der mitgliedstaatlichen Rechtsordnungen als auch auf bestehendes Sekundärrecht zurück.

283 Siehe die Summary of replies (o. Fn. 136). Bei nahezu allen Fragen war der Datenschutzaspekt virulent. Zum Datenschutz nach europäischem Recht weiter u. Teil 4, C. I.

284 Siehe Teil 5, C.

TEIL 2: Sachaufklärung im Unionsrecht: Bestand und Bestrebungen

Der zweite Teil der Bearbeitung beschäftigt sich zum einen mit dem Bestand an Regelungen der Sachaufklärung auf Ebene des Unionsrechts und bisher vorgenommenen Bestrebungen, dieses Rechtsgebiet einer Angleichung zuzuführen.

Die EuKoPfVO und die EuUntVO sind zwei Rechtsakte, die bereits Regelungen zur Sachaufklärung enthalten. Im Gegensatz zum anvisierten Ziel der Bearbeitung sind die Verbürgungen der Sachaufklärung allerdings nicht Hauptgegenstand der Verordnung, sondern lediglich Mittel, die dem Verordnungszweck dienen.

Das Grünbuch zur Transparenz des Schuldnervermögens als legislativer Ausgangspunkt unionsrechtlicher Bestrebungen wird im Nachgang betrachtet. Im Grünbuch wurden diverse mitgliedstaatliche Konzepte zum Auffinden des Schuldnervermögens aufgegriffen und versucht, diese in einen gesamteuropäischen Kontext zu setzen. Das Grünbuch selbst sowie die Antworten der Mitgliedstaaten und weiterer Interessenvertreter enthalten erste Indikatoren, welches Gepräge ein unionsrechtlicher Sekundärrechtsakt erhalten könnte. Die Antworten der Akteure, die an der Befragung innerhalb des Grünbuchs teilgenommen hatten, machen deutlich, für welche Bereiche eine Notwendigkeit legislativen Tätigwerdens besteht.

Aus dem aktuellen Bestand des Unionsrechts auf dem Gebiet der Sachaufklärung sowie aus den Vorschlägen des Grünbuchs werden unter Punkt C. konkrete Vorschläge für ein europäisches Verfahren entwickelt. Weiteres Hindernis für ein unionsrechtliches Verfahren ist die Frage, ob die Union die Kompetenz zum Erlass von Sekundärrechtsakten auf dem Gebiet der Sachaufklärung besitzt. Abschnitt D. dieses Teiles beantwortet die Frage abschließend.

A. Unionsrechtlicher Bestand: Ansätze vereinheitlichter Sachaufklärung im Unionsrecht

In den Systemen der EuKoPfVO sowie der EuUntVO verwirklichen sich unterschiedliche Strukturen der Informationseinholung und des Informationsaustausches.[285]

---

285 Siehe zur Einschätzung, dass sich die Methoden der Informationseinholung dennoch ähneln, Rauscher/*Rauscher*/*Wiedemann*, EuZPR/EuIPR, EU-KPfVO, Art. 14 Rn. 4.

Beide Verordnungen greifen auf Systeme zentraler mitgliedstaatlicher Behörden zurück. Die zentralen Behörden sind in den Sekundärrechtsakten unterschiedlich bezeichnet worden, erfüllen aber ähnliche Funktionen. Die EuUntVO, die den Unterhaltsgläubiger das gesamte Verfahren über unterstützt, sieht Zentrale Behörden vor, die bereits im Mitgliedstaat des Unterhaltsgläubigers tätig werden. Im Gegensatz dazu verpflichtet die EuKoPfVO die Mitgliedstaaten sogenannte Auskunftsbehörden einzurichten. Sie werden von den für den Kontenpfändungsbeschluss zuständigen Gerichten direkt kontaktiert. Die Erkenntnisse zur Funktionsweise der Behörden fließen am Ende in die Elemente für ein Verfahren der Sachaufklärung mit ein.

I. Sachaufklärung mittels der EuKoPfVO

Neuerdings steht im europäischen Rechtsverkehr mit der EuKoPfVO ein Verfahren zur Verfügung, um Konten des Schuldners im Wege des einstweiligen Rechtsschutzes vorläufig pfänden zu lassen. Der Gläubiger muss sich unter Inanspruchnahme der Verordnung nicht mehr selbst an ausländische Behörden wenden, sondern er kann in der eigenen Rechtsordnung alle notwendigen Schritte einleiten, damit ein ausländisches Konto des Schuldners arretiert wird.[286]

Maßgeblich für die Aufnahme in die vorliegende Untersuchung ist, dass die Verordnung einen Mechanismus enthält, der Kontoinformationen des Schuldners im Vollstreckungsmitgliedstaat offenlegt.[287] Das Verfahren selbst sowie die Durchführung in den einzelnen Mitgliedstaaten zeigen, zu welchen Zugeständnissen die Mitgliedstaaten bereit waren, um der EuKoPfVO zu voller Wirksamkeit zu verhelfen.

1. *Informationsermittlung – Konzept der EuKoPfVO*

Die Verordnung zur Einführung eines Verfahrens für einen europäischen Beschluss zur vorläufigen Kontenpfändung bezieht sich auf im Namen des Schuldners oder im fremden Namen für den Schuldner geführte Konten bei einer Bank.[288] Erlässt ein mitgliedstaatliches Gericht einen Beschluss der Kontenpfändung, hat das eine Sperrung betroffener Konten des Schuldners zur Folge.[289]

---

286 Dazu *Domej*, ZeuP 2013, 496 (521ff.).

287 Art. 14 EuKoPfVO.

288 Zu einer Auseinandersetzung mit einer mitgliedstaatlichen Definition von Konten, siehe u. Teil 3, D. II. 2. a).

289 Art. 24 EuKoPfVO.

Die Sicherung von auf Konten belegenem Vermögen setzt präzise Angaben zur Person des Schuldners voraus. Die exakte Bestimmung des Schuldners verhindert, dass der Kontenpfändungsbeschluss andere, unter Umständen gleichnamige Schuldner, belastet. Die erforderlichen Mindestangaben sind bei natürlichen Personen gemäß Art. 8 Abs. 2 lit. c), i) EuKoPfVO der Name und die Kontaktdaten sowie das Geburtsdatum und eine Pass- oder Identifikationsnummer des Schuldners. Für juristische Personen gelten nach Art. 8 Abs. 1 lit. c), ii) EuKoPfVO ähnliche Anforderungen. Es müssen der Staat der Gründung, die Erlangung der Rechtsfähigkeit oder Registrierung und eine Identifikations- oder Registrierungsnummer angegeben werden. Die aufgezählten Informationen muss der Gläubiger selbst beibringen.

Neben den Informationen über den Schuldner benennt der Gläubiger im Antrag für die Pfändung der Konten zum anderen auch den Drittschuldner. Beim Drittschuldner als kontoführendem Institut sind die pfändbaren Vermögenswerte belegen. Der Name der Bank und deren Anschrift sowie eine Nummer der kontoführenden Bank sind notwendig.[290] Nummern der Bank sowie des Kontos sind BIC und IBAN.[291] Die Nummern der vorläufig zu pfändenden Konten sollen angegeben werden, falls sie verfügbar sind.[292]

Unter Umständen besitzt der Gläubiger die notwendigen Informationen aber nicht bereits im Vorfeld der Vollstreckungssicherung. Art. 8 Abs. 2 lit. f) EuKoPfVO eröffnet die Möglichkeit, Kontoinformationen mittels eines eigenständigen Verfahrens einzuholen. Das Verfahren ist in Art. 14 EuKoPfVO ausgestaltet.[293] Es handelt sich um ein formalisiertes Antragsverfahren. Fehlen dem Gläubiger eindeutige Daten zur Bestimmbarkeit des Bankinstituts sowie des Kontos, kann er deren Einholung gemäß Art. 8 Abs. 2 lit. f) EuKoPfVO beantragen. Den Antrag auf Informationseinholung stellt der Gläubiger zusammen mit

---

290 Art. 8 Abs. 1 lit. d) EuKoPfVO.

291 Siehe Art. 2 Nrn. 15 und 16 in der Verordnung (EU) Nr. 260/2012 des Europäischen Parlaments und des Rates vom 14. März 2012 zur Festlegung der technischen Vorschriften und der Geschäftsanforderungen für Überweisungen und Lastschriften in Euro und zur Änderung der Verordnung (EG) Nr. 924/2009, ABl. EU L 94/22 v. 30.03.2012.

292 Sollte die IBAN vorhanden sein, befindet sich darin die Nummer der Bank sowie die Nummer des zu sichernden Kontos; siehe zur Notwendigkeit der IBAN: Atrio proyectos comerciales.Roj: AAP V 2434/2018, ECLI: ES: APV:2018:2434A, Zusammenfassung in englisch verfügbar unter <https://ic2be.uantwerpen.be/public/case/4137> [zuletzt abgerufen am 01.06.2020].

293 Weitere Erläuterungen zum Mechanismus, siehe Erwägungsgrund (20) EuKoPfVO.

dem Antrag auf Kontenpfändung bei dem für die vorläufige Pfändung zuständigen Gericht.[294] Das bedeutet, ein vom Kontenpfändungsbeschluss losgelöster Sachaufklärungsvorgang in Bezug auf Konten des Schuldners ist von vornherein nicht von der Verordnung vorgesehen. Das (sodann ersuchende) Gericht übermittelt seinerseits den Antrag an eine durch die EuKoPfVO verpflichtend zu bestimmende Auskunftsbehörde im Vollstreckungsmitgliedstaat.[295] Die Auskunftsbehörde des anderen Mitgliedstaates holt die Informationen nach einer mitgliedstaatlichen Methode ein.[296] Im Gegensatz zur Verfügbarkeit des europäischen Kontenpfändungsverfahrens kann der Gläubiger die Informationen nur nach Abschluss eines Hauptverfahrens einholen.[297] Die Möglichkeit, den Antrag zu stellen, ist dementsprechend eingeschränkt: „sofern ein solcher Antrag möglich ist".[298] Es muss mindestens eine abschließende gerichtliche Entscheidung, ein gerichtlicher Vergleich oder eine öffentliche Urkunde, somit ein Titel, vorliegen, der vorzugsweise bereits vollstreckbar ist.[299] Erfüllt der Antrag des Gläubigers die Voraussetzungen des Art. 8 EuKoPfVO trifft das zuständige Gericht eine unverzügliche Entscheidung.[300]

2. *Informationsermittlung – Mitgliedstaatliche Ausgestaltung*

Die Regelungen der Mitgliedstaaten für die EuKoPfVO verdeutlichen, dass zumindest für die Zwecke des einstweiligen Rechtsschutzes europäischer Konsens besteht, die Informationsermittlung auch ohne die Beteiligung des Schuldners durchzuführen.

Der Konsens drückt sich zum einen darin aus, dass die EuKoPfVO die möglichen Wege der Informationseinholung in Art. 14 Abs. 5 EuKoPfVO vorgibt. Zum anderen wenden die Mitgliedstaaten bevorzugt die Drittauskunft im Gegensatz zur Vermögensauskunft für die Einholung der Kontoinformationen an. Das Vorgehen entspricht Sinn und Zweck des Grundcharakters der EuKoPfVO, dem einer einstweiligen Maßnahme.

---

294 Art. 14 Abs. 2 EuKoPfVO; zu Details der Antragstellung, siehe Teil 5, I. 2. und II.

295 Art. 14 Abs. 3 EuKoPfVO; näher zu Auskunftsbehörden und Zentralen Behörden sowie deren Bedeutung für die vorliegende Arbeit, siehe u. B. III sowie Teil 5, C. IV.

296 Vgl. Art. 14 Abs. 5 EuKoPfVO; siehe auch Art. 4 Nr. 13 EuKoPfVO; dazu sogleich unter 2.

297 Siehe zur Verfügbarkeit des Kontenpfändungsbeschlusses Art. 5 EuKoPfVO sowie dazu Art. 7 Abs. 2, 10 Abs. 1, 12 Abs. 1 UAbs. 1 EuKoPfVO.

298 Ibid.

299 Siehe Art. 14 Abs. 1 UAbs. 1 und UAbs. 2 EuKoPfVO.

300 Art. 17 Abs. 1 und 2 EuKoPfVO.

Art. 14 Abs. 5 EuKoPfVO berücksichtigt die besonderen Bedingungen in den einzelnen Mitgliedstaaten, die vorliegen können, um Schuldnervermögen transparenter zu gestalten. Die vom *Hess-Report* herausgearbeiteten Unterschiede[301] sowie die auch im Grünbuch zur Vermögenstransparenz dargestellte Heterogenität der Vermögensaufklärung in Europa[302] kommen darin zum Ausdruck.

Die Verordnung gibt den Mitgliedstaaten in Art. 14 Abs. 5 EuKoPfVO drei Möglichkeiten vor, wie die mitgliedstaatliche Informationseinholung erfolgen kann.[303] Allerdings erhalten die Mitgliedstaaten auch die Gelegenheit, die Informationseinholung davon komplett abweichend zu gestalten. Art. 14 Abs. 5 lit. a) EuKoPfVO legt fest, dass alle Banken im Hoheitsgebiet eines Mitgliedstaates verpflichtet werden können, der Auskunftsbehörde nach Anfrage mitzuteilen, ob der Schuldner ein Konto bei ihren Instituten unterhält. Lit. b) ermächtigt die Auskunftsbehörde, auf Register oder Daten öffentlicher Behörden zuzugreifen, die die entsprechenden Informationen enthalten.[304] Lit. c) sieht vor, dass die innerstaatlichen Gerichte den Schuldner im Mitgliedstaat zur Offenbarung von auf Konten belegenem Vermögen verpflichten. Die Vermögensoffenbarung muss mit einem weiteren Gerichtsbeschluss einhergehen. Der Beschluss muss *in personam* wirken und damit sicherstellen, dass der Schuldner nach Offenlegung

301 Siehe *Hess-Report*, Teil B zur Transparenz des Schuldnervermögens, S. 20ff.

302 Grünbuch Schuldnertransparenz (o. Fn. 17) S. 3f.; auch kürzlich wurde in einer neuen Studie nochmals auf die Heterogenität verwiesen, siehe Study of National Procedural Laws and Practices, Nr. 49. Siehe ausführlich zum Grünbuch weiter u. Teil 2, B.

303 *Stamm* in Leible/Terhechte (Hrsg.), Europäisches Rechtsschutz- und Verfahrensrecht (EnzEuR) Bd. 3, Rn. 44 attestiert der Regelung einen Richtliniencharakter, der sich nach Meinung von *Stamm* für eine Mindestharmonisierung der generellen Sachaufklärung anbieten würde.

304 Das ist die von Deutschland gewählte Variante. Das Bundesamt für Justiz stellt die „Auskunftsbehörde" dar, siehe § 948 Abs. 1 ZPO. Deutschland wählte folglich ein zentralisiertes Modell, siehe *Schlauß* RIW 2017, 205 (208). Auch Slowenien nutzt das zentralisierte Modell. Dort ist die Agentur der Republik Slowenien für öffentlich-rechtliche Evidenzen und Leistungen als zuständige Auskunftsbehörde benannt, siehe *Pogorelčnik Vogrinc* WiRO 2019, 38 (40). In Österreich sind die Bezirksgerichte zuständig, in dessen „Sprengel" (Gerichtsbezirk) der Schuldner Wohnsitz oder Aufenthalt genommen hat, § 424 Abs. 1 S. 1 EO. Hat der Schuldner weder einen Wohnsitz noch den gewöhnlichen Aufenthalt in Österreich, so ist das Bezirksgericht Innere Stadt Wien zuständig, § 424 Abs. 1 S. 2 EO; dazu S/K/T/*Schumacher*, Art. 14 Rn. 63ff. Österreich steht exemplarisch für ein dezentrales Modell, das wiederum Kenntnisse zum Wohnort oder Aufenthalt des Schuldners erfordert. Damit wird die Anwendung der EuKoPfVO unter Umständen erheblich erschwert.

der Informationen keine weiteren Kontoaktivitäten vornimmt, die die Sicherung des Vermögens auf dem Konto vereiteln.[305] Eine letzte Variante, lit. d), öffnet die bisher von der Verordnung konkret vorgegebenen Systeme der Vermögensoffenbarung für „jede andere Methode". Sie muss aber ähnlich effizient wirken wie die bereits vorgestellten. Die Verordnung sieht mehrheitlich Möglichkeiten der Informationserlangung vor, die den Schuldner nicht an dieser beteiligen. Die von der Verordnung vorgegebenen Möglichkeiten, außer lit. d), spiegeln das Spektrum für eine generelle Sachaufklärung wider. Lit. a) und b) verkörpern die Drittauskunft und lit. c) die Vermögensauskunft.

Art. 50 Abs. 1 lit. c) EuKoPfVO verpflichtet die Mitgliedstaaten mitzuteilen, nach welcher innerstaatlichen Methode sie die Informationen einholen.[306] Die absolute Mehrheit der teilnehmenden europäischen Staaten hat sich für die oben dargestellten Varianten lit. a) oder lit. b) entschieden.[307] Beide Varianten verkörpern eine Einholung, die unabhängig vom Schuldner erfolgt. Entweder ermittelt die Auskunftsbehörde die Informationen bei den Banken direkt oder über ein zentral geführtes Register, das die Kontoinformationen enthält. In den Mitgliedstaaten ermöglicht das für die Zwecke der EuKoPfVO eine Drittstellenabfrage. Einige wenige Staaten bieten eine Kombination beider Alternativen an.[308] Das trifft auf Länder zu, die in ihrem innerstaatlichen System eine Befragung des Schuldners vorsehen.[309] Da lit. c) mit einem *in personam* wirkenden Beschluss

---

305 Kommt der Wirkung einer nach englischem Recht ergehenden *Freezing Injunction* (auch noch unter der alten Bezeichnung *Mareva Injunction* bekannt) gleich, siehe dazu *Bunge*, S. 120. Siehe auch Council of the EU, Note from the Irish delegation and the delegation of the United Kingdom, 02.10.13, 14316/13 verfügbar unter <http://data.consilium.europa.eu/doc/document/ST-14316-2013-INIT/en/pdf> [zuletzt abgerufen am 01.06.2020].

306 Siehe dazu die Übersicht beim European e-justice Portal, verfügbar unter <https://e-justice.europa.eu/content_european_account_preservation_order-379-de.do> [zuletzt abgerufen am 01.06.2020].

307 Verpflichtung der Banken, Konten offen zu legen (lit. a) oder Abruf über Behörden, Verwaltungen oder öffentliche Register (lit. b).

308 Portugal, die Slowakei und Slowenien.

309 Die Slowakei sieht Variante c) vor, aber nur für den Fall, dass die Systeme unter lit. a) und lit. b) ausfallen. Slowenien sieht Variante c) ebenso vor, räumt aber ein, dass es eine in der Praxis äußerst selten genutzte Möglichkeit darstellt. Österreich führte einen Beschluss ein, der dem Schuldner verbietet über offenbartes Vermögen zu verfügen, dazu *Pogorelčnik Vogrinc* WiRO 2019, 38 (40); die Entscheidung für diese Variante wurde durchaus kritisch aufgenommen, da in Österreich ein zentraler Abfragemechanismus über die Steuerbehörden möglich gewesen wäre, siehe S/K/T/*Schumacher*, Art. 14 Rn. 71ff. Weiterhin *Mohr*, Rn. 220f. der noch vor der

einhergehen muss, ist die Konsensfähigkeit der Regelung für ein abstraktes Verfahren der Sachaufklärung fraglich.

Insgesamt betrachtet konnte für die Zwecke der europäischen Kontenpfändung ein Konsens zwischen den europäischen Mitgliedstaaten hergestellt werden. Der Schuldner soll nicht vor der drohenden Sicherung des betroffenen Kontos gewarnt werden. Darüber hinaus ist festzuhalten, dass sich die Mitgliedstaaten fast ausnahmslos zu den Varianten lit. a) und lit. b) bekannt haben, obwohl ihnen beispielsweise auch die Abnahme einer der Vermögensauskunft ähnlichen Erklärung möglich gewesen wäre.

3. *Würdigung*

Das Auffinden der notwendigen Informationen ist vor allem bei Auslandsgläubigern bzw. bei im Ausland belegenem Vermögen ungleich aufwendiger und wird durch die EuKoPfVO keinesfalls vereinfacht oder generell angeglichen. Die Informationen können nur in konkreten Situationen eingeholt werden und nur in Kombination mit dem Verfahren des einstweiligen Rechtsschutzes nach der EuKoPfVO zur Verfügung stehen.[310] Der Gläubiger wird trotz des Systems zur Einholung von Informationen darauf angewiesen sein, im Vorfeld selbstständig aufzuklären, inwiefern der Schuldner Vermögen besitzt, zum Beispiel mittels Detekteien oder anderer privater Dienstleister.[311] Die EuKoPfVO enthält aber Ansätze, die grenzüberschreitende Forderungssicherung und -einziehung zu verbessern. Die Einholung der Informationen fällt dementsprechend konkret aus.[312] Auch wenn sich die Maßnahme auf den einstweiligen Rechtsschutz bezieht, wertet der Verfasser der Bearbeitung die EuKoPfVO auf EU-Ebene und deren Ausgestaltung als Fortschritt und Signal der Öffnung gegenüber weiteren Maßnahmen der Sachaufklärung.

Die Verknüpfung der Informationseinholung mit der Beantragung des einstweiligen Rechtsschutzes wird ebenfalls festgehalten. Die Informationseinholung ist nicht losgelöst vom Sicherungsverfahren möglich.

Entscheidung Österreichs davon ausging, dass lit. c) zur Anwendung gelangen würde und nun anregt, die unrichtige Bekanntgabe der Informationen unter Strafe zu stellen. Zur Einführung von lit c. in die Verordnung siehe *Cuniberti/Migliorini*, S. 180f.

310 Dazu auch Rauscher/*Rauscher/Wiedemann*, EuZPR/EuIPR, EU-KpfVO, Art. 14 Rn. 5.

311 So auch die Schlussfolgerung zum entwickelten System im Verordnungsvorschlag von *Domej* ZEuP 2013, 496 (503f.). Wie von ihr vorhergesagt, sind die Lücken in der endgültig verabschiedeten Fassung der Verordnung nicht geschlossen worden.

312 Dazu *Max Planck Working Group* ECFR 2007, 252 (266); zur Heterogenität in der EU: SEK(2006) 1341 (o. Fn. 73) Nr. 3.3 Erforderliche Kontoangaben.

II. Sachaufklärung mittels der EuUntVO

Die EuUntVO vereinheitlicht umfassend Rechtsfragen in grenzüberschreitenden Unterhaltssachen.[313] Die Verordnung enthält Mechanismen, um verfügbares Einkommen sowie Vermögen des Schuldners für die jeweiligen Zwecke der Verordnung offen zu legen.[314] Darüber hinaus enthält sie Regelungen zur Vorbereitung der gerichtlichen Durchsetzung von bereits festgestellten Unterhaltsansprüchen mittels einer Zusammenarbeit Zentraler Behörden.[315]

1. Rolle der Zentralen Behörden

Die Zentralen Behörden arbeiten zusammen, um die Zwecke der Verordnung zu erfüllen.[316] Die vorgesehene Zusammenarbeit der Behörden erfolgt unterschiedlich zu der der EuKoPfVO. Da die EuUntVO bereits bei der Feststellung gerichtlicher Ansprüche sowie auch bei der Durchsetzung greift,[317] ist der Aufgabenbereich der Zentralen Behörden komplexer. Die Verordnung verpflichtet die Mitgliedstaaten dazu, den Zugang der Zentralen Behörden zu Informationen bei öffentlichen Stellen oder Behörden sicherzustellen.[318] Zu den Aufgaben der Behörden gehört unter anderem die Einholung von Informationen über den Aufenthaltsort sowie zum Einkommen und „wenn nötig" auch zum Vermögen des Unterhaltsverpflichteten.[319] Damit kann nach dem Katalog des Art. 56 EuUntVO, der die möglichen Anträge der betroffenen Parteien abschließend vorgibt, zum Beispiel die Vollstreckung betrieben werden.[320] Die berechtigte Person muss das Verfahren bei den Zentralen Behörden selbstständig

---

313 Beispielsweise die Zuständigkeit (Art. 3ff. EuUntVO), das anwendbare Recht (Art. 15 EuUntVO) und die Anerkennung, Vollstreckbarkeit und Vollstreckung von Entscheidungen (Art. 16ff. EuUntVO); siehe Rauscher/*Andrae*, EuZPR/EuIPR, EG-UntVO, Einl Rn. 13.

314 Für die vorliegende Untersuchung ist lediglich die Konstellation relevant, dass eine Unterhaltspflicht zwischen den beteiligten Parteien bereits feststeht.

315 Siehe Erwägungsgrund (33) EuUntVO; für einen Überblick über die Rolle der Zentralen Behörden siehe *Veith* FPR 2013, 46 (48ff.).

316 Siehe die EuUntVO, Kapitel VII – Zusammenarbeit der Zentralen Behörden, im Speziellen Art. 50 Abs. 1 lit. a) EuUntVO; zur Aufgabenzuweisung siehe Art. 51 EuUntVO.

317 Vgl. Erwägungsgründe (10), (31) und (33) EuUntVO.

318 Siehe Erwägungsgrund (33) EuUntVO.

319 Siehe Art. 51 Abs. 2 lit. b), c) EuUntVO; vollstreckungsvorbereitend bezieht sich die Informationsbeschaffung auf das Erkenntnisverfahren, siehe dazu Rauscher/*Andrae*, EuZPR/EuIPR, EG-UntVO, Art. 51 Rn. 10.

320 Siehe Art. 56 Abs. 1 lit. b) EuUntVO.

einleiten.[321] Die Verfahrenseinleitung kann die berechtigte Person in dem Mitgliedstaat, in dem sie ihren gewöhnlichen Aufenthalt hat, durch einen Antrag bei der Zentralen Behörde des Mitgliedstaats vornehmen.[322] Dass der Antragsteller nicht über Informationen über die Vermögensverhältnisse der verpflichteten Person verfügt, ist unschädlich. Denn nur „[w]enn angebracht und soweit bekannt“ muss der Antrag Informationen über die finanziellen Verhältnisse oder auch zum Arbeitgeber sowie zu Art und Belegenheit von Vermögensgegenständen enthalten.[323]

2. *Informationsermittlung*

Die Grundlagen der Informationseinholung sind in Art. 61 Abs. 1 EuUntVO niedergelegt. Die ersuchte Zentrale Behörde soll „alle geeigneten und angemessenen Mittel“ einsetzen, um die in Absatz 2 näher ausgeführten Informationen einzuholen. Informationen, die ermittelt werden können, sind die Anschrift des Verpflichteten, das Einkommen, Auskünfte zum Arbeitgeber und/oder die Bankverbindung sowie das Vermögen der zum Unterhalt verpflichteten Person.[324]

Auf eine Anfrage der Zentralen Behörde hin und in Fällen, in denen sie keinen direkten Zugang zu den benötigten Informationen besitzt, sind die speichernden Stellen in den Mitgliedstaaten verpflichtet, die Daten zur Verfügung zu stellen.[325]

Zum Zweck der Vollstreckung können ebenfalls Informationen eingeholt werden.[326] Um die Vollstreckung herbeiführen zu können, sind alle vorgenannten Informationen verfügbar, im Gegensatz zur Informationsbeschaffung vor Titulierung des Unterhaltsanspruchs.[327] Mittels Art. 61 EuUntVO können folglich alle für die Vollstreckung notwendigen Informationen im Vollstreckungsmitgliedstaat eingeholt werden.

---

321 Zur konkreten Ausgestaltung in Deutschland siehe § 7 AUG.

322 Siehe Art. 56 EuUntVO.

323 Vgl. Art. 57 Abs. 4 EuUntVO; dazu BeckOGK EU-UnterhaltsVO/*Wurmnest/B. Müller*, Art. 57 Rn. 9; Rauscher/*Andrae*, EuZPR/EuIPR, EG-UntVO, Art. 57 Rn. 6; MüKo-FamFG/*Lipp*, Art. 57 Rn. 6.

324 Siehe Art. 61 Abs. 2 UAbs.1 lit. a)-d) EuUntVO.

325 Art. 61 Abs. 1 UAbs. 1 EuUntVO.

326 Nach Art. 61 Abs.1 UAbs. 1 Var. 5 EuUntVO.

327 Art. 61 Abs. 2 S. 5 EuUntVO, siehe BeckOGK EU-UnterhaltsVO/*Wurmnest*, Art. 61 Rn. 10.

Der vorgestellte Art. 61 EuUntVO sieht die Beteiligung des Schuldners am Verfahren zur Aufklärung seines Vermögens, insbesondere als primäre Quelle der Sachaufklärung, nicht vor. Erwägungsgrund (33) verpflichtet die Mitgliedstaaten dazu, konkret auszugestalten, wie die Zentralen Behörden auf die notwendigen Informationen zugreifen. Generell hat der EuGH entschieden, dass die EU-Mitgliedstaaten einen gewissen Handlungsspielraum beim Vollzug besitzen, wenn die Materie nicht abschließend geregelt wurde.[328] Maßgeblich sind Umfang und Regelungsdichte der Sekundärrechtsmaßnahme.[329] Die Durchführung darf die Effektivität des Unionsrechts nicht beeinträchtigen.[330] In der Literatur wurde Art. 61 EuUntVO ebenfalls hinsichtlich der mitgliedstaatlichen Durchführung untersucht. Der Ausgestaltungsspielraum der Mitgliedstaaten beziehe sich hauptsächlich auf die Bestimmung der Behörden und deren Kompetenz, die erforderlichen Informationen einzuholen.[331] Das lässt den Schluss zu, dass eine Beteiligung des Schuldners nach Art. 61 EuUntVO nicht vorgesehen war und auch nicht durch die Durchführungsgesetzgebung konterkariert werden sollte. Allerdings bezieht sich der Befund auch nur auf Art. 61 EuUntVO, der eine Erweiterung der Rechte nach Art. 51 EuUntVO der Zentralen Behörde darstellt.[332] Nach Art. 51 Abs. 2 EuUntVO darf die Zentrale Behörde alle „angemessenen Maßnahmen" treffen. Informationen über das Vermögen können nach Art. 51 Abs. 2 lit. c) EuUntVO „insbesondere in Anwendung der Artikel 61, 62 und 63" erlangt werden. Die ergriffenen angemessenen Maßnahmen hängen

---

328 EuGH verb. Rs. 205 bis 215/82, ECLI: EU: C:1983:233, Slg. 1983, S. 2633 Rn. 17 – Deutsche Milchkontor/Germany; früher mit dem Grundsatz loyaler Zusammenarbeit begründet, heute verankert in Art. 4 Abs. 3 EUV, dazu Streinz/*Streinz*, EUV, Art. 4 Rn. 32; siehe zu den Spezialregelungen nach dem AEUV: Calliess/Ruffert/*Ruffert*, AEUV, Art. 288 Rn. 21 sowie Art. 291 Rn. 4; G/H/N/*Nettesheim*, AEUV, Art. 291 Rn. 5. Regelungen zur Zuständigkeit und zum Verfahren müssen die Mitgliedstaaten bei selbstständig zu vollziehenden Verordnungen treffen, insofern keine Ausführungsregelungen erlassen wurden, siehe *Stelkens* EuR 2012, 511 (515).

329 EuGH verb. Rs. 205 bis 215/82, ECLI:EU:C:1983:233, Slg. 1983, S. 2633 Rn. 17 – Deutsche Milchkontor/Germany.

330 EuGH Rs. C-343/96, ECLI:EU:C:1999:59, Slg. 1999, I-579 Rn. 25, 27 – Dilex; EuGH Rs. C-231/96, ECLI:EU:C:1998:401, Slg. 1998, I-4951 Rn. 19, 34ff. – Edis; *Hess*, EU-ZivilprozessR, § 4 Rn. 18.

331 *Hess/Spancken* in Beaumont/Hess/Walker/Spancken (Hrsg.), The Recovery of Maintenance in the EU and Worldwide, 385 (397).

332 Vgl. MüKoFamFG/*Lipp*, Art. 51 Rn. 14.

somit vom nationalen Recht ab.[333] Aus diesem Grund nennt die Literatur sodann auch die freiwillige Auskunft des Schuldners als mögliche Maßnahme der Einkommensermittlung, mit der die Zentrale Behörde ihre Aufgaben erfüllt.[334] Die deutschen Regelungen zur Durchführung der EuUntVO zeigen exemplarisch die Möglichkeiten, die die Verordnung den Mitgliedstaaten einräumt, um an der Informationsermittlung mitzuwirken.[335]

3. *Würdigung*

Die obige Analyse hat gezeigt, dass der Unionsgesetzgeber der Dateneinholung in der EuUntVO allein durch Drittstellen eine gewisse Privilegierung einräumt. Mangels der Vergemeinschaftung des Zivilprozessrechts muss sich die Umsetzung aber nach mitgliedstaatlichem Recht richten. Das hat zur Folge, dass die mitgliedstaatlichen Systeme der Sachaufklärung in den Vordergrund rücken und im Fall der EuUntVO und deren Art. 61 EuUntVO eine mitgliedstaatliche Regelung ein anderes Verfahren vorsehen kann. Darin zeigt sich eine gewisse Unzulänglichkeit des Systems Zentraler Behörden. Schlussendlich dienen sie der Aktivierung und Anwendung nationaler Vorschriften. Eine weitere Verwaltungsebene, die den Prozess zwar insgesamt fördern, aber auch verlangsamen kann, wird damit etabliert.[336]

III. Zwischenergebnis

Für die Informationsermittlung vor dem Hintergrund unterhaltsrechtlicher Ansprüche kommt vor allem zum Vorschein, dass Gläubigern ein umfassendes System zur Seite gestellt wird, derartige Ansprüche zu verfolgen und schlussendlich durchzusetzen. Im Vergleich zu anderen privatrechtlichen Ansprüchen sind Unterhaltsansprüche bei der grenzüberschreitenden Durchsetzung privilegiert. Diese Privilegierung wird im Lichte der europäischen Grundrechte nochmals beleuchtet und überlegt, ob eine Gleichberechtigung der Ansprüche in Frage kommt.[337]

---

333 Siehe Rauscher/*Andrae*, EuZPR/EuIPR, EG-UntVO, Art. 51 Rn. 6, weiterhin BeckOGK EU-UnterhaltsVO/*Wurmnest/B. Müller*, Art. 51 Rn. 11; für Deutschland siehe *Andrae* NJW 2011, 2545 (2550).

334 Rauscher/*Andrae*, EuZPR/EuIPR, EG-UntVO, Art. 51 Rn. 11.

335 Dazu unten bei der Behandlung des deutschen Rechts Teil 3, E. II.

336 Zu Effizienzerwägungen in Bezug auf Zentrale Behörden siehe u. Teil 5, IV. 2.

337 Siehe dazu u. Teil 3.

Trotz alledem geht aus der Betrachtung der beiden Verordnungen, die einen Informationsmechanismus für die Zwecke der (vorläufigen) Zwangsvollstreckung enthalten, hervor, dass die Infrastruktur zum Austausch von Daten über vermögensrelevante Informationen des Schuldners im europäischen Rechtsraum in Grundzügen besteht. Der Informationsmechanismus der EuKoPfVO über die sogenannten „Auskunftsbehörden" sowie die Zusammenarbeit der „Zentralen Behörden" im Rahmen der EuUntVO stehen dafür exemplarisch.[338] Im Unterschied zur EuUntVO ist es bei der EuKoPfVO das mit dem Antrag betraute Gericht, das sich an die Auskunftsbehörde des anderen Mitgliedstaates wendet. Auch wenn die Regelungsgebiete unterschiedlich sind und es zu Überschneidungen kommen kann,[339] verwundert die Entwicklung nicht. Der Nukleus ist derselbe: anvisiert sind zahlungsunwillige Schuldner, über deren Vermögen Informationen beschafft werden müssen. Auch lassen sich daran bereits Entwicklungen ablesen: Arbeitet die EuUntVO noch ausschließlich über die Zentralen Behörden, ist in der EuKoPfVO bereits ein mitgliedstaatliches Gericht berufen, die Informationen einzuholen.

Bei der Entwicklung der beiden Verordnungen war die Europäische Kommission immer bereit, einen Schritt weiter zu gehen, um die Integration zu vertiefen.[340] Der Befund gilt für den Verordnungsvorschlag der EuUntVO, in der die Zwangsvollstreckung weiter entwickelt werden sollte[341], ebenso wie für den Vorschlag zur EuKoPfVO. Nach letzterem hätte es weitaus umfassendere Informationsmöglichkeiten zu verschiedenen Zeitpunkten des Verfahrens gegeben.[342] Der legislative Wille auf europäischer Ebene ist in den Bemühungen grundsätzlich erkennbar.

---

338 Die Strukturähnlichkeit der Verfahren heben auch Rauscher/*Rauscher*/*Wiedemann*, EuZPR/EuIPR, EU-KpfVO, Art. 14 Rn. 4 hervor.

339 Man denke an den Fall der Kontenpfändung eines säumigen Unterhaltsschuldners, siehe auch *Mohr*, Rn. 19.

340 Rauscher/*Rauscher*/*Wiedemann*, EuZPR/EuIPR, EU-KpfVO, Einl Rn. 8 sprechen von einem „unausgegorene[n]" und nicht mehrheitsfähigen Entwurf.

341 Siehe dazu *Hess*, EU-ZivilprozessR, § 7 Rn. 97.

342 Siehe Vorschlag-EuKoPfVO, S. 8 sowie Art. 17 Vorschlag-EuKoPfVO der der Überschrift „Gemeinsame Bestimmungen" unterfällt und somit für Anträge der Kontenpfändung sowohl nach als auch vor Anspruchstitulierung gegolten hätte; vgl. Art. 14 EuKoPfVO sowie Fn. 297.

B. Unionsrechtliche Bestrebungen: Grünbuch der Kommission zur Transparenz des Schuldnervermögens

Die Europäische Kommission veröffentlichte im Jahr 2008 ein Grünbuch, das sich mit Fragen zur Transparenz des Schuldnervermögens auseinandersetzte. Das Grünbuch der Kommission enthielt Vorschläge, Anregungen und einen Aufruf, sich zur Frage einzubringen, wie Schuldnervermögen zukünftig in den Mitgliedstaaten der Europäischen Union offengelegt werden könnte.[343] Das Grünbuch ist noch immer der einzige legislative Startpunkt der Europäischen Kommission, die Transparenz des Schuldnervermögens gezielt und umfassend zu verbessern. Ein im Anschluss daran für das Jahr 2013 vorgesehener Verordnungsvorschlag liegt noch immer nicht vor.[344] Aus diesem Grund schlägt die Bearbeitung nochmals die Brücke zur Vergangenheit, um Schlüsse für eine zukünftige gesamteuropäische sekundärrechtliche Regelung zu ziehen.

Die Kommission arbeitete im Grünbuch einzelne Maßnahmen heraus, die im Folgenden aufgegriffen werden. Konkret stellte das Grünbuch zunächst die Schuldneranschrift in den Mittelpunkt der Betrachtung. Der Ausgangspunkt für die Suche nach vollstreckbarem Schuldnervermögen lag für die Kommission beim Schuldner selbst.

Weiterhin beleuchtete das Grünbuch knapp die beiden hauptsächlichen Herangehensweisen, um Schuldnervermögen offenzulegen. Wie zuvor dargestellt sind das die Auskunft des Schuldners über sein Vermögen und zum anderen die Auskunft über das Schuldnervermögen durch Drittstellen. Eine Quelle für die Auskunft durch Drittstellen war für die Kommission der erweiterte Zugang zu Registerauskünften. Dabei bezog sich das Grünbuch auf Handels-, Melde- sowie

---

343 Siehe zusammenfassend für die Ergebnisse der Konsultation die Summary of Replies (o. Fn. 136).

344 Siehe Mitteilung der Kommission an das Europäische Parlament, den Rat, den Europäischen Wirtschafts- und Sozialausschuss und den Ausschuss der Regionen, Ein Raum der Freiheit, der Sicherheit und des Rechts für die Bürger Europas, Aktionsplan zur Umsetzung des Stockholmer Programms, KOM(2010) 171 endg. vom 20.04.2010, S. 26. Kritisch dazu, dass die Transparenz des Schuldnervermögens zeitlich nicht vor der EuKoPfVO reguliert wurde, *Stamm*, IPRax 2014, 124 (125); ebenso Stellungnahme des Europäischen Wirtschafts- und Sozialausschusses zu dem „Vorschlag für eine Verordnung des Europäischen Parlaments und des Rates zur Einführung eines Europäischen Beschlusses zur vorläufigen Kontenpfändung im Hinblick auf die Erleichterung der grenzüberschreitenden Eintreibung von Forderungen in Zivil- und Handelssachen“ COM(2011) 445 final — 2011/0204 (COD), ABl. EU C 191/57 v. 29.6.2012, Ziff. 3.9.

Sozialversicherungs- und Steuerregister. Die Entwicklung auf dem Gebiet der Vernetzung und des Zugangs zu Registern wird aus diesem Grund vertieft untersucht.[345] Einen weiteren wesentlichen Punkt erörterte das Grünbuch unter der Überschrift „Informationsaustausch zwischen Vollstreckungsbehörden".[346] Abschließend enthielt das Grünbuch einen Aufruf, weitere Maßnahmen vorzuschlagen, die auf EU-Ebene ergriffen werden könnten.

Die 58 Antworten auf das Grünbuch von Mitgliedstaaten und interessierten Akteuren wurden in einer Kurzzusammenfassung veröffentlicht.[347] Dass eine Maßnahme auf Gemeinschaftsebene notwendig sei, war Grundkonsens der Antworten. Bei der Frage nach der Intensität einzelner Maßnahmen gingen die Antworten sodann aber auseinander. Die Festlegung von Mindeststandards wurde als der kleinste gemeinsame Nenner von der Zusammenfassung herausgearbeitet. Die Antworten, die sich generell gegen eine Maßnahme aussprachen, waren in der Minderheit. Nahezu alle Antworten hoben allerdings einen Bereich besonders hervor, der bei Ausarbeitung einer Gemeinschaftsmaßnahme besondere Beachtung finden müsse – den des Datenschutzes.[348]

Die Vorschläge des Grünbuchs sahen sich zwei Hauptbedenken gegenüber ausgesetzt. Die Antworten auf das Grünbuch äußerten die Bedenken an diversen Stellen. Einerseits ergaben sich Zweifel an einer unionsrechtlichen Regelung in kompetenzrechtlicher Hinsicht. Die Verbesserung der Drittauskunft müsse zwangsläufig einhergehen mit der Verbesserung der Verfügbarkeit von Registerauskünften. Ob sich jedoch neue Register mittels einer Kompetenz zur Angleichung des Zivilprozess- und Zwangsvollstreckungsrechts einrichten lassen, ist überaus fragwürdig.[349]

Andererseits hat der europäische Gesetzgeber die Vorgaben höherrangigen EU-Rechts zu beachten. Unter den beiden genannten Gesichtspunkten werden die Vorschläge des Grünbuchs sowie weitere eigene Ansätze überprüft. Vorschläge, die der zuvor genannten Überprüfung standhalten, werden sodann als konkrete Vorschläge entwickelt, um die Sachaufklärung auf europäischer Ebene auszugestalten.

---

345 Dazu u. B. II.

346 Dazu u. B. III.

347 Summary of Replies (o. Fn. 136).

348 Siehe die Überprüfung der Vorschläge unter datenschutzrechtlichen Aspekten u. Teil 4, C. I.

349 In diese Richtung argumentiert ebenfalls *Bruns* ZEuP 2010, 809 (819f.). Eine abschließende Einschätzung nimmt er jedoch nicht vor. Siehe einen Befund zur Notwendigkeit weiterer Register u. B. II. 2. c) sowie 3.

I. Handbuch zum Zwangsvollstreckungsrecht

Punkt 1 der Lösungsmöglichkeiten, um Schuldnervermögen transparenter zu gestalten, setzt sich mit der Möglichkeit auseinander, ein Handbuch zum Vollstreckungsrecht einzuführen. Die Reaktionen auf den Vorschlag fielen überwiegend positiv aus.[350] Eine Begründung dafür ist sicherlich, dass die Mitgliedstaaten mit der Einführung eines Handbuchs wenig bis keine Änderungen für die eigene Rechtsordnung zu befürchten hätten. Sie müssten lediglich Informationen über die bestehende Rechtslage bereitstellen. Tatsächlicher Aufwand und praktische Schwierigkeiten dürften dadurch entstehen, dass die Mitgliedstaaten das Handbuch stets aktualisieren müssten.[351] Ein Handbuch verändert den status quo jedoch nicht. Die Erstellung des Handbuches ist mit weiteren Schwierigkeiten verbunden. Zu nennen sind beispielsweise „sprachlich-terminologische Barrieren".[352] Weiterhin müsste solch ein Handbuch detailliert ausgestaltet werden und auf bestehende Rechtsprechung verweisen, um für Rechtsanwender von praktischem Nutzen zu sein.[353] Heutzutage können Rechtsschutzsuchende auf das mittlerweile durchaus gut ausgestattete European Judicial Network zurückgreifen.[354] Unter den Reitern „Klagen vor Gericht" → „Vollstreckung vor Gericht" → „Vollstreckungsverfahren" finden Interessierte länderspezifische Informationen über die Vollstreckungsvoraussetzungen in den Mitgliedstaaten der EU. Allerdings kann die Übersicht bei weitem noch nicht als Handbuch zum Vollstreckungsrecht gewertet werden. Denn gerade eine Suche nach Informationen über den Gegenstand der vorliegenden Arbeit, die Transparenz des Schuldnervermögens, ist in den einzelnen Länderübersichten vergeblich. Darüber hinaus befassen sich die Übersichten nicht mit der Sachaufklärung bzw. Möglichkeiten der Sachaufklärung nach mitgliedstaatlichem Recht. Aufgrund mangelnder Relevanz für eine einheitlich europäische Lösung zur Verbesserung des Sachaufklärungsrechts

---

350 Summary of replies (o. Fn. 136) S. 2; siehe die Antwort Deutschlands zu Frage 2, S. 4; ebenso Finland's reply to the Green Paper (o. Fn. 89) S. 2.

351 Zu dieser Kritik siehe *Alsfasser*, S. 218 sowie *Bruns*, ZeuP 2010, 809 (822).

352 Siehe die berechtigte Kritik bei *Bruns* ZEuP 2010, 809 (822f.).

353 In diese Richtung auch die Kritik des Europäischen Wirtschafts- und Sozialausschusses, Stellungnahme des Europäischen Wirtschafts- und Sozialausschusses zu dem "Grünbuch – Effiziente Vollstreckung gerichtlicher Entscheidungen in der Europäischen Union: Transparenz des Schuldnervermögens" KOM(2008) 128 endg., ABl. EU C 175/73 v. 28.7.2009, Punkt 5.2.1.

354 Siehe <https://e-justice.europa.eu/home.do?plang=de&action=home> [zuletzt abgerufen am 01.06.2020].

beschäftigt sich die Untersuchung nicht weiter mit dem eher theoretischen Ansatz des Handbuches und konzentriert sich im Weiteren auf konkrete und auf Ebene der Union realisierbare Maßnahmen.

II. Registerzugang

Eine der beiden Varianten, Informationen über den Schuldner zu erhalten, ermöglicht den Zugriff auf bei dritten Stellen gespeicherte Informationen. Die Kommission führte nicht explizit aus, wie sie sich einen erweiterten Zugang zu in Registern geführten Informationen vorstellt. Sie erläuterte aber, welche Register ihrer Meinung nach für die Offenlegung des Vermögens des Schuldners wertvoll sein könnten.

1. Melderegister

Melderegister werden im Grünbuch in Frage 4 behandelt. Meldedaten des Schuldners bilden gleichsam den Startpunkt, um die Adresse des Schuldners zu ermitteln. Die Adresse ist Grundvoraussetzung dafür, den Aufenthaltsort des Schuldners zu ermitteln und um darüber die Vermögensauskunft zu ermöglichen. Auch wenn der Zugang zu Melderegisterdaten keinen unmittelbaren Zugang zum Vermögen leistet, so ist die Anschrift beispielsweise auch für Auskünfte aus Grundbüchern entscheidend.[355] Voraussetzung für eine Auskunft ist, dass solch ein Register vorhanden ist und dass das Organ der Zwangsvollstreckung die Daten mit verhältnismäßigem Aufwand abrufen kann. Melderegister gibt es in nahezu allen Mitgliedstaaten, mit Ausnahme des Vereinigten Königreichs und Irland.[356] Das Problem beim Zugriff auf Melderegister besteht darin, dass sie in den Mitgliedstaaten entweder zentral oder dezentral geführt werden.[357] Insbesondere bei

---

355 Vgl. *Ulrici* NJW 2017, 2661 (2661).

356 Grünbuch Schuldnertransparenz (o. Fn. 17) S. 7; siehe auch die Übersicht in <https://e-justice.europa.eu/content_service_of_documents-371-en.do> [zuletzt abgerufen am 01.06.2020] in der nur diese beiden Staaten angaben, über kein Melderegister zu verfügen. Kein Melderegister als solches in Spanien, aber Gerichte haben Zugang zu anderen Registern. Darüber kann die Anschrift des Schuldners ausfindig gemacht werden, siehe <https://e-justice.europa.eu/content_service_of_documents-371-es-de.do?member=1#toc_4_2> [zuletzt abgerufen am 01.06.2020].

357 In Österreich besteht ein zentrales Melderegister, siehe § 16 Abs. 1 Bundesgesetz über das polizeiliche Meldewesen (Meldegesetz 1991 – MeldeG). In Deutschland gibt es kein zentrales Melderegister. Mittlerweile sind aber zentrale Länderdatenbestände,

dezentral geführten Registern kann sich die Informationseinholung verzögern.[358]

Mitgliedstaaten, die nicht über Formen eines Melderegisters verfügen, stehen der Errichtung eines solchen Registers erwartungsgemäß skeptisch gegenüber.[359] Vor allem führen die Staaten Datenschutzerwägungen an.[360] Die Befürworter eines ungehinderten Zugriffs auf Meldedaten argumentieren mit der notwendigen Auffindbarkeit des Schuldners. Das Datenschutzrecht solle nicht dazu missbraucht werden können, dass der Schuldner für den Gläubiger unauffindbar wird.[361]

Ein europäisches Melderegister ist momentan durch eine Kooperation zwischen privaten Unternehmen und der EU im Aufbau.[362] Das Projekt soll zukünftig alle Mitgliedstaaten der EU umfassen. Zum jetzigen Zeitpunkt sind jedoch lediglich Daten der EU-Staaten Deutschland und Österreich abrufbar.[363] Ein darüber hinausgehendes generell zentrales europäisches Melderegister ist nicht denkbar.[364]

Für die Zwecke der EuZVO war die Anschrift des Schuldners bzw. Beklagten bereits ein Thema auf europäischer Ebene.[365] Aus diesem Grund sind Informationen zur Anschrift ebenfalls im European Judicial Network enthalten. Auf der Seite des EJN ist unter „Arbeitshilfen für Gerichte“ → „Zustellung von Schriftstücken“ unter Punkt 4 eines jeden Länderberichts detailliert aufgeführt, wie

---

zumindest von 15 Bundesländern, verfügbar, siehe <www.bmi.bund.de/SharedDocs/faqs/DE/themen/moderne-verwaltung/meldewesen/meldewesen.html> [zuletzt abgerufen am 01.06.2020]; siehe weiterhin *Nohe* FPR 2013, 31 (32f.) m.w.N.

358 Ebenso *Bruns* ZEuP 2010, 809 (824).

359 Vgl. Response of the United Kingdom, S. 3.

360 Stellvertretend, Danish Government's comments on European Commission's Green Paper (o. Fn. 117) S. 3.

361 Summary of Replies (o. Fn. 136) S. 4.

362 Siehe <www.riserid.eu/> [zuletzt abgerufen am 01.06.2020].

363 Siehe die Leistungsübersicht bei Riser, verfügbar unter <www.riserid.eu/leistungen/> [zuletzt abgerufen am 01.06.2020].

364 Siehe Stellungnahme des Europäischen Wirtschafts- und Sozialausschusses zu dem „Grünbuch – Effiziente Vollstreckung gerichtlicher Entscheidungen in der Europäischen Union: Transparenz des Schuldnervermögens“ KOM(2008) 128 endg., ABl. EU C 175/73 vom 28.7.2009, Ziff. 5.4.1.

365 Siehe zur EuZVO zuvor, Fn. 243. Es kann vorkommen, dass eine in der Verordnung vorgesehene und von den Mitgliedstaaten zu bezeichnende Empfangsstelle selbstständig Nachforschungen über die Anschrift anstellen muss, wenn die Zustellung eines Schriftstücks erfolgen soll, siehe Art. 6 Abs. 2 EuZVO.

die Anschrift im ersuchten Mitgliedstaat ermittelt werden kann.[366] Punkt 4.2. beschäftigt sich dezidiert mit der Frage, ob und in welchem Umfang ausländische Parteien des Gerichtsverfahrens bzw. Organe der Justiz Zugriff auf Meldedaten haben.

Daraus folgt, dass Nachbesserungen für den Zugriff auf Meldedaten notwendig sind. Daten zum Schuldner in Melderegistern stellen für Organe der Zwangsvollstreckung oftmals den Ausgangspunkt der Ermittlungen dar. Noch effizienter ist es, wenn der Gläubiger die notwendigen Informationen zu Beginn des Verfahrens beibringen kann. Wenn es dem Gläubiger möglich ist, Meldedaten zum Schuldner selbstständig von innerstaatlichen oder ausländischen Meldebehörden abzurufen, ergeben sich Vereinfachungen für den Vorgang der Zwangsvollstreckung.

Die Antworten der Mitgliedstaaten verdeutlichen vor allem ein Defizit bezüglich der nicht vorhandenen Möglichkeit für ausländische Angehörige der Justiz, auf die Daten der entweder zentral geführten Melderegister oder vergleichbarer Register zuzugreifen. Folglich wäre eine einfach umzusetzende Lösung, authentifizierten Organen der Zwangsvollstreckung diesen Zugriff zu gewähren.[367]

2. *Erweiterung des Registerzugangs in Bezug auf Unternehmen*

a) *Zentrale Europäische Plattform*

Das Grünbuch hob Handelsregister als wichtige Quelle hervor, um über Unternehmensbeteiligungen und Auslandsniederlassungen Kenntnis zu erlangen.[368] Elektronische Handelsregister wurden flächendeckend mittels einer Richtlinie in den Mitgliedstaaten eingeführt.[369] Zwischen den Mitgliedstaaten bestehen

---

366 Siehe <https://e-justice.europa.eu/content_service_of_documents-371-de.do> [zuletzt abgerufen am 01.06.2020].

367 Siehe zur möglichen Authentifizierung der Organe der Zwangsvollstreckung weiter u. Teil 5, C. III. 3. Die Schwierigkeiten, die sich bei einer angefragten Übermittlung von Daten des Melderegisters in Deutschland, an eine Behörde oder öffentliche Stelle in der EU, ergeben, schildert sehr anschaulich *Ehmann*, S. 161f. Wie eine mitgliedstaatliche öffentliche Stelle die Meldedaten abfragende Stelle überprüft, mutet doch sehr antiquiert an: Es wird eine Internetrecherche angeregt, ob es sich bei der abfragenden Stelle, um eine öffentliche Stelle handelt.

368 Siehe Grünbuch Schuldnertransparenz (o. Fn. 17) S. 6.

369 Vgl. Richtlinie 2003/58/EG des Europäischen Parlaments und des Rates vom 15. Juli 2003 zur Änderung der Richtlinie 68/151/EWG des Rates in Bezug auf die Offenlegungspflichten von Gesellschaften bestimmter Rechtsformen, ABl. EU L 221/13 v. 04.09.2003; siehe dazu *Scholz* EuZW 2004, 172ff.

jedoch Unterschiede hinsichtlich des quantitativen Vorhandenseins der Register. Beispielhaft für die eingetretene Fragmentierung von Handelsregistern in den einzelnen Mitgliedstaaten wurde im *Hess-Report* auf die Situation in Deutschland und Großbritannien verwiesen. Nach den Erkenntnissen des Berichts gab es in Großbritannien drei zentrale Handelsregister, wohingegen in Deutschland zum Zeitpunkt der Studie mehr als 400 existierten.[370]

Die überwiegenden Reaktionen bezüglich der Vereinheitlichung von Registern waren verhalten. Vordergründig wurde auf die verschiedenen vorhandenen und strukturierten mitgliedstaatlichen Register verwiesen. Darunter falle auch die Art und Anzahl der gespeicherten Daten, die stark divergiere.[371] Insgesamt wurde die Initiative unter der Prämisse positiv aufgenommen, dass bereits in den Mitgliedstaaten bestehende Register stärker vernetzt werden sollten.

Die vom Grünbuch noch zitierte Publizitätsrichtlinie sowie die Zweigniederlassungsrichtlinie sind mit Inkrafttreten der Richtlinie über bestimmte Aspekte des Gesellschaftsrechts abgelöst worden.[372] Sie standen am Anfang einer Entwicklung, Register zu errichten, die europaweit zugänglich sein sollten. Relevante Neuerungen brachte weiterhin die Richtlinie 2012/17/EU für die Registervernetzung in Europa mit sich.[373] Die Richtlinie verfolgte nicht den Zweck, die nationalen Zentral-, Handels- und Gesellschaftsregister anzugleichen.[374] Unterschiede

---

370 *Hess-Report*, S. 22; allerdings gibt es in Deutschland nun ein gemeinsames Registerportal der Länder. Über das Portal können einfache und erweiterte Suchanfragen online vorgenommen werden, siehe <www.handelsregister.de/rp_web/welcome.do> [zuletzt abgerufen am 01.06.2020]. Interessenten müssen sich vorher für den Service registrieren lassen.

371 Siehe Summary of Replies (o. Fn. 136) S. 3.

372 Richtlinie (EU) 2017/1132 des Europäischen Parlaments und des Rates vom 14. Juni 2017 über bestimmte Aspekte des Gesellschaftsrechts, ABl. EU L169/46 v. 30.06.2017.

373 Richtlinie 2012/17/EU des Europäischen Parlaments und des Rates vom 13. Juni 2012 zur Änderung der Richtlinie 89/666/EWG des Rates sowie der Richtlinien 2005/56/EG und 2009/101/EG des Europäischen Parlaments und des Rates in Bezug auf die Verknüpfung von Zentral-, Handels- und Gesellschaftsregistern, ABl. EU L 156/1 v. 16.06.2012, die zum Beispiel die Anforderung an eine zentrale europäische Plattform mittels Art. 4a in Richtlinie 2009/101/EG des Europäischen Parlaments und des Rates vom 16. September 2009 zur Koordinierung der Schutzbestimmungen, die in den Mitgliedstaaten den Gesellschaften im Sinne des Artikels 48 Absatz 2 des Vertrags im Interesse der Gesellschafter sowie Dritter vorgeschrieben sind, um diese Bestimmungen gleichwertig zu gestalten, ABl. EU L 258/11 v. 01.10.2009, einfügte.

374 Oetker-HGB/*Preuß*, § 9b Rn. 1; Richtlinie 2012/17/EU, Erwägungsgründe (10), (11); so auch die nun aktuell gültige Richtlinie (EU) 2017/1132, Erwägungsgrund (27), die

blieben somit bestehen. In der nun gültigen RL 2017/1132 sind in Anhang II Rechtsformen von Gesellschaften genannt, die den Offenlegungspflichten der Richtlinie unterfallen.[375] Relevante Informationen können zum Beispiel die Personalien derjenigen Personen sein, die gesetzlich vorgeschriebenes Organ oder Mitglied eines solchen Organs sind und die Gesellschaft vertreten dürfen.[376] Auch die Verlegung des Sitzes einer Gesellschaft ist im grenzüberschreitenden Zwangsvollstreckungsverkehr von Bedeutung.[377] Die Richtlinie sieht weiterhin die Vernetzung der Register vor.[378] Das dazugehörige europäische Portal besteht aus den Registern der Mitgliedstaaten und einer Plattform sowie einem europäischen Zugangspunkt.[379] Somit wurde mittels der Zusammenfassung verschiedener Richtlinien zu der aktuellen Richtlinie über bestimmte Aspekte des Gesellschaftsrechts eine Grundlage dafür geschaffen, dass sich Gläubiger auch über relevante Beteiligungen an Unternehmen der jeweiligen Schuldner informieren können. Der öffentliche Zugang zu den Urkunden und Angaben muss durch die Mitgliedstaaten gewährleistet werden.[380] Die Rechtsangleichung befindet sich bereits in einem fortgeschrittenen Stadium. Wenn über Maßnahmen des verbesserten Zugriffs und des Informationsaustausches Daten für die Zwangsvollstreckung fruchtbar gemacht werden können, erübrigt sich eine weitergehende Harmonisierung oder sogar Rechtsvereinheitlichung.

RL 2012/17/EU abgelöst hat; für Deutschland siehe die Regelungen zum Handelsregister in § 8 HGB und für das Unternehmensregister in § 8b HGB.

375 Siehe Art. 13, 14 RL 2017/1132/EU; in Deutschland müssen die AG, die KGaA und die GmbH Informationen offenlegen.

376 Siehe Art. 14 lit. d), i) sowie Erwägungsgrund (8) RL 2017/1132/EU.

377 Siehe Art. 14 lit. g) RL 2017/1132/EU; zu Problemen der Sitzverlegung und der Gefahren für Gläubiger bei der Rechtsdurchsetzung, siehe *Kindler* DNotZ-Sonderheft 2016, 75 (97ff.). Weniger problematisch sieht *Jessica Schmidt* die Verfolgung von Ansprüchen im grenzüberschreitenden Rechtsverkehr, siehe *Schmidt*, Cross-border mergers and divisions, transfers of seat, S. 18f.

378 Die Umsetzung erfolgte in Deutschland durch § 9b HGB.

379 Siehe Art. 22 Abs. 1 und 2 RL 2012/17/EU; „Find a company", die Unternehmenssuche, ist verfügbar unter <https://e-justice.europa.eu/content_find_a_company-489-de.do?clang=de> [zuletzt abgerufen am 01.06.2020].

380 Art. 18 RL 2017/1132/EU; siehe in Deutschland die Einsichtnahme in Handels- und Unternehmensregister, die jedermann zusteht, § 9 HGB, dazu Oetker-HGB/*Preuß*, § 9 Rn. 2; *K. Schmidt*, Handelsrecht, § 13 I Rn. 12; MüKoHGB/*Krafka*, § 9 Rn. 6ff.

b) *Transparenzregister*

Das Transparenzregister wurde im Zuge der Umsetzung der 4. EU-Geldwäsche-RL[381] geschaffen.[382] Es ist komplementär zur soeben bereits erläuterten RL (EU) 2017/1132 im Hinblick auf weitere Unternehmensformen und -beteiligungen. Zweck des Registers ist es, die hinter Unternehmen stehenden natürlichen Personen, zum Beispiel von Familienunternehmen oder Stiftungen, offenzulegen.[383]

Die Regelungen zielen auf die wirtschaftlich berechtigten Personen der aufgezählten juristischen Personen ab.[384] Über sie muss bekannt sein: Vor- und Nachname, Geburtsdatum und Wohnort.[385] Es besteht eine Mitteilungspflicht der Informationen gegenüber der registerführenden Stelle.[386] Die Erfassung der dahinterstehenden natürlichen Personen ist für die Zwecke der transparenteren Gestaltung das bestmögliche Element. Das Transparenzregister war bisher nicht per se öffentlich zugänglich.[387] Unter vergleichbaren Anforderungen wie für die Einsichtnahme in das Grundbuch kann „jeder" bei Geltendmachung eines berechtigten Interesses Informationen abfragen.[388] Über die Auskunft für

---

381 Richtlinie (EU) 2015/849 des Europäischen Parlaments und des Rates vom 20. Mai 2015 zur Verhinderung der Nutzung des Finanzsystems zum Zwecke der Geldwäsche und der Terrorismusfinanzierung, zur Änderung der Verordnung (EU) Nr. 648/2012 des Europäischen Parlaments und des Rates und zur Aufhebung der Richtlinie 2005/60/EG des Europäischen Parlaments und des Rates und der Richtlinie 2006/70/EG der Kommission, ABl. EU L 141/73 v. 05.06.2015 (im Folgenden: 4. EU-Geldwäsche-RL).

382 Siehe für Deutschland: <www.transparenzregister.de> [zuletzt abgerufen am 01.06.2020].

383 *Kotzenberg/Lorenz* NJW 2017, 2433 (2433). Siehe zu europarechtlichen Anforderungen an die Mitgliedstaaten: Art. 30f. 4. EU-Geldwäsche-RL. Die 5. EU-Geldwäsche-RL (Richtlinie (EU) 2018/843 des Europäischen Parlaments und des Rates vom 30. Mai 2018 zur Änderung der Richtlinie (EU) 2015/849 zur Verhinderung der Nutzung des Finanzsystems zum Zwecke der Geldwäsche und der Terrorismusfinanzierung und zur Änderung der Richtlinien 2009/138/EG und 2013/36/EU, ABl. EU L 156/43 v. 19.06.2018) präzisiert und verschärft die Mitteilungspflichten der betroffenen Gesellschaften und juristischen Personen, siehe Nr. 15 zur Änderung von Art. 30 4. EU-Geldwäsche-RL.

384 Siehe für Deutschland § 20 Abs. 1 GwG.

385 Siehe § 19 Abs. 1 Nrn. 1–3 GwG; Art und Umfang des wirtschaftlichen Interesses (Nr. 4) ist nicht von Bedeutung für die vorliegende Betrachtung.

386 Siehe § 20 Abs. 1 GwG; zum Ganzen *Kotzenberg/Lorenz* NJW 2017, 2433 (2434f.).

387 § 23 GwG; siehe dazu *Kindler* DNotZ-Sonderheft 2016, 75 (100).

388 Geht zurück auf Art. 30 Abs. 5 lit. c) 4. EU-Geldwäsche-RL. Nach der deutschen Gesetzesbegründung ist das „berechtigte Interesse" wie in § 12 GBO zu verstehen.

jedermann kann der Gläubiger zumindest das Wohnsitzland des wirtschaftlich Berechtigten herausfinden.[389] Die 5. EU-Geldwäsche-RL hat die Regelung geändert und verpflichtet die Mitgliedstaaten „allen Mitglieder[n] der Öffentlichkeit“ den Zugang zu gewähren.[390] Die Voraussetzung des berechtigten Interesses muss folglich nach einer Gesetzesänderung entfallen.[391] Es erfolgt weiterhin der Zugang nur zu vollständigem Name, Geburtstag und -jahr sowie Wohnsitzland.

Die Informationen können im Zwangsvollstreckungsverfahren für die EuKoPfVO von Bedeutung sein. Es ergeben sich allerdings Besonderheiten bei der Geltendmachung des berechtigten Interesses an der Einsichtnahme in das Transparenzregister. Es besteht ein berechtigtes Interesse, wenn dieses auch mit Sinn und Zweck des Gesetzes übereinstimmt. Sinn und Zweck des Gesetzes ist grundsätzlich, Geldwäsche und Terrorismus sowie dessen Finanzierung zu bekämpfen.[392] Die Gesetzesbegründung sieht dies allerdings lediglich als ein Regelbeispiel an.[393] Selbst wenn dem Einzelnen das berechtigte Interesse mit dem eigentlichen Sinn und Zweck des Gesetzes abgesprochen werden sollte, muss ein Organ der Zwangsvollstreckung trotz alledem auf die im Register geführten Daten zugreifen können. Im Rahmen der Sachaufklärung soll lediglich nach ausländischen Unternehmensbeteiligungen für die Zwecke der Zwangsvollstreckung durch offizielle Behörden gesucht werden.

Danach „muss ein verständiges, durch die Sachlage gerechtfertigtes Interesse dargelegt werden“, siehe BT-Drs. 18/11555, S. 133. Näheres regelt die Verordnung über die Einsichtnahme in das Transparenzregister, Transparenzregistereinsichtnahmeverordnung vom 19. Dezember 2017 (BGBl. I 2107, S. 3984) (im Folgenden: TrEinV); kritisch *Müller* NZWiSt 2017, 121 (123, 126).

389 § 23 I Nr. 3 GwG.

390 Nr. 15 lit. c) 5. EU-Geldwäsche-RL, die Art. 30 Abs. 5 4. EU-Geldwäsche-RL dementsprechend ändert.

391 Vgl. *Frey* CCZ 2018, 170 (172); *Krais* NZWiSt 2018, 321 (323); Ausnahmen bestehen lediglich für Trusts und ähnliche Rechtsvereinbarungen.

392 Siehe *Kotzenberg/Lorenz* NJW 2017, 2433 (2436).

393 „Insbesondere“, BT-Drs. 18/11555, S. 133; ebenso *Kotzenberg/Lorenz* NJW 2017, 2433 (2436); die Transparenzregistereinsichtnahmeverordnung führt weiterhin aus, dass „insbesondere“ Nichtregierungsorganisationen, die sich satzungsgemäß gegen Geldwäsche und Terrorismus einsetzen, sowie Journalisten mit ähnlichem Rechercheschwerpunkt, ebenfalls ein besonderes Interesse geltend machen können, siehe § 8 Abs. 1 Nr. 1 und 2 TrEinV.

c) *Einrichtung weiterer Register*

Die Einrichtung weiterer Register über Unternehmen sowie zu dahinterstehenden Personen lehnt der Verfasser der Bearbeitung ab. Mit den bestehenden Registern und der Vernetzung auf europäischer Ebene können umfassende Informationen abgerufen werden. Die in diesem Abschnitt vorgestellten Register sollten nur für die Zwecke, zu denen sie bereits errichtet worden sind, unionsrechtlich erweitert werden. Für die Durchführung zwangsvollstreckungsrechtlicher Maßnahmen sollen keine weiteren Register geschaffen werden. Auch aus kompetenzrechtlicher Sicht dürfte sich die Neuerrichtung schwierig gestalten. Denn neue Register, die sich nicht ausschließlich auf die Zwecke der Zwangsvollstreckung beziehen, können sich schwerlich auf die Kompetenz des Art. 81 AEUV stützen.[394] Auch sollte die Kompetenz zu diesem Zwecke nicht ausgedehnt werden.

3. *Sozialversicherungs- und Steuerregister*

Im Zusammenhang mit Sozialversicherungs- und Steuerregister dreht sich die primäre Frage im Grünbuch nicht um eine Angleichung der Systeme. Vielmehr steht im Raum, ob ein europäischer Sekundärrechtsakt den Zugriff auf diese Daten für die zivilrechtliche Zwangsvollstreckung erlauben sollte und die Vollstreckung vereinfachen könnte. Die Verbesserung des Zugangs zu Daten in Sozialversicherungs- und Steuerregistern stellt einen der eingriffsintensivsten Vorschläge im Grünbuch dar. Die genannten Register können Auskünfte zur Anschrift des Schuldners, zu seinem Arbeitgeber und vor allem Angaben zu mindestens einer Bankverbindung enthalten.[395]

Die Reaktionen auf den Vorschlag fielen zweigeteilt aus.[396] Hauptbedenken bestanden im Zusammenhang mit der notwendigen Zweckbestimmung der

394 Ausführliche Betrachtung von Art. 81 AEUV weiter u. Teil 2, D.

395 Grünbuch Schuldnertransparenz (o. Fn. 17) S. 8.

396 Besonders ablehnend im Hinblick auf einen vertieften Zugang zu Registern: Entschließung des Europäischen Parlaments vom 22. April 2009 zu der effizienten Vollstreckung gerichtlicher Entscheidungen in der Europäischen Union: Transparenz des Schuldnervermögens (2008/2233(INI)) (2010/C 184 E/02), ABl. EU C 184 E/7 v. 08.07.2010, Nrn. 9.–13. Explizit gegen eine europäische Regelung spricht sich zum Beispiel Dänemark aus, siehe Danish Government's comments on European Commission's Green Paper (o. Fn. 117) S. 3. Die finnische Antwort verweist nochmals auf die Datenschutzaspekte, die mit dem Zugriff auf sensible Daten verbunden sind, siehe Finland's reply to the Green Paper (o. Fn. 89) S. 3.

Datenerhebung entweder im Vorfeld der Nutzung zu Zwecken der Zwangsvollstreckung oder nach Erhebung zu diesem Zweck.[397]

Da in den Mitgliedstaaten bereits eine Struktur an Registern auf diesem Gebiet besteht, wurden keine Vorschläge geäußert, weitere Register einzuführen. Im Mittelpunkt steht für die Bausteine der Verordnung viel mehr, dass auf die Informationen der bestehenden Register zugegriffen werden kann. Weiterhin muss es möglich sein, dass die gesammelten Informationen auch ausgetauscht werden.[398]

4. *Würdigung*

Bereits zum jetzigen Zeitpunkt bestehen in den Mitgliedstaaten Register für verschiedene Themenbereiche, die im Zusammenhang mit dem Vermögen des Schuldners stehen. Die Herausforderung für ein zusätzliches legislatives Instrument ist nun nicht die Schaffung weiterer Register, sondern die sinnvolle Verknüpfung dieser und den damit verbundenen Zugang zu den Registern durch die Organe der Zwangsvollstreckung anderer Mitgliedstaaten der Europäischen Union.[399] Daher widmet sich die Bearbeitung bereits bestehenden Vernetzungsmöglichkeiten zwischen den Mitgliedstaaten und geht der Frage nach, welche Ansätze auf die unionsrechtliche Sachaufklärung übertragbar sind.

III. Vernetzung von Behörden

Die Idee der Vernetzung der beteiligten Vollstreckungsbehörden firmierte im Grünbuch unter der Überschrift „Informationsaustausch zwischen Vollstreckungsbehörden“. Das Grünbuch prangerte vor allem an, dass es Vollstreckungsorganen aus anderen Mitgliedstaaten nicht möglich sei, auf (nicht-öffentliche) Register in anderen Mitgliedstaaten zuzugreifen.

---

397 Green Paper on the efficient enforcement of judgments in the EU: transparency of debtor assets. Position of the Austrian Ministry of Justice, verfügbar unter <http://collections.internetmemory.org/haeu/20171122154227/http://ec.europa.eu/justice/news/consulting_public/debtor_assets/contributions/member_states/austria_en.pdf> [zuletzt abgerufen am 19.12.2018], S. 2.

398 Siehe dazu sogleich unter III.

399 Siehe auch *Stamm* in Leible/Terhechte (Hrsg.), Europäisches Rechtsschutz- und Verfahrensrecht (EnzEuR) Bd. 3, Rn. 34, der ähnlich argumentiert und ablehnt, dass mittels eines europäischen Zwangsvollstreckungsrechts die europäische Vollharmonisierung von (Handels-)Registern einhergeht.

Eine verbesserte Vernetzung der Vollstreckungsbehörden mit erweiterten Zugriffsrechten für die Organe der Zwangsvollstreckung ist allerdings zentral für die Transparenz des Schuldnervermögens, wenn es mittels Drittstellen offengelegt werden soll.

Diverse Neuerungen sind denkbar. Sind in den Mitgliedstaaten Informationen über das Schuldnervermögen für innerstaatliche Vollstreckungsorgane zugänglich, kann eine erste Verbesserung darin bestehen, auch ausländischen Vollstreckungsorganen (auf Antrag) Einblick in die jeweiligen Register zu gewähren. Eine andere Herangehensweise ist wie folgt denkbar: Die ausländischen Behörden stellen die Daten lediglich für die Zwecke der Sachaufklärung zur Verfügung und übermitteln diese an die zuständigen Vollstreckungsorgane im ersuchenden Mitgliedstaat.

Dazu bedarf es einer Regelung für den Austausch der erhobenen Daten. Soll die Sachaufklärung zügig durch das Vollstreckungsorgan des Ursprungsmitgliedstaates durchgeführt werden, muss das Vollstreckungsorgan wissen, bei welchen ausländischen Behörden die Informationen hinterlegt sind. Entweder wendet sich das Vollstreckungsorgan direkt an die Register bzw. registerführenden Behörden im anderen Mitgliedstaat oder eine zentrale Stelle in den Mitgliedstaaten führt die Informationseinholung für das Vollstreckungsorgan im angefragten Mitgliedstaat selbstständig durch. Aus dem Grünbuch geht nicht hervor, wie sich die Kommission den Zugang und die Vernetzung konkret vorstellt. Sie fragt vielmehr nach Möglichkeiten, die Vernetzung zu verbessern.[400] Lediglich der Austausch der Steuerbehörden für die Verfolgung von Steuerschuldnern wird als Vorbild angesprochen.[401] Mittlerweile findet eine Vernetzung zwischen Behörden in vielen anderen Bereichen der Beilegung von Rechtsstreitigkeiten in Europa statt. Aus diesem Grund beleuchtet die folgende Untersuchung die dazu ergangenen Verordnungen und deren Vernetzungsmechanismen. Die bereits angewendeten Systeme stellen Bausteine dar, aus denen ein System der Vernetzung für die Sachaufklärung in Europa gestaltet wird.

Die unterschiedlichen bereits angewendeten Systeme regeln auch die Kommunikation zwischen unterschiedlichen Beteiligten. Entweder findet die Kommunikation direkt zwischen festgelegten Behörden der beteiligten Mitgliedstaaten,[402] zwischen zwei festgelegten Zentralen Behörden,[403] zwischen

---

400 Siehe Grünbuch Schuldnertransparenz (o. Fn. 17) Frage 6.

401 Von Finnland aufgegriffen und als mögliches Vorbild für die Vernetzung benannt, siehe Finland's reply to the Green Paper (o. Fn. 89) S. 4.

402 Unter III. 1.

403 Unter III. 2.

Vollstreckungsorganen und einer mitgliedstaatlich festgelegten Zentralen Behörde[404] oder zwischen einem Vollstreckungsorgan und mitgliedstaatlichen Behörden statt.[405]

Ein wesentlicher Aspekt, der schlussendlich über das zur Anwendung kommende System entscheidet, ist der der zentralisierten oder dezentralisierten Verfügbarkeit der Informationen über das Schuldnervermögen. Wenn die gewünschten Informationen für die Sachaufklärung zentral in einem Mitgliedstaat hinterlegt sind oder über einen zentralen Zugriffspunkt abgerufen werden können, bietet es sich an, dass das ersuchende Vollstreckungsorgan direkt auf die zentral gespeicherten Daten zugreifen kann. Sind die Daten allerdings auf mehreren Registern und Datenbanken bei verschiedenen öffentlichen Einrichtungen hinterlegt, kann es für die Effizienz und Effektivität des Sachaufklärungsverfahrens von Vorteil sein, wenn das ersuchende Vollstreckungsorgan eine Zentrale Behörde kontaktiert, die die dezentral gespeicherten Informationen im ersuchten Mitgliedstaat sammelt und sodann konzentriert an das ersuchende Vollstreckungsorgan weiterleitet.

Grundlage der Vernetzung ist die Verpflichtung der Mitgliedstaaten, sich gegenseitig weitreichende Rechts- und Vollstreckungshilfe zu leisten.[406] Zum Ausdruck kommt die gegenseitige Hilfe unter anderem in den im Folgenden vorgestellten Sekundärrechtsakten.

1. Verbindungsbüros in der EUBeitrRL

Die Kommission scheint mittels des Grünbuchs eine Aufwertung privatrechtlicher Ansprüche vornehmen zu wollen.[407] Denn im Grünbuch erörterte die Kommission, dass der mangelnde Informationsaustausch in Fällen privatrechtlicher Zwangsvollstreckung im Kontrast zur Zusammenarbeit der mitgliedstaatlichen Steuerbehörden stünde.[408]

---

404 Unter III. 3.

405 Unter III. 4.

406 Erläuterungen dazu zuvor, siehe o. Fn. 54.

407 *Schwörer/Heßler* ZVI 2007, 589 (589) attestierten öffentlich-rechtlichen Trägern einen Informationsvorsprung. Ihnen wurde, im Gegensatz zu privatrechtlichen Gläubigern, ein Zugriff auf Sozialdaten des Schuldners gestattet. Siehe zur heutigen Rechtslage und der Annäherung der zivilprozessualen Sachaufklärung an die öffentlich-rechtliche Sachaufklärung weiter u. Teil 3, C. und D sowie den Befund zur Behandlung des Zwangsvollstreckungsrechts nach der EMRK in Teil 4.

408 Die Anfänge der steuerrechtlichen Kooperation sind begründet in der Zusammenarbeit des Europäischen Ausrichtungs- und Garantiefonds für die Landwirtschaft nach Richtlinie 76/308/EWG des Rates vom 15. März 1976 über die gegenseitige

Die EuBeitrRL ermöglicht einen direkten Austausch zwischen mitgliedstaatlichen Behörden, um die Vollstreckung rückständiger Steuern und Abgaben zu verbessern.[409] Jeder Mitgliedstaat benennt eine zuständige Behörde. Nach Art. 4 Abs. 2 EUBeitrRL benennt die zuständige Behörde ein zentrales Verbindungsbüro, das für die Zwecke der Richtlinie hauptverantwortlich ist. Das zentrale Verbindungsbüro ist für die Beitreibung der Forderung im ersuchten Mitgliedstaat zuständig, wenn im ersuchenden Mitgliedstaat ein Vollstreckungstitel besteht.[410] Wird das zentrale Verbindungsbüro für die Beitreibung ersucht, behandelt es die Forderung wie eine eigene Forderung.[411] Vor der Beitreibung kann der ersuchende Mitgliedstaat zunächst auch Informationen einholen, die für die Beitreibung „voraussichtlich erheblich sein werden".[412] Dabei handelt es sich hauptsächlich um Informationen darüber, ob und in welchem Umfang der Schuldner Vermögen im anderen Mitgliedstaat haben könnte.[413] Die Kommunikation findet je nach innerstaatlicher Ausgestaltung zwischen den Steuerbehörden der Mitgliedstaaten direkt statt.[414] Weitere Verwaltungsebenen sind nicht dazwischen geschaltet.

2. *Zentrale Behörden in der EuUntVO*

In der EuUntVO ist wie bereits aufgezeigt ebenfalls ein System der Behördenvernetzung angelegt. Die Vernetzung wird über Zentrale Behörden organisiert. Nach den Art. 49 ff. EuUntVO sind die Mitgliedstaaten verpflichtet, Zentrale

---

Unterstützung bei der Beitreibung von Forderungen im Zusammenhang mit Maßnahmen, die Bestandteil des Finanzierungssystems des Europäischen Ausrichtungs- und Garantiefonds für die Landwirtschaft sind, sowie von Abschöpfungen und Zöllen, ABl. EG L 73, v. 19.3.1976, S. 18–23, heute verkörpert durch Richtlinie 2010/24/EU des Rates vom 16. März 2010 über die Amtshilfe bei der Beitreibung von Forderungen in Bezug auf bestimmte Steuern, Abgaben und sonstige Maßnahmen, ABl. EU L 84/1, v. 31.3.2010 (im Folgenden: EuBeitrRL).

409 Zum Anwendungsbereich der Richtlinie siehe Art. 2 EUBeitrRL sowie dazu Musil/Weber-Grellet/*Weber-Grellet*, Art. 2 Rn. 2ff.

410 Siehe Art. 10 Abs. 1 EUBeitrRL.

411 Art. 13 Abs. 1 S. 1 EUBeitrRL.

412 Art. 5 Abs. 1 EUBeitrRL.

413 Schaumburg/Englisch/*Schaumburg*, Rz. 20.53 sowie Musil/Weber-Grellet/*Weber-Grellet*, Art. 6 Rn. 3.

414 Vgl. Musil/Weber-Grellet/*Weber-Grellet*, Art. 3 Rn. 1: in Deutschland ist das Bundesministerium der Finanzen die „Zuständige Behörde". Das „Verbindungsbüro" ist das Bundeszentralamt für Steuern.

Behörden einzurichten.[415] Um die Zwecke der Verordnung zu erreichen, arbeiten die in den Mitgliedstaaten errichteten Zentralen Behörden zusammen, insbesondere durch den Austausch von Informationen. In Art. 51 EuUntVO ist die Ausgestaltung der Zentralen Behörde zu einer zentralen Vollstreckungsinstitution für Ansprüche aus Unterhaltsrechtsfragen angelegt. Je nach innerstaatlicher Ausgestaltung sind die Zentralen Behörden angehalten, geeignete Schritte einzuleiten, um den Unterhaltsanspruch eines Berechtigten durchzusetzen.[416] In Deutschland hat eine besonders umfangreiche Aufgabenzuweisung an die Zentrale Behörde nach dem AUG stattgefunden.[417] Aus diesem Grund hat sich die Zentrale Behörde in Deutschland auch die Zuschreibung eines Inkassobüros eingehandelt.[418]

Die Zusammenarbeit zwischen den Behörden wird in Art. 58 EuUntVO konkretisiert. Art. 58 Abs. 2 EuUntVO schreibt vor, dass die Zentrale Behörde des ersuchenden Mitgliedstaates, nach Prüfung des Antrags auf Rechtshilfe, diesen an die Zentrale Behörde des ersuchten Mitgliedstaates übermittelt. Art. 61 Abs. 1 UAbs. 5 i.V.m. Art. 62 EuUntVO gestattet den Zentralen Behörden, die auf den Antrag hin ermittelten Informationen an die ersuchende Behörde bzw. die mit dem Fall betrauten Gerichte weiterzuleiten.[419]

3. *Auskunftsbehörden in der EuKoPfVO*

Die EuKoPfVO enthält ebenfalls ein System, das eine von den Mitgliedstaaten zu bestimmende mitgliedstaatliche Behörde in die Pflicht nimmt. Die EuKoPfVO sieht die Einrichtung sogenannter Auskunftsbehörden für den Fall vor, dass der Gläubiger Informationen über vermutete Konten des Schuldners in einem anderen Mitgliedstaat einholen lassen kann.[420] Die Einleitung der Sachaufklärung

---

415 Zur Möglichkeit unterschiedliche innerstaatliche Behörden als Zentrale Behörde festzulegen, siehe mit Beispielen *Hess/Spancken* in Beaumont/Hess/Walker/Spancken (Hrsg.), The Recovery of Maintenance in the EU and Worldwide, 385 (403).

416 Einige Regelungen der EuUntVO berücksichtigen die unterschiedlichen Gegebenheiten mitgliedstaatlichen Rechts, siehe dazu *Hess/Spancken* in Beaumont/Hess/Walker/Spancken (Hrsg.), The Recovery of Maintenance in the EU and Worldwide, 385 (396).

417 § 5 Abs. 2 S. 1 AUG: „Die Zentrale Behörde unternimmt alle geeigneten Schritte, um den Unterhaltsanspruch des Berechtigten durchzusetzen.".

418 So *Veith* FPR 2013, 46 (48), der sich mit dieser Einschätzung auf die Ausgestaltung der Zentralen Behörde nach dem AUG bezieht.

419 Dazu BeckOGK EU-UnterhaltsVO/*Wurmnest*, Art. 62 Rn. 4ff.

420 Das Verfahren ist erst nach Abschluss des Erkenntnisverfahrens verfügbar. Siehe Art. 14 Abs. 1 EuKoPfVO. Es steht für Fälle zur Verfügung, in denen der Gläubiger

übernimmt das für den Erlass des Kontenpfändungsbeschlusses zuständige Gericht im ersuchenden Mitgliedstaat und somit das nach der EuKoPfVO für den Beschluss der Kontenpfändung zuständige Vollstreckungsorgan.[421] Das zuständige Gericht des ersuchenden Mitgliedstaats übermittelt das Ersuchen an die Auskunftsbehörden.[422] Diese holen die Informationen über ein Bankkonto im ersuchten, (mutmaßlichen Vollstreckungs-) Mitgliedstaat ein und senden die für die vorläufige Pfändung notwendigen Informationen an das Gericht zurück.[423] Der Gläubiger kann sich nicht selbst an die Auskunftsbehörde im ersuchten Mitgliedstaat richten.

4. *Zentralstellen in der EuBVO*

In der EuBVO sind zwei unterschiedliche Konzepte der Rechtshilfe ausgestaltet. Das erste Konzept ist die sog. aktive Rechtshilfe[424]. Dahinter verbirgt sich die Durchführung der Beweisaufnahme durch ein ausländisches Gericht, das nicht mit dem erkennenden Gericht identisch ist. Das zweite Konzept ist die passive Rechtshilfe.[425] Bei der passiven Rechtshilfe ersucht ein mitgliedstaatlich erkennendes Gericht um Erlaubnis, die Beweisaufnahme im anderen Mitgliedstaat unmittelbar selbstständig durchführen zu dürfen.[426] Für die unmittelbare Beweisaufnahme bei der passiven Rechtshilfe spielt eine in der Verordnung vorgesehene Zentralstelle die entscheidende Rolle.[427] Sie entscheidet über das Ersuchen.[428] Die Entscheidung schließt aus, dass die unmittelbar durchgeführte Beweiserhebung das Souveränitätsprinzip des anderen Staates verletzt.[429] Die unmittelbare Beweiserhebung hat den Vorteil, dass sie durch ein Organ der Rechtsordnung durchgeführt wird, in der das Erkenntnisverfahren anhängig ist.[430] Dementsprechend findet die Beweiserhebung nach der *lex fori*

---

keine Informationen über die Bank und/oder über das zu pfändende Konto des Schuldners beibringen kann.

421 Siehe die Zuständigkeitsregelung in Art. 6 EuKoPfVO.

422 Art. 14 Abs. 3 EuKoPfVO.

423 Art. 14 Abs. 6 EuKoPfVO.

424 Art. 1 Abs. 1 lit. a) EuBVO.

425 Art. 1 Abs. 1 lit. b) EuBVO sowie Art. 17 EuBVO.

426 Rauscher/*von Hein*, EuZPR/EuIPR, EG-BewVO, Art. 1 Rn. 11; *Hess*, EU-ZivilprozessR, § 8 Rn. 33f.

427 Vgl. Art. 3 EuBVO.

428 Siehe Art. 3 Abs. 3 i.V.m. Art. 17 Abs. 1 EuBVO.

429 Vgl. *Schack*, Rn. 789.

430 Rauscher/*von Hein*, EuZPR/EuIPR, EG-BewVO, Art. 17 Rn. 2 unter Verweis auf *Berger* IPRax 2001, 522 (526); *Hess/Müller* ZZPInt 2001, 149 (159).

des erkennenden, ersuchenden Gerichts statt.[431] Nachteilig wirkt sich hingegen unter Umständen aus, dass die unmittelbare Beweisaufnahme durch ausländische Organe nur auf freiwilliger Basis der befragten Person stattfinden kann. Zwangsmittel darf das erkennende Gericht nicht einsetzen.[432] Augenscheinlich ist in der EuBVO die geringere Aufgabenzuweisung an die Zentralstellen. Die Zentralstellen wirken lediglich in Ausnahmefällen mit, um Ersuchen weiterzuleiten.[433] Sie koordinieren aber die Beweisaufnahme nicht. Die EU räumt mitgliedstaatlichen Gerichten folglich weitreichende Möglichkeiten ein, Beweise in einem anderen Mitgliedstaat direkt zu erheben, ohne den Umweg über Zentrale Stellen oder ein ausländisches Gericht gehen zu müssen.

5. *Würdigung*

Gerade in Fällen dezentraler Informationsspeicherung kann sich die Vernetzung von Behörden unter Zuhilfenahme einer zentralen Behörde im ersuchten Mitgliedstaat anbieten. Die EuBVO zeigt aber auch bereits Wege auf, in denen die ersuchenden Mitgliedstaaten die Beweisaufnahme auch im weiteren Mitgliedstaat selbstständig vornehmen. Die Zielrichtung der EuBVO ist grundsätzlich eine andere, da sie vor allem für die Zwecke des Erkenntnisverfahrens durchgeführt wird. Der Sachaufklärung für die Zwangsvollstreckung und der Beweisaufnahme wohnt dessen ungeachtet das gemeinsame Element der Informationseinholung inne. Auch die EuKoPfVO verzichtet auf die Einschaltung einer innerstaatlichen zentralen Behörde und gestattet dem den Beschluss zur vorläufigen Pfändung erlassenden Gericht, dass dieses sich selbstständig an die Auskunftsbehörde im Mitgliedstaat wendet. Die Lehren für ein unionsrechtliches Sachaufklärungsverfahren werden im letzten Teil gezogen und abgewogen, ob die Einrichtung einer zentralen Behörde unter Effizienzgesichtspunkten als sinnvoll zu erachten ist.[434]

---

431 Art. 17 Abs. 6 EuBVO.

432 Siehe Art. 17 Abs. 2 EuBVO; dazu Rauscher/*von Hein*, EuZPR/EuIPR, EG-BewVO, Art. 17 Rn. 16; *Schlosser/Hess*, EuBVO, Art. 17 Rn. 6.

433 Siehe Art. 3 Abs. 1 lit. c) EuBVO; siehe im Gegensatz dazu die Stellung der Zentralen Behörde in Art. 58 Abs. 2 sowie Art. 62 EuUntVO und die Bedeutung der Auskunftsbehörden für die Informationseinholung nach Art. 14 EuKoPfVO; siehe auch *Schlosser/Hess*, EuBVO, Art. 3 Rn. 1; *Hess*, EU-ZivilprozessR, § 8 Rn. 32.

434 Siehe u. Teil 5, B. IV.

IV. Vermögensauskunft

Die mögliche Ausgestaltung der Auskunft über das Vermögen des Schuldners ist ein elementarer Bestandteil des Grünbuchs.

Das Grünbuch schlägt verschiedene Ausgestaltungsmöglichkeiten auf europäischer Ebene vor. Da die Vermögensoffenbarung in manchen Mitgliedstaaten teilweise vollständig unbekannt ist, ist der logische erste Ansatzpunkt die Einführung einer Vermögensoffenbarung in diesen Staaten.[435] Die Reaktionen zur Einführung einer europäischen Vermögensoffenbarung waren grundsätzlich nicht negativ.[436] Eine Mehrheit der Befürworter zweifelte allerdings am realen Nutzen der Vermögensoffenbarung als zusätzliche Informationsquelle.[437] Vor allem im Hinblick auf die Ausgestaltung wurde kritisiert, dass die Vermögensauskunft entweder extrem detailliert ausfallen müsse und dadurch zeitaufwendig und kompliziert sei, oder dass sie lediglich abstrakt gehalten sein könne und dadurch von geringem Wert sei.[438] In Mitgliedstaaten, in denen das System der Vermögensoffenbarung nicht Teil der Sachaufklärung war, stieß der Vorschlag auf Kritik.[439] Die Kommission selbst sah bei der Offenlegung des Vermögens durch den Schuldner ein Problem als grundsätzlich an: Der Schuldner muss die Erklärung persönlich abgeben. Aus diesem Grund konstatierte die Kommission, dass die Nichtabgabe der Erklärung auf mitgliedstaatlicher Ebene entweder mit Zwang durchsetzbar oder mit Strafe belegt sein müsse.[440]

Ein konkreter Vorschlag über die Einführung einer europäischen Vermögensoffenbarung ist bisher nicht weiter verfolgt worden.

Die Kommission diskutierte zwei verschiedene Wege, wie letztendlich vorgegangen werden könnte. Zum einen erörterte sie, ob die Mitgliedstaaten verpflichtet werden könnten, ein Verfahren zur Vermögensauskunft einzuführen.[441] Folgerichtig nannte sie in einem Atemzug mit diesem Vorschlag die damit

---

435 Siehe Grünbuch Schuldnertransparenz (o. Fn. 17) S. 11 Fn. 35 sowie die Länderberichte unter Teil 1, C. I. 2.

436 Summary of Replies (o. Fn. 136) S. 6.

437 Ibid. Siehe stellvertretend: Answers of the Netherlands to the Green Paper on Transparency of Debtors' Assets, Preliminary Observations, (o. Fn. 123) Nr. 10.

438 Summary of Replies (o. Fn. 136) S. 6. Siehe weiter die unterschiedlichen und detaillierten Antworten der teilnehmenden Mitgliedstaaten zur Ausgestaltung der European Asset Declaration in Fragen 8 und 9 des Grünbuchs.

439 Siehe z.B. die Stellungnahme Frankreichs zum Grünbuch Schuldnertransparenz (o. Fn. 126) S. 7f. sowie die Stellungnahme der Niederlande (o. Fn. 123) S. 15.

440 Siehe Grünbuch Schuldnertransparenz (o. Fn. 17) S. 12.

441 Siehe Grünbuch Schuldnertransparenz (o. Fn. 17) S. 13.

verbundenen Nachteile. Es bestünde weiterhin eine Rechtszersplitterung zwischen den Mitgliedstaaten. Zum anderen führte die Kommission zur Möglichkeit einer europäischen Vermögenserklärung aus.[442] Ein leitendes Prinzip für die Kommission war das Territorialitätsprinzip: Die Transparenz des Schuldnervermögens solle dadurch nicht beschränkt werden können.[443]

C. Vorschläge für die unionsrechtliche Sachaufklärung

Aus den obigen Ausführungen des Grünbuchs ergibt sich folgendes Konzentrat an Ansätzen für ein unionsrechtliches Sachaufklärungsverfahren. Die einzelnen Ansätze werden im weiteren Verlauf der Bearbeitung direkt oder indirekt überprüft. Im letzten Teil finden sich sodann die konkreten Elemente, die in ein unionsrechtliches Sachaufklärungsverfahren übernommen werden sollten.[444]

1. Für den Ausgangspunkt der Ermittlungen des Organs der Zwangsvollstreckung könnten ihm der Zugang zu Meldedaten des Schuldners garantiert werden. Mitgliedstaaten, die über keine oder keine zentralen Meldedateien verfügen, müssten dem Organ Zugang zu anderen Registern oder Datenbanken gewähren, die über die vollständige Adresse des Schuldners Auskunft erteilen. Alternativ sollte die Behörde benannt werden, die im Mitgliedstaat für die Adressermittlung in Zwangsvollstreckungsverfahren zuständig ist und Rechtshilfe zugesichert werden.

2. Mögliche Vernetzung der an der Zwangsvollstreckung beteiligten Behörden und Organe der Zwangsvollstreckung über
   a. die Einrichtung bzw. Benennung von Zentralstellen in den Mitgliedstaaten zur Lösung von Problemen, die sich ergeben, wenn das ersuchende Vollstreckungsorgan direkt mit ersuchten Behörden kommuniziert;
   b. die Gewährung des Zugangs ausländischer Organe der Zwangsvollstreckung auf Register und Datenbanken;
   c. die Einführung elektronischer Identifizierungssysteme auf mitgliedstaatlicher Ebene und Gewährleistung der Interoperabilität der Systeme.

3. Einführung einer europäischen Vermögensoffenbarung mittels
   a. einer Auskunft über das in den Mitgliedstaaten der Europäischen Union belegene Vermögen des Schuldners;

---

442 Siehe Grünbuch Schuldnertransparenz (o. Fn. 17) S. 13 f.
443 Ibid.
444 Siehe u. Teil 5, C.

b. Nennung des gesamten Vermögens inklusive Forderungen des Schuldners gegenüber eigenen Schuldnern.

4. Weiterleitung der mittels der Vermögensoffenbarung oder Drittstellenabfrage erlangten Informationen an den Gläubiger, um ihm eine Entscheidung über die Einleitung eines Zwangsvollstreckungsverfahrens im zukünftigen Vollstreckungsmitgliedstaat zu ermöglichen.

D. Unionsrechtliches Sachaufklärungsverfahren: Kompetenz

Um die beiden Hauptelemente einer potentiellen europäischen Regelung der Sachaufklärung, die Vermögens- sowie die Drittauskunft, mittels eines Sekundärrechtsaktes in den Mitgliedstaaten zu etablieren, benötigt die Union die entsprechende Regelungskompetenz. Im Folgenden wird die Kompetenzgrundlage sowie die Einhaltung des Subsidiaritätserfordernisses für die Einführung der Vermögensauskunft sowie für die Drittauskunft untersucht.[445]

I. Kompetenzgrundlage

Das Kompetenzerfordernis ergibt sich aus dem Prinzip der begrenzten Einzelermächtigung in Art. 5 Abs. 1 EUV. Der Raum der Freiheit, der Sicherheit und des Rechts unterfällt der geteilten Kompetenz als einer der nicht abschließend enumerativ genannten Hauptbereiche nach Art. 4 Abs. 2 lit. j) AEUV.[446] Die Regelungen zur justiziellen Zusammenarbeit befinden sich in den Art. 81 ff. AEUV. Fällt die Zwangsvollstreckung in die originäre Zuständigkeit der Mitgliedstaaten, dann kann die Europäische Union keine vereinheitlichte Gesetzgebung verabschieden.[447]

Art. 81 Abs. 1 S. 1 AEUV formuliert den Auftrag, eine justizielle Zusammenarbeit zu entwickeln.[448] Der Auftrag wird in abgeschwächter Form und somit

445 Schon das Protokoll Nr. 2 „Über die Anwendung der Grundsätze der Subsidiarität und der Verhältnismässigkeit" (Subsidiaritätsprotokoll) zum AEUV, ABl. EU C 115/206 v. 09.05.2008, verlangt in Art. 5 von Entwürfen zu Gesetzgebungsakten, dass sie einen detaillierten Vermerk enthalten müssen, um eine Beurteilung über die Einhaltung der Subsidiarität und den Grundsatz der Verhältnismäßigkeit zu ermöglichen.

446 Ob die Zuständigkeit zunächst geteilt ausgeübt wird oder solange bei den Mitgliedstaaten verbleibt, bis die Union tätig wird, ist umstritten, siehe dazu mit weiteren Nachweisen Calliess/Ruffert/*Calliess*, AEUV, Art. 2 Rn. 11f.

447 Vgl. Art. 5 Abs. 2 S. 1 EUV sowie G/H/N/*Bast*, EUV, Art. 5 Rn. 6.

448 Für *Hess*, EU-ZivilprozessR, S. 75 ein „zentrales Regelungskonzept".

lediglich als Aufgabe verstanden. Aus diesem Grund ist die Entwicklung einer justiziellen Zusammenarbeit auch nicht einklagbar.[449]

Das Binnenmarktkriterium des Art. 65 EGV wurde im Zuge der Umformulierung durch den Vertrag von Lissabon Art. 81 Abs. 2 S. 1 AEUV gelockert.[450] Das Erfordernis ist nunmehr nicht mehr conditio sine qua non für eine Maßnahme nach Art. 81 AEUV.[451] Die Maßnahmen der justiziellen Zusammenarbeit können seit der Umformulierung „insbesondere“ erlassen werden, wenn das reibungslose Funktionieren des Binnenmarktes dies erforderlich macht.

Art. 81 Abs. 1 AEUV fordert für unionsrechtliche Maßnahmen einen grenzüberschreitenden Bezug.[452] Ansonsten fehlt der Union zumindest nach Art. 81 AEUV die Kompetenzgrundlage.[453] Die Kompetenz des Art. 81 AEUV ist nicht darauf ausgerichtet, europäisches Einheitsrecht zu schaffen.[454]

Nachdem im Folgenden das Kriterium des grenzüberschreitenden Bezuges erläutert wurde, findet die Untersuchung der einzelnen Kompetenztitel des Art. 81 Abs. 2 AEUV statt.

1. *Grenzüberschreitender Bezug*

Die vorgestellten Fragen des Grünbuchs und die darauf ergangenen Antworten sowie die daraus abgeleiteten Vorschläge sollen die Transparenz der Sachaufklärung ausschließlich in grenzüberschreitenden Fällen verbessern. Rein mitgliedstaatliche Aufklärungssysteme sind nicht Gegenstand des Normierungsunterfangens.

Auch bei zunächst rein innerstaatlichen Sachverhalten, das heißt einem Schuldverhältnis, bei dem die Vertragsparteien im selben Mitgliedstaat Wohnsitz genommen oder ihren ständigen Aufenthalt haben, ist nicht ausgeschlossen,

449 Calliess/Ruffert/*Rossi*, AEUV, Art. 81 Rn. 4. Im Zusammenhang mit den Regelungsmöglichkeiten in Art. 81 Abs. 1 und Art. 82 Abs. 1 AEUV kontrastiert dargestellt und herausgearbeitet von *Isidro* in Hess/Kramer (Hrsg.), From common rules to best practices in European Civil Procedure, 77 (106f.).

450 Vgl. vdG/S/H/*Lenzing*, AEUV, Art. 81 Rn. 6 mit weiteren Einzelheiten zum nicht nennenswert beschränkenden Kompetenzkriterium des EGV in Art. 65 EGV.

451 Siehe *Leible* in Leible/Terhechte (Hrsg.), Europäisches Rechtsschutz- und Verfahrensrecht (EnzEuR) Bd. 3, Rn. 51.

452 Dazu sogleich unter 1.

453 Calliess/Ruffert/*Rossi*, AEUV, Art. 81 Rn. 5; darauf nimmt Bezug *Wagner* ZZP 2018, 183 (188).

454 G/H/N/*Hess*, AEUV, Art. 81 Rn. 1; Calliess/Ruffert/*Rossi*, AEUV, Art. 81 Rn. 12; *Frenz*, Hdb. EuR, Bd. 6, Kap. 17 Rn. 2923.

dass sich vollstreckbares Vermögen des zukünftigen Schuldners im Ausland befindet. Zwischen den beiden Kriterien, die den grenzüberschreitenden Bezug herstellen, besteht ein Unterschied. Müssten die Parteien in unterschiedlichen Mitgliedstaaten Wohnsitz genommen haben oder ihren Aufenthalt begründen, wäre ausgeschlossen, dass die Belegenheit des Vollstreckungsgegenstandes den grenzüberschreitenden Bezug konstituiert. Über das Kriterium des grenzüberschreitenden Bezuges gab es schon länger unterschiedliche Auffassungen zwischen Europäischem Rat und der Kommission. Konnte sich der Rat in früheren Verordnungen mit einer engeren Auslegung noch durchsetzen, so scheint in jüngerer Zeit die Bereitschaft gewachsen zu sein, das Kriterium aufzulockern. Spätestens die Regelungen zum Anwendungsbereich der EuKoPfVO bringt das zum Ausdruck.[455]

a) Auslegung in bereits erlassenen Rechtsakten

Die Europäische Kommission hat bereits mehrfach versucht, die räumliche Anwendbarkeit europäischen Sekundärrechts zu vergrößern. Im ersten Verordnungsvorschlag für die Einführung eines europäischen Zahlungsbefehles[456] wollte die Kommission auf das Erfordernis des grenzüberschreitenden Bezuges vollends verzichten und ein in den Mitgliedstaaten alternativ anwendbares Mahnverfahren einführen.[457] Der Rat der Europäischen Union sprach sich mehrheitlich dagegen aus, auf das Kriterium des grenzüberschreitenden Bezuges zu verzichten und für rein innerstaatliche Sachverhalte ein europäisches Verfahren zur Verfügung zu stellen.[458] Daraufhin änderte die Kommission ihren Entwurf ab.[459] Schlussendlich erging die Verordnung nur für grenzüberschreitende Sachverhalte.[460]

---

455 Siehe sogleich unter b).

456 Vorschlag für eine Verordnung des Europäischen Parlaments und des Rates zur Einführung eines Europäischen Mahnverfahrens, KOM(2004)173 endg. v. 19.03.2004.

457 Wie zuvor, Punkt 2.2.2; siehe weiterhin die Regelung zum räumlichen Anwendungsbereich in Art. 2 des Vorschlages, die auf das Kriterium des grenzüberschreitenden Bezuges nicht eingeht.

458 Vgl. 2652nd Council meeting – Justice and Home Affairs – Luxembourg, 14 April 2005, 7721/05 (Presse 74). Dem folgte das Parlament, siehe ***I REPORT on the proposal for a regulation of the European Parliament and of the Council creating a European order for payment procedure (COM(2004)0173 – C6-0006/2004 – 2004/0055(COD)), Committee on Legal Affairs, A6-0240/2005, 18.7.2005, S. 20f.

459 Siehe Geänderter Vorschlag für eine Verordnung des Europäischen Parlaments und des Rates zur Einführung eines Europäischen Mahnverfahrens, KOM(2006) 57 endg. v. 7.2.2006.

460 Siehe Art. 2 Abs. 1 EuMVVO.

Im Jahr 2005 unternahm die Kommission einen erneuten Versuch der weiten Auslegung des Kriteriums. Ihre Auslegung machte sie zum Inhalt des Verordnungsvorschlages für ein Verfahren für geringfügige Forderungen.[461] Die Kommission verwies auf die bestehenden unterschiedlichen Sprachfassungen von Art. 65 EGV. Der relevante Teil von Art. 65 EGV lautete in der deutschen Fassung: „Die Maßnahmen im Bereich der justiziellen Zusammenarbeit in Zivilsachen mit grenzüberschreitenden Bezügen [. . .]". In anderen Sprachfassungen würde statt Maßnahme „*measure*" oftmals „*matter*", also Sache, verwendet werden. Danach wäre ausreichend, dass die *Sache* den grenzüberschreitenden Bezug konstituiert. Schlussendlich konnte sich die Kommission mit ihrem weiten Verständnis auch in diesem Fall nicht durchsetzen.[462] In der Literatur stieß das Ansinnen der Kommission ebenfalls auf Kritik: Das Kriterium des grenzüberschreitenden Bezuges wäre durch das weite Verständnis obsolet,[463] was gleichbedeutend die kompetenzrechtlichen Vorgaben des Art. 65 EGV missachten würde.[464]

Ende 2005, also noch während beider Gesetzgebungsverfahren zum europäischen Mahnverfahren und zum Verfahren für geringfügige Forderungen, wurde zwischen Rat der EU, Kommission und Parlament ein interinstitutioneller Kompromiss geschlossen. Der grenzüberschreitende Bezug wurde darin darüber definiert, dass mindestens eine Partei ihren Wohnsitz bzw. gewöhnlichen Aufenthalt in einem anderen Mitgliedstaat als dem mit der Sache befassten Gerichts haben müsse.[465] In der Verordnung betreffend das Europäische Mahnverfahren und in

---

461 Vorschlag-EuGFVO (o. Fn. 142) S. 6.

462 *Hess*, EU-ZivilprozessR, § 10 Rn. 87.

463 So *Hess*, EU-ZivilprozessR, § 2 Rn. 12.

464 Ibid. Skeptisch zu Art. 65 EGV als Grundlage generell *Jayme/Kohler* IPRax 1999, 401 (402) und konkret für das Übereinkommen von Brüssel über die gerichtliche Zuständigkeit und die Vollstreckung gerichtlicher Entscheidungen in Zivil- und Handelssachen von 1968 (konsolidierte Fassung), ABl. EG C 27/1 v. 26.01.1998, *Jayme/Kohler* IPRax 2000, 454 (458) zu Art. 61 lit. c) EGV.

465 Siehe Gemeinsamer Standpunkt des Rates vom 30. Juni 2006 im Hinblick auf den Erlass der Verordnung des Europäischen Parlaments und des Rates zur Einführung eines Europäischen Mahnverfahrens, C6-0227/2006 2004/0055(COD), Dok. 7535/3/2006, 10414/2006 Erklärungen, KOM(2006)0374, darin enthalten Mitteilung der Kommission an das Europäische Parlament gemäß Artikel 251 Absatz 2 Unterabsatz 2 EG-Vertrag über den gemeinsamen Standpunkt des Rates im Hinblick auf den Erlass einer Verordnung des Europäischen Parlaments und des Rates zur Einführung eines Europäischen Mahnverfahrens, 2004/0055 (COD), S. 3 erster Spiegelstrich, verfügbar unter <www.europarl.europa.eu/commonpositions/2006/pdf/c6-0227-06_de.pdf> [zuletzt abgerufen am 01.06.2020].

der Verordnung betreffend den Europäischen Vollstreckungstitel für geringfügige Forderungen ist die Voraussetzung verankert.[466] Der Rat setzte durch, dass sich die EU gegenüber den Mitgliedstaaten bei der Ausübung der Kompetenz aus Art. 65 EGV zurückhaltend verhält.[467]

Die Anwendung der EuMVVO scheidet folglich aus, wenn die beiden streitbefangenen Parteien ihren (Wohn-)Sitz oder gewöhnlichen Aufenthalt im selben Gerichtsstaat haben und der Auslandsbezug darüber hergestellt wird, dass sich ein möglicher Vollstreckungsgegenstand in einem anderen Mitgliedstaat befindet.[468] Die zurückhaltenden Regelungen in der EuMVVO und in der EuGFVO verdeutlichen, dass für die beiden europäisch ausgestalteten Erkenntnisverfahren keine rein innerstaatlichen Sachverhalte geregelt werden sollten. Vor allem wurde eine Anknüpfung an die *Sache* als grenzüberschreitendes Element ausgeschlossen.

Für die Zwangsvollstreckung ist der Anknüpfungspunkt jedoch ein anderer. Für die Zwecke effektiver Sachaufklärung ist ein derartiges unionsrechtliches Zurücknehmen kontraproduktiv. Wie die Auseinandersetzung mit der EuKoPfVO aufzeigen wird, ist die einschränkende Auslegung bereits teilweise überwunden. Denn im Gegensatz zum Erkenntnisverfahren steht im Zwangsvollstreckungsverfahren mit dem Gegenstand der Zwangsvollstreckung gerade eine *Sache* im Vordergrund.

b) Auslegung in der EuKoPfVO

aa) Genereller Anknüpfungspunkt

Zwischen der Verabschiedung des interinstitutionellen Kompromisses und dem Inkrafttreten der EuKoPfVO liegt über ein Jahrzehnt. Ein Jahrzehnt, das widerspiegelt, wie sich die Union und ihr Selbstverständnis, aber auch die Ausübung ihrer Kompetenz im Rahmen der justiziellen Zusammenarbeit, verändert hat. Mit der EuKoPfVO nahm der Unionsgesetzgeber nicht nur erstmals

466 Siehe Art. 3 Abs. 1 EuMVVO: „Eine grenzüberschreitende Rechtssache im Sinne dieser Verordnung liegt vor, wenn mindestens eine der Parteien ihren Wohnsitz oder gewöhnlichen Aufenthalt in einem anderen Mitgliedstaat als dem des befassten Gerichts hat". Siehe weiterhin die wortgleiche Regelung in Art 3 Abs. 1 EuGFVO.

467 Auf den Kompetenzkonflikt verweisen *Hess/Bittmann* IPRax 2008, 305 (306).

468 *Kropholler/von Hein*, EuMVVO, Art. 3 Rn. 7; *Heger* DStR 2009, 435 (436); *Vandekerckhove*, Tijdschrift@ipr.be 2007, 102 (104); für eine Ausweitung des Kriteriums des grenzüberschreitenden Bezuges argumentieren *Hess/Bittmann* IPRax 2008, 305 (306).

die Vergemeinschaftung der Zwangsvollstreckung in Angriff.[469] Die Verordnung manifestierte ein von der Kommission lange angeregtes Verständnis des auch im AEUV weiterhin kompetenzbeschränkenden Erfordernisses des grenzüberschreitenden Bezuges.

Der für die Untersuchung relevante Teil von Art. 3 EuKoPfVO lautet wie folgt: „Für die Zwecke dieser Verordnung gilt eine Rechtssache dann als grenzüberschreitend, wenn das mit dem Beschluss zur vorläufigen Pfändung *vorläufig zu pfändende Bankkonto oder die damit vorläufig zu pfändenden Bankkonten in einem anderen Mitgliedstaat geführt werden* [...]".[470]

Der Verordnungsgeber hat folglich mit Konten, dem Gegenstand der vorläufigen Pfändung, eine Sache zum Anknüpfungspunkt für den grenzüberschreitenden Bezug gemacht.[471] Das zu pfändende Konto muss entweder in einem anderen Mitgliedstaat geführt werden als dem Mitgliedstaat, in dem das Gericht, bei dem die vorläufige Pfändung beantragt wurde, seinen Sitz hat,[472] oder der Mitgliedstaat, in dem das Konto geführt wird, muss ein anderer sein als der Wohnsitzstaat des Gläubigers.[473] An den Wohnsitz des Gläubigers wird nur als Abgrenzungskriterium angeknüpft, ohne dabei auch auf den Schuldner Bezug zu nehmen.[474] Folglich hat die Kommission nun erreicht, worauf sie schon länger hinarbeitete: Die Belegenheit der Sache wurde zum entscheidenden Merkmal, das den grenzüberschreitenden Bezug konstituiert. Für die Transparenz der Sachaufklärung ist diese Festschreibung maßgeblich. Denn ein Baustein einer diesbezüglichen Sekundärmaßnahme soll sein, dass Gläubiger und Schuldner im selben Mitgliedstaat Wohnsitz genommen oder den ständigen Aufenthalt haben können. Über die Belegenheit der Sache kann das grenzüberschreitende Kriterium unproblematisch hergestellt werden, da dieses ausfindig gemacht werden soll. Das Kriterium des grenzüberschreitenden Bezuges wird im Vergleich

---

469 Kritisch Rauscher/*Rauscher*/*Wiedemann*, EuZPR/EuIPR, EU-KpfVO, Einl EU-KpfVO Rn. 1, die davon sprechen, dass das Gebiet der Zwangsvollstreckung „bisher verschont" geblieben ist. Für *Heinze* EuR 2008, 654 (654) war die Materie des Zivilprozessrechts ein „unberührtes Reservat des nationalen Rechts".

470 Hervorhebung durch Autor.

471 Art. 2 i.V.m. Art. 3 EuKoPfVO.

472 Art. 3 Abs. 1 lit. a) EuKoPfVO: „[...] in einem anderen Mitgliedstaat geführt werden als a) dem Mitgliedstaat des Gerichts, bei dem der Beschluss zur vorläufigen Pfändung gemäß Artikel 6 beantragt worden ist, oder [...]".

473 Art. 3 Abs. 1 lit. b) EuKoPfVO: „[...] b) dem Mitgliedstaat, in dem der Gläubiger seinen Wohnsitz hat.".

474 So auch *Schlauß* RIW 2017, 205 (206).

zu den vorangegangenen Verordnungen erweitert.[475] Die weite Auslegung des Kriteriums findet auch Unterstützung in der Literatur.[476]

bb) Besonderheit der Sachaufklärung nach der EuKoPfVO

Durch die EuKoPfVO ergibt sich eine weitere Neuerung bezüglich des Zeitpunkts, zu dem der grenzüberschreitende Bezug vorliegen muss. Grundsätzlich gilt für die EuKoPfVO, dass der Antragsteller in seinem Antrag darlegen muss, dass der Schuldner über ein Konto in einem anderen Mitgliedstaat verfügt.[477] Bringt er die Angaben mit Antragstellung bei, dann stellt das Vorhandensein des Kontos oder der Konten den grenzüberschreitenden Bezug her. Die EuKoPfVO hat mit Art. 8 Abs. 2 lit. f) i.V.m. Art. 14 eine für den grenzüberschreitenden Bezug wichtige Regelung getroffen. Für generelle Sachaufklärungsverfahren ist die Bedeutung der Regelung umso größer. Art. 8 Abs. 2 lit. f) besagt:

> „[...] (2) Der Antrag muss folgende Angaben enthalten:
> [...]
> f) falls keine der nach Buchstabe d erforderlichen Angaben vorgelegt werden kann, eine Erklärung, dass die Einholung der Kontoinformationen gemäß Artikel 14 beantragt wurde, sofern ein solcher Antrag möglich ist, und die Angabe der Gründe, warum nach Auffassung des Gläubigers der Schuldner ein oder mehrere Konten bei einer Bank in einem bestimmten Mitgliedstaat unterhält;"

Der Gläubiger kann über den Weg von Art. 8 Abs. 2 lit. f) EuKoPfVO im Rahmen der Antragstellung für einen Kontenpfändungsbeschluss ein punktuelles Sachaufklärungsverfahren anstrengen. Den grenzüberschreitenden Bezug für die Sachaufklärung stellt zunächst das mit der Antragstellung befasste Gericht her.[478] Denn im Zeitpunkt der Antragstellung auf Informationseinholung ist

---

475 So auch *Hess/Raffelsieper* IPRax 2015, 46 (47); weiterhin *Schlosser/Hess*, EuKtPVO, Art. 3 Rn. 1; siehe dazu sowie weiteren potentiellen Anknüpfungspunkten für das Auslandskriterium: Schwarze/*Stumpf*, AEUV, Art. 81 Rn. 8.

476 Calliess/Ruffert/*Rossi*, AEUV, Art. 81 Rn. 12; G/H/N/*Hess*, AEUV, Art. 81 Rn. 29f.; a.A. noch zur alten Rechtslage nach dem EGV: *Trüe*, S. 328ff., die von einer „reine[n] Koordinierungskompetenz für das mitgliedstaatliche Zivilprozessrecht" und nicht von einer Harmonisierungskompetenz ausgeht; so auch noch G/H/N/*Röben*, 40. EL, EGV, Art. 65, Rn. 10; im Gegensatz dazu spricht G/H/N/*Hess*, AEUV, Art. 81 Rn. 2 nicht mehr von lediglich einer Koordinierungskompetenz, sondern der Möglichkeit „wirkliche[r] Vernetzung".

477 Siehe Art. 8 Abs. 2 lit. d) und e) EuKoPfVO.

478 Das für den Erlass des Kontenpfändungsbeschlusses und das für den Antrag auf Einholung der Konteninformationen zuständige Gericht entsprechen sich, vgl. Art. 14

nicht garantiert, dass auch ein Konto im ersuchten Mitgliedstaat vorhanden ist und somit auch überhaupt ein grenzüberschreitender Bezug besteht. Zunächst wird der grenzüberschreitende Belegenheitsort von dem für den Erlass des Kontenpfändungsbeschlusses zuständigen Gericht somit fingiert. Aus diesem Grund ist auch die Regelung des Art. 3 Abs. 2 EuKoPfVO notwendig. Das Konto muss an dem Tag in einem anderen Mitgliedstaat bestanden haben, „an dem der Antrag auf Erlass eines Beschlusses zur vorläufigen Pfändung bei dem Gericht, das für den Erlass des Beschlusses zur vorläufigen Pfändung zuständig ist, eingereicht wird." Ansonsten würde die Verordnung auch ihrer Anwendbarkeit entzogen.[479] Konkret heißt das, dass zum Zeitpunkt des Sachaufklärungsantrages nicht feststeht, dass ein Konto existiert und demnach auch nicht, ob ein grenzüberschreitender Bezug *de facto* besteht. Ein umfassenderes Erfordernis des grenzüberschreitenden Bezuges würde den Informationsmechanismus undenkbar machen. Darin liegt eine bisher reichlich unbeachtete Neuerung und eine Grundvoraussetzung für die Anwendung des unionsrechtlichen Sachaufklärungsverfahrens. Denn ein unionsrechtliches Sachaufklärungsverfahren muss gerade auf der Grundannahme basieren, dass der Gläubiger nicht weiß, ob in einem weiteren Mitgliedstaat Vermögen des Schuldners belegen ist. Für das Erfordernis des grenzüberschreitenden Bezuges stellt das fragliche Vorhandensein jedoch keine Hürde mehr dar, wie anhand der EuKoPfVO und deren Sachaufklärungsmechanismus aufgezeigt wurde.

c) Zwischenergebnis

Der grenzüberschreitende Bezug kann abstrakt für beide Maßnahmen der Sachaufklärung begründet werden. Das Kriterium muss sich für die Zwecke der Sachaufklärung am Belegenheitsort der Sache orientieren.[480] Damit kommt ein weites Verständnis des Kriteriums des grenzüberschreitenden Bezuges zum Ausdruck.[481] Dass das konkrete Vorhandensein des Vermögens im Zeitpunkt der Antragstellung nicht zweifelsfrei belegt werden kann, ist unschädlich.

Abs. 2 S. 1 i.V.m. Art. 8 Abs. 2 lit. f), dazu Rauscher/*Rauscher*/*Wiedemann*, EuZPR/EuIPR, EU-KpfVO, Art. 14 Rn. 5.

479 Vgl. Rauscher/*Rauscher*/*Wiedemann*, EuZPR/EuIPR, EU-KpfVO, Art. 3 Rn. 8.

480 Ausführlich dazu, in welchem Umfang der Gläubiger zur Belegenheit der Sache in einem anderen Mitgliedstaat vortragen muss, siehe u. Teil 5, C. II.

481 Findet Unterstützung bei G/H/N/*Hess*, AEUV, Art. 81 Rn. 30, der auf die effektive Durchsetzung des Rechts in der EU abstellt.

2. Kompetenz zum Erlass eines Sekundärrechtsakts

Die Auseinandersetzung mit Art. 81 AEUV und die Frage nach der Kompetenz zum Erlass von Regelungen auf dem Gebiet der Sachaufklärung determiniert einen weiteren bisher in der Untersuchung nicht näher umschriebenen Aspekt. Der Kompetenzkatalog des Art. 81 Abs. 2 AEUV gibt die einzelnen Gebiete vor, auf denen die Union tätig werden kann. Eine damit im Zusammenhang stehende Vorfrage ist, wie die Union auf den Gebieten tätig werden darf. Besitzt sie die Kompetenz zu einer rechtsvereinheitlichenden Regelung mittels einer Verordnung, oder darf die Union lediglich harmonisierende Regelungen mittels einer Richtlinie erlassen?

Art. 81 Abs. 1 S. 2 AEUV ist Ausgangspunkt der Frage: „Diese [justizielle Zusammenarbeit in Zivilsachen mit grenzüberschreitendem Bezug] kann den Erlass von Maßnahmen zur Angleichung der Rechtsvorschriften der Mitgliedstaaten umfassen.“ Potentiell wohnt Art. 81 Abs. 1 S. 2 AEUV eine kompetenzbeschränkende Wirkung inne. Das Verständnis über die Angleichung der Rechtsvorschriften im Vergleich zu einer Rechtsvereinheitlichung ist umstritten.

Aus der unterschiedlichen Auslegung ergeben sich unterschiedliche Konsequenzen. Der „Erlass von Maßnahmen zur Angleichung der Rechtsvorschriften“ wird einerseits als bloße Klarstellung verstanden, wonach alle Handlungsformen des Unionsrechts erlassen werden können.[482] Die dafür notwendige Auslegung liegt auf dem Schwerpunkt „Erlass von Maßnahmen“ und nicht auf der Formulierung „Angleichung“. Die Ansicht gesteht allerdings ein, dass „Angleichung“ auch weniger als der Terminus „Vereinheitlichung“ verkörpere.[483] Um die Argumentation zu untermauern führt der Vertreter dieser Meinung einen Vergleich mit anderen Kompetenzvorschriften des AEUV an. Durch die verglichenen Vorschriften komme Folgendes eindeutig zum Ausdruck: Es sei explizit festgeschrieben, wenn in einer Rechtsvorschrift des AEUV keine Harmonisierung vorgesehen ist.[484] Andererseits geht eine Meinung in der Literatur unter Verweis auf die Rechtspraxis des EuGH davon aus, dass es keiner Klarstellung in der Vorschrift bedürfe.[485] Vielmehr sei der Erlass bindender Rechtsakte im

---

482 *Hess*, EU-ZivilprozessR, S. 75, ebenso Streinz/*Leible*, AEUV, Art. 81 Rn. 13 für den alle Handlungsformen des Art. 288 AEUV für die „Angleichung“ zur Verfügung stehen; wiederholt in *Leible* in Leible/Terhechte (Hrsg.), Europäisches Rechtsschutz- und Verfahrensrecht (EnzEuR) Bd. 3, Rn. 53.

483 Streinz/*Leible*, AEUV, Art. 81 Rn. 14.

484 Ibid.

485 Vgl. vdG/S/H/*Lenzing*, AEUV, Art. 81 Rn. 5.

Bereich der Ziviljustiz unbestritten.[486] Vermittelnd fordert eine der vorgestellten Ansichten eine inhaltsbezogene Differenzierung.[487] Wenn originäre Regelungen des IPR und IZVR für die Verwirklichung der justiziellen Zusammenarbeit in Rede stünden, könne die Union das Instrument der Verordnung unter dem „Angleichungsaspekt" wählen. Eine weitere Ansicht stellt auf den zuvor bereits angesprochenen Grundsatz in Art. 81 Abs. 1 S. 1 AEUV ab. Der Grundsatz der gegenseitigen Anerkennung gerichtlicher und außergerichtlicher Entscheidungen als Grundmodell der justiziellen Zusammenarbeit habe sich als „souveränitätsschonendere Möglichkeit gegenüber seiner politischen Alternative, der unionsrechtlichen Harmonisierung der mitgliedstaatlichen Rechtsvorschriften, durchgesetzt".[488] Die Meinung begründet die Bevorzugung des Grundsatzes der Anerkennung gegenüber dem der Harmonisierung mit der momentan mangelnden Durchsetzbarkeit unionseinheitlicher Regelungen. Damit meint sie wohl auf rechtspolitischer Ebene. Art. 81 Abs. 1 S. 2 AEUV verschaffe dem Unionsgesetzgeber sodann vielmehr die Möglichkeit, durch Maßnahmen die Harmonisierung von Rechtsvorschriften doch noch auf den Weg zu bringen. Dabei spricht diese Ansicht mehrfach lediglich von der Harmonisierung im Zusammenhang mit der niedergeschriebenen Angleichung.

Die Argumente gegen eine umfassende Regelungskompetenz der Union aus Art. 81 Abs. 1 S. 2 AEUV können nicht überzeugen. Zwar spricht die Regelung explizit von „Angleichung" und nicht von Vereinheitlichung, allerdings aber auch nicht von Harmonisierung. Eine wirkliche justizielle Zusammenarbeit im Ausmaß des im Katalog von Art. 81 Abs. 2 AEUV aufgezeigten Umfangs lässt sich nicht allein durch Harmonisierungsmaßnahmen verwirklichen. Aus diesem Grund schließt sich die Bearbeitung der Lesart von Art. 81 Abs. 1 S. 2 AEUV an, die der Union alle Sekundärrechtsakte ermöglicht, um die Ziele von Art. 81 Abs. 2 AEUV sicherzustellen. Auch die differenzierende Ansicht[489] müsste zu dem Ergebnis kommen, dass für die Zwecke der europäischen Sachaufklärung auch eine Verordnung in Betracht zu ziehen ist, da eine Verordnung mittels des Zivilverfahrensrechts ein originär europäisches Verfahren schaffen soll. Eine Angleichung der Register und des Zugangs zu mitgliedstaatlichen Registern

---

486 Ibid.

487 So Streinz/*Leible*, AEUV, Art. 81 Rn. 14.

488 Calliess/Ruffert/*Rossi*, AEUV, Art. 81 Rn. 6; *Stamm* in Leible/Terhechte (Hrsg.), Europäisches Rechtsschutz- und Verfahrensrecht (EnzEuR) Bd. 3, Rn. 8 leitet aus der Formulierung von Calliess/Ruffert/*Rossi* einen generell souveränitätsschonenden Charakter von Art. 81 AEUV ab.

489 Siehe o. Fn. 487.

mittels einer Richtlinie ist denkbar, aber ein umfassendes Verfahren auf EU-Ebene könnte wohl nur durch eine für alle Mitgliedstaaten gleichermaßen verpflichtende Verordnung realisiert werden. Unter Berücksichtigung der weiteren Erkenntnisse nimmt die Bearbeitung in Teil 5 nochmals Stellung und wägt ab, welche Handlungsform des Art. 288 AEUV für die Zwecke eines unionsrechtlichen Sachaufklärungsverfahrens am geeignetsten ist.

Die Gesetzgebungshistorie der Union kann als Leitfaden für die nachfolgende Betrachtung erachtet werden. Es ist möglich, dass die Union einen Rechtsakt auf mehrere Kompetenztitel stützt. Die möglichen Kompetenztitel sind in Art. 81 Abs. 2 lit. a)–lit. h) verankert.[490] Beispielsweise erließ die Union die EuKoPfVO, die auf dem Gebiet grenzüberschreitender Forderungssicherung ergangen ist, „insbesondere" auf den Art. 81 Abs. 2 lit. a), lit. e) und lit. f) AEUV.[491]

a) Kompetenztitel – Gegenseitige Anerkennung und Vollstreckung

Der erste für eine europäische Sachaufklärung in Frage kommende Kompetenztitel ermöglicht Maßnahmen, die „die gegenseitige Anerkennung und die Vollstreckung gerichtlicher und außergerichtlicher Entscheidungen zwischen den Mitgliedstaaten" sicherstellen sollen.[492] Denn der Begriff der Vollstreckung versteht sich nicht lediglich auf die Vollstreckbarerklärung von Entscheidungen, sondern auch auf Maßnahmen der Zwangsvollstreckung.[493] Auf den Kompetenztitel

---

490 Calliess/Ruffert/*Rossi*, AEUV, Art. 81 Rn. 17. Siehe die EuKoPfVO, die sich ausdrücklich auf Art. 81 Abs. 2 lit. a), lit. e) und lit. f) stützt.

491 Kritisch dazu Rauscher/*Rauscher/ Wiedemann*, EuZPR/EuIPR, EU-KpfVO, Einl EU-KpfVO Rn. 15.

492 Siehe Art. 81 Abs. 2 lit. a) AEUV; Einführender Überblick zur Thematik der Gegenseitigkeit bei *Dutta* in Basedow/Rühl/Ferrari/de Miguel Asensio (Hrsg.), Encyclopedia of Private International Law, Vol. 2, 1466ff.; die Gegenseitigkeit als grundlegendes Prinzip der Zusammenarbeit in der EU: Art. 67 Abs. 4 AEUV, dazu G/H/N/*Röben*, AEUV, Art. 67 Rn. 124; so auch das Programm des *Europäischen Rates*, Maßnahmenprogramm zur Umsetzung des Grundsatzes der gegenseitigen Anerkennung gerichtlicher Entscheidungen in Zivil- und Handelssachen ABl. EG C 12/1 v. 15.01.2001; weiterhin G/H/N/*Hess*, AEUV, Art. 81 Rn. 4, Calliess/Ruffert/*Rossi*, AEUV, Art. 81 Rn. 6 und *Hess*, EU-ZivilprozessR, § 1 Rn. 24ff.; aus der Rechtsprechung: EuGH Rs. C-116/02, ECLI:EU:C:2003:657, Slg. 2003 I-14693 Rn. 72 – Gasser/MISAT: Anerkennung im Brüsseler Übereinkommen aufgrund gegenseitigen Vertrauens in die Rechtssysteme und Rechtspflegeorgane, bestätigt in EuGH Rs. C-159/02, ECLI:EU:C:2004:228, Slg. 2004 I-3565 Rn. 24 – Turner/ Grovit.

493 Siehe *Leible* in Leible/Terhechte (Hrsg.), Europäisches Rechtsschutz- und Verfahrensrecht (EnzEuR) Bd. 3, Rn. 75.

des Art. 81 Abs. 2 lit. a) AEUV bzw. dessen Vorgängervorschrift in Art 65 lit. a) dritter Spiegelstrich EGV wurden die Brüssel I-VO und deren Neufassung in Form der Brüssel Ia-VO gestützt.[494] Die Einführung eines europäischen Vollstreckungstitels für unbestrittene Forderungen wurde von der Literatur nachträglich ebenfalls Art. 65 lit. a) dritter Spiegelstrich EGV zugeschrieben.[495] Der Rechtsakt selbst stützt sich auf Art. 61 lit. c) EGV. Dieser beruft Art. 65 EGV als Ganzes zur Anwendung.[496] Da mittels der Mahnverfahrensverordnung ein inländisches Urteil in einen Vollstreckungstitel umgewandelt werden kann, liegt es nahe, letztendlich auf Art. 65 lit. a) dritter Spiegelstrich EGV als Kompetenztitel abzustellen. Weitere Verordnungen, die die Vollstreckung vereinfacht haben oder Regelungen zur Anerkennung von Urteilen enthalten, werden ebenfalls unter diesem Kompetenztitel erörtert, ohne dass eine genaue Zuordnung möglich wäre.[497] Die Neufassung der Insolvenzverordnung geht ihrem Wortlaut nach ebenfalls insgesamt auf Art. 81 AEUV zurück.[498]

Eine Ansicht der etwas älteren Literatur stellt für die Grünbücher zur Transparenz des Schuldnervermögens und zur Kontenpfändung sowie zum Verordnungsvorschlag für letztere auf Art. 81 Abs. 2 lit. a) AEUV ab.[499] Diese Ansicht wird in der aktuellen Literatur für die Verordnung zur Kontenpfändung bestätigt.[500] Da die EuKoPfVO auch einen selbstständigen Informationsmechanismus enthält,

---

494 Für weitere Beispiele siehe Streinz/*Leible*, AEUV, Art. 81 Rn. 23; Calliess/Ruffert/*Rossi*, AEUV, Art. 81 Rn. 19ff.

495 Aus diesem Grund die Erörterung der Verordnung über Vollstreckungstitel für unbestrittene Forderungen unter dem Kompetenztitel über gegenseitige Anerkennung und Vollstreckung bei Calliess/Ruffert/*Rossi*, AEUV, Art. 81 Rn. 19a sowie vgl. vdG/S/H/*Lenzing*, AEUV, Art. 81 Rn. 9.

496 Art. 61 lit. c) EGV „Zum schrittweisen Aufbau eines Raums der Freiheit, der Sicherheit und des Rechts erläßt der Rat [. . .] c) Maßnahmen im Bereich der justiziellen Zusammenarbeit in Zivilsachen nach Artikel 65".

497 Siehe Calliess/Ruffert/*Rossi*, AEUV, Art. 81 Rn. 19b zur EuUntVO, die sich ihrem Wortlaut nach auf Art. 61 lit. c) EGV stützt.

498 Siehe Erwägungsgrund (3) Verordnung (EU) 2015/848 des Europäischen Parlaments und des Rates vom 20. Mai 2015 über Insolvenzverfahren, ABl. EU L 141/19 v. 05.06.2015. Die Insolvenzverordnung enthält auch Regelungen zur Entscheidungsanerkennung grenzüberschreitender Insolvenzverfahren, siehe vdG/S/H/*Lenzing*, AEUV, Art. 81 Rn. 9.

499 Streinz/*Leible*, AEUV, Art. 81 Rn. 25.

500 Calliess/Ruffert/*Rossi*, AEUV, Art. 81 Rn. 19b; weiterhin Rauscher/*Rauscher*/*Wiedemann*, EuZPR/EuIPR, EU-KpfVO, Einl EU-KpfVO Rn. 15, die unter Bezugnahme auf Streinz/*Leible*, AEUV, Art. 81 Rn. 25 darauf hinweisen, dass der Kompetenzbereich der „Vollstreckung" nicht ausschließlich auf die Vollstreckbarerklärung bezogen sei,

kann eine harmonisierende Maßnahme ebenfalls auf Art. 81 Abs. 2 lit. a) AEUV gestützt werden.

Die oben erläuterten Bausteine für ein unionsrechtliches Sachaufklärungsverfahren sind insgesamt betrachtet Maßnahmen, die die Vollstreckung zwischen den Mitgliedstaaten sicherstellen. Die gegenseitige Anerkennung des Vollstreckungstitels ist Grundvoraussetzung. Die Voraussetzung ist bereits durch die Brüssel Ia-VO abgesichert. Allerdings ist die Sicherstellung der Vollstreckung lediglich Ziel des Sachaufklärungsverfahrens. Die einzelnen Maßnahmen, die das Ziel erreichen sollen, sind die Verknüpfung relevanter Register, der vereinfachte Registerzugang sowie die Einführung einer Vermögensoffenbarung. Sie sind Bestandteile der für die Durchführung der Zwangsvollstreckung notwendigen Sachaufklärung. Auch wenn die Registerverknüpfung sowie der vereinfachte Zugang nicht direkt im Zusammenhang mit dem Vorgang der Zwangsvollstreckung stehen, sollen die Maßnahmen jedoch ausschließlich für die Zwecke der Zwangsvollstreckung erfolgen. Die Maßnahme der Vermögensoffenbarung durch den Schuldner ist ebenfalls zwangsvollstreckungsunterstützend. Art. 81 Abs. 2 lit. a) AEUV kommt folglich grundsätzlich als Kompetenzgrundlage in Betracht.[501]

b) Kompetenztitel – Zusammenarbeit bei der Erhebung von Beweismitteln

Eine Analogie zur Kompetenz der Erhebung von Beweismitteln aus Art. 81 Abs. 2 lit. d) AEUV bringt eine Literaturmeinung ins Spiel.[502] Das ist naheliegend. Nach einer europäisch autonomen Definition zielt die Beweiserhebung auf die Beschaffung von Informationen ab, „die der richterlichen Wahrheitsfindung bzw. Überzeugungsbildung im Erkenntnisverfahren [dienen]".[503] Zwar

---

sondern auch die Vollstreckung zum Gegenstand haben könne. A.A. vdG/S/H/*Lenzing*, AEUV, Art. 81 Rn. 16, wonach lit. f) einschlägig ist. Eine Kompetenz generell bestreitet *Stamm* IPRax 2014, 124 (126f.).

501 Kritisch dazu *Stamm* in Leible/Terhechte (Hrsg.), Europäisches Rechtsschutz- und Verfahrensrecht (EnzEuR) Bd. 3, Rn. 6ff.

502 Vgl. *Stamm* in Leible/Terhechte (Hrsg.), Europäisches Rechtsschutz- und Verfahrensrecht (EnzEuR) Bd. 3, Rn. 27.

503 Siehe Rauscher/*von Hein*, EuZPR/EuIPR, EG-BewVO, Art. 1 Rn. 14; *Schlosser/Hess*, EuBVO, Art. 1 Rn. 6 sowie Schlussanträge Generalanwältin *Kokott* v. 18.07.2007, Rs. C-175/06, ECLI:EU:C:2007:451, Slg. 2007 I-7929 Rn. 55 – Tedesco: „Eine Beweisaufnahme besteht in der sinnlichen Wahrnehmung und Bewertung eines Beweismittels. Die Aussagen eines Zeugen werden angehört, Urkunden werden gelesen, andere Gegenstände werden geprüft. Die Rechtshilfe erstreckt sich auf alle diese Vorgänge [...]".

steht ein Vorgang der Abwägung und Überzeugungsbildung im Vordergrund, doch genau solch eine Überzeugungsbildung soll sich im Rahmen der Sachaufklärung auch beim Gläubiger einstellen. Die Sachaufklärung dient dazu festzustellen, ob dem Schuldner bestimmte Vermögensgegenstände eigentumsrechtlich zugeordnet werden können. Es handelt sich um Vorgänge der Informationsbeschaffung. Eine ausreichende Vergleichbarkeit für die Zwecke einer Analogie liegt somit vor.[504]

Die Meinung bezieht sich auf die Erstreckung der Vermögensoffenbarung auf Auslandsvermögen.[505] Allerdings lehnt die Ansicht die Anwendung der Kompetenzgrundlage aufgrund eines mutmaßlich mangelnden grenzüberschreitenden Bezuges ab. Dafür stellt sie einen Vergleich zum Erkenntnisverfahren her. Im zivilprozessualen Erkenntnisverfahren gehe es bei der Beweisermittlung um einen im Inland noch laufenden Rechtsstreit, in welchem Rechtshilfe aus dem Ausland gewährt werden solle.[506] In der Vollstreckung handele es sich im Gegensatz dazu um die im Inland abgeschlossene Sachaufklärung und eine sich daran anschließende Vollstreckung des Auslandsvermögens.[507] Die Argumentation verfängt nur, insofern die Vermögensauskunft nur in Bezug auf inländisches Vermögen erfolgt. In Bezug auf zu offenbarendes ausländisches Vermögen muss für die Zwecke der Sachaufklärung darin ein grenzüberschreitender Bezug gesehen werden.[508] Für die Vernetzung der Behörden und die Einholung der Drittauskunft durch das Organ der Zwangsvollstreckung des Ursprungsmitgliedstaates ist der grenzüberschreitende Bezug noch offensichtlicher. Es liegt gerade ein Vorgang der grenzüberschreitenden Rechtshilfe vor. Das Organ der Zwangsvollstreckung ersucht die ausländische Behörde um Informationsübermittlung, noch während das innerstaatliche Verfahren der Sachaufklärung läuft. Ein grenzüberschreitender Bezug kann folglich hergestellt werden. Da die Kompetenztitel für eine neue Maßnahme kumulativ vorliegen können, wird

---

504 *Stamm* in Leible/Terhechte (Hrsg.), Europäisches Rechtsschutz- und Verfahrensrecht (EnzEuR) Bd. 3, Rn. 27 geht auf die Gründe für eine Analogie nicht näher ein; siehe zur unterschiedlichen Informationsgewinnung im Erkenntnis- und Zwangsvollstreckungsverfahren auch *Holzapfl*, S. 227. Ihrer Ansicht nach ist eine Ungleichbehandlung der Intensität der Sachaufklärung von Erkenntnis- und Zwangsvollstreckungsverfahren nicht gerechtfertigt.

505 *Stamm* in Leible/Terhechte (Hrsg.), Europäisches Rechtsschutz- und Verfahrensrecht (EnzEuR) Bd. 3, Rn. 23.

506 Vgl. wie zuvor Rn. 27.

507 Ibid.

508 Siehe zur Auseinandersetzung mit der Kritik sogleich unter g).

der Frage der Analogiefähigkeit der Unionskompetenzen nicht nachgegangen. Zuvor wurde bereits gezeigt, dass Art. 81 Abs. 2 lit. a) einschlägig sein kann. Weitere Kompetenzgrundlagen kommen hinzu.

c) Kompetenztitel – Effektiver Zugang zum Recht

Ein weiterer potentiell einschlägiger Kompetenztitel ist Art. 81 Abs. 2 lit. e) AEUV, der den „effektiven Zugang zum Recht" garantiert. Lit. e) vereinfacht den Zugang zu Spruchkörpern in Nachbarstaaten.[509] Die Vorschrift ist primär auf den Zugang zur Eingangsinstanz ausgerichtet und steht nicht originär im Zusammenhang mit Zwangsvollstreckungsverfahren. Der vereinfachte Zugang zur Prozesskostenhilfe wurde durch rechtsangleichende Vorschriften ermöglicht und beruht auf der Grundidee des Art. 81 Abs. 2 lit. e) AEUV, den „Zugang zu den Gerichten wirksam zu gewährleisten".[510] Des Weiteren befindet sich der Grundsatz des vereinfachten Zugangs in Art. 67 Abs. 4 AEUV sowie Art. 47 Abs. 3 GRCh.

In der Literatur wird der Kompetenztitel dahingehend verstanden, dass er der EU umfangreichere Kompetenzen einräumt und dass aus diesem Grund Maßnahmen ergriffen werden können, die die Effizienz von Zivilverfahren steigern.[511] Eng ausgelegt stellt der Wortlaut lediglich auf den Zugang zum Recht, also den Eingangsinstanzen für Erkenntnisverfahren, ab. Die Zwangsvollstreckung, als Verwirklichung des bereits gewährten Rechts, würde aus dem Kompetenztitel heraus fallen. Die Literatur legt den Kompetenztitel jedoch weit aus und versteht ihn als Verkörperung des Justizgewährungsanspruches auf sekundärrechtlicher Ebene.[512] Im Zusammenhang mit der EuKoPfVO wurde demgegenüber Kritik an der potentiellen Weite des Kompetenztitels geäußert. Denn wenn Art. 81 Abs. 2 lit. e) AEUV derart weit verstanden werde, verkomme seine kompetenzbegrenzende Wirkung.[513] Die vorliegende Arbeit schließt sich ungeachtet dessen der weiten Auslegung an. Damit fallen die oben beschriebenen Maßnahmen, die allesamt auf eine effizientere als auch effektivere Sachaufklärung und somit schlussendlich Rechtsgewährung abstellen, unter den Kompetenztitel des Art. 81 Abs. 2 lit. e) AEUV. Des Weiteren sollen die angeregten

---

509 Streinz/*Leible*, AEUV, Art. 81 Rn. 34.

510 Siehe Erwägungsgrund (5) RL-PKH.

511 *Storskrubb*, S. 45.

512 Vgl. Calliess/Ruffert/*Rossi*, AEUV, Art. 81 Rn. 26. Den Justizgewährungsanspruch betrachtet er als „notwendige Folge" des staatlichen Gewaltmonopols. Ebenfalls eine weite Auslegung unterstützt vdG/S/H/*Lenzing*, AEUV, Art. 81 Rn. 15.

513 Rauscher/*Rauscher*/*Wiedemann*, EuZPR/EuIPR, EU-KpfVO, Einl EU-KpfVO Rn. 15.

Sachaufklärungsmaßnahmen den Zugang zu einer fremden Rechtsordnung auf Ebene der Zwangsvollstreckung erleichtern. Eine abstrakte Betrachtung der Verbürgung zum Zugang des Rechts ermöglicht somit, die Sachaufklärung unter den Kompetenztitel zu fassen.

d) Kompetenztitel – Beseitigung von Hindernissen für die reibungslose Abwicklung von Zivilverfahren

Art. 65 lit. c) EGV wurde nahezu unverändert in den Vertrag von Lissabon übernommen.[514] In Art. 81 Abs. 2 lit. f) AEUV kann die komplette Angleichung der nationalen zivilprozessualen Vorschriften in die Wendung der „Beseitigung von Hindernissen für die reibungslose Abwicklung von Zivilverfahren" hineininterpretiert werden.[515] Lediglich der grenzüberschreitende Bezug muss aufgrund der Einschränkung durch Art. 81 Abs. 1 AEUV stets vorliegen.[516] Die Kritik am Umfang von Art. 81 Abs. 2 lit. e) AEUV, die Bestimmung sei zu weit gefasst, um sinnvoll die Kompetenz der EU zu beschränken, wurde folglich auch für den Kompetenztitel des Art. 81 Abs. 2 lit. f) geäußert.[517]

Für eine Ansicht in der Literatur liegt die Kompetenz für den Erlass der EuKoPfVO in Art. 81 Abs. 2 lit. f). Es würden Modalitäten der Zwangsvollstreckung harmonisiert, die bis zum jetzigen Zeitpunkt ausschließlich national geregelt waren.[518]

Gerade die Einführung einer Vermögensauskunft ließe sich wohl unter diesen Kompetenztitel fassen. Denn dabei handelt es sich um Vereinheitlichung zivilprozessualer Vorschriften, um die Zwangsvollstreckung zu ermöglichen.

e) Zwischenergebnis

Die Vielfalt der möglichen Kompetenztitel sowie die Unschärfe, die die Union bei der Festlegung der einschlägigen Kompetenztitel walten lässt, machen es

---

514 Art. 81 Abs. 2 lit. f) AEUV: „die Beseitigung von Hindernissen für die reibungslose Abwicklung von Zivilverfahren, erforderlichenfalls durch Förderung der Vereinbarkeit der in den Mitgliedstaaten geltenden zivilrechtlichen Verfahrensvorschriften".

515 Zumindest angesprochen, aber im Ergebnis abgelehnt von: G/H/N/*Hess*, AEUV, Art. 81 Rn. 48 sowie Streinz/*Leible*, AEUV, Art. 81 Rn. 36.

516 Siehe *Leible* in Leible/Terhechte (Hrsg.), Europäisches Rechtsschutz- und Verfahrensrecht (EnzEuR) Bd. 3, Rn. 87.

517 Siehe zuvor Fn. 512.

518 vdG/S/H/*Lenzing*, AEUV, Art. 81 Rn. 16.

einfach, eine Kompetenz nach Art. 81 Abs. 2 AEUV abstrakt zu begründen.[519] Im Einzelnen ist die Zuweisung aufwendiger.

f) Kompetenz für den erweiterten Zugang zu und die Vernetzung von Registern

Unter Art. 81 Abs. 2 lit. a) AEUV lassen sich, wie aufgezeigt, alle vorgeschlagenen Maßnahmen zur Sachaufklärung fassen, da sie dem Wortlaut entsprechend die Vollstreckung von Entscheidungen zwischen den Mitgliedstaaten sicherstellen sollen.

Die Verknüpfung der im Grünbuch erörterten Register geschieht unter der Maßgabe der verbesserten Zusammenarbeit in Zivilsachen, konkret zur Verbesserung der Zwangsvollstreckung. Der Zugang zu Daten soll für diese Zwecke ermöglicht werden. Neue Register sind explizit nicht Gegenstand der vorliegenden Erwägungen, lediglich der Zugriff auf bestehende Daten steht im Raum. Die aufgeführten Kompetenztitel des Art. 81 Abs. 2 AEUV decken diese Bereiche ab. Die Rechtsetzungspraxis der EU bestätigt den Befund. Die EuKoPfVO sieht die Verknüpfung der Auskünfte über Bankkonten vor.[520] Die EuUntVO enthält noch umfassendere Regelungen, die den Zentralen Behörden Zugang zu Schuldnerinformationen gewährt.[521] Für die Zwecke der Zwangsvollstreckung ist der Zugang zu Daten im Rahmen der EuUntVO sogar noch umfassender als für die Feststellung eines Anspruchs.[522] Auch wenn sich neue Rechtsakte nicht auf die

---

519 So beispielsweise *Alsfasser*, S. 206 der die unionsrechtliche Sachaufklärung in Gesamtheit als von Art. 81 Abs. 2 lit. a) AEUV gedeckt ansieht.

520 Siehe zuvor A. I.

521 Siehe Art. Art. 61 Abs. 1 UAbs. 2: „Die Behörden oder Verwaltungen, die im Rahmen ihrer gewöhnlichen Tätigkeit im ersuchten Mitgliedstaat über die Informationen nach Absatz 2 verfügen und für ihre Verarbeitung im Sinne der Richtlinie 95/46/EG verantwortlich sind, stellen diese Informationen vorbehaltlich der Beschränkungen, die aus Gründen der nationalen oder öffentlichen Sicherheit gerechtfertigt sind, der ersuchten Zentralen Behörde auf Anfrage in den Fällen, in denen die ersuchte Zentrale Behörde keinen direkten Zugang zu diesen Informationen hat, zur Verfügung."

522 Art. 61 Abs. 2: „(2) Bei den Informationen im Sinne dieses Artikels muss es sich um solche handeln, über die die Behörden, Verwaltungen oder Personen nach Absatz 1 bereits verfügen. Diese Informationen sind angemessen und erheblich und gehen nicht über das Erforderliche hinaus; sie betreffen Folgendes:
a) Anschrift der verpflichteten oder der berechtigten Person,
b) Einkommen der verpflichteten Person,
c) Nennung des Arbeitgebers der verpflichteten Person und/oder der Bankverbindung(en) der verpflichteten Person und

Kompetenznorm alter Unionsrechtsakte stützen können, ist deren Existenz ein starkes Indiz.[523] Aus der Gesamtschau und der indizierenden Wirkung der beiden untersuchten Verordnungen zur Kontenpfändung und zum Unterhalt wie auch aus den Betrachtungen zur EuBVO ergibt sich die Unionskompetenz, die vorgeschlagenen Maßnahmen zu erlassen.

g) Kompetenz für die Einführung einer europäischen Vermögensauskunft

Vereinheitlichende Maßnahmen, die auch das innerstaatliche Recht betreffen, lassen sich mindestens auf Art. 81 Abs. 2 lit. f) AEUV stützen. Die Einführung einer Vermögenserklärung in allen Mitgliedstaaten der Europäischen Union ist invasiver, als lediglich die Verknüpfung von Behördennetzwerken, um den Austausch zwischen diesen zu fördern. Aber wie bereits für den Kompetenztitel des Art. 81 Abs. 2 lit. f) AEUV ausgeführt wurde, versetzt der Kompetenztitel die Union in die Lage und legitimiert diese dazu, die Angleichung nationaler Vorschriften durchzuführen. In welchem Umfang das sinnvoll ist und wie die Auskunft auszugestalten ist, wird nach der Auseinandersetzung mit den Gläubiger- und Schuldnerrechten erläutert.[524]

Die Problematik um den notwendigen grenzüberschreitenden Bezug wurde nicht aus den Augen verloren.[525] Das Argument, ein grenzüberschreitender Bezug liege nicht vor, wenn der Schuldner im Wohnsitzmitgliedstaat oder dem des gewöhnlichen Aufenthaltes zu einer Vermögensauskunft verpflichtet wird, lässt sich durchaus hören. Ohne die Abnahme der Vermögensauskunft kann die Sachaufklärung allerdings nicht sinnvoll ausgestaltet werden. Das hat auch die Beschäftigung mit der EuKoPfVO, die die Maßnahme der Vermögensauskunft in Bezug auf Konten explizit vorsieht, aufgezeigt. Die Befragung innerhalb des Konteninformationsmechanismus findet schlussendlich auch rein innerstaatlich statt.

Durch eine europäische Vermögenserklärung wohnt der grenzüberschreitende Bezug der Sachaufklärungsmaßnahme bereits inne. Das zuständige Organ der Zwangsvollstreckung befragt den Schuldner explizit auch zu Vermögensgegenständen im europäischen Ausland. Ein Bezug zu weiteren Mitgliedstaaten

---

d) Vermögen der verpflichteten Person.

[...]

Für die Anerkennung, Vollstreckbarerklärung oder Vollstreckung einer Entscheidung kann die ersuchte Zentrale Behörde alle Angaben nach Unterabsatz 1 anfordern."

523 Vgl. Calliess/Ruffert/*Rossi*, AEUV, Art. 81 Rn. 17.

524 Siehe u. Teil 5, IV. 2.

525 Siehe zuvor unter lit. a) die Kritik von *Stamm*, Fn. 505.

wird somit grundsätzlich von vornherein hergestellt. Zusätzlich soll das Kriterium des grenzüberschreitenden Bezuges gerade nicht verhindern, dass die mit dem Nebeneinander der nationalen Rechtsordnungen einhergehenden Probleme abgebaut werden können.[526] Dem folgt die vorliegende Bearbeitung. Der Grundsatz des grenzüberschreitenden Bezuges strebt eine Verzahnung der nationalen Zivilverfahren an.[527] Genau auf diesen Aspekt läuft eine unionsrechtliche Vermögenserklärung hinaus. Sie ermöglicht die Verzahnung des Erkenntnisverfahrens in einem Mitgliedstaat mit dem Zwangsvollstreckungsverfahren in einem anderen Mitgliedstaat. Es wird folglich keine rein innerstaatliche Maßnahme geschaffen. Die anvisierte europäische Vermögenserklärung hat einen inhärenten Blick auf das Verhältnis zu einem oder mehreren Mitgliedstaaten. Nur so kann den gesteigerten Anforderungen an die Sachaufklärung aufgrund der in der Einleitung vorgestellten Argumente einer enger zusammenwachsenden Union gerecht werden.

3. Zwischenergebnis

Art 81. Abs. 2 lit. a), d), e) und lit. f) AEUV kommen als einschlägige Kompetenzgrundlagen für die vorgeschlagenen Maßnahmen in Betracht.

II. Subsidiarität

Da es sich bei der Kompetenz nach Art. 81 AEUV um eine geteilte Zuständigkeit handelt[528], ist das Prinzip der Subsidiarität[529] zu beachten.[530] Danach wird die Union „nur tätig, sofern und soweit die Ziele der in Betracht gezogenen Maßnahmen von den Mitgliedstaaten weder auf zentraler noch auf regionaler oder lokaler Ebene ausreichend verwirklicht werden können, sondern vielmehr wegen ihres Umfangs oder ihrer Wirkungen auf Unionsebene besser zu verwirklichen sind." Der Grundsatz der Subsidiarität[531] bestimmt für das legislative Tätigwerden der Union als Kompetenzausübungsschranke[532], dass bei rein

526 Vgl. Calliess/Ruffert/*Rossi*, AEUV, Art. 81 Rn. 12.

527 Streinz/*Leible*, AEUV, Art. 81 Rn. 7.

528 Siehe o. Fn. 446.

529 Explizit als begründungsbedürftig angesprochen durch die niederländische Antwort zum Grünbuch (o. Fn. 123) S. 7.

530 Die ausschließlichen Zuständigkeiten sind abschließend in Art. 3 AEUV normiert.

531 Art. 5 Abs. 3 EUV.

532 Strittig, siehe Calliess/Ruffert/*Calliess*, EUV, Art. 5 Rn. 20; bejaht von vdG/S/H/*Kadelbach*, EUV, Art. 5 Rn. 30 sowie G/H/N/*Bast*, EUV, Art. 5 Rn. 49.

mitgliedstaatlichem Handeln ein gewisser Mangel an Effektivität bestehen muss sowie dass die europäische Lösung einer mitgliedstaatlichen überlegen ist.[533]

Die Mitgliedstaaten können, beschränkt auf ihr Staatsgebiet, keine Maßnahmen erlassen, die die Situation verbessern würden bzw. mit der das Ziel der transparenter gestalteten und effektiveren Sachaufklärung besser erreicht werden könnte.[534] Zwar können die Mitgliedstaaten jeweils ein gewachsenes Zwangsvollstreckungsrecht inklusive Sachaufklärungsmechanismen vorweisen.[535] Aber für eine zunehmende Vernetzung der Marktakteure sind diese rein nationalstaatlich und nicht koordinierten Maßnahmen unzulänglich, sie behindern den unionsweiten Handel und lassen eine Effektivität vor allem bei der Vollstreckung von Urteilen vermissen.[536] Ein weiteres Argument unterstreicht, dass die Mitgliedstaaten nicht im Wege zwischenstaatlicher Kooperationen beginnen werden, Zentrale Behörden einzurichten oder ihre Sachaufklärungsverfahren weiter anzugleichen.[537]

Die Überlegenheit der europäischen Lösung bedarf nur geringen Begründungsaufwandes. Das Sachaufklärungsverfahren entfaltet eine weitere Vernetzungsstufe innerhalb der EU. Es verknüpft Lösungen auf horizontaler Ebene, durch die Vernetzung mittels Zentraler Behörden, sowie auf vertikaler Ebene, durch die Normierung der bereitzustellenden Informationen und der Einführung einer Drittstellenabfrage in Fällen der europaweiten Sachaufklärung sowie der europaweiten Vermögensauskunft.

III. Ergebnis

Die Untersuchung hat gezeigt, dass die aus dem Grünbuch für die Transparenz des Schuldnervermögens entwickelten Maßnahmen für die Verbesserung der Sachaufklärung aus kompetenzrechtlicher Sicht auf europäischer Ebene umgesetzt werden können. Die Form der Umsetzung und weitere Bausteine werden nach der Abwägung von Gläubiger- und Schuldnerinteressen ausformuliert.

---

533 vdG/S/H/*Kadelbach*, EUV, Art. 5 Rn. 33; vgl. „Bericht der Kommission 'Bessere Rechtsetzung 2003' gemäß Artikel 9 des Protokolls über die Anwendung der Grundsätze der Subsidiarität und der Verhältnismäßigkeit", KOM(2003) 770 endg. v. 12.12.2003, S. 19.

534 So auch der Vorschlag-EuKoPfVO (o. Fn. 174) S. 11; kritisch betrachtet von *Bruns* ZEuP 2010, 809 (820).

535 Siehe o. Teil 1, C. I.

536 Vgl. dazu die Ausführungen unter Teil 1, C. zur Notwendigkeit der Untersuchung.

537 Zu völkerrechtlichen Übereinkommen, die die EU nicht beteiligen würden kritisch, Calliess/Ruffert/*Calliess*, EUV, Art. 5 Rn. 38; siehe weiterhin den Bericht der Kommission „Bessere Rechtsetzung 2003" (o. Fn. 533) S. 36.

E. Zusammenfassung Teil 2

Teil 2 hat den bisherigen Bestand auf dem Gebiet der Sachaufklärung vor einem unionsrechtlichen Hintergrund aufgezeigt. In der EuUntVO sowie EuKoPfVO ergeben sich aus den konträren Zielrichtungen beider Sekundärrechtsakte unterschiedliche Arten der behördlichen Kooperation sowie eine unterschiedliche Intensivierung unionsrechtlicher Bestimmungen auf den beiden Gebieten. Der Bestand an unionsrechtlichen Regelungen auf dem Gebiet der Sachaufklärung reicht aber bei weitem nicht aus.

Mit dem Grünbuch zur Transparenz des Schuldnervermögens lieferte die Kommission im Jahr 2008 einen weiteren Ansatz für die Harmonisierung oder Vereinheitlichung des Zwangsvollstreckungsrechts. Die existierenden Sekundärrechtsakte auf den Gebieten der Kontenpfändung und des Unterhaltsrechts enthalten zwar Ansätze des Grünbuchs, eine umfassende Normierung der Transparenz des Schuldnervermögens blieb aber aus. Auch die von den Mitgliedstaaten als positiv betrachteten Vorschläge, wie ein Handbuch zur Zwangsvollstreckung oder eine europaweite Vermögensauskunft des Schuldners, erfuhren keine gezielte unionsrechtliche Umsetzung. Die Auseinandersetzung mit der Idee des Grünbuchs, weitere Register für die Zwecke der Zwangsvollstreckung zu schaffen, hat aufgezeigt, dass derartige Register nicht notwendig sind. Wichtiger ist stattdessen die Vernetzung bestehender Register und Behörden. Ein Organ der Zwangsvollstreckung soll im Wege der Drittauskunft durch die Vernetzung einfacher auf Informationen über den Schuldner und sein Vermögen zugreifen können. Im Zusammenhang mit der Vernetzung hat die Bearbeitung bereits bestehende Konzepte der behördlichen Zusammenarbeit im Wege der internationalen Rechtshilfe vorgestellt. Unterschiede zwischen den Konzepten bestehen vor allem zur Informationsgewinnung im Erkenntnisverfahren, wie die Regelungen der EuBVO aufgezeigt haben. Die Beweisaufnahme kann sogar durch ein erkennendes Gericht im ersuchten Mitgliedstaat durchgeführt werden. Für die Durchsetzung öffentlich-rechtlicher Ansprüche haben Verbindungsbüros in den Mitgliedstaaten weitreichende Kompetenzen. Der Befund für die EuUntVO ist ähnlich. Die EuKoPfVO verzichtet bereits darauf, sowohl im ersuchenden als auch im ersuchten Mitgliedstaat zentrale Behörden vorzusehen. Darin liegt ein Ansatz für ein unionsrechtliches Sachaufklärungsverfahren.

Aus dem Grünbuch geht weiter hervor, dass die Mitgliedstaaten die Einführung einer europäischen Vermögenserklärung als sinnvoll erachten.

Abschließend hat dieser Teil der Bearbeitung festgehalten, dass die Union die Kompetenz besitzt, auf dem Gebiet der Sachaufklärung Sekundärrechtsakte zu erlassen. Dafür kann sich die Union für den angestrebten Sekundärrechtsakt zum einen auf das gesamte Handlungsformenrepertoires des Art. 288 AEUV berufen.[538] Zum anderen kann sie den Rechtsakt auf mehrere Kompetenztitel in Art. 81 Abs. 2 AEUV stützen. Die Einführung einer europäischen Vermögensauskunft in allen Mitgliedstaaten ist ebenso möglich wie die Verknüpfung der mitgliedstaatlichen Behörden.

Die notwendigen Voraussetzungen für einen unionsrechtlichen Sekundärrechtsakt liegen dementsprechend vor: Es besteht die Notwendigkeit einer Normierung,[539] es existiert eine mangelnde Durchdringung der Materie durch unionsrechtliche Maßnahmen auf dem Gebiet der Sachaufklärung[540] und die Union besitzt die erforderliche Kompetenz, um mittels der Handlungsformen des Art. 288 AEUV tätig zu werden.[541]

Im nächsten Teil wird die deutsche Rechtsordnung dahingehend betrachtet, ob anvisierte Ideen für eine europäische Sachaufklärung bereits im mitgliedstaatlichen Recht vorzufinden sind – vor allem unter dem Blickwinkel, wie eine Rechtsordnung die Verknüpfung von Vermögensauskunft und Drittauskunft realisiert.

538 Siehe für die konkrete Umsetzung eines Sekundärrechtsakts für ein unionsrechtliches Sachaufklärungsverfahren u. Teil 5, B.

539 Vgl. o. Teil 1, C.

540 Vgl. o. Teil 2, A. und B.

541 Vgl. o. Teil 2, D.

TEIL 3: Sachaufklärungsmaßnahmen im deutschen Zivilprozessrecht

Anhand der Normen einer mitgliedstaatlichen Rechtsordnung verdeutlicht der folgende Teil der Arbeit die Komplexität der Sachaufklärung. Aus den untersuchten Verbürgungen geht hervor, in welchem Abhängigkeitsverhältnis einzelne Maßnahmen der Sachaufklärung stehen können. Ein einführender Überblick beleuchtet zunächst den Ausgangspunkt der Sachaufklärung, die Adressermittlung, durchgeführt durch den Gläubiger oder durch den Gerichtsvollzieher.[542] In einem weiteren Abschnitt erfolgt die Untersuchung der deutschen Rechtsordnung in Bezug auf rein innerstaatliche Sachaufklärungsverfahren, um die Systematik der ZPO zu verdeutlichen.[543] Im Rahmen der Aufklärungsmöglichkeiten der deutschen Zivilprozessordnung nach den §§ 802a ff. ZPO verdeutlicht der Abschnitt das innerstaatliche Verhältnis von Vermögensauskunft und Drittauskunft. Damit verbunden ist ein Befund über die Hürden, die ein ausländischer Gläubiger überwinden muss, um in Deutschland Informationen über das Vermögen des Schuldners einholen zu können. Ein weiterer Abschnitt behandelt die Sachaufklärung in grenzüberschreitenden Rechtssachen unter der Prämisse, ob inländische Gläubiger mittels bestehender Regelungen aus der eigenen Rechtsordnung heraus Informationen über ausländisches Schuldnervermögen erhalten können.[544] Abschließend befasst sich die Untersuchung mit den Sachaufklärungsmöglichkeiten ausländischer Unionsbürger mittels der EuKoPfVO sowie der EuUntVO und deren Durchführungsregelungen in Deutschland.

A. Überblick

Die Sachaufklärung in der Einzelzwangsvollstreckung wurde in Deutschland mittels einer im Jahr 2013 in Kraft getretenen Gesetzesänderung umfassend

542 Unter B.
543 Unter C.
544 Unter D.

reformiert.[545] Folgender Leitsatz der Zwangsvollstreckung in Deutschland erstreckt sich auch auf die Sachaufklärung: „Der Gerichtsvollzieher wirkt auf eine zügige, vollständige und Kosten sparende Beitreibung von Geldforderungen hin."[546] Der Grundsatz steht einleitend und zentral für die moderne Vollstreckung im System der §§ 802a ff. und wurde durch die Reform der Sachaufklärung eingefügt.[547] Primäres Ziel der Reform war es, für den Gläubiger die Beschaffung von Informationen über relevantes Schuldnervermögen zu verbessern und die Zwangsvollstreckung an moderne, sich immer weiter beschleunigende Zahlungsvorgänge anzupassen.[548] Ein Hauptmerkmal der Reform ist die nun dem Pfändungsversuch zeitlich vorgelagerte Vermögensauskunft des Schuldners. Der Gerichtsvollzieher kann diese nach § 802c ZPO abnehmen.[549] Vor der Reform musste der Gerichtsvollzieher zunächst einen erfolglosen Pfändungsversuch unternommen haben. Der Schuldner gab eine, damals so bezeichnete, Offenbarungsversicherung über sein Vermögen ab, § 807 ZPO a.F.[550] Die Einführung der nun vorangestellten Vermögensauskunft ermöglicht dem Gläubiger die Zwangsvollstreckung effektiver zu gestalten.[551] Der Gläubiger kann im Anschluss an die Auskunft die Zwangsvollstreckung nach der Auflistung der Vermögensgegenstände vornehmen lassen. Weiteres Merkmal der Reform ist eine neu konzipierte und verpflichtende Auskunft von Drittstellen nach § 802l ZPO über Schuldnervermögen.[552] Die Auskunft von Drittstellen stand dem Gläubiger privatrechtlicher Ansprüche bisher nur in familienrechtlichen Angelegenheiten zur Verfügung.[553]

---

545 Gesetz zur Reform der Sachaufklärung in der Zwangsvollstreckung vom 29.07.2009, BGBl. I 2009, 2258; einen Überblick über die Reform gibt *Vollkommer* NJW 2012, 3681ff.

546 § 802a Abs. 1 ZPO. Der Grundgedanke der Beschleunigung ist nicht neu. Schon in § 806b S. 1 a.F. ZPO war er enthalten.

547 BR-Drs. 304/08, 41.

548 So *Fischer*, S. 81; *Hippler/Wasserl*, S. 20.

549 Näheres dazu bei *Alsfasser*, S. 11ff.

550 Die Offenbarungsversicherung ist, wenn auch nicht mehr als solche bezeichnet, noch immer in § 807 ZPO verankert als Vermögensauskunft nach Pfändungsversuch.

551 Vgl. Schuschke/Walker/*Walker*, § 802c Rn. 4.

552 Vgl. *Würdinger* JZ 2011, 177 (178f.); Überblick über die alte Rechtslage bei *Alsfasser*, S. 80.

553 Vgl. *Vollkommer* NJW 2012, 3681 (3685) mit Verweis auf § 236 FamFG; siehe zur alten Rechtslage die Kritik von *Schwörer/Heßler* ZVI 2007, 589 (589) zum Informationsvorsprung öffentlich-rechtlicher Hoheitsträger, der nun mittels der Drittauskunft in Ansätzen nivelliert wurde. Näheres dazu unter C. und D.

Mittelbar über die dem Gerichtsvollzieher eingeräumten Kompetenzen steht dem Gläubiger seit der Reform der Zwangsvollstreckung mit § 802a ZPO ein zentraler Maßnahmenkatalog für die Zwangsvollstreckung zur Seite.[554] Neben Anträgen auf direkte Pfändung und Verwertung körperlicher Sachen[555] listet der Katalog die zuvor genannten einzelnen Maßnahmen für die Sachaufklärung auf. Die Reform der Sachaufklärung in der Zwangsvollstreckung gilt als geglückt. Der deutsche Gesetzgeber sei damit den Schritt vom 19. ins 21. Jahrhundert gegangen.[556]

Die Vollstreckung setzt grundsätzlich einen Vollstreckungstitel, die Vollstreckungsklausel[557] sowie die Zustellung an den Schuldner[558] voraus.[559] Titelgebend ist beispielsweise das rechtskräftige oder vorläufig vollstreckbare Endurteil, § 704 ZPO. § 794 ZPO zählt weitere mögliche Vollstreckungstitel auf.[560] Da die Sachaufklärung über § 802a ZPO eng an die Zwangsvollstreckung gekoppelt ist, muss zuvor ein dem Gläubiger titelgebendes Verfahren stattgefunden haben. Die Sachaufklärung nach deutschem Recht wird dementsprechend der Zwangsvollstreckung als zugehörig angesehen und nicht als von der Vollstreckung losgelöstes Element.[561]

---

554 Siehe § 802a Abs. 2 ZPO zu den Befugnissen des Gerichtsvollziehers.

555 § 802a Abs. 2 S. 1 Nr. 4 ZPO.

556 Vgl. *Würdinger* JZ 2011, 177 (183, 187) sowie Verh. d. BR, 845. Sitzung – 13. Juni 2008, 16. Wahlp., Erklärung Dr. Beate Merk, Anlage 4, S. 187; ähnlich, wenn auch kritischer kommentiert *Alsfasser*, S. 77ff.

557 §§ 724ff. ZPO; mittels § 724 wird das endgültige Urteil durch die Vollstreckungsklausel zu einer vollstreckbaren Ausfertigung des Urteils.

558 § 750 ZPO; der Beginn der Zwangsvollstreckung ist eng an die Zustellung an den Schuldner geknüpft und darf nur beginnen, wenn das Urteil bereits zugestellt ist oder gleichzeitig zugestellt wird.

559 Bezeichnet als kleinster gemeinsamer Nenner für die Ausbildung eines europäischen Zwangsvollstreckungsrechts, siehe *Stamm* in Leible/Terhechte (Hrsg.), Europäisches Rechtsschutz- und Verfahrensrecht (EnzEuR) Bd. 3, Rn. 17.

560 Für eine Übersicht siehe *Brox/Walker*, Rn. 83ff; beispielsweise auch die europäischen Titel wie der Europäische Vollstreckungstitel bei unbestrittenen Forderungen, § 794 Abs. 1 Nr. 7 ZPO oder auch ein Titel aus dem Verfahren für geringfügige Forderungen, § 794 Abs. 1 Nr. 8 ZPO sowie Titel aus anderen Mitgliedstaaten nach der Brüssel Ia-VO, § 794 Abs. 1 Nr. 9 ZPO.

561 Siehe BT-Drs. 16/10069, S. 25; Schuschke/Walker/*Schuschke*, § 802c Rn. 2. „Selbstständige Vollstreckungsmaßnahme" nach *Vollkommer* NJW 2012, 3681 (3684). Die Gegenansicht geht von der Eigenständigkeit des Sachaufklärungsverfahrens aus. Sie beruft sich auf folgendes Argument: in Deutschland würde die Frage nach der Pfändbarkeit eines Gegenstandes nicht während der Einholung der Vermögensauskunft beantwortet, sondern erst im Vollstreckungsverfahren, vgl. *Kessel* DGVZ 2012, 213

B. Adressermittlung

Unter Umständen steht zu Beginn des Vollstreckungsvorgangs zunächst die Suche nach der Anschrift und somit dem Aufenthaltsort des Schuldners im Vordergrund. Der Gläubiger kann bereits auf der Ebene des Erkenntnisverfahrens auf die Adressdaten angewiesen sein. Die Anschrift ist zur ordnungsgemäßen Ladung des Schuldners notwendig.[562] Neben der beim Schuldner selbst durchzuführenden Mobiliarpfändung ist die Adress- und Aufenthaltsermittlung notwendig, um die Vermögensauskunft abnehmen zu können. Aus diesem Grund werden im Folgenden die Befugnisse des Gläubigers sowie des Gerichtsvollziehers aufgezeigt, die Adresse des Schuldners zu ermitteln. Unterschiede zwischen den Auskunftsrechten von Gläubigern und Gerichtsvollziehern haben Auswirkungen auf die Wirksamkeit der jeweiligen Aufklärungsmaßnahme.

I. Ermittlungsmöglichkeiten des Gläubigers

Der Gläubiger kann bei den Meldebehörden als nicht-öffentliche (private) Stelle eine einfache sowie eine erweiterte Melderegisterauskunft in Form einer Einzelauskunft beantragen.[563] Schon mit einer einfachen Auskunft kann der Gläubiger bereits den Familien- und Vornamen sowie, besonders relevant, eine Anschrift ermitteln.[564] Ein rechtliches oder berechtigtes Interesse muss dafür nicht dargelegt werden.[565] Weiterhin ist bei dieser Art der Abfrage für den Gläubiger von Vorteil, dass die Norm nicht vorsieht, den von der Abfrage betroffenen Bürger, den Schuldner, darüber zu informieren. Auch eine Einwilligung des Schuldners, als Betroffener der Auskunft, ist nicht notwendig.[566] Darin liegt der entscheidende Unterschied zu einer erweiterten Abfrage.[567] Für zusätzliche zu den in § 44 BMG genannten Daten, wie den Geburtsort sowie bei Geburt im Ausland auch den dazugehörigen Staat oder derzeitige Staatsangehörigkeiten, muss die

---

(214); weiterhin § 803 Abs. 1 S. 1 ZPO: „Die Zwangsvollstreckung in das bewegliche Vermögen erfolgt durch Pfändung."; auch die Einschätzung der Unpfändbarkeit erfolgt erst in diesem Stadium, siehe § 811 ZPO sowie dazu Hk-ZV/Kindl, ZPO, § 811 Rn. 36: „Die Prüfung ist für jede Pfändung [. . .] vorzunehmen."

562 Vgl. BGH NJW 1988, 2114 (2114).

563 §§ 44, 45 BMG; siehe ausführlich *Ehmann*, S. 174ff.

564 Siehe *Ehmann*, S. 178ff.

565 Siehe auch *Ehmann* NJW 2013, 1862 (1863).

566 Eine Einwilligung ist nur in den Fällen notwendig, wenn die Melderegisterauskunft für Werbung oder Adresshandel verwendet werden soll, siehe *Ehmann*, S. 185f.

567 Vgl. § 45 Abs. 2 BMG sowie *Ehmann* NJW 2013, 1862 (1863) und *Ehmann*, S. 201ff.

abfragende Person ein berechtigtes Interesse vortragen und glaubhaft machen.[568] Wenn der Gläubiger ein rechtliches Interesse – insbesondere die Durchsetzung von Rechtsansprüchen – geltend machen kann, sieht die Regelung vor, dass der von der Datenabfrage Betroffene nicht informiert werden darf.[569] Dabei soll es ausreichen, wenn der Vollstreckungstitel bei der Auskunftsbehörde vorgelegt wird.[570]

II. Ermittlungsbefugnisse des Gerichtsvollziehers

Die Ermittlungsbefugnisse des Gerichtsvollziehers sind in § 755 ZPO geregelt. Dem Gerichtsvollzieher werden darin weitreichende Auskunftsrechte eingeräumt. Nach § 755 Abs. 1 S. 1 ZPO nimmt der Gerichtsvollzieher die Ermittlung der Schuldneranschrift vor, wenn der Wohnsitz oder der gewöhnliche Aufenthalt des Schuldners nicht bekannt ist und ein Vollstreckungsauftrag sowie eine vollstreckbare Ausfertigung des Urteils vorliegen.[571] Die Aufenthaltsermittlung ist dabei eine bloße Hilfsmaßnahme, die die eigentliche Zwangsvollstreckung ermöglichen soll.[572] Nach herrschender Ansicht darf sie nicht isoliert beantragt werden.[573] Der Gerichtsvollzieher kann Melderegisterauskünfte beim Einwohnermeldeamt abfragen, im Falle von beteiligten juristischen Personen kann er Handels-, Genossenschafts-, Partnerschafts-, Unternehmens- oder Vereinsregister einsehen.[574] Reichen die Ermittlungsbefugnisse über den aufgezeigten Weg nicht aus,[575] ist der Gerichtsvollzieher befugt, auf Datenbestände der Ausländerbehörden, der Rentenversicherungsträger sowie des Kraftfahrt-Bundesamtes zuzugreifen.[576] Gerade im Falle von beteiligten ausländischen Schuldnern ist die Zugriffsmöglichkeit des Gerichtsvollziehers auf die Daten des Ausländerzentralregisters nach § 755 Abs. 2 Nr. 1 ZPO i.V.m § 14 AZRG entscheidend für den Gläubiger.[577]

---

568 Siehe § 45 Abs. 1 BMG; *Ehmann*, S. 211.

569 Siehe § 45 Abs. 2 Hs. 2 BMG; *Ehmann*, S. 222.

570 So *Ehmann* NJW 2013, 1862 (1864).

571 Siehe D/M/V/*Hippler* HdB ZwangsvollR, 5. Kap. Rn. 9ff.

572 LG Heidelberg DGVZ 14, 93 (94); Hk-ZPO/*Kindl*, ZPO, §755 Rn. 4; BeckOK ZPO/*Ulrici*, ZPO, § 755 Rn. 4.

573 BGH NJW-RR 2017, 960 Rn. 6; *Büttner* DGVZ 2014, 189 (191f.) mit weiteren Nachweisen zum Streitstand; *Ehmann* NJW 2013, 1862 (1863).

574 Vgl. § 755 Abs. 1 S. 2 Nr. 1 ZPO.

575 Siehe zum Verhältnis von § 755 Abs. 1 und Abs. 2, *Ulrici* NJW 2017, 2661 (2662).

576 Vgl. § 755 Abs. 2 ZPO; bezeichnet als Ermittlung „in mehreren Eskalationsstufen“, siehe D/M/V/*Hippler* HdB ZwangsvollR, 5. Kap. Rn. 24 sowie im Einzelnen Rn. 31ff.

577 Dazu D/M/V/*Hippler* HdB ZwangsvollR, 5. Kap. Rn. 28ff.

Problematisch ist die Situation zusätzlich, wenn im Melderegister eine Auskunftssperre oder ein bedingter Sperrvermerk eingetragen ist. Solch eine Sperre kann explizit die Aufklärung durch den Gerichtsvollzieher treffen.[578] Ein ausländischer Gläubiger sollte lediglich die einfache Auskunft wählen, wenn er unproblematisch an Daten zum Schuldner gelangen will.

III. Ergebnis

Mittels der einfachen Melderegisterauskunft stehen sowohl in- als auch ausländischen Gläubigern in Deutschland Möglichkeiten zur Verfügung, die Adresse des Schuldners zu ermitteln. Das setzt voraus, dass der Gläubiger weiß, bei welcher melderegisterführenden Behörde er die Abfrage durchführen lassen kann. Für die Zwecke der Zwangsvollstreckung können Gläubiger den Gerichtsvollzieher einschalten. Dieser hat weitreichende Befugnisse, die Anschrift des Schuldners zu ermitteln. Wie zuvor aufgezeigt, ist aber bei ausländischen Schuldnern bzw. vermutetem ausländischen Vermögen das Hauptaugenmerk auf die Behördenvernetzung zu legen. Melderegisterdaten sollten ohne Zeitverluste und größeren finanziellen Aufwand für den Gläubiger ausgetauscht werden können.

C. Schuldnervermögen im Inland

Nachdem entweder der Gläubiger oder der Gerichtsvollzieher die Adresse und somit den Aufenthaltsort des Schuldners ermittelt hat, kann der eigentliche Vorgang der Zwangsvollstreckung beginnen. Fehlen dem Gläubiger Informationen über vollstreckbares Vermögen des Schuldners, wird der Gläubiger den Gerichtsvollzieher beauftragen, die Sachaufklärung durchzuführen. Der folgende Teil hat zunächst die Aufklärungsmaßnahme zum Gegenstand, die den Schuldner in den Mittelpunkt des Verfahrens stellt. Ebenso zentral wie der Schuldner für die Auskunft selbst, ist die Vermögensauskunft des Schuldners im deutschen Zwangsvollstreckungsrecht.

I. Sachaufklärung durch den Schuldner: Vermögensauskunft

Der Vermögensauskunft wurde mittels der Reform des Jahres 2009 größeres Gewicht eingeräumt. Nun kann sie im Vergleich zur vorherigen Rechtslage auch ohne fehlgeschlagenen Vollstreckungsversuch abgenommen werden.[579]

578 Umfassend dazu *Büttner* DGVZ 2017, 221ff.

579 Siehe § 802a Abs. 2 Nr. 2 i.V.m §§ 802c, 802f ZPO; zur alten Rechtslage: Zöller/*Stöber*, 29. Aufl. 2012, ZPO, § 807 Rn. 13ff.

Zunächst wird das Verfahren zur Abnahme der Vermögensauskunft allgemein skizziert. Das ist notwendig, um im weiteren Verlauf die Relevanz der Vermögensauskunft für die Drittauskunft zu erörtern.

Die Sachaufklärung unterliegt der Antragspflicht.[580] Der Gläubiger muss den Gerichtsvollzieher beauftragen,[581] eine Handlung aus dem Katalog des § 802a Abs. 2 S. 1 Nrn. 1–5 ZPO vorzunehmen.[582] Die Sachaufklärung ist dem Gerichtsvollzieher als einzigem der in Deutschland grundsätzlich zuständigen Vollstreckungsorgane (Vollstreckungsgericht,[583] Prozessgericht,[584] Grundbuchämter[585] sowie Registerbehörden[586]) zugeordnet.[587] Die Vollstreckungsmacht leitet sich nicht vom Gläubiger ab, sondern von der gesetzlichen Ermächtigung, das staatliche Gewaltmonopol in privatrechtlichen Streitigkeiten auszuüben.[588] Hat der Gläubiger den Antrag auf Informationseinholung gestellt, so hat der Gerichtsvollzieher dementsprechend vorzugehen.[589] Er prüft die Voraussetzungen der generellen Zwangsvollstreckung sowie seine Zuständigkeit.[590] Sodann leitet er das Verfahren der Vermögensauskunft ein. Das Verfahren ist in § 802f ZPO geregelt. Bevor der Gerichtsvollzieher das Verfahren der Vermögensauskunft initiiert, erhält der Schuldner nochmals die Gelegenheit, seine Schuld zu begleichen.[591] Die Angaben für die Vermögensauskunft hält der Gerichtsvollzieher

---

580 Grundsätzlich spricht das Gesetz von einem „Auftrag“. Dieser ist als verfahrensrechtlicher „Antrag“ zu verstehen, siehe BVerwG NJW 1983, 896 (896); Gaul/Schilken/Becker-Eberhard/*Becker-Eberhard*, § 25 Rn. 45; Zöller/*Seibel*, ZPO, § 753 Rn. 2. Zur Bedeutung für das hoheitliche Tätigwerden durch den Staat, siehe *Stamm*, S. 8.

581 Siehe §§ 754 Abs. 1, 802a Abs. 2 S. 2 ZPO.

582 B/L/A/H/*Hartmann*, ZPO, § 802a Rn. 12; Musielak/Voit/*Voit*, § 802a Rn. 1.

583 Siehe § 764 ZPO.

584 Siehe §§ 887 Abs. 1, 888 Abs. 1, 890 Abs. 1 ZPO.

585 Siehe § 867 Abs. 1 ZPO i.V.m der Grundbuchordnung.

586 Zum Beispiel § 870a ZPO.

587 Ausführlicher Überblick bei Gaul/Schilken/Becker-Eberhard/*Becker-Eberhard*, §§ 24–30 sowie zur Existenzberechtigung von vier Vollstreckungsorganen, *Stamm*, S. 486ff.; siehe auch *Alsfasser*, S. 180f.

588 Zum Gewaltmonopol des Staates: *Stamm*, S. 6ff.; Gaul/Schilken/Becker-Eberhard/*Gaul*, § 1 Rn. 9ff.; Gaul/Schilken/Becker-Eberhard/*Becker-Eberhard*, § 25 Rn. 44; B/L/A/H/*Hartmann*, ZPO, § 753 Rn. 2f.

589 Der Gerichtsvollzieher besitzt weder richterliche Unabhängigkeit noch die sachliche Unabhängigkeit eines Rechtspflegers, vgl. Zöller/*Lückemann*, GVG, § 154 Rn. 5.

590 Siehe dazu Hk-ZPO/*Rathmann*, ZPO, § 802c Rn. 6.

591 Siehe § 802f Abs. 1 S. 1 ZPO.

schriftlich fest, indem er die vom Schuldner aufgeführten Vermögensgegenstände in ein Vermögensverzeichnis aufnimmt.[592]

Für die Abnahme der Vermögensauskunft legt die vorgenommene Bearbeitung ein spezielles Augenmerk auf den Begriff des Vermögens.[593] § 802c Abs. 1 ZPO postuliert dahingehend lediglich einen Leitsatz. Der Schuldner hat „Auskunft über sein Vermögen“ zu erteilen. Konkreter formuliert das demgegenüber § 802c Abs. 2 S. 1 ZPO aus, der von „alle[n] [dem Schuldner] gehörenden Vermögensgegenständen“ spricht. Der Schuldner ist verpflichtet, über das gesamte Vermögen Auskunft zu erteilen. Von der Auskunft umfasst ist bewegliches und unbewegliches Vermögen, Forderungen sowie andere Vermögensrechte.[594] Im Falle von Forderungen des Vollstreckungsschuldners gegen einen eigenen Schuldner, den Drittschuldner, muss letzterer bezeichnet werden. Das verpflichtet den Schuldner zur Angabe einer zustellungsfähigen Anschrift des Drittschuldners.[595] Ansonsten ist ein Vollstreckungszugriff nicht, wie vorgesehen, ohne weiteres möglich.[596] Das Einkommen des Schuldners, gleich ob als Haupt- oder Nebeneinkommen, ist ebenso detailliert anzugeben.[597] Die Offenbarungspflicht besteht unabhängig von der Pfändbarkeit der einzelnen Positionen.[598] Eine Ausnahme besteht für Gegenstände, die der Pfändung offensichtlich nicht unterliegen oder nicht angegeben werden müssen, es sei denn, eine Austauschpfändung nach § 811a ZPO kommt in Betracht.[599]

Kommt der Schuldner seiner Verpflichtung nicht nach, kann auf Antrag des Gläubigers Erzwingungshaft gegen ihn verhängt werden.[600] Die Vermögensauskunft wird vom Schuldner an Eides statt versichert.[601] Die falsche Versicherung

---

592 Näher *Hippler/Wasserl*, S. 123ff.; siehe auch *Alsfasser*, S. 57ff.

593 Übersicht bei D/M/V/*Hippler*, HdB ZwangsvollR, 5. Kap. Rn. 132.

594 Siehe dazu ausführlich zu einzelnen, notwendigen Angaben Zöller/*Stöber*, ZPO, § 802c Rn. 13–29, Schuschke/Walker/*Walker*, § 802c Rn. 17–32 und übersichtlich B/L/A/H/*Hartmann*, ZPO, § 802c Rn. 16ff. sowie D/M/V/*Hippler*, HdB ZwangsvollR, 5. Kap. Rn. 122ff. insbes. 132; *Alsfasser*, S. 41ff.

595 BGH NJW 2004, 2542 (2543).

596 MüKoZPO/*Wagner*, § 802c Rn. 21; BeckOK ZPO/*Fleck*, ZPO, § 802c Rn. 13.

597 MüKoZPO/*Wagner*, § 802c Rn. 22ff.; BeckOK ZPO/*Fleck*, ZPO, § 802c Rn. 14.

598 D/M/V/*Hippler*, HdB ZwangsvollR, 5. Kap. Rn. 122.

599 Siehe § 802c Abs. 2 S. 4 und dazu Zöller/*Stöber*, ZPO, § 802c Rn. 16.

600 Das weitere Verfahren, insbesondere zur Abnahme der Vermögensauskunft während der Haft, richtet sich nach §§ 802gff., siehe detailliert D/M/V/*Hippler*, HdB ZwangsvollR, 5. Kap. Rn. 178ff. Zur Verfassungsmäßigkeit der Erzwingungshaft, in der Form vor Inkrafttreten der Reform der Sachaufklärung, siehe BVerfG DGVZ 2018, 34ff.

601 § 802c Abs. 3 ZPO.

an Eides statt ist strafbewehrt.[602] Die Literatur diskutiert als Sanktionsmittel für eine mutwillig fehlerhafte Abgabe der Vermögensauskunft auch zivilrechtliche Folgen für den Schuldner.[603]

Nach der Abnahme der Vermögensauskunft wird das Vermögensverzeichnis nicht lediglich hinterlegt, sondern dem Gläubiger unverzüglich in der Form eines Ausdrucks zugeleitet. Der Ausdruck stimmt mit dem Inhalt des Vermögensverzeichnisses überein.[604] Der Gläubiger kann der Abgabe der Vermögenserklärung auch unmittelbar beiwohnen und konkrete Fragen in Bezug auf das Vermögen des Schuldners stellen.[605]

Die Vermögensauskunft ist ein Verfahren, das den Gläubiger auf die Mitarbeit des Schuldners verweist, um Vermögen ausfindig zu machen. Der Schuldner hat grundsätzlich sämtliches Vermögen anzugeben. Er steht im Zentrum des Auskunftsverfahrens und ist primäre Zugriffsquelle. Für den Gläubiger kann die Vermögensauskunft dahingehend vorteilhaft sein, dass die strafbewehrte Falschaussage den Schuldner unter Umständen dazu veranlasst, sämtliches Vermögen zu offenbaren. Interessant ist das vor allem für Vermögen, das nicht in offiziellen Registern oder anderen Datensammlungen aufgenommen wurde. Schlussendlich weiß nur der Schuldner, wo und in welchem Umfang sich sein Vermögen befindet.

Die Vermögensauskunft des Schuldners stellt folglich ein Instrument der Sachaufklärung dar, das abstrakt betrachtet überaus geeignet zu sein scheint, das Vermögen des Schuldners umfassend abzubilden. Das setzt grundsätzlich voraus, dass der Schuldner auffindbar und im weiteren Verlauf auch kooperationsbereit ist.[606]

II. Vermögensauskunft und Drittauskünfte: Verhältnis

Mit der Reform der Zwangsvollstreckung wurde § 802l ZPO in die deutsche Zivilprozessrechtsordnung eingefügt und mit der Verbürgung die an moderne Anforderungen angepasste Möglichkeit, Auskünfte zu vorhandenem

602 Siehe §§ 156, 161 StGB sowie instruktiv *Holzapfl*, S. 95f.; Schönke/Schröder/*Bosch/Schittenhelm*, StGB, § 156 Rn. 21ff.; sowie weiter u. D. I. 3.

603 BeckOK ZPO/*Fleck*, ZPO, § 802c Rn. 44.

604 Erläuterungen bei B/L/A/H/*Hartmann*, ZPO, § 802f Rn. 56.

605 B/L/A/H/*Hartmann*, ZPO, § 802f Rn. 30f.

606 Zu umfassender Kritik an der Vermögensauskunft als Sachaufklärungsmittel siehe u. Teil 5, A.

Schuldnervermögen von dritten, öffentlichen Stellen einzuholen.[607] Die Möglichkeit der Drittauskunft wurde auch für Fälle geschaffen, in denen der Schuldner die Mitarbeit an der Offenbarung seines Vermögens verweigert. Die Kompetenz, Drittauskünfte einzuholen, steht ausschließlich dem Gerichtsvollzieher zu.[608] Als Drittauskunftsstellen sind explizit von § 802l Abs. 1 Nrn. 1–3 ZPO die Träger der gesetzlichen Rentenversicherung, das Bundeszentralamt für Steuern sowie das Kraftfahrt-Bundesamt aufgeführt. Die einzelnen Stellen verfügen jeweils nur über sehr punktuelle Angaben zum Schuldnervermögen. Das begrenzt einerseits die Abfragemöglichkeiten und somit den Informationsgewinn, andererseits jedoch auch den Eingriff in die Schuldnerbelange. Die Rentenversicherung erteilt darüber Auskünfte, ob ein Beschäftigungsverhältnis besteht.[609] Das Bundeszentralamt für Steuern wird in der Betrachtung noch eine herausragende Stellung einnehmen, da über das Amt Informationen über Bankkonten abgefragt werden können.[610] Beim Kraftfahrt-Bundesamt können Fahrzeug- und Halterdaten eines Kraftfahrzeuges ermittelt werden.[611]

Die Drittauskunft unterliegt strengeren Voraussetzungen als die Vermögensauskunft. Die bereits erfolgte Abnahme der Vermögensauskunft ist die hauptsächliche Voraussetzung schuldnerunabhängig an Informationen zu gelangen. § 802l Abs. 1 S. 1 Hs. 1 ZPO fordert, dass der Schuldner die Vermögensauskunft entweder überhaupt nicht abgegeben hat oder sich aus einer abgegebenen Vermögensauskunft ergibt, dass eine vollständige Befriedigung des Gläubigers voraussichtlich nicht zu erwarten ist. Durch die praktische Anwendung von § 802l ZPO hat sich für die beiden aufgezeigten alternativen Voraussetzungen ein Problem herausgebildet. Es ist strittig, ob das jeweilige Ausbleiben der Vermögensauskunft aus einem Verfahren mit dem aktuell die Vermögensauskunft beantragenden Gläubiger herrühren muss oder ob es ausreicht, dass in einem früheren Verfahren mit einem sogenannten Alt-Gläubiger die Voraussetzung des § 802l Abs. 1 Hs. 1 ZPO nicht erfüllt wurde. Letztere Konstellation würde

607 Für eine verfassungsrechtliche Prüfung der Drittauskunft, hinsichtlich des Rechts des Schuldners auf informationelle Selbstbestimmung, siehe *Alsfasser*, S. 139ff.

608 Die amtliche Überschrift von § 802l ZPO lautet: „Auskunftsrechte des Gerichtsvollziehers".

609 § 74a SGB X: „Namen, Vornamen oder Firma und Anschriften [der] derzeitigen Arbeitgeber". Einführende Details zum Abfrageverfahren bei *Hippler/Wasser*, S. 281ff.; siehe im Zusammenhang mit Auslandsvermögen u. D. II. 1.

610 § 93 AO; dazu detailliert D. II. 2.

611 § 35 StVG; einleitende Ausführungen bei *Hippler/Wasser*, S. 286ff.; näheres unter D. II. 3.

einem Neu-Gläubiger einen entscheidenden Vorteil verschaffen, da er den Schuldner nicht zunächst primär in die Sachaufklärung einbeziehen müsste und direkt mittels der Informationen der Drittstellen eine Zwangsvollstreckung initiieren könnte. Die aufgezeigte Konstellation von Neu- und Alt-Gläubigern und die davon abhängige Vermögensauskunft durch den Schuldner wird in Literatur und Rechtsprechung als „isolierte Drittauskunft" besprochen.[612] Die nächsten Unterabschnitte untersuchen die isolierte Drittauskunft und die dazu bisher ergangene Rechtsprechung.

1. *Vermögensauskunft im laufenden Sachaufklärungsverfahren*

In einer ersten Konstellation musste der Schuldner zuvor noch keine Vermögensauskunft leisten, das heißt, er wurde dazu nicht vom Gerichtsvollzieher und somit einem anderen Gläubiger aufgefordert.

Grundvoraussetzung ist zunächst, dass der Gläubiger des aktuellen Vollstreckungsverfahrens die Vermögensauskunft beantragt. Dass der Schuldner die Erklärung nach § 802c ZPO nicht nach dem zuvor bereits dargelegten Verfahren abgegeben hat, § 802l Abs. 1 S. 1 Hs. 1 Alt. 1 ZPO, wird als erfüllt vorausgesetzt.[613] Für den beantragenden Gläubiger gilt dadurch Folgendes: Dem Schuldner wurde die Gelegenheit gegeben, zu seinen Vermögensverhältnissen Stellung zu nehmen. Lässt der Schuldner diese Möglichkeit verstreichen, betrachtet es der Gesetzgeber als gerechtfertigt, dem Gläubiger die für die Zwangsvollstreckung notwendigen Informationen über dritte Stellen beschaffen zu lassen.[614] Der Schuldner hat den Gläubiger durch seine Weigerung in die Lage versetzt, dass der Antrag auf Einholung von Drittauskünften dann erfolgreich sein wird, wenn Angaben zum Schuldnervermögen vorhanden sind.[615]

Wenn der Schuldner die Abgabe der Vermögensauskunft gegenüber einem aktuell beantragendem Gläubiger verweigert, kann der Gerichtsvollzieher neben den Auskunftsrechten nach § 802l Abs. 1 S. 1 Hs. 2 ZPO veranlassen, dass der Schuldner in das Schuldnerverzeichnis nach § 882b ff. ZPO eingetragen wird.[616]

---

612 Siehe dazu einleitend mit Überblick zur Rechtsprechung: *Walker*, DGVZ 2020, 61ff. sowie sogleich unter C. II. 1.und 2.

613 Siehe für Details D/M/V/*Hippler*, HdB ZwangsvollR, 5. Kap. Rn. 164ff.

614 So bereits der Gesetzesentwurf: BT-Drs. 16/10069, S. 31.

615 Zur Grundkonstellation generell und mit einem Folgeproblem, ob der Antrag auf Drittauskunft auch erst nach verweigerter Vermögensauskunft gestellt werden kann, siehe AG Schöneberg JurBüro 2014, 662.

616 Allerdings nicht zwingend, siehe *Hippler/Wasserl*, S. 236f.

Primär muss aber ein Zugriff auf den Schuldner erfolgen. Erst danach können Informationen, die der Gläubiger für die Zwangsvollstreckung benötigt, über den Weg der Drittauskunft beschafft werden. Es handelt sich um den gesetzlich vorgesehenen Standardfall einer erstmalig verweigerten Vermögensauskunft mit anschließender Berechtigung, die Drittauskunft zu beantragen und einholen zu lassen.

2. Vermögensauskunft in einem früheren Sachaufklärungsverfahren

Neben der soeben vorgestellten Ausgangssituation, dass der Schuldner eine Vermögensauskunft nach erstmaliger Beantragung durch den Gläubiger nicht abgegeben hat oder die angegebenen Vermögensgegenstände nicht zur Befriedigung des Gläubigers ausgereicht haben, kann eine weitere Konstellation auftreten. Diese beinhaltet die Weigerung des Schuldners, die Auskunft im Sinne des § 802l gegenüber dem Gläubiger eines älteren Verfahrens, dem sogenannten Dritt- oder Alt-Gläubiger, erteilt zu haben. Die Weigerung hat unter Umständen positive Auswirkungen für einen nachfolgenden Gläubiger. Ein Gläubiger, der sich auf Vorgänge aus einem vorangegangenen Zwangsvollstreckungsverfahren berufen will, trägt im Folgenden die Bezeichnung des Neu-Gläubigers. Verweigert der Schuldner gegenüber einem Alt-Gläubiger die Vermögensauskunft, dann besteht die Möglichkeit, dass der Neu-Gläubiger Drittinformationen beantragen kann, ohne den Schuldner vorher nochmals befragen lassen zu müssen. Eine Beteiligung des Schuldners wäre *de lege lata* effektiv ausgeschaltet. Dies kann zum Vorteil des Gläubigers gereichen, ist aber spiegelbildlich nachteilig für den Schuldner.

Für den Neu-Gläubiger stellt sich die Situation wie folgt dar: Er hat Kenntnis davon oder wurde darüber in Kenntnis gesetzt, dass der Schuldner eine Vermögensauskunft gegenüber einem Dritt- oder Alt-Gläubiger nicht abgegeben hat oder aus einem anderen Grund in das Schuldnerverzeichnis eingetragen wurde. Basierend auf dieser Information beantragt der Neu-Gläubiger eine isolierte Drittauskunft nach §§ 802a Abs. 2 Nr. 3, 802l ZPO, das heißt, ohne eine vorherige Vermögensauskunft zu beantragen, in der Hoffnung, eine Befragung des Schuldners vermeiden zu können.

a) Bedeutung des Schuldnerverzeichnisses

Dem Schuldnerverzeichnis kommt in der beschriebenen Konstellation entscheidende Bedeutung zu. Daher wird zunächst dessen Stellung und Aussagekraft erläutert.[617]

---

617 Überblick über das Schuldnerverzeichnis nach der Überführung der EuKoPfVO ins

Das Schuldnerverzeichnis ist seit der Reform der Sachaufklärung in den §§ 882b–882h ZPO geregelt.[618] Es warnt den Geschäftsverkehr vor der Vermögenslosigkeit eines (potentiellen) Geschäftspartners.[619] Der Schuldner wird sprichwörtlich an den Pranger gestellt. Theoretisch kann sich jeder potentielle Vertragspartner vor Vertragsschluss über die Vermögenslosigkeit des Schuldners informieren.[620] Dabei hat das Schuldnerverzeichnis die Funktion eines reinen Auskunftsregisters.[621] Wird der Schuldner in das Schuldnerverzeichnis aufgenommen,[622] verbleibt die Eintragung im Normalfall für drei Jahre bestehen.[623] Der Gerichtsvollzieher kann den säumigen Schuldner in das Schuldnerverzeichnis eintragen lassen, wenn dieser sich erstmalig geweigert hat, die Vermögensauskunft abzugeben.[624]

In das Verzeichnis werden die Stammdaten des Schuldners wie Name, Geburtsdatum und Wohnsitz eingetragen.[625] Weiterhin werden nach § 882b Abs. 3 Nr. 1 und 2 das Aktenzeichen der Vollstreckungssache und der Eintragungsgrund – vor allem für die vorliegende Betrachtung der entscheidende Fall des § 882c ZPO – sowie das Eintragungsdatum angegeben.[626] Daraus lässt sich ableiten, dass ein Schuldner, der im Schuldnerverzeichnis wegen § 882c ZPO geführt wird, entweder die Vermögensauskunft nicht abgegeben hat[627] oder das vollstreckbare Vermögen, das sich aus dem Inhalt einer abgegebenen Vermögensauskunft ergeben hat, offensichtlich nicht geeignet war, die Befriedigung des Gläubigers herbeizuführen.[628] Der Kenntnis des Inhalts vom

---

deutsche Recht und einhergehende Änderungen: *Hergenröder* DGVZ 2017, 119ff.

618 Instruktiv zum Eintragungsverfahren, *Brox/Walker*, Rn. 1157ff.

619 Schuschke/Walker/*Schuschke*, Vorbemerkung vor §§ 882b–882h Rn. 5; D/M/V/*Hippler*, HdB ZwangsvollR, 5. Kap. Rn. 243.

620 Wie zuvor, sowie B/L/A/H/*Hartmann*, ZPO, Übers §§ 882b–882h Rn. 1: die „sog. Schwarze Liste".

621 BT-Drs. 16/10069, S. 37.

622 Nach §§ 882b Abs. 1 Nr. 1 i.V.m § 882c Abs. 1 S. 1 Nr. 1 ZPO.

623 Siehe § 882e Abs. 1 ZPO. Zur Möglichkeit der vorzeitigen Löschung siehe § 882e Abs. 3 Nr. 1–3 sowie die Erläuterungen bei Schuschke/Walker/*Schuschke*, § 882e Rn. 3–8.

624 § 882c Abs. 1 S. 1 Nrn. 1–3 ZPO.

625 Siehe § 882b Abs. 2 Nrn. 1–3 ZPO, dazu detailliert *Hippler/Wasserl*, S. 262ff.

626 Nach § 882b Abs. 3 Nrn. 1–3 ZPO.

627 Var. 1, § 882c Abs. 1 S. 1 Nr. 1 ZPO, dazu *Hergenröder* DGVZ 2017, 119 (119f.).

628 Var. 2, § 882c Abs. 1 S. 1 Nr. 2 ZPO, dazu *Hergenröder* DGVZ 2017, 119 (120f.). Die dritte Variante nach Nr. 3 wird vorliegend nicht näher betrachtet.

Vermögensverzeichnis kommt eine entscheidende Rolle zu, wie die sogleich vorgenommene Besprechung der Rechtsprechung aufzeigt.

Größere Bedeutung erlangt das Schuldnerverzeichnis auch in der Hinsicht, dass die Information der Eintragung an Abonnenten weiter gereicht werden kann.[629] Davon profitieren zum Beispiel Scoringunternehmen wie die SCHUFA.[630]

Tatsächlich sagt das Schuldnerverzeichnis weder etwas über den Inhalt der unerfüllten Schuld noch etwas über Vermögensgegenstände des Schuldners aus.[631] Der Schuldner könnte in einem früheren Verfahren einer erheblichen Forderung ausgesetzt gewesen sein, weshalb er die Vermögensauskunft entweder von vornherein verweigerte oder weswegen sein Vermögen nicht zur Befriedigung ausgereicht hätte.

In einem durch einen Neu-Gläubiger angestrengten Zwangsvollstreckungsverfahren kann die geschuldete Summe durchaus geringer oder auch höher im Vergleich zu der Schuld sein, aufgrund derer der Schuldner in das Schuldnerverzeichnis eingetragen wurde. Daraus entsteht ein Folgeproblem mit dem sich die Rechtsprechung bereits mehrfach beschäftige: Muss das aus einer vorangegangenen Vermögensauskunft resultierende Vermögensverzeichnis dem Gerichtsvollzieher des neuen Vollstreckungsverfahrens nochmals als Entscheidungsgrundlage zur Verfügung gestellt werden? In der Frage steckt der Kern des ganzen Problems, das sich darum dreht, ob die Gerichte auf der Verbindung zwischen dem jeweiligen Gläubiger und der erteilten Vermögensauskunft eines Schuldners beharren. Anderenfalls wäre es möglich, dass sich ein Neu-Gläubiger auf die Vermögensauskunft des Schuldners beruft, die der Schuldner gegenüber einem weiteren Gläubiger abgegeben hat.

Das für die vorliegende Betrachtung als „Gläubiger-Vermögensauskunftsidentität" bezeichnete Kriterium behandelt der nächste Abschnitt.

b) Gläubiger-Vermögensauskunftsidentität als Voraussetzung

Die Handhabung der Gläubiger-Vermögensauskunftsidentität und somit die Zulässigkeit einer isolierten Drittauskunft ist in der Rechtsprechung umstritten. Im Ergebnis stimmen die Rechtsprechung und Ansichten in der Literatur darüber überein, dass das Schuldnerverzeichnis nicht den gleichen Aussagegehalt wie das Vermögensverzeichnis trägt. Aus diesem Grund solle es nicht ausreichen,

---

629 D/M/V/*Hippler*, HdB ZwangsvollR, 5. Kap. Rn. 42.

630 Generell dazu o. Fn. 3.

631 Vgl. auch *Alsfasser*, S. 82f.

wenn sich der Gläubiger lediglich auf das Vorhandensein einer Eintragung im Schuldnerverzeichnis berufen könne.

Die Vertreter der einen Ansicht fordern, dass in Verfahren, in denen der Gläubiger eine Drittauskunft beantragt hat, Schuldner und Gläubiger im selben Verfahren nach § 802l ZPO beteiligt sein müssen und der Gläubiger sich nicht auf ein Versäumnis des Schuldners aus einem früheren Verfahren berufen können soll. Das AG Fürth hat bei der Bewertung der Konstellation Folgendes zu seiner Entscheidungsgrundlage gemacht: § 802l Abs. 1 S. 1 Hs. 1 ZPO sei nicht dahingehend auszulegen, „dass [der Schuldner] in irgendeinem Vollstreckungsverfahren" keine Vermögensauskunft abgegeben habe.[632] Der Schuldner müsse im aktuellen Zwangsvollstreckungsverfahren des die Vermögensauskunft beantragenden Gläubigers die Vermögensauskunft nicht erteilt haben. Das Amtsgericht betonte weiterhin, unter Bezugnahme auf eine Entscheidung des AG Esslingen,[633] dass eine direkte Verbindung zwischen der nicht abgegebenen Vermögensauskunft des Schuldners und dem Antrag des jeweiligen Gläubigers auf Drittauskunft bestehen müsse.[634] Hinter der Anforderung steht die konkrete Verbindung zwischen dem aktuellen Gläubiger und Schuldner sowie einer aktuellen Vermögensauskunft bzw. deren Ausbleiben.

Im Schrifttum findet die Gläubiger-Vermögensauskunftsidentität und somit Ablehnung der isolierten Drittauskunft ebenfalls Anklang.[635] Es handele sich um ein Verfahren der Einzelzwangsvollstreckung, in Abgrenzung zu denen der Gesamtvollstreckung,[636] das ausschließlich zu Gunsten des aktuell auskunftsfordernden Gläubigers ausgestaltet ist.[637] Auch aus der Gesetzessystematik lasse sich nichts Gegenteiliges ableiten.[638] Der Schutz des Rechts auf informationelle

---

632 AG Fürth DGVZ 2014, 225 (225).

633 AG Esslingen DGVZ 2013, 195, sowie AG Charlottenburg DGVZ 2013, 116 (116) wobei die Gerichte über eine eidesstattliche Versicherung nach der alten Rechtslage zu befinden hatten und nicht über eine nicht erteilte Vermögensauskunft. Ungeachtet dessen befand auch das AG Esslingen, dass eine aktuelle Vermögensauskunft vorliegen müsse.

634 Siehe o. Fn. 632.

635 Siehe zum Beispiel *Mroß* DGVZ 2014, 225.

636 Zur Abgrenzung siehe o. Fn. 10.

637 Siehe Schuschke/Walker/*Schuschke*, Einf. Buch 8 ZPO Rn. 4 wonach die Einzelzwangsvollstreckung „unabhängig von den anderen und in eigener Verantwortung" betrieben wird.

638 *Mroß* DGVZ 2014, 225 (225).

Selbstbestimmung des Schuldners solle durch die Möglichkeit der erneuten Vermögensauskunft gewahrt bleiben.[639]

Eine Eintragung des Schuldners in das Schuldnerverzeichnis findet wie erwähnt auch dann statt, wenn eine Befriedigung des Gläubigers nicht zu erwarten ist.[640] Auf diese konkrete Konstellation bezog sich eine Klägerin in einem Verfahren vor dem LG Koblenz.[641] Die Gläubigerin vertrat im Gegensatz zur Gerichtsvollzieherin den Standpunkt, dass die Eintragung des Schuldners in das Schuldnerverzeichnis aufgrund früheren Ausbleibens der Leistung ausreichend sei. Sie könne daraus schlussfolgern, dass die Befriedigung ihrer Forderung nicht zu erwarten sei und die Eintragung somit die Voraussetzung des § 802l Abs. 1 S. 1 Hs. 1 Alt. 2 ZPO erfülle. Sie vertrat die Ansicht, dass daher auch kein Vermögensverzeichnis vorgelegt oder erstellt werden müsse. Genau dem widersprach die Gerichtsvollzieherin mit der Begründung, sie, die Gerichtsvollzieherin, sei diejenige, die sich anhand eines Vermögensverzeichnisses ein Bild von der Vermögenssituation des Schuldners machen können müsse. Da sich die Gläubigerin ausschließlich auf das Schuldnerverzeichnis berief, wurde ihre Beschwerde gegen die unterbliebene Einholung der Drittauskunft sowohl in erster Instanz als auch in der Rechtsmittelinstanz abgewiesen. Dabei unterschied das Gericht die vorliegende Konstellation von weiteren, im Fortgang zu besprechenden Entscheidungen. Grundsätzlich wurde aber darauf bestanden, dass die Gläubigerin im aktuellen Verfahren in der Lage sein müsse darzulegen, ob das Vermögen des Schuldners ausreichend für die Befriedigung der konkreten Schuld sei.[642] Damit wurden indirekt die erneute Erstellung eines Vermögensverzeichnisses und die Abnahme der Vermögensauskunft gefordert.

Unter Berücksichtigung der obigen Literaturmeinung sowie der Entscheidung des AG Fürth ist die Argumentation des LG Koblenz nachvollziehbar. Der Informationsgehalt der Eintragung in das Schuldnerverzeichnis ist nicht gleichzusetzen mit dem Informationsgehalt eines Vermögensverzeichnisses. In einer jüngst ergangenen Entscheidung wiederholte das AG Calw die Argumentation.[643] Es fügte seinem Urteil am Schluss hinzu, dass durch eine Entscheidung des BGH über die Zulässigkeit von Anwaltsgebühren keine Änderung für die

---

639 *Mroß* DGVZ 2014, 225 (226).

640 Siehe o. C. II. 2. a).

641 LG Koblenz DGVZ 2015, 111; darauf nimmt, ohne zu vertiefen, Bezug, B/L/A/H/*Hartmann*, ZPO, § 802l Rn. 3.

642 Dieser Argumentation folgt: AG Schwerin DGVZ 2017, 92; bestätigt durch LG Ravensburg DGVZ 2017, 149 (150).

643 AG Calw DGVZ 2019, 85.

Voraussetzung der Einholung einer Drittauskunft eingetreten sei.[644] Das Urteil des BGH stellte die Argumentation aus Rechtsprechung und Literatur für eine Identität zwischen dem die Drittauskunft und dem die Vermögensauskunft beantragenden Gläubiger vor. Eine im Urteil vom BGH erörterte Sichtweise basierte auf dem Standpunkt, dass die Drittauskunft, entgegen der gesetzlich gesondert geregelten Stellung, eine Fortsetzung der Vermögensauskunft darstelle.[645] Aus diesem Grund verkörpere die Einholung von Drittauskünften gebührenrechtlich keine besondere Angelegenheit.[646] Von der Hand zu weisen ist die Argumentation nicht, haben die soeben vorgestellten Entscheidungen doch eindeutig die Vermögensauskunft als Grundvoraussetzung der Drittauskunft normiert. Dieser ersten Ansicht ist der BGH im Verfahren um die Erstattung von Rechtsanwaltsgebühren allerdings nicht gefolgt. Vielmehr argumentiert der BGH dahingehend, dass die Einholung von Drittauskünften als eigenes Verfahren ausgestaltet sei und im Sinne des Gebührenrechts nicht als Annex zur Vermögensauskunft betrachtet werden könne.[647] Ob die Argumentation trotzdem für die Zulässigkeit einer isolierten Drittauskunft fruchtbar gemacht werden kann, behandelt der nächste Abschnitt.

c) Gläubiger-Vermögensauskunftsidentität keine Voraussetzung

Den zuvor vorgestellten Entscheidungen und Literaturansichten stehen Entscheidungen gegenüber, die eine strikte Verbindung zwischen dem Schuldner und dessen früherem Auskunftsverhalten sowie einem aktuellen Gläubiger nicht fordern. Ohne diese Gläubiger-Vermögensauskunftsidentität soll die direkte Beantragung der Drittauskunft möglich sein. Für die isolierte Drittauskunft kommen die zwei zuvor erläuterten Entstehungstatbestände in Betracht. Entweder wurde die Vermögensauskunft überhaupt nicht abgegeben oder sie wurde abgegeben, aber die Befriedigung des Gläubigers wurde nicht erwartet. Beide Tatbestände lassen die Eintragung in das Schuldnerverzeichnis zu.

aa) Keine Vermögensauskunft abgegeben

Für die Fallgestaltung, dass der Schuldner keine Vermögensauskunft abgegeben hatte, entschied das AG Heidelberg, dass ein isolierter Antrag zur Einholung von Drittauskünften unter der Voraussetzung möglich sei, dass sich der Gläubiger

644 AG Calw DGVZ 2019, 85 (86) Ziff. 9.
645 Vorgestellt in der Erörterung des BGH in BGH DGVZ 2019, 32 (32) Ziff. 7.
646 BGH DGVZ 2019, 32 (32) Ziff. 7 m.w.N.
647 BGH DGVZ 2019, 32 (32) Ziff. 9f.

auf die Eintragung im Schuldnerverzeichnis berufe. Die Eintragung müsse daraus resultieren, dass der Schuldner der Verpflichtung, die Vermögensauskunft in einem Verfahren mit einem Alt-Gläubiger abzugeben, nicht nachgekommen sei.[648] Im konkreten Fall hatte sich die Schuldnerin zu fünf unterschiedlichen Terminen geweigert, eine Vermögensauskunft gegenüber dem Gerichtsvollzieher für den Alt-Gläubiger abzugeben.[649] Die Neu-Gläubigerin beantragte beim Gerichtsvollzieher eine isolierte Drittauskunft. Nachdem sich der Gerichtsvollzieher geweigert hatte, diese einzuholen, beanstandete die Gläubigerin die Entscheidung mittels Erinnerung.[650] Das AG Heidelberg gab der Erinnerung statt und entschied, dass ein isolierter Antrag, der darauf lautet Drittauskünfte einzuholen, durch einen Neu-Gläubiger möglich sein solle. Zur Begründung führte das Gericht aus, dass bereits der Gesetzeswortlaut auf keine weitere einschränkende Voraussetzung hindeute. § 802l Abs. 1 S. 1 Hs. 1 ZPO erfordere lediglich, dass eine der beiden zuvor genannten Voraussetzungen erfüllt sei. Die Systematik der Neuregelungen der 2009 verabschiedeten und 2013 in Kraft getretenen Reform würde eine zusätzliche Anforderung ebenfalls nicht beinhalten.[651] Nach dem Gesetzesentwurf solle dem Gerichtsvollzieher kein Ermessen eingeräumt werden, ob er dem Verlangen nach § 802l Abs. 1 S. 1 Hs. 2 Nrn. 1–3 ZPO nachgehe, wenn die Voraussetzungen von § 802l Abs. 1 S. 1 Hs. 1 ZPO vorliegen.[652] Das AG Heidelberg schränkte die isolierte Drittauskunft allerdings durch die Voraussetzung ein, dass ein gewisser zeitlicher Zusammenhang zwischen der Nichtabgabe und dem Antrag auf isolierte Drittauskunft bestehen müsse.[653] Unter Hinweis auf die Gesetzessystematik lehnten Gerichte auch in weiteren Verfahren das Merkmal der Gläubiger-Vermögensauskunftsidentität ab und bestätigten die Zulässigkeit der isolierten Drittauskunft.[654] Auch das AG

---

648 AG Heidelberg DGVZ 2016, 54 ebenso Amtsgericht Neustadt a. Rbge., Az.: 82 M 30213/14 zitiert in AG Fürth DGVZ 2014, 225 (225).

649 AG Heidelberg DGVZ 2016, 54 (54).

650 Kommt der Gerichtsvollzieher einem Antrag des Gläubigers auf Zwangsvollstreckung nicht nach, ist die Erinnerung gegen die Entscheidung gemäß § 766 Abs. 2 ZPO statthaft. In den analysierten Fällen war das in Rede stehende Verhalten des Gerichtsvollziehers die Weigerung, eine isolierte Drittauskunft einzuholen. Über die Erinnerung entscheidet das Vollstreckungsgericht als zuständige Instanz.

651 AG Heidelberg DGVZ 2016, 54 (55).

652 BT-Drs. 16/10069, S. 32.

653 AG Heidelberg DGVZ 2016, 54 (57).

654 Für eine anders geartete Ausgangslage, in der das Problem der Gläubigeridentität trotzdessen thematisiert wurde: LG Oldenburg JurBüro 2014, 664 (664) und AG Nürnberg DGVZ 2015, 132 (133).

Dresden entschied, über das AG Heidelberg hinausgehend, dass eine isolierte Beantragung der Drittauskunft möglich sei.[655] Entgegen den Richtern aus Heidelberg verneinte das AG Dresden die Voraussetzung eines engen zeitlichen Zusammenhangs. Die Schuldnerin hatte im Februar 2017 die Vermögensauskunft nicht abgegeben. Im Februar 2018 beantragte eine neue Gläubigerin die isolierte Drittauskunft.[656] Einzige Schutzfrist zugunsten der Schuldnerin sei die Zweijahresfrist in § 802d ZPO, so die Richter in Dresden.[657]

Die am Ende des letzten Abschnitts vorgestellte Entscheidung des BGH kann auf die vorliegende Fallgestaltung nicht übertragen werden.[658] Für die Frage der isolierten Drittauskunft ist die prozessuale Voraussetzung der Abnahme der Vermögensauskunft bzw. deren Ausbleiben als einzelner Vorgang entscheidend. Das betont der BGH gleichermaßen. Die Vollstreckungsmaßnahme der Vermögensauskunft sei mit der Abgabe oder der Verweigerung der Vermögensauskunft beendet.[659] „Erst danach" sei die Einholung der Drittauskunft zulässig.[660] Auch die weiteren Ausführungen des BGH lassen keinen anderen Schluss für die vorliegende Fragestellung zu. Dass der Antrag auf Einholung der Drittauskunft nicht notwendigerweise von dem Gläubiger zu stellen sei, der „zuvor" die Vermögensauskunft beantragte, sondern stattdessen auch von jedem weiteren Gläubiger gestellt werden könne, enthält keine Antwort auf die Frage, ob die Drittauskunft ohne Existenz einer vorherigen Vermögensauskunft rechtmäßig sei.[661] Die Frage beziehe sich lediglich auf die Konstellation, dass der Schuldner kein neues Vermögensverzeichnis abgeben muss, da er dies im für § 802d ZPO relevanten Zeitraum bereits tat. Der BGH hat seine Entscheidung aus dem Jahr 2018 mittlerweile für Fälle einer bereits abgegebenen Vermögensauskunft konkretisiert, worauf der folgende Abschnitt eingeht.[662]

---

655 AG Dresden DGVZ 2018, 187.

656 AG Dresden DGVZ 2018, 187 (187).

657 Ibid.

658 Siehe o. C. II. 2. b) am Ende; anders: *Walker*, DGVZ 2020, 61 (62) der in der Entscheidung des BGH die grundsätzliche Zulässigkeit eines isolierten Antrages auf Drittauskunft zu erkennen vermag.

659 BGH DGVZ 2019, 32 (32) Ziff. 12.

660 Ibid.

661 BGH DGVZ 2019, 32 (32) Ziff. 15.

662 BGH DGVZ 2019, 208.

bb) Vermögensauskunft abgegeben

Wurde in einem früheren Zwangsvollstreckungsverfahren eine Vermögensauskunft abgegeben – somit ein Vermögensverzeichnis erstellt – aus der bzw. dem hervorging, dass die Vermögensgegenstände nicht zur Befriedigung der Gläubigerforderungen ausreichen würden, haben Gerichte das Kriterium der Gläubiger-Vermögensauskunftsidentität für weitere nachfolgende Zwangsvollstreckungsverfahren aufgeweicht bzw. vollumfänglich abgelehnt. Im Ergebnis tendiert die Rechtsprechung zu der Voraussetzung, dass der Gläubiger, und somit im Endeffekt der zuständige Gerichtsvollzieher, Kenntnis von den Vermögensgegenständen des Schuldners besitzen muss. Zwar scheint es dem Gläubiger überlassen, wie er dem Gerichtsvollzieher eine Übersicht zum Vermögen des Schuldners zur Verfügung stellt, allerdings laufen die Entscheidungen darauf hinaus, dass der Gläubiger Kenntnis von der abgegebenen Vermögensauskunft des Schuldners haben muss. Diverse Gerichtsentscheidungen haben das Erfordernis näher ausformuliert und werden im Folgenden erörtert.

Das Landgericht Bonn[663] bestätigte eine Entscheidung des AG Bonn[664], wonach die Eintragung des Schuldners in das Schuldnerverzeichnis ausreichend für die Beantragung einer Drittauskunft sein solle. Ein Vermögensverzeichnis müsse existieren, unabhängig davon, wer dessen Erstellung beauftragt habe.

Das AG Euskirchen gestand dem Gläubiger in einer Entscheidung zu, dass es ausreiche, wenn er sich auf die Eintragung in das Schuldnerverzeichnis berufe und er glaubhaft machen könne, dass die im Vermögensverzeichnis aufgeführten Gegenstände nicht zur Befriedigung seiner Ansprüche genügen würden.[665] Das bestehende Vermögensverzeichnis müsse den Gerichtsvollzieher in die Lage versetzen, die Entscheidung über nicht ausreichend vorhandene Vermögensgegenstände selbstständig, aufgrund der aktuellen Situation des Schuldners, zu treffen. Das Gericht schloss sich damit einer früheren Entscheidung des LG Oldenburg an.[666]

Die aufgezeigte und bisher nur rudimentär vorhandene Rechtsprechungspraxis tendiert somit zu der Voraussetzung, dass zumindest Kenntnis vom Inhalt des Vermögensverzeichnisses bestehen müsse, auf dessen Grundlage der Gerichtsvollzieher eine Entscheidung über die Vermögensverhältnisse des

---

663 LG Bonn, Beschl. v. 06.03.2015 – 4 T 44/15.

664 AG Bonn, Beschl. v. 31.1.2014 – 24 M 352/14, BeckRS 2015, 13015.

665 AG Euskirchen DGVZ 2015, 94, so auch LG Frankfurt (Oder) DGVZ 2016, 28.

666 LG Oldenburg JurBüro 2014, 664.

Schuldners nach § 802l ZPO treffen kann.[667] Das stellt zwar eine Aufweichung der strikten (Neu-)Gläubiger-Vermögensauskunftsidentität dar, beinhaltet aber noch immer ein grundsätzliches Problem für den Neu-Gläubiger: Er steht vor der Herausforderung, vom Inhalt des Vermögensverzeichnisses Kenntnis erlangen zu müssen, ohne dabei auf den Schuldner zurückgreifen zu können. Das Vermögensverzeichnis ist im Gegensatz zum Schuldnerverzeichnis nicht für den Neu-Gläubiger einsehbar.[668] Zirkelschlüssig ergibt sich daraus, dass der Gläubiger doch wieder den Antrag auf Abgabe der Vermögensauskunft stellen muss. Das LG Frankfurt (Oder)[669] ging davon aus, dass der Gläubiger die einzelnen Vermögenswerte auflisten können müsse, um zu belegen, dass sie nicht zur Befriedigung seines Anspruchs ausreichen würden. Das AG Euskirchen forderte eine Wiedergabe des Inhalts des bereits erstellten Vermögensverzeichnisses. Dem entspricht die Anforderung des LG Frankfurt (Oder).[670] Eine ältere Entscheidung des AG Heidelberg stellte die Voraussetzungen ebenfalls auf.[671] Zu den Entscheidungen gilt zu konstatieren, dass der Gläubiger die Voraussetzung nur erfüllen kann, wenn er ein für ihn ausgestelltes Vermögensverzeichnis vorlegt.[672] Das Postulat der grundsätzlichen und priorisierten Beteiligung des Schuldners an der Sachaufklärung und seiner Auskunft manifestieren sich in diesen Entscheidungen.

Bisher hat es folglich lediglich das AG Heidelberg in einer jüngeren Entscheidung ausreichen lassen, dass der Gläubiger für eine isolierte Drittauskunft keine Vermögensauskunft vorlegen muss.[673]

Über die geschilderte Fallgestaltung hat der BGH im Mai 2019 ein Urteil gefällt. In dem vom BGH behandelten Fall berief sich der Gläubiger auf vier

---

667 BeckOK ZPO/*Fleck*, ZPO, § 802l Rn. 8 ohne weitere Nachweise, geht davon aus, dass die Entscheidung dem Gerichtsvollzieher zusteht. Etwas differenzierender B/L/A/H/*Hartmann*, ZPO, § 802l Rn. 6 wonach dem Gerichtsvollzieher die Einschätzung subjektiv zugestanden wird, sie aber nach objektiven Maßstäben auch vertretbar sein muss.

668 D/M/V/*Hippler*, HdB ZwangsvollR, 5. Kap. Rn. 145; Zöller/*Seibel*, § 802k Rn. 3; B/L/A/H/*Hartmann*, § 802k Rn. 4.

669 Siehe o. Fn. 665.

670 AG Euskirchen DGVZ 2015, 94 (95).

671 AG Heidelberg DGVZ 2015, 226 (227).

672 *Hippler/Wasserl*, S. 289.

673 Siehe bereits zuvor Fn. 648. Auch das AG Stuttgart, BeckRS 2017, 136744 nahm Bezug auf die Entscheidung und entschied gegen die Gläubigerin und gegen das AG Heidelberg.

Eintragungen des Schuldners in das Vollstreckungsportal[674] und verlangte darauf basierend die Einholung der Drittauskunft.[675] Der BGH erteilte der isolierten Beantragung der Drittauskunft durch den Folgegläubiger, ohne substantiierte Antragsstellung und dem Vortragen der Gründe für eine berechtigte Drittauskunft, eine Absage.[676] Es reiche nicht aus, wenn sich der Gläubiger auf die Eintragung in das Vollstreckungsportal berufe.[677] Denn, wie bereits ausgeführt, enthalte die Eintragung im Vollstreckungsportal nicht den detaillierten Grund für die rechtmäßige Eintragung des Schuldners in selbiges. Der BGH rekurrierte in seiner Entscheidung darauf, dass auch im Zwangsvollstreckungsverfahren Darlegungs- und Beweislast bei den Parteien lägen und dass weder der Gerichtsvollzieher noch das Vollstreckungsgericht zu Nachforschungen verpflichtet seien.[678] Damit obliege es dem Gläubiger konkret vorzutragen, warum der Schuldner in das Schuldnerverzeichnis oder Vollstreckungsportal eingetragen wurde. Schlussendlich muss der Gläubiger somit ein vorhandenes Vermögensverzeichnis vorlegen, um daran aufzuzeigen, dass die aufgeführten Vermögensgegenstände nicht ausreichend sind, um seinen Anspruch zu befriedigen.[679]

Zum Streit in der Rechtsprechungs- und Gerichtsvollzieherpraxis könnte auch die Geschäftsanweisung für Gerichtsvollzieher beigetragen haben, worauf die Rechtsprechung allerdings bisher kaum eingegangen ist.[680] Die GVGA spricht die Konstellation des Folgegläubigers explizit an. § 141 Abs. 1 S. 4 GVGA bestimmt, dass sich auch Folgegläubiger für ihren Antrag auf Einholung der Drittauskünfte darauf stützen können, wenn nach § 141 Abs. 1 S. 1 Nr. 2 „eine vollständige Befriedigung des Gläubigers bei Vollstreckung in die im Vermögensverzeichnis aufgeführten Gegenstände nach pflichtgemäßem Ermessen des Gerichtsvollziehers nicht zu erwarten ist.“. Auf die GVGA berief sich eine Gläubigerin vor dem AG Schwerin.[681] Sie beantragte eine isolierte Drittauskunft, da der Schuldner bereits im Schuldnerverzeichnis eingetragen worden war. Das Gericht entschied, dass die GVGA lediglich interne Geschäftsanweisungen für

674 Das gemeinsame Vollstreckungsportal der Länder ist erreichbar unter <www.vollstreckungsportal.de/zponf/allg/willkommen.jsf > [zuletzt abgerufen am 01.06.2020] und erfasst die Daten der einzelnen, bundesweit verfügbaren Schuldnerverzeichnisse.

675 BGH DGVZ 2019, 208 (208) Ziff. 2.

676 BGH DGVZ 2019, 208 (209) Ziff. 6.

677 BGH DGVZ 2019, 208 (210) Ziff. 26.

678 BGH DGVZ 2019, 208 (209) Ziff. 10.

679 BGH DGVZ 2019, 208 (210) Ziff. 25.

680 Seit dem 01.09.2013 gilt die GVGA bundeseinheitlich.

681 Siehe AG Schwerin DGVZ 2017, 92.

Gerichtsvollzieher verkörpere.[682] Daraus könnten sich keine Rechte für Gläubiger ergeben.[683] Dabei geht § 141 Abs. 1 S. 4 GVGA lediglich auf die zweite Alternative von § 802l Abs. 1 S. 1 Hs. 1 ZPO ein. Die generelle Problematik der Folgegläubiger wurde bei der Gesetzesformulierung in § 141 Abs. 1 S. 4 GVGA bedacht. Allerdings bezieht sich § 141 Abs. 1 S. 1 Nr. 2 GVGA explizit auf das Vermögensverzeichnis und nicht lediglich auf die Eintragung in das Schuldnerverzeichnis. Der BGH erteilte in der zuvor zitierten Entscheidung dahingehenden Überlegungen, dass § 141 Abs. 1 S. 5 GVGA eine selbstständige Ermittlungspflicht des Gerichtsvollziehers darstelle, eine Absage.[684]

Das Schrifttum plädiert in Teilen ebenfalls für die Identität zwischen Gläubiger und seinem nicht zur Auskunft bereiten Schuldner.[685] Eine Ansicht führt aus, dass die Vorschrift entgegen ihres Wortlautes wie folgt lauten müsse: „Kommt der Schuldner seiner Pflicht zur Abgabe der Vermögensauskunft gegenüber *dem vorliegenden Gläubiger* nicht nach [...]".[686] Eng verknüpft mit dem Kriterium der Gläubiger-Vermögensauskunftsidentität ist das zur Anwendung kommende Prinzip der Einzelzwangsvollstreckung im Gegensatz zur Gesamtvollstreckung des Insolvenzverfahrens. Es wurde bereits zuvor als Argument dagegen ins Feld geführt, dass sich ein Neu-Gläubiger auf eine unterlassene Handlung des Schuldners gegenüber einem Alt-Gläubiger berufen könne.[687] Der Unterschied von Einzel- und Gesamtvollstreckung erstreckt sich hauptsächlich darauf, dass Gläubiger im Insolvenzverfahren gleich behandelt werden, bzw., dass ihnen gleiche Chancen beim Zugriff auf das Schuldnervermögen eingeräumt werden sollen.[688] Im Sinne des Argumentes der Chancengleichheit wirkt vertretbar, dass der Neu-Gläubiger sich im Einzelzwangsvollstreckungsverfahren gerade nicht auf die Handlung eines vorhergehenden Gläubigers berufen können soll und stattdessen einen erneuten Antrag zur Abnahme der Vermögensauskunft stellen muss.

---

682 Siehe AG Schwerin DGVZ 2017, 92 (93).

683 Ibid.

684 BGH DGVZ 2019, 208 (210f.) Ziff. 16ff.

685 Zöller/*Stöber*, ZPO, § 802l Rn. 3 spricht, unter Verweis auf die Entscheidung des AG Esslingen (siehe zuvor Fn. 633), davon, dass die Vermögensauskunft nicht gegenüber dem Gläubiger abgegeben worden sein darf, der die Drittauskunft verlangt; siehe auch *Mroß* DGVZ 2016, 57 (57).

686 *Mroß* DGVZ 2016, 57 (57).

687 Siehe o. Fn. 636.

688 Siehe dazu einführend: *Brox/Walker*, Rn. 5f. und Schuschke/Walker/*Schuschke* (Fn. 636) a.a.O.

Die Perspektive des Schuldners darf bei alledem nicht vergessen werden. Ein vereinfachter Zugriff des Gläubigers auf Daten des Schuldners durch die isolierte Drittauskunft geht mit einer Beeinträchtigung seiner Rechte einher.[689] Würde man eine isolierte Drittauskunft zulassen, wäre der Eingriff in die Rechte des Schuldners gravierender als durch das Verfahren der Vermögensauskunft mit anschließender Drittauskunft. Dem lässt sich jedoch entgegnen, dass die Drittauskunft sicherstellt, dass der Schuldner bei seiner Vermögensauskunft auch wahrheitsgemäße Angaben macht. Dem folgend ist vertretbar, dass durch die Verpflichtung zur Abgabe dieser Auskünfte der eigentliche Eingriff stattfinde und nicht erst auf der Ebene der Drittauskunft. Durch die Drittauskunft nehme die Eingriffsintensität nicht wesentlich zu.[690] Hatte der Schuldner wahrheitsgemäße Angaben gemacht, würden diese lediglich durch die Abfrage bestätigt.[691] Hatte er Informationen unterschlagen, so würde er unter Umständen durch die Drittauskunft überführt. Das legitimiere den mutmaßlich intensiveren Eingriff in die Rechtssphäre des Schuldners.[692] Diesem Argument kann wiederum entgegnet werden, dass es nicht Sinn und Zweck der schuldnerschützenden Vorschriften ist, dass diese sich im Nachhinein legitimieren. Vielmehr müssen die Voraussetzungen bereits zu Beginn des Eingriffs vorliegen.

Alles in allem ist festzuhalten, dass die Unkenntnis des Gläubigers und respektive des Gerichtsvollziehers von der aktuellen Vermögenssituation des Schuldners den Gläubiger daran hindert, Informationen über das Vermögen des Schuldners von Drittstellen zu erhalten.

d) Würdigung

Die Frage um die „isolierte Drittauskunft" hat die für Erinnerungen zuständigen Gerichte zunehmend beschäftigt. Der BGH hat mittlerweile ebenfalls explizit über die isolierte Drittauskunft und deren Rechtmäßigkeitsvoraussetzungen geurteilt. Dass der Neu-Gläubiger anhand einer Eintragung des Schuldners in das Schuldnerverzeichnis aufgrund der erfüllten Voraussetzungen der §§ 882b Abs. 1 Nr. 1, 882c Abs. 1 S. 1 Nr. 2 ZPO gegenüber einem Alt-Gläubiger eine isolierte Drittauskunft beantragen darf, lehnten die damit befassten deutschen

---

689 Siehe den Hinweis bei Zöller/*Seibel*, Art. 802l Rn. 3, dass die Drittauskunft wegen des Rechts auf informationelle Selbstbestimmung grundsätzlich subsidiär gegenüber der Vermögensauskunft sei.

690 Siehe beispielsweise AG Heidelberg DGVZ 2016, 54 (56) und eine ältere Entscheidung des gleichen Gerichts: AG Heidelberg (o. Fn. 671).

691 So BGH NJW 2015, 2509 (2511) und auch AG Nürnberg DGVZ 2015, 132 (132).

692 So auch *Seip* DGVZ 2013, 245 (245).

Gerichte nahezu flächendeckend ab. Der BGH stützte diese Sichtweise. Ein Verzicht auf das Kriterium der Gläubiger-Vermögensauskunftsidentität, das es in der Fallgestaltung ermöglichen würde, den Schuldner von der Vermögensaufklärung auszuschließen, zeichnet sich folglich nicht ab.

Die Argumentation um das Kriterium der Gläubiger-Vermögensauskunftsidentität unterstreicht die starke Stellung des Schuldners im Prozess der Sachaufklärung. Grundsätzlich tritt Folgendes zu Tage: Der Schuldner ist Mittelpunkt der Sachaufklärung in der deutschen Zwangsvollstreckung. Selbst auf die zur Verfügung stehenden Drittauskünfte kann nur zurückgegriffen werden, nachdem der Schuldner gegenüber dem aktuellen beantragenden Gläubiger die Voraussetzungen des § 802l ZPO erfüllt.

Probleme können sich für den Gläubiger bei der aufgezeigten Schuldnerfixierung aus dem Umstand ergeben, dass der Schuldner für die Vermögensauskunft nicht auffindbar ist. Das ist vor allem kritisch in Bezug auf Auslandsvermögen, wie Abschnitt D. aufzeigt.

3. *Bereits vorliegende Drittauskunft*

Bisher wurden die Voraussetzungen thematisiert, die für die Einholung der erstmaligen Drittauskunft vorliegen müssen. Eine weitere Konstellation kann auftreten. Es handelt sich um den Fall, dass die Voraussetzungen von § 802l durch das Verfahren mit einem vorangegangenen Gläubiger erfüllt sind und bereits eine Drittauskunft vorliegt. Die Konstellation wird neuerdings explizit geregelt.[693] Der Neu-Gläubiger kann die vorhandene Drittauskunft einsehen, wenn für ihn die Voraussetzungen des § 802l vorliegen. Das kann gerade in Fällen von Schuldnern mit mehreren Gläubigern problematisch sein. Entweder der Neu-Gläubiger erhält die ursprüngliche Drittauskunft, oder er kann Anhaltspunkte darlegen, dass Änderungen eingetreten sind, die zu einer erneuten Abfrage der Drittstellen berechtigen.[694]

---

693 Siehe § 802l Abs. 4 ZPO; Absatz 4 wurde neu eingefügt durch das EuKoPfVODG (Gesetz zur Durchführung der Verordnung (EU) Nr. 655/2014 sowie zur Änderung sonstiger zivilprozessualer, grundbuchrechtlicher und vermögensrechtlicher Vorschriften und zur Änderung der Justizbeitreibungsordnung, 21.11.2016, BGBl. I 2106, 2591 (2592)) um die Problematik von Folgegläubigern zu regeln. Siehe zur alten und neuen Rechtslage BeckOK ZPO/*Fleck*, ZPO, § 802l Rn. 13f.; B/L/A/H/*Hartmann*, § 802l Rn. 16; Zöller/*Seibl*, § 802l Rn. 15.

694 *Hippler/Wasserl*, S. 289f.

§ 802l Abs. 5 ZPO regelt, dass der Schuldner innerhalb von vier Wochen über die Weiterleitung der Daten zu informieren ist.

Bei vorliegender Drittauskunft besteht zumindest die abstrakte Möglichkeit, dass der Schuldner bei der Informationseinholung umgangen wird, bzw. erst zu einem späteren Zeitpunkt darüber in Kenntnis gesetzt wird, dass ein neuer Gläubiger an Drittinformationen gelangt ist.

III. Schuldnervermögen im Inland: Ergebnis

Die zuvor thematisierte Subsidiarität der Drittauskunft gegenüber der Vermögensauskunft ist Ausdruck eines priorisierten Schuldnerschutzgedankens.[695] Der Schuldner nimmt eine starke Stellung im Rahmen des Sachaufklärungsverfahrens ein. Die Selbstauskunft hat darin nahezu unumstößlichen Vorrang. Es kommt selbst dann noch maßgeblich auf den Schuldner an, wenn er sich der Mitwirkung zumindest zugunsten eines Alt-Gläubigers entzieht. Ein Neu-Gläubiger muss das Verfahren der Vermögensauskunft durchlaufen, um eine Drittauskunft einholen lassen zu können.

Für rein innerstaatliche Zwangsvollstreckungsangelegenheiten vermag die Aufklärung ausreichend sein. Die Bearbeitung nimmt dafür keine abschließende Bewertung vor. Entscheidender ist vielmehr, ob sich mittels der deutschen Rechtsordnung auch Vermögensgegenstände aufspüren lassen, die nicht in Deutschland belegen sind. Eine prioritär vorzunehmende Schuldnerauskunft ist für den Gläubiger nutzlos, wenn der Schuldner nicht ausländisches Vermögen offenbaren muss. Bei rein innerstaatlichen Sachverhalten vermag die Drittauskunft zumindest noch als Kontrollmöglichkeit dienen, ob der Schuldner in der Vermögensauskunft wahrheitsgemäß geantwortet hat. Für die Kontrollfunktion müssen die oben dargestellten Voraussetzungen des § 802l Abs. 1 Hs. 1 ZPO vorliegen. Ob die Drittauskunft nach der deutschen ZPO auch eine Kontrollmöglichkeit für ausländische Vermögensgegenstände darstellt, behandelt der nächste Abschnitt.

D. Schuldnervermögen im Ausland

Der folgende Abschnitt widmet sich Fällen, in denen das Schuldnervermögen den grenzüberschreitenden Bezug herstellt und der Frage, ob deutsche Sachaufklärungsinstrumente das ausländische Schuldnervermögen für den Gläubiger transparent darstellen können.

---

695 Siehe dazu vertiefend Schuschke/Walker/*Walker* (o. Fn. 594) § 802l Rn. 3.

Haben Vollstreckungsgläubiger und -schuldner im selben Mitgliedstaat Wohnsitz genommen oder haben sie einen gemeinsamen gewöhnlichen Aufenthalt und hegt der Gläubiger den Verdacht, dass der Schuldner Vermögen im Ausland besitzt, so wird er diesem Verdacht nachgehen wollen. Lediglich die Anknüpfung an Vermögensgegenstände ist Gegenstand der nachfolgenden Betrachtung. Spezielle Normen, die das Auslandsvermögen bei der Sachaufklärung behandeln bzw. den Vollstreckungsorganen Sonderrechte verleihen, sind nicht vorhanden.[696]

Zunächst wird untersucht, auf welchem Wege der Gläubiger Informationen über das Auslandsvermögen des Schuldners erhält. Im ersten Teil wird an die zuvor bereits thematisierte Vermögensauskunft des Schuldners angeknüpft.[697] Wird dem Schuldner die Vermögensauskunft abgenommen, stellen sich die Fragen, ob er auch verpflichtet ist, im Ausland belegenes Vermögen zu offenbaren und inwiefern das Territorialitätsprinzip der Verpflichtung Grenzen setzt.[698] Im Fortgang wird darauf eingegangen, ob die neugeschaffenen Drittauskünfte zur Aufdeckung ausländischen Vermögens eingesetzt werden können.[699]

I. Vermögensauskunft

Für die Aufklärung von Auslandsvermögen ist die Frage, ob eine vorrangige Einbeziehung des Schuldners zwingend ist oder nicht, von nachrangiger Bedeutung. Zentral wurde in Deutschland bislang die Vermögensauskunft für im Ausland belegenes Vermögen des Schuldners betrachtet. Die Reform des Sachaufklärungsrechts zwingt nicht zu einer Neubewertung. Das geht aus dem vorliegenden Abschnitt hervor.

1. *Sachaufklärung und Territorialitätsprinzip*

a) *Anwendbarkeit nationaler Aufklärungsmaßnahmen*

Voraussetzung für eine Sachaufklärung von im Ausland belegenen Vermögensgegenständen nach der deutschen ZPO ist die Anwendbarkeit der nationalen Prozessrechtsvorschriften. Werden die deutschen Gerichte im Rahmen ihrer Zuständigkeit angerufen, wenden sie die ZPO als *lex fori* an. Daraus folgt die Anwendbarkeit des deutschen Zwangsvollstreckungsrechts und damit auch der

---

696 Siehe so auch die Schlussfolgerungen bei *Holzapfl*, S. 224. Eine Übersicht zu Normen der ZPO, die bei einem Auslandsbezug zur Anwendung gelangen können, erstellte *Hess* JZ 1998, 1021 (1022).

697 Siehe bereits zuvor C. I. sowie konkret zum Auslandsvermögen sogleich.

698 Siehe sogleich.

699 Unter D. II.

Sachaufklärungsinstrumente,[700] denn jeder Staat legt seine eigenen Zwangsvollstreckungsmittel fest.[701]

Für die Vollstreckung in Fällen mit Bezug zu europäischen Mitgliedstaaten ist die neugefasste Brüssel Ia-VO einschlägig. Nach Art. 41 Brüssel Ia-VO ist das Recht des zur Vollstreckung ersuchten Mitgliedstaates anwendbar. Maßgeblich für die innerstaatliche Vollstreckungsgewalt ist die Belegenheit von Schuldnervermögen im Inland.[702] Der Belegenheitsort von Forderungen unterliegt dahingehend besonderen Bestimmungen. Unter bestimmten Voraussetzungen können Forderungen auch im Ausland vollstreckt werden, selbst wenn der Schuldner seinen Wohnsitz/Sitz im Inland genommen hat.[703] Auswirkungen auf die Sachaufklärung, die vor der Pfändung ansetzt, gehen damit nicht einher.

Die deutschen Aufklärungsinstrumente finden ihre Grenze im völkerrechtlichen Territorialitätsprinzip.[704] Das erfordert eine Auseinandersetzung mit der Frage, ob deutsche Sachaufklärungsmaßnahmen in Hoheitsrechte eines anderen Staates eingreifen dürfen.

b) Einschränkungen durch das Territorialitätsprinzip

Das Territorialitätsprinzip gilt begrenzend für inländische Vollstreckungsinstitutionen und -handlungen, denn staatliche Gewalt kann grundsätzlich nur auf eigenem Hoheitsgebiet ausgeübt werden.[705] Die Grundregel lautet, dass auf fremdem Staatsgebiet nicht vollstreckt werden darf.[706]

---

700 Siehe BGHZ 78, 108 (114); BGH NJW 1985, 552 (553); *Schack*, Rn. 45; Rauscher/*Rauscher/Wiedemann*, EuZPR/EuIPR, EU-KpfVO, Einl Rn. 1, Fn. 4 m.w.N.; *Domej* in Hess (Hrsg.), Anerkennung im internationalen Zivilprozessrecht, 109 (120); *Grothaus*, S. 114 m.w.N.; *Nagel/Gottwald*, § 19 Rn. 5, 42.

701 *Nagel/Gottwald*, § 19 Rn. 5; *Kerameus* RdC 1997, 181 (379).

702 *Geimer*, Rn. 407, 3203; OLG Saarbrücken IPrax 2001, 456 (457); BVerfGE 64, 1 (19f.).

703 Siehe zur völkerrechtlichen Zulässigkeit: *Geimer*, Rn. 408 sowie detailliert Rn. 3211ff.; die Konstellation beschreibt ausführlich: *Tanja Domej*, Internationale Zwangsvollstreckung und Haftungsverwirklichung, 2016; *Holzapfl*, S. 218. Auf das Hauptproblem bei der grenzüberschreitenden Forderungspfändung gehen ein *Gottwald* IPRax 1991, 285 (289) sowie *Hess* Rpfleger 1996, 89 (92); siehe auch OLG Frankfurt am Main WM 2011, 693 (694); *Nagel/Gottwald*, § 19 Rn. 89ff. insbes. Rn. 95.

704 Für die vorliegende Problematik instruktiv: *Domej* (o. Fn. 700) 109 (111ff.).

705 *Stein/von Buttlar/Kotzur*, Rn. 510ff.; *Grothaus*, S. 76ff. mit weiteren Nachweisen; *Geimer*, Rn. 405, 3200; *Nagel/Gottwald*, § 19 Rn. 4; *Roth* JZ 2011, 859 (859). Zu einer detaillierteren und veralteten Unterscheidung des Territorialitätsprinzips nach der Lehre vom strengen und dem abgeschwächten Territorialitätsprinzip, *Riebold*, S. 92f.

706 *Hess* Rpfleger 1996, 89 (92); siehe auch *Geimer*, Rn. 119ff., 3203, BGH NJW-RR 2010, 279.

Nachfolgend wird die Vermögensauskunft darauf untersucht, ob das Territorialitätsprinzip einschränkend für deren Wirkung ist. Der Gerichtsvollzieher verlässt bei einer Abnahme der Vermögensauskunft im Inland[707] zunächst weder seinen Zuständigkeitsbereich noch deutsches Staatsterritorium. Das bedeutet, dass eine mögliche Auskunftsverpflichtung über Auslandsvermögen das Territorialitätsprinzip prinzipiell unberührt lässt. Auf weitere mögliche Konstellationen wird an relevanten Stellen eingegangen.

2. *Vermögensauskunft über Auslandsvermögen*

Die Verpflichtung des Schuldners, Auslandsvermögen offenbaren zu müssen, fand in der wissenschaftlichen Betrachtung durchaus Widerhall, allerdings recht undifferenziert.

Teilweise wurde die Verpflichtung auch in der Rechtsprechung entweder mit wenigen Nachweisen als selbstverständlich dargestellt oder schlicht nicht thematisiert.[708] Die Meinungen oszillieren zwischen den Ansichten der einerseits vorbehaltslosen Verpflichtung, Auslandsvermögen mittels der Vermögensauskunft anzugeben, und einer andererseits auf das Territorium des Staates beschränkten Auskunftsverpflichtung aufgrund des Territorialitätsprinzips.

Eine Ansicht in der Literatur ist, dass sich der Schuldner nicht von seiner Offenbarungsverpflichtung freimachen könne, wenn er Vermögen ins Ausland verschiebe.[709] Eine zustimmende Ansicht führte neben anderen nationalen auch unionsrechtliche Gesichtspunkte an. Das Streben nach einem europäischen Rechtsraum sowie die Bemühungen, die Justizgewährung im Binnenmarkt effektiver zu gestalten, stünden im Vordergrund.[710] Ein Hauptargument war, dass eine europäische Lesart des § 807 ZPO a.F.[711] geradezu verbiete, die Offenbarungsverpflichtung von Auslandsvermögen nicht unter die Vorschrift zu fassen.

---

707 Ob ausländisches Vermögen von der Auskunftsverpflichtung umfasst ist, wird im folgenden Absatz behandelt.

708 Zöller/*Stöber*, ZPO, § 802c Rn. 14; Hk-ZV/Sternal, ZPO, § 802c Rn. 24; Hk-ZPO/*Rathmann*, ZPO, § 802c Rn. 9; *Stamm* IPRax 2014, 124 (125f.).

709 *Riezler*, S. 665.

710 *Hess* Rpfleger 1996, 89 (93). Siehe auch die Case study enforcement proceedings, S. 5 wonach sich Vertrauen in die Rechtsstaatlichkeit direkt in das Vertrauen in einen Wirtschaftsraum zu investieren übersetzen lässt.

711 Die Vorschrift regelte die Abnahme der Vermögensauskunft äquivalent zur heutigen Vorschrift in § 802c ZPO; siehe bereits zuvor Fn. 550.

Seitdem ist die europäische Integration stark fortgeschritten. Durch die bisher stattgefundene Rechtsvereinheitlichung muss für die neu eingeordnete und in die Vermögensauskunft des Schuldners umbenannte Norm des § 802c nichts Geringeres gelten, als dass auch im Ausland belegenes Vermögen angegeben werden muss.[712] Eine weitere Ansicht, ebenfalls noch geleitet von der alten Rechtslage, postulierte, dass auch Auslandsvermögen anzugeben sei, sobald die Pflicht zur Abgabe der Vermögensauskunft existiert.[713]Auch in der jüngeren Literatur wurde die Offenbarung von Auslandsvermögen begutachtet. Eine weitere Befürworterin der umfassenden Auskunftsverpflichtung verwies auf das Formular zur Erstellung des Vermögensverzeichnisses und das dazugehörige Merkblatt.[714] Denn im Merkblatt würde auf die Pflicht hingewiesen, dass „ebenso im Ausland befindliches Vermögen“ angegeben werden müsse.

Die Rechtsprechung beschäftigte sich ebenfalls mit der Thematik. In einem Fall vor dem LG Zwickau handelte es sich um ein ausländisches Unternehmen mit einer Niederlassung im Inland.[715] Das Gericht urteilte, dass eine Zuständigkeit zur Abnahme der eidesstattlichen Versicherung am Ort der inländischen Niederlassung bestehe, wenn die Anerkennung und Vollstreckung am ausländischen Sitz nicht garantiert sei.[716] Die damit verbundene Hauptfrage war, ob nur inländisches Vermögen der Niederlassung, generelles inländisches Vermögen des ausländischen Unternehmens oder ob das gesamte, weltweit vorhandene Vermögen des Gesamtkonzerns offenbart werden müsse. In einer Analyse des Urteils wurden Parallelen zum internationalen Insolvenzrecht gezogen und dafür plädiert, dass das gesamte inländische Vermögen offenbart werden müsse.[717] Der Bezug zum Vermögen nur der inländischen Niederlassung spiele keine Rolle.[718] Als Begründung führte der Vertreter der Ansicht an, dass die

---

712 In dem Sinne plädiert *Holzapfl*, S. 205 für eine größtmögliche Anwendbarkeit nach der alten Norm.

713 *Gottwald* IPRax 1991, 285 (291).

714 *Holzapfl*, S. 223; siehe ibid. auch den Auszug aus dem Mustermerkblatt unter Fn. 796; das Formular zur Erstellung des Vermögensverzeichnisses kann abgerufen werden unter: <http://gvz-esslingen.de/zwangsvollstreckung/> [zuletzt abgerufen am 01.06.2020]. Das dazugehörige Merkblatt ist dort ebenfalls zu finden.

715 LG Zwickau Rpfleger 1995, 371, besprochen von *Mankowski* EWiR 1995, 935; selbige Entscheidung war auch Ausgangspunkt der zuvor angesprochenen Betrachtung von *Hess*; siehe weiterhin *Holzapfl*, S. 204.

716 LG Zwickau Rpfleger 1995, 371.

717 *Mankowski* EWiR 1995, 935 (936).

718 Ibid.

Zuständigkeit des zur Vollstreckung berufenen Gerichts zunächst auch nur auf das Inland beschränkt sei, aber nicht nur auf das Vermögen der Niederlassung selbst. Weiterhin sei die Erklärung der Vollstreckbarkeit im Zielstaat notwendige Voraussetzung. Daraus leitete er das Argument ab, dass die eidesstattliche Versicherung nur eine Vollstreckung im Inland gewährleisten könne. Denn das Territorialitätsprinzip hindere den deutschen Gerichtsvollzieher daran, eine Vollstreckung außerhalb der Grenzen der deutschen Staatsgewalt vorzunehmen.

Das Argument gegen eine Einbeziehung von Auslandsvermögen in die Vermögensauskunft aufgrund mangelnder Zuständigkeit des Gerichtsvollziehers im Ausland hat noch heute Gültigkeit. Denn auch nach der aktuellen Rechtslage ist die Vermögensauskunft zentral für die Sachaufklärung, kann aber für die eigentliche Zwangsvollstreckung am Ende wenig leisten, wenn Auslandsvermögen betroffen ist.

Für immobile Vermögenswerte wurde mittlerweile explizit gerichtlich festgestellt, dass im Ausland belegene Grundstücke in der Vermögensoffenbarung anzugeben sind.[719] In der Entscheidung hatte der Schuldner die Immobilie in Spanien in der Vermögensauskunft bereits freiwillig angegeben, allerdings nicht mit für die Vollstreckung ausreichenden Informationen belegt. Vom zuständigen Gericht wurde er dazu verpflichtet, auch Angaben zur Anschrift und zur genauen Lage zu machen. In einem weiteren Urteil stellte das LG Stade ohne Umschweife fest, dass der Schuldner die Forderungen gegenüber einem ausländischen Drittschuldner anzugeben habe.[720]

Ein Argument gegen die Verpflichtung, Auslandsvermögen im Rahmen der Vermögensauskunft offenbaren zu müssen, ist weiterhin, dass im Ausland belegenes Vermögen des Schuldners nicht den deutschen zwangsvollstreckungsrechtlichen Vorschriften unterliege.[721] Nur im Fall der Forderungspfändung kann eine Pfändung unter der Voraussetzung grenzüberschreitend vorgenommen werden, dass sich der ausländische Staat an der Vollstreckung beteiligt.[722] Insgesamt sprechen allerdings wenige Argumente dafür, dass die Vermögensauskunft nach der deutschen Rechtsordnung konzeptionell darauf ausgelegt ist, ausschließlich auf deutschem Territorium belegenes vollstreckungsfähiges Eigentum zu erfassen. Einer gegenteiligen Annahme ist zu entgegnen, dass neben den dem Schuldner gehörenden körperlichen Sachen, Forderungen, Rechten und unbeweglichem

719 LG Frankfurt am Main DGVZ 2009, 133 (134).
720 LG Stade Rpfleger 1984, 324.
721 Siehe *Heß*, Rpfleger 1996, 89 (92).
722 Siehe bereits die Nachweise zuvor unter Fn 703.

Vermögen eben auch unpfändbare Gegenstände der Auskunftspflicht unterliegen, solange die Unpfändbarkeit nicht offensichtlich ist.[723] Lediglich § 811 ZPO setzt der Offenbarungspflicht eine Grenze. Die Norm zählt Gegenstände auf, die der Pfändung nicht unterliegen. Sinn und Zweck der Norm ist es, dem Schuldner ein angemessenes Existenzminimum zu belassen.[724] Der Schuldner soll aber nicht vor der Preisgabe bestimmter Vermögensgegenstände geschützt werden. Im Gegenteil ist es Sinn und Zweck der Vermögensauskunft, dass sich der Gläubiger ein umfassendes Bild von den Vermögensverhältnissen seines Gegenübers machen kann.[725] Dazu gehört auch im Ausland belegenes Vermögen. Das bestätigt die bereits vorgenommene Betrachtung des angewendeten Vermögensbegriffs, auch wenn das Auslandsvermögen keine konkrete Erwähnung erfahren hat. Die Pflicht des Schuldners, sämtliches Vermögen angeben zu müssen, schließt Auslandsvermögen folglich ein.[726]

Die Frage nach dem Umfang der Auskunftsverpflichtung ist auch in Bezug auf Schuldner relevant, die sich nicht in Deutschland aufhalten. Nach der aktuellen Rechtslage können diese Schuldner nicht im Ausland von einem innerstaatlichen Zwangsvollstreckungsorgan vernommen werden.[727] Die Auskunftsverpflichtung scheitert bereits an einer Zuständigkeit des Gerichtsvollziehers zur Ladung des Schuldners.[728] Ein sich dauerhaft im Ausland befindlicher Schuldner kann vor allem auch nicht mittels körperlichen Zwanges dazu gebracht werden, die Vermögensauskunft abzugeben. Innerstaatlich ist das möglich.[729] Der Einsatz von Zwang auf dem Territorium eines anderen Staates verletzt die Souveränität dieses Staates.[730]

---

723 Siehe § 802c Abs. 2 S. 4 ZPO sowie dazu *Brox/Walker*, Rn. 1141; Musielak/Voit/*Voit*, § 802c Rn. 24.

724 Rechtsvergleichend dazu *Rick*, S. 79ff.; Musielak/Voit/*Flockenhaus*, § 811 Rn. 1; MüKoZPO/*Gruber*, § 811 Rn. 1ff.; Zöller/*Stöber*, ZPO, § 802c Rn. 16.

725 BeckOK ZPO/*Fleck*, ZPO, § 802c Rn. 7; LG Göttingen JurBüro 2006, 661 (662); a.A. *Holzapfl*, S. 227.

726 So auch Hk-ZV/*Sternal*, ZPO, § 802c Rn. 24.

727 Dazu auch *Holzapfl*, S. 205ff.

728 Siehe dazu ausführlich *Holzapfl*, S. 205f., die sich auf § 899 ZPO a.F. bezieht und die Zuständigkeit ablehnt. Seit der Reform regelt § 802e sowohl die örtliche als auch die internationale Zuständigkeit, siehe Zöller/*Stöber*, § 802e Rn. 6; AG Ellwangen DGVZ 2018, 104 (105). Die Ausführungen von *Holzapfl* behalten ihre Gültigkeit. Siehe weiterhin *Nagel/Gottwald*, § 19 Rn. 74.

729 Siehe §§ 802g-802j ZPO.

730 *Geimer*, Rn. 120 sowie Rn. 3204ff. mit anschaulichen Beispielen.

Ein grundsätzliches Problem, das sich mit der Fallgestaltung eines nur kurzfristigen Aufenthaltes des Schuldners im Geltungsbereich der ZPO ergibt, schilderte illustrativ eine vom LG Ellwangen aufgehobene Entscheidung des AG Ellwangen.[731] Im Fall vor dem Amtsgericht beantragte die Gläubigerin einer über 50.000 Euro titulierten Teilforderung die Abnahme der Vermögensauskunft des Schuldners. Der Schuldner legte Erinnerung nach § 766 ZPO gegen das Verfahren zur Vermögensauskunft ein und berief sich auf die Unzuständigkeit des Gerichtsvollziehers. Der Schuldner habe zum Zeitpunkt der Antragstellung auf Abnahme der Vermögensauskunft weder einen Wohnsitz in Deutschland gehabt noch habe er sich zu diesem Zeitpunkt im Bezirk des Amtsgerichts Ellwangen aufgehalten.[732] Das Amtsgericht half der Erinnerung im Ergebnis nicht ab. Der Streit entzündete sich an der Frage, zu welchem Zeitpunkt ein Schuldner seinen Aufenthalt in Deutschland haben muss, wenn er keinen Wohnsitz in Deutschland besitzt und gegen ihn die Vermögensauskunft beantragt wurde.[733] Nach Auffassung des Schuldners müsse das der Zeitpunkt der Antragstellung sein, nach Auffassung der Gläubigerin der Zeitpunkt der Zustellung der Ladung. Das AG Ellwangen bezog sich auf eine Entscheidung des BGH. Danach sei eine vorübergehende, auch nur kurzfristige Anwesenheit des Schuldners auf dem Gebiet der Bundesrepublik ausreichend, da ihm zumindest die Ladung zum Termin zugestellt werden könne.[734] Die Anwesenheit des Schuldners in einem Ziviljustizgebäude wurde vom BGH als ausreichend erachtet, um den Aufenthalt zu begründen.[735] Bezüglich der Zuständigkeit des Gerichtsvollziehers befand das AG, dass aufgrund mangelnden Aufenthaltes zum Zeitpunkt der Antragstellung keine Zuständigkeit gegeben war. Die Zuständigkeit ergebe sich ungeachtet dessen erst dann, wenn sich der Schuldner zum Zeitpunkt des (erfolglosen) Pfändungsversuches, bzw. wie im vorliegenden Fall zum Zeitpunkt der Zustellung der Ladung, im Gerichtsbezirk aufhalte.[736] Für die Zuständigkeitsbegründung stellte das AG darauf ab, dass der Antrag auf Abnahme der Vermögensauskunft in dem Gerichtsbezirk zulässig sein müsse, in dem ein künftiger Aufenthalt des Schuldners zu erwarten sei.[737] Die logisch

---

731 LG Ellwangen DGVZ 2018, 146f.

732 AG Ellwangen DGVZ 2018, 104 (104).

733 Zur Notwendigkeit des inländischen Wohnsitzes oder Aufenthaltes, Zöller/*Stöber*, § 802e Rn. 2; B/L/A/H/*Hartmann*, § 802e Rn. 3.

734 Vgl. *Holzapfl*, S. 205; *Hess* Rpfleger 1996, 89 (89) m.w.N.; AG Ellwangen DGVZ 2018, 104 (106); BGH NJW 2008, 3288 (3289) m.w.N.

735 BGH NJW 2008, 3288 (3289) Ziff. 15.

736 Siehe mit ausführlicher Herleitung AG Ellwangen DGVZ 2018, 104 (105).

737 AG Ellwangen DGVZ 2018, 104 (106) Ziff. 29.

erscheinende Argumentation des Gerichts lautete, dass vom Gläubiger schwerlich verlangt werden könne, die gewünschte Maßnahme der Zwangsvollstreckung erst dann zu beantragen, wenn der Schuldner seinen Aufenthalt in Deutschland bereits begründet hat. Dafür wendete das Gericht § 802e ZPO analog an.[738] Das in der nächsthöheren Instanz zuständige LG Ellwangen lehnte die Argumentation des AG vollumfänglich ab. Der Gerichtsvollzieher sei unzuständig gewesen. Das LG verwies auf den Zeitpunkt der Antragstellung. Zu diesem sei allerdings gar nicht möglich gewesen zu überprüfen, ob der Schuldner sich in Deutschland aufgehalten habe.[739] Das LG bezog sich in seiner Argumentation auf einen anderen Zweck von § 802e ZPO. Die Vorschrift diene vielmehr dazu, die einmal begründete Zuständigkeit des Gerichtsvollziehers zu manifestieren. Sie solle aber nicht die Zuständigkeit eines „von Anfang an unzuständigen Gerichtsvollziehers [zu] begründen".[740] Des Weiteren bemühte das LG die Rechtslage vor der Reform der Zwangsvollstreckung in Deutschland. Die Abnahme der Vermögensauskunft zu Beginn der Vollstreckung wurde erst durch die Reform der Zwangsvollstreckung etabliert.[741] Bis dahin musste ein erfolgloser Vollstreckungsversuch unternommen worden sein, bevor der Gerichtsvollzieher eine Vermögensauskunft abnehmen konnte. Das LG legte dar, dass die Zuständigkeit im vor dem BGH verhandelten Fall damit begründet werden konnte, dass das Zugriffsobjekt für die Zwangsvollstreckung, der Schuldner, zuständigkeitsbegründend zugegen war und erst danach die Vermögensauskunft abgenommen werden sollte.[742] Für die alte Rechtslage nach § 899 ZPO war der Zeitpunkt des Pfändungsversuchs maßgeblich.[743] Im Gegensatz zum nun verankerten Zeitpunkt der Antragstellung. Abschließend führte das LG aus, dass in der Neufassung des Gesetzes keine regelungsbedürftige Lücke vorhanden sei.[744]

Unabhängig davon, ob der Ansicht des AG oder der des LG gefolgt wird, zeigt der Fall eindeutig auf, mit welchen Mitteln sich der Schuldner einer Verpflichtung zur Abnahme der Vermögensauskunft nach der deutschen Rechtsordnung entziehen kann. Die Grenzen innerhalb der europäischen Union spielen in dem Zusammenhang folglich noch immer eine übergeordnete Rolle. Auch wenn

738 Wie zuvor, Ziff. 34.
739 LG Ellwangen DGVZ 2018, 146 Ziff. 5.
740 Wie zuvor, Ziff. 6.
741 Siehe o. Teil 3, A.
742 LG Ellwangen DGVZ 2018, 146 Ziff. 6.
743 Dazu BGH NJW 2008, 3288 (3289), Ziff. 14.
744 LG Ellwangen DGVZ 2018, 146 Ziff. 7.

die Auskunftspflicht des Schuldners Auslandsvermögen umfasst, können sich für den Gläubiger Nachteile dadurch ergeben, dass der Gerichtsvollzieher die Vermögensauskunft wegen Unzuständigkeit nicht abnehmen kann. Selbst wenn sich eine andere Rechtsauffassung als die des LG Ellwangen in Deutschland durchsetzen sollte, ist immer noch Grundvoraussetzung, dass der Schuldner vom Gerichtsvollzieher auf deutschem Staatsgebiet angetroffen wird. Ein progressiveres innerstaatliches Vorgehen führt keine Änderung herbei. Diese kann nur zwischenstaatlich bzw. supranational gelöst werden.

Somit gilt für natürliche Personen, dass sie nicht extraterritorial durch den Gerichtsvollzieher vernommen werden können. Der Gläubiger kann über diesen Weg folglich keine Auskünfte zu im Ausland belegenen Vermögensgegenständen des Schuldners erhalten. Die Möglichkeit, eine Ladung zur Abgabe der Vermögensauskunft öffentlich zustellen zu lassen, kann dem nicht abhelfen.[745] Denn selbst wenn sich der Schuldner der Vermögensauskunft entzieht und diese als nicht abgegeben gilt, ist das für den Gläubiger nicht vorteilhaft. Eine sodann erlaubte Drittauskunft zeitigt keine Auswirkungen auf die Transparenz von im Ausland belegenem Vermögen.[746]

3. *Falschauskunft in Bezug auf Auslandsvermögen*

Die Auskunft über das Vermögen wird eidesstattlich versichert. Eine falsche Erstellung des Vermögensverzeichnisses und Beeidigung desselben ist strafbar.[747] Der Auslandsbezug hat keine Auswirkungen auf die Rechtsfolge. Die Belehrung durch den Gerichtsvollzieher sowie der Hinweis auf dem Merkblatt reichen dafür aus, dass nicht offen gelegtes Auslandsvermögen die Aussage falsch werden lässt.[748] Allerdings hätte eine Verankerung *de lege lata* größeres Gewicht als eine Aufforderung in einem Merkblatt zum Vermögensverzeichnis. Die Reform der deutschen ZPO hat zu keiner Änderung der Situation geführt. Praktisch betrachtet, trägt die Strafbarkeit der falsch erstellten Vermögenserklärung nicht zur Aufklärung des Vermögens bei. Sie kann als Druckmittel gewertet werden, denn immerhin kann sich für den Schuldner eine Freiheitsstrafe von bis zu drei Jahren daraus ergeben. Nutzen ergibt sich für den Gläubiger indes nicht.

---

745 Siehe zur Frage nach einer möglichen öffentlichen Zustellung der Ladung zur Vermögensauskunft AG Hamburg, DGVZ 2018, 46.

746 Siehe sogleich D. II.

747 Zuvor Fn. 602.

748 Siehe zum Streitstand, wann eine Aussage als falsch zu bewerten ist: Schönke/Schröder/*Bosch/Schittenhelm*, StGB, Vorbem. §§ 153ff. Rn. 3ff.

Ein Schuldner, der sein Vermögen verschleiern will, wird vor einer Falschaussage nicht zurückschrecken, zumal bei Auslandsvermögen keine Kontrollmöglichkeiten für inländische Vollstreckungsorgane gegeben sind.[749]

4. *Zwischenergebnis*

Zwei Dinge gehen aus der obigen Betrachtung hervor und weisen den Weg für die folgenden Ausführungen: Die Verpflichtung des Schuldners, sein Vermögen zu offenbaren, umfasst auch das in seinem Eigentum stehende Auslandsvermögen. Für den Gläubiger ist die Auskunft aber nur bedingt hilfreich. Ein Problem besteht zum Beispiel mit nicht in Deutschland wohnhaften oder sich nicht in Deutschland aufhaltenden Schuldnern. Ihnen muss der Gläubiger folgen, um sodann Aufklärungsmaßnahmen in einer anderen Rechtsordnung gegen den Schuldner anstrengen zu können.

Insgesamt wird sich für das deutsche Recht der Einschätzung von *Holzapfl* angeschlossen: In der derzeitigen Ausgestaltung ist das System der Sachaufklärung zum einen nur bedingt geeignet, ausländisches Vermögen offenzulegen.[750] Zum anderen handelt es sich nach wie vor um ein stark auf den Schuldner fokussiertes Aufklärungsverfahren, das der einfachen Verschiebung von Vermögen ins Ausland nur wenig effektive Aufklärungsmittel entgegenzusetzen hat. Den Gläubiger benachteiligt das in doppelter Art und Weise.

II. Drittauskünfte

Der soeben beschriebene Nachteil kann auch mittels der Drittauskünfte nicht kompensiert werden. Das folgt aus einer Untersuchung von § 802l Abs. 1 ZPO. Die folgende Analyse gibt Auskunft darüber, ob über inländische öffentlich-rechtliche Stellen Informationen über ausländisches Vermögen des Schuldners erlangt werden können. Die betreffenden Stellen sind die Träger der gesetzlichen Rentenversicherung,[751] das Bundeszentralamt für Steuern[752] sowie das Kraftfahrt-Bundesamt[753].

749 Siehe die ausführliche Kritik von *Heiderhoff*, (o. Fn. 34).

750 Siehe *Holzapfl*, S. 221ff., insbes. S. 234.

751 Unter 1.

752 Unter 2.

753 Unter 3.

1. *Träger der gesetzlichen Rentenversicherung*

§ 802l Abs. 1 S. 1 Hs. 2 Nr. 1 ZPO eröffnet die Möglichkeit, den Arbeitgeber des Schuldners zu ermitteln.[754] Über den Umweg kann der Gerichtsvollzieher Informationen über pfändbares Einkommen des Schuldners erhalten.[755] Mittels der Abfrage an die Träger der Rentenversicherung kann der Gerichtsvollzieher jedoch kein Arbeitsverhältnis offenlegen, das der Schuldner im Ausland eingegangen ist. Vielmehr fragt der Gerichtsvollzieher zunächst die Rentenversicherungsnummer ab, § 147 Abs. 1 S. 1 SGB VI. Die zuständige Einzugsstelle des Gesamtsozialversicherungsbetrages, die Krankenkasse, bestimmt sich nach dem SGB IV und dessen § 28h, der die Abfrage des Arbeitgebers vorsieht.[756] Die Ermittlung ist somit auf sozialversicherungspflichtige Beschäftigungsverhältnisse in Deutschland beschränkt.[757] Die Drittauskunft über die Rentenversicherung ist folglich nicht für die Ermittlung von Auslandsvermögen geeignet.

2. *Bundeszentralamt für Steuern*

Die Informationen über ein Konto oder Depot gehören zu den relevantesten Informationen über den Schuldner.[758] Der Großteil der Bevölkerung in der

---

754 Mit der Ermittlungsmöglichkeit nähern sich Auskünfte in privatrechtlichen Fallgestaltungen an den Informationsgehalt öffentlich-rechtlicher Ansprüche an und tragen zu einer gewissen Gleichwertigkeit bei. § 68 Abs. 1 S. 1 SGB X ermächtigt beispielsweise auch Gerichte, Informationen zum Arbeitgeber zu ermitteln, um ihre Aufgaben zu erfüllen. Siehe zur Durchsetzung von öffentlich-rechtlichen Ansprüchen bereits zuvor Fn. 609.

755 Details bei *Alsfasser*, S. 94ff.; MüKoZPO/*Wagner*, § 802l Rn. 21; Zöller/*Stöber*, § 802l Rn. 8.

756 Vgl. den Ablauf der Abfrage wie dargestellt bei Musielak/Voit/*Voit*, § 802l Rn. 5, sowie BR-Drs. 304/08, 65f.

757 Das Beschäftigungsverhältnis muss im Geltungsbereich des SGB liegen und somit inländisch sein. Zur Anwendbarkeit des SGB IV auf die in SGB VI geregelte Rentenversicherung siehe § 1 S. 1 SGB IV. Die betreffende Person muss für ein deutsches oder ausländisches Unternehmen in Deutschland beschäftigt sein. Zu den maßgeblichen Kriterien für eine Zuordnung des Beschäftigungsverhältnisses siehe KassKomm/*Zieglmeier*, SGB IV § 4 Rn. 6. Eine Ausstrahlwirkung der Gesetze des SGB IV ist allerdings möglich. Der Fall tritt ein, wenn sich der in Deutschland beschäftigte Arbeitnehmer auf Weisung seines Arbeitgebers ins Ausland begibt und dort vorübergehend einer Beschäftigung bei bestehender Inlandsintegration nachgeht, siehe BeckOK Sozialrecht/*Wagner*, SGB IV § 4 Rn. 4.

758 Zur Relevanz von Bankkonten siehe *Riebold*, S. 1 mit weiteren ausführlichen Nachweisen.

Europäischen Union ist Inhaber mindestens eines Bankkontos.[759] Im Lichte dessen wird dem Gläubiger daran gelegen sein, Kontonummern von inländischen, aber vor allem von ausländischen Konten des Schuldners zu erhalten. Aufgrund der neu geschaffenen EuKoPfVO sind die Informationen besonders vielversprechend für einen zukünftigen Vollstreckungserfolg, da mittels der Daten auf Konten belegenes Vermögen vorläufig gesichert werden kann.[760]

a) Automatisierter Datenabruf

Nach § 802l Abs. 1 S. 1 Hs. 2 Nr. 2 ZPO kann der Gerichtsvollzieher das Bundeszentralamt für Steuern ersuchen, Daten des Schuldners bei Kreditinstituten[761] abzurufen.[762] Dem Gläubiger wird darüber ermöglicht, bisher unbekannte Konten des Schuldners aufzudecken.[763] § 802l Abs. 1 S. 1 Hs. 2 Nr. 2 ZPO verweist auf § 93b Abs. 1 AO, der seinerseits § 24c KWG zur Anwendung beruft. Letztere Norm enthält die Details für einen automatisierten Abruf.[764] Danach hat ein unter das KWG fallendes Kreditinstitut in einer Datei bestimmte Daten zu seinen Kunden, die sogenannten Stammdaten, zu speichern. Sie ergeben sich teilweise aus der Identitätsprüfung des § 154 Abs. 2 AO.[765] Für natürliche Personen verweist § 154 Abs. 2 AO auf § 11 Abs. 4 Nr. 1 GwG, der fordert, dass die Banken Informationen über Vor- und Nachname, Geburtsort, Geburtsdatum,

---

759 Siehe zuvor Teil 1, C. II. 2. a).

760 Unabhängig vom Sachaufklärungsmechanismus in der EuKoPfVO. Siehe bereits o. Teil 2, A. I., sowie u. Teil 3, E.

761 Siehe zur deutschen Definition nach dem KWG, § 1 I KWG.

762 Musielak/Voit/*Voit*, § 802l Rn. 6.

763 BR-Drs. 304/08, 66f.

764 Nach seiner ursprünglichen Intention erleichtert § 24c KWG die Bemühungen der BaFin, um Geldwäsche und Terrorismusfinanzierung besser bekämpfen zu können, siehe Schwennicke/Auerbach/*Döser*, § 24c Rn. 2 sowie das „Merkblatt - Hinweise zum automatisierten Abruf von Kontoinformationen gemäß § 24c KWG“ vom 21.02.2005, verfügbar unter <www.bafin.de/SharedDocs/Veroeffentlichungen/DE/Merkblatt/mb_050221_kontenabruf.html> [zuletzt abgerufen am 01.06.2020]. Zur Frage, ob § 24c KWG verfassungsgemäß ist, siehe BVerfG NJW 2007, 2464ff.

765 § 154 Abs. 2 AO: „Wer ein Konto führt, Wertsachen verwahrt oder als Pfand nimmt oder ein Schließfach überlässt (Verpflichteter), hat

1. sich zuvor Gewissheit über die Person und Anschrift jedes Verfügungsberechtigten und jedes wirtschaftlich Berechtigten im Sinne des Geldwäschegesetzes zu verschaffen und
2. die entsprechenden Angaben in geeigneter Form, bei Konten auf dem Konto, festzuhalten.“

Staatsangehörigkeit und Wohnanschrift von der Person, die das Konto eröffnet, erheben. § 24c Abs. 1 KWG erfordert ähnliche Informationen, das sind die Nummer(n) des Kontos oder der Konten, der Tag der Kontoeröffnung sowie Name und Geburtsdatum des Kontoinhabers bzw. auch des Verfügungsberechtigten[766].[767] Umsätze oder Guthaben sind davon nicht erfasst.[768]

Das KWG bezieht sich ausschließlich auf im Inland tätige Kreditinstitute.[769] Kreditinstitute sind Unternehmen, die Bankgeschäfte betreiben oder Finanzdienstleistungen erbringen.[770] Ausschlaggebend ist dabei die physische Präsenz des Unternehmens, sei es zum Beispiel durch den Sitz einer Tochtergesellschaft oder eine Zweigniederlassung.[771] Eine Zweigniederlassung[772] ist ein rechtlich unselbstständiger Teil einer bestehenden Hauptniederlassung, die Geschäfte unmittelbar für das Mutterunternehmen übernimmt.[773] Eine Tochtergesellschaft

---

766 Siehe zur Notwendigkeit, dem Gläubiger im Rahmen einer Drittstellenabfrage auch die Informationen über Konten mitzuteilen, an denen der Schuldner nur verfügungsberechtigt ist, AG Wedding DGVZ 2017, 58; LG Ravensburg DGVZ 2013, 214; a.A. AG Kiel DGVZ 2016, 238 (239) das von der Pflicht ausgeht, dass der Gerichtsvollzieher die Angaben schwärzen muss.

767 Siehe § 24c Abs. 1 Nr. 1 und 2 KWG; dazu Musielak/Voit/*Voit*, § 802l Rn. 6; ausführlich Schwennicke/Auerbach/*Döser*, § 24c Rn. 17ff.

768 Siehe *Hippler/Wasserl*, S. 285 sowie das Merkblatt unter Fn. 764.

769 Zum Inlandsbezug sogleich ausführlich; B/F/S/*Vahldiek*, KWG, § 53 Rn. 1; Schwennicke/Auerbach/ *Auerbach*, § 53 Rn. 1.

770 Schwennicke/Auerbach/*Schwennicke*, § 1 Rn. 161. Zum streitigen Begriff des Unternehmens siehe *K. Schmidt*, Gesellschaftsrecht, S. 494f., 935ff., 1212f. sowie *Saenger*, Rn. 931ff; Schwintowski/*Schwintowski*, Kap. 5 Rn. 138ff.; B/F/S/*Schäfer*, KWG, § 1 Rn. 17ff.

771 Schwennicke/Auerbach/*Schwennicke*, § 32 Rn. 7.

772 Die Zweigstelle als Begriff im KWG wird nicht synonym zu dem der Zweigniederlassung verwendet. Im KWG wird seit der 6. KWG-Novelle die Unterscheidung vorgenommen, um Institute aus Drittstaaten und Institute aus dem EWR-Raum voneinander abgrenzen zu können. Als Zweigstellen werden erstere bezeichnet. Zweigniederlassungen sind Institute, die im EWR-Raum ihren Hauptsitz haben. Siehe den „Entwurf eines Gesetzes zur Umsetzung von EG-Richtlinien zur Harmonisierung bank- und wertpapieraufsichtsrechtlicher Vorschriften" vom 06.03.1997, BT-Drs. 13/7142, 87. Für Zweigstellen im europäischen Kontext wird auf die Definition des Art. 4 Abs. 1 Nr. 17 CRR-VO zurückgegriffen, der auf § 1 Abs. 35 KWG verweist. Siehe B/F/S/*Vahldiek*, KWG, § 53 Rn. 13; Schwennicke/Auerbach/*Schwennicke*, § 1 Rn. 359 sowie Schwennicke/Auerbach/*Auerbach*, § 53 Rn. 9.

773 Die Problematik von Zweigniederlassungen von EU-Auslandsgesellschaften wird behandelt von *Kuntz* ZBB 2005, 412 (414). Nach der Auswertung der Rechtsprechung des EuGH gelangt er zu folgender Definition einer Zweigniederlassung im Fall von

besitzt eigene Rechtspersönlichkeit, die aber dem bestimmenden Einfluss eines Mutterunternehmens ausgesetzt ist.[774]

Die nachfolgenden Überlegungen gehen der Frage nach, ob sich mittels Regelungen des KWG für Gerichtsvollzieher und schlussendlich für Gläubiger Zugriffsmöglichkeiten auf Informationen über Auslandsvermögen des Schuldners nach deutschem Recht ergeben. Die Betrachtung findet für Bankinstitute mit satzungsmäßigem Sitz im Inland sowie spiegelbildlich für Bankinstitute mit Sitz im Ausland statt, die jeweils über Tochtergesellschaften oder Zweigniederlassungen in einem zum Sitz unterschiedlichen Mitgliedstaat verfügen.

aa) Bankinstitute mit Hauptsitz im Inland

Hat ein deutsches Kreditinstitut seinen Hauptsitz und möglicherweise Niederlassungen in Deutschland, fallen sie in Gesamtheit als inländische Institute unter das KWG und somit auch die Pflicht nach § 24c KWG, die Stammdaten des Schuldners bereit zu halten.

Es ist möglich, dass das deutsche Kreditinstitut im (europäischen) Ausland Tochtergesellschaften oder Zweigniederlassungen errichtet hat. Tochtergesellschaften mit eigener Rechtspersönlichkeit unterfallen bereits wegen des Souveränitätsprinzips dem Aufsichtsrecht des ausländischen Staates.[775]

Die Situation für unselbstständige Zweigniederlassungen ist ähnlich. Die Konten, die bei der ausländischen Zweigniederlassung eröffnet worden sind, werden für die Zwecke des KWG nicht am Ort der Hauptniederlassung in Deutschland geführt.

Entscheidend für eine Einschätzung ist der Belegenheitsort von Konten. Das Merkblatt der BaFin zu § 24c KWG bringt zum Ausdruck, dass die dem KWG unterfallenden Kreditinstitute verpflichtet sind, Informationen über *die in Deutschland geführten* Konten und Depots bereitzuhalten.[776] Um zu

---

EU-Auslandsgesellschaften: „Jede Niederlassung, die außerhalb des Satzungssitzes der Auslandsgesellschaft unterhalten wird, ist Zweigniederlassung.“, siehe S. 415, 420.

774 Art. 4 Abs. 1 Nr. 16 CRR-VO; Schwennicke/Auerbach/*Schwennicke*, § 1 Rn. 358 unter Verweis auf Art. 1 Abs. 1 lit. a), Art. 2 Siebente Richtlinie 83/349/EWG des Rates vom 13. Juni 1983 aufgrund von Artikel 54 Absatz 3 Buchstabe g) des Vertrages über den konsolidierten Abschluß ABl. EG L 193/1, v. 18.7.1983.

775 Reischauer/Kleinhans/*Brogl*, EL 03/10, § 1 Rn. 168.

776 Siehe zuvor Fn. 764. Dabei wird sich grundsätzlich beispielsweise an der IBAN eines betroffenen Kontos orientiert. In der Praxis stellt es gerade für die Zwecke der EuKoPfVO teilweise erhebliche Probleme dar, ein Konto mit letzter Gewissheit zu verorten.

verdeutlichen, dass im Ausland geführte Konten vom KWG nicht erfasst werden, wird der Ort, an dem ein Konto als belegen gilt, nach deutschem Rechtsverständnis näher beleuchtet.

Der Begriff „Konto" ist in Deutschland nicht legal definiert.[777] Die Definition des Reichsfinanzhofes, wonach Konten „die für einen Kunden im Rahmen einer laufenden Geschäftsverbindung geführte Rechnung, in der Zu- und Abgänge der Vermögensgegenstände erfasst werden" darstellen, hilft für die Bestimmung des Belegenheitsortes nicht weiter.[778]

Ein Ansatz in der Literatur versteht unter einem Konto ein Handelsbuch im Sinne von § 238 HGB, das Geschäftsvorfälle in einer laufenden Geschäftsverbindung zwischen Bankkunden und dem betreffenden Institut abbildet.[779] Ist ein solches Handelsbuch vorhanden, wird ein Konto somit nach Eröffnung geführt, begründet es gleichzeitig den Gerichtsstand des Vermögens nach § 23 ZPO.[780] § 23 ZPO und dessen zuständigkeitsbegründender Inhalt[781] ist lediglich ein Indiz und Vehikel, um die Belegenheit des Kontos am Ort der Filiale zu bestimmen, sofern das Handelsbuch auch dort hinterlegt wurde.[782] Ein Konto ist zum einen ein Handelsbuch, das eine Urkunde darstellt[783] und aufgrund seiner beständigen Substanz einen festen Belegenheitsort besitzt, und zum anderen die Wiedergabe einer Abfolge von Forderungen, den Kontobewegungen.[784]

---

777 Versehen mit der Forderung, dass der Gesetzgeber legislativ tätig wird, verweist darauf: Stellungnahme des Bankenfachverbandes v. 19.01.2017, „Stellungnahme zum Regierungsentwurf eines Steuerumgehungsbekämpfungsgesetzes (StUmgBG, BR-Drucksache 816/16) an den Bundesrat", verfügbar unter <https://www.bundestag.de/resource/blob/498718/2e063d0ac74d56a4a4ab11bee364eb92/01-data.pdf> [zuletzt abgerufen am 01.06.2020]; dazu auch B/F/S/*Achtelik*, KWG, § 24c Rn. 6.

778 RFH 24, 203 (205); ähnlich Abschnitt 118 Anwendungserlass zur Abgabenordnung Nr. 3.

779 Vgl. *Riebold*, S. 7; S/B/L BankR-HdB/*Joeres*, § 29 Rn. 1.

780 Baumbach/Hopt/*Merkt*, HGB, § 238 Rn. 2.

781 § 23 ZPO ist gerade für die Zuständigkeitsbegründung bei Auslandsschuldnern als exorbitanter Gerichtsstand von umstrittener Bedeutung, da er eine internationale Zuständigkeit begründet, siehe dazu *Domej*, S. 244ff.; Zöller/*Schultzky*, ZPO, § 23 Rn. 1; *Childress III* in Basedow/Rühl/Ferrari/de Miguel Asensio (Hrsg.), Encyclopedia of Private International Law, Vol. 2, 1051 (1054f.); *Linke/Hau*, Rn. 5.54ff. Zum einschränkenden Kriterium des Inlandsbezuges siehe BGH NJW 1991, 3093 sowie NJW 1997, 325; Hk-ZPO/*Bendtsen*, ZPO, § 23 Rn. 6.

782 Handelsbücher können auch auf elektronischen Datenträgern geführt werden, Schwintowski/*Schwintowski*, Kap. 7 Rn. 2 m.w.N.

783 Siehe Baumbach/Hopt/*Merkt*, HGB, § 238 Rn. 2; BeckOK HGB/*Regierer*, HGB, § 238 Rn. 6.

784 Siehe *Riebold*, S. 8.

Problematisch für die Anwendung der Definition ist, dass die Bestimmung des Belegenheitsortes von Forderungen und körperlichen Gegenständen auseinander fällt. Für körperliche Gegenstände ist der Ort entscheidend, an dem die Sache körperlich belegen ist.[785] Für Forderungen ist die Frage wesentlich umstrittener. Es kommen diverse Anknüpfungspunkte in Betracht.[786] Ein Auseinanderfallen der Belegenheit von Forderungen und körperlichen Gegenständen ist vorliegend nicht streitentscheidend. Für die aufsichtsrechtliche Klärung der Belegenheit eines Kontos sind nicht die einzelnen Kontobewegungen, das heißt die gegenseitigen Forderungen von Instituten und Kunden,[787] entscheidend, sondern dass überhaupt ein Konto eröffnet wurde, das der inländischen Bankenaufsicht unterliegt. Darauf deutet auch eine weitere Definition des Begriffes „Konto“ hin, die sich an § 154 Abs. 2 S. 1 AO orientiert.[788] Die Definition stellt auf die von dem Institut durchzuführende Legitimationsprüfung bei Neueröffnung eines Kontos ab.[789] Für die vorliegende Problematik greift § 154 Abs. 2 S. 1 AO zu kurz, was jedoch unschädlich ist. Die Definition in § 154 Abs. 2 S. 1 AO stellt auf die wahre Identität der Beteiligten ab. Die Identität wird bei der Eröffnung des Kontos überprüft.[790] Auch wenn die Pflicht, die Identität zu überprüfen, bei juristischen Personen diese sie selbst und nicht die handelnden Personen trifft,[791] ist der Ort entscheidend, an dem die Identitätsprüfung durchgeführt wurde. Damit steht ein formelles Kriterium der Kontoeröffnung im Vordergrund. Die Anknüpfung an die Eröffnung des Handelsbuches unterstützt den Befund, denn dafür ist die Identitätsprüfung erforderlich. Die vorliegende Bearbeitung schließt sich der formellen Betrachtung an. Dementsprechend sind Konten an dem Ort

785 Siehe Musielak/Voit/*Heinrich*, § 23 Rn. 9; Zöller/*Vollkommer*, ZPO, § 23 Rn. 9.

786 Umfassend dazu *Riebold*, S. 95ff. mit der Erkenntnis, dass der Belegenheitsort nach deutschem Recht nicht eindeutig bestimmbar ist; siehe weiterhin Musielak/Voit/*Heinrich*, § 23 Rn. 11; Zöller/*Vollkommer*, ZPO, § 23 Rn. 10; aus rechtsvergleichender Sicht *Domej*, S. 231ff.

787 Girokonten werden meist als Kontokorrentkonten nach § 355 HGB geführt, dazu ausführlich *Mikolajczak*, S. 38ff. sowie *Riebold*, S. 9ff.

788 Siehe Herzog/Achtelik/*Achtelik*, GWG, § 24c KWG Rn. 6.

789 § 154 Abs. 2 S. 1 AO lautet: „[...] hat sich zuvor Gewissheit über die Person und Anschrift des Verfügungsberechtigten zu verschaffen und die entsprechenden Angaben in geeigneter Form, bei Konten auf dem Konto, festzuhalten. [...]“; dazu Schwintowski/*Schwintowski*, Kap. 7 Rn. 71ff.

790 Klein/*Rätke*, AO § 154 Rn. 11.

791 Ibid.

belegen, an dem sie mittels der Identitätsprüfung eröffnet worden sind, folglich das Handelsbuch angelegt und nun hinterlegt ist.[792]

Die für aufsichtsrechtliche Zwecke angenommene Sichtweise, Konten als am Ort der Filiale belegen anzusehen, wird durch die Lösung eines vollstreckungsrechtlichen Problems gestützt. Die Frage der Belegenheit des Kontos ist entscheidend dafür, welchen Ort der Gläubiger für Pfändungszwecke im Rahmen der Zwangsvollstreckung angeben muss. Eine mangelnde Bezeichnung verletzt das Bestimmtheitsgebot für die Rechtmäßigkeit des Pfändungsbeschlusses. Für den Belegenheitsort des Kontos kommen sowohl die Zentrale einer Bank als auch die einzelnen Filialen in Betracht.[793] In der Literatur und Rechtsprechung ist die vollstreckungstechnisch höchst relevante Frage zwar immer noch umstritten, allerdings zeichnet sich eine Tendenz dahingehend ab, dass es für die Bestimmtheit des Pfändungsbeschlusses erforderlich ist, diesen auf eine Filiale zu konkretisieren.[794] Hat eine konkret im Pfändungs- und Überweisungsbeschluss genannte Filiale den Beschluss erhalten, trifft sie kein weitergehender Auskunftsanspruch gegenüber dem Gläubiger in Bezug auf Vermögen, das bei anderen Filialen belegen sein könnte.[795] Dem schließt sich die vorgenommene Betrachtung an. Lediglich den Sitz einer Bank mit umfangreichem Filialnetz anzugeben, würde den Gläubiger übermäßig bevorteilen. Somit stützt die deutsche Sichtweise für die Belegenheit von Konten im Zusammenhang mit der Forderungspfändung die für die Arbeit angenommene formelle Sichtweise der Belegenheit eines Kontos für aufsichtsrechtliche Zwecke.[796] Unterschiede ergeben sich zum sogenannten Direktbanking oder auch Telebanking.[797] Charakteristisch dafür sind ein fehlendes Filialnetz und die Abwicklung der geschäftsmäßigen Kommunikation über fernmündliche Kommunikationswege.[798] Die Anknüpfung an das formelle Kriterium und beispielsweise an den Ort der Identitätsprüfung gestaltet sich

792 Zum Thema der grenzüberschreitenden Datenverarbeitung und elektronischer Buch- bzw. Handelsbuchführung siehe S/B/L BankR-HdB/*Joeres*, § 29 Rn. 2f. sowie Reischauer/Kleinhans, EL 3/07, § 53 Rn. 7, jeweils mit weiteren Nachweisen.

793 Siehe dazu ausführlich *Riebold*, S. 44ff. sowie S/B/L BankR-HdB/*Bitter*, § 33 Rn. 21ff.

794 Im Ergebnis so *Riebold*, S. 45; S/B/L BankR-HdB/*Bitter*, § 33 Rn. 21; *Mülhausen* WM 1986, 957 (957 m.w.N. unter Fn. 4); weiterhin *Prost*, NJW 1958, 485 (486); *Liesecke* WM 1975, 314 (316); offen gelassen LG Frankfurt WM 1986, 239 (241); a.A. *Behr* JurBüro 1995, 119 (121); *Hess*, NJW 2004, 2350 (2351).

795 Siehe AG Leipzig NJW-RR 1998, 1345.

796 Siehe zur uneinheitlichen Staatenpraxis *Riebold*, S. 106f.

797 Dazu S/B/L BankR-HdB/*Bunte*, § 5 Rn. 18a.

798 Siehe zu verknüpften Rechtsproblemen: *von Rottenburg*, WM 1997, 2381ff.

schwieriger. Das auch noch heutzutage zur Anwendung kommende Verfahren, bei dem Angestellte einer Postfiliale die Identität der kontoführenden Person überprüfen,[799] kann schwerlich als Anknüpfungspunkt für die Feststellung der Belegenheit des Kontos in Deutschland dienen. Im Gegensatz zur oben aufgestellten Regel, dass die Filiale der Bank ausschlaggebend für die Bestimmung eines Bankkontos in Deutschland ist, verortet die vorliegende Betrachtung Konten von Direktbanken für die Zwecke der vorliegenden Untersuchung an deren Sitz. Daraus folgt keine substantielle Änderung für den Gläubiger und seine Möglichkeiten, über ausländische Konten Informationen einzuholen.

Eine abschließend denkbare Möglichkeit, um über die aufsichtsrechtlichen Regelungen an Informationen über Konten im Ausland zu gelangen ist, die Anwendbarkeit der aufsichtsrechtlichen deutschen Vorschrift des § 24c KWG extraterritorial auf Auslandsniederlassungen zu erstrecken. Überzeugend wird das mit der Begründung abgelehnt, dass der Anwendungsbereich des KWG dadurch in unzulässiger Art und Weise ausgedehnt werden würde.[800] Das KWG ist ausschließlich auf in Deutschland tätige Kreditinstitute anwendbar.[801] Zumindest für die Zwecke seiner Argumentation scheint auch der Bundesfinanzhof einer territorial beschränkten Anwendbarkeit des § 24c KWG zu folgen. Auch wenn der BFH keine Entscheidung über § 24c KWG und dessen Anwendbarkeit auf ausländische Zweigstellen selbst traf, nutzte er die Vorschrift, um sie für eine Abgrenzung zu verwenden.[802] Die Entscheidung hatte die Anzeigepflicht eines inländischen Kreditinstituts mit Zweigniederlassung im Ausland in Erbschaftssteuerangelegenheiten zum Gegenstand. Für die im zugrundeliegenden Fall behandelten Erbschaftssteuerangelegenheiten statuierte eine Vorschrift des Erbschaftssteuergesetzes die Anzeigepflicht von Vermögen des Erblassers

799 Siehe beispielsweise <www.comdirect.de/konto/girokonto.html#Konto_eroeffnen> [zuletzt abgerufen am 01.06.2020]; zum Verfahren selbst siehe die Ausführungen bei *von Rottenburg*, WM 1997, 2381 (2383).

800 Schwennicke/Auerbach/*Döser*, § 24c Rn. 13 unter Verweis auf das ZKA. Schreiben v. 18.12.2002 – AZ: 435/R 1.6 – Hc/Ri unter II: Konten, die bei Niederlassungen des kreditführenden Instituts im Ausland geführt werden, sind nicht erfasst; siehe auch die Übersicht bei B/F/S/*Achtelik*, KWG, § 24c Rn. 7 unter dem Stichwort „Auslandsniederlassungen“: „Konten und Depots, die bei Niederlassungen im Ausland geführt werden, sind von § 24c nicht erfasst“; *Hahn/Rößler*, S. 37.

801 Reischauer/Kleinhans/*Brogl*, EL 03/10, § 1 Rn. 170 schlagen aufsichtsrechtliche Kooperationen als Lösung des Problems vor.

802 Vgl. BFH BFHE 256, 364.

bei ausländischen Zweigstellen eines inländischen Kreditinstituts.[803] Der BFH stellte keine andere Überlegung an als der oben dargestellten Literatur zu folgen. Die Regelung des § 24c KWG solle sich nicht auf Zweigstellen im Ausland erstrecken.[804] Im Ergebnis, so der BFH, könne es dahinstehen, ob § 24c KWG auf Auslandsinstitute anwendbar sei. Der BFH legte dar, dass die rechtsstaatliche Anforderung der Einheit der Rechtsordnung in seiner Entscheidung nicht verletzt werde, obwohl eine deutsche Regelung des Erbschaftssteuergesetzes eine Anzeigepflicht von im Ausland ansässigen Instituten enthält. Zur Begründung führte er zu den unterschiedlichen Anwendungsbereichen von § 24c KWG und § 33 ErbStG aus. Die unterschiedlichen Regelungszwecke beider Vorschriften, auch vor dem Hintergrund ihrer jeweiligen Gesetzeszwecke, lassen in der Tat die unterschiedliche Behandlung und somit die Abgrenzung des BFH zu. § 24c KWG ist lediglich eine Vorschrift der Bankenaufsicht. Das Erbschaftssteuergesetz hingegen sichert die effektive Besteuerung.[805] Die Argumentation des BFH ist schlüssig und stützt die Annahme, dass § 24c KWG nicht auf ausländische Zweigstellen inländischer Bankinstitute erstreckt werden sollte.

Das bedeutet für Auslandsinstitute deutscher Banken, dass ein Zugriff auf Informationen über Konten nach den Vorschriften des deutschen KWG ausgeschlossen ist. Das begründet sich zum einen darin, dass eine Erweiterung des Anwendungsbereiches des KWG unzulässig ist sowie zum anderen an der Tatsache, dass nach deutschem Recht Konten nicht am Sitz der Hauptniederlassung geführt werden. Ein Unterschied besteht zu Direktbanken, bei denen allerdings die Hauptniederlassung generell determiniert, ob ein Konto im Inland oder Ausland belegen ist.

bb) Bankinstitute mit Sitz im Ausland

Spiegelbildlich zur zuvor beschriebenen Konstellation können ausländische Bankinstitute in Deutschland Tochtergesellschaften oder Zweigniederlassungen errichten. Tochtergesellschaften werden aufgrund ihrer Selbstständigkeit wie oben bereits ausgeführt nicht näher betrachtet. Für alle anderen Institute

803 Siehe § 33 Abs. 1 S. 1 ErbStG: „Wer sich geschäftsmäßig mit der Verwahrung oder Verwaltung fremden Vermögens befaßt, hat diejenigen in seinem Gewahrsam befindlichen Vermögensgegenstände und diejenigen gegen ihn gerichteten Forderungen, die beim Tod eines Erblassers zu dessen Vermögen gehörten oder über die dem Erblasser zur Zeit seines Todes die Verfügungsmacht zustand, dem für die Verwaltung der Erbschaftsteuer zuständigen Finanzamt schriftlich anzuzeigen.".

804 Siehe BFH BFHE 256, 364 (374).

805 Vgl. *Pauli*, DStRK 2017, 96.

ergibt sich die Frage, ob das KWG über die Inlandsniederlassungen nicht auch Wirkungen auf die Bankinstitute mit Hauptsitz im Ausland entfalten kann. Dies bedarf der Klärung einiger Vorfragen.

Zunächst wird darauf eingegangen, ob ausländische Institute überhaupt genehmigungspflichtige Geschäfte vornehmen dürfen, um dem Anwendungsbereich von § 24c KWG zu unterfallen. Dürfen Institute mit Sitz außerhalb Deutschlands Bankgeschäfte in Deutschland tätigen, stellt sich die Frage, an welchem Ort Konten geführt werden.

Um eine für in Deutschland notwendige Erlaubnis nach § 32 KWG für Bankgeschäfte zu erhalten, müssen Institute aus Nicht-EWR Staaten ein inländisches Tochterunternehmen oder eine Zweigstelle gründen.[806] Das Problem, dass die Zweigstelle nicht eigenständig rechtsfähig ist und dem KWG nicht unterfallen würde, löst § 53 KWG über eine Institutsfiktion. Die Zweigstelle im Inland gilt danach als Institut nach dem KWG.[807] Die dazu ergangene Rechtsprechung fingiert die Parteifähigkeit inländischer Institute unabhängig vom Schicksal des ausländischen Hauptunternehmens für inländische Zwecke.[808] Die Zweigstelle, nicht das gesamte Unternehmen, gilt als Kredit- bzw. Finanzdienstleistungsinstitut.[809] § 53 Abs. 2 S. 1 KWG schreibt die Anwendbarkeit des KWG auf solche Institute vor.[810] Folglich ist auch § 24c KWG darauf anwendbar. Eine Erweiterung auf Auslandsinstitute ist nicht möglich. Die vorangegangene Betrachtung zur Belegenheit von Konten lediglich am Ort der Filiale und nicht am Sitz des Unternehmens untermauert die Feststellung. Für den Gläubiger ergeben sich keine erweiterten Möglichkeiten der Informationsbeschaffung.

Aufgrund der europäischen Grundfreiheiten gelten besondere Bedingungen für Kreditinstitute in Mitgliedstaaten der Europäischen Union. Sie können ihre Dienstleistungen mittels des sogenannten Europäischen Passes entweder über Zweigniederlassungen oder im Rahmen von grenzüberschreitenden

---

806 Siehe § 53 Abs. 1 S. 1 KWG; weiterhin Merkblatt über die Erteilung einer Erlaubnis zum Betreiben von Bankgeschäften gemäß § 32 Abs. 1 KWG (Stand: 31.12.2007), S. 16, verfügbar unter <www.bafin.de/SharedDocs/Downloads/DE/Merkblatt/BA/dl_080609_bankerlaubnis_ba.pdf?__blob=publicationFile> [zuletzt abgerufen am 01.06.2020].

807 Schwennicke/Auerbach/*Auerbach*, § 53 Rn. 2; Reischauer/Kleinhans, EL 3/07, § 53 Rn. 4.

808 BGH NJW 1970, 1187 (1187).

809 Siehe Schwennicke/Auerbach/*Auerbach*, § 53 Rn. 5, 18.

810 Siehe B/F/S/*Vahldiek*, KWG, § 53 Rn. 45; Schwennicke/Auerbach/*Auerbach*, § 53 Rn. 21.

Dienstleistungen anbieten.[811] Dabei sind sie vom Erlaubnisvorbehalt der Aufsichtsbehörde befreit.[812] Treten derartige Kreditinstitute am deutschen Markt auf, stellt sich die Frage, inwiefern sich die Verpflichtung zur Bereitstellung der oben genannten Daten auch auf sie bezieht. Zweigniederlassungen, die erlaubnisfrei mittels des Europäischen Passes errichtet werden, unterliegen nach § 53b Abs. 3 S. 1 Nr. 6 Alt. 2 KWG der Pflicht des § 24c KWG.

Ohne Zweigniederlassung können Unternehmen eine grenzüberschreitende Dienstleistung durch physisches Tätigwerden im ausländischen Mitgliedstaat erbringen.[813] Der grenzüberschreitende Dienstleistungsverkehr hat aber nur einen vorübergehenden Charakter.[814] Kontoeröffnung und -führung, die eine dauerhafte Geschäftsverbindung zwischen Kunde und Institut begründen, stehen dem vorübergehenden Charakter entgegen.[815] Auch ist die Eröffnung ein Akt, der unter den Erlaubnisvorbehalt von § 32 KWG fällt.[816]

Folglich ergeben sich auch für Institute, die mittels des europäischen Passes am deutschen Markt auftreten, keine gesteigerten Transparenzverpflichtungen und damit keine Möglichkeiten für den Gläubiger, Zugang zu weiteren Informationen zu erhalten. Über im Inland errichtete Filialen lassen sich keine weitergehenden Informationen über Konten in Erfahrung bringen, die der Schuldner unter Umständen beim selben Institut, aber in einem anderen Land, unterhält.

b) Zwischenergebnis

Mittels des automatisierten Kontenabrufs ist es nicht möglich, Informationen über Konten zu erhalten, die entweder bei ausländischen Zweigstellen inländischer Banken oder bei ausländischen Hauptniederlassungen geführt werden. Die Regelung des § 24c KWG bezieht sich lediglich auf inländische Bankinstitute und dort geführte Konten. Auch wenn die Definition über ein inländisches Bankinstitut umstritten ist, spricht sich die Untersuchung gegen eine ausufernde Definition aus und erteilt der extensiven Anwendung der Regelung eine Absage. Eine Erweiterung auf ausländische Institute über eine extensive Auslegung von

---

811 Siehe zur Unterscheidung bereits zuvor sowie Schwennicke/Auerbach/*Auerbach*, § 53a Rn. 5; so die Verwaltungspraxis der BaFin, siehe auch Schwennicke/Auerbach/*Schwennicke*, § 32 Rn. 9.

812 Siehe § 53b Abs. 1 S. 1 KWG.

813 Siehe Schwennicke/Auerbach/*Brocker*, § 53b Rn. 16.

814 Siehe Schwennicke/Auerbach/*Brocker*, § 53b Rn. 18.

815 Es wird auch von einer „laufende[n] Geschäftsverbindung" gesprochen: RFH RFHE 24, 203 (205).

816 Siehe B/F/S/*Vahldiek*, KWG, § 53 Rn. 22 und Rn. 30, erster Spiegelstrich.

§ 24c KWG oder über eine erweiternde Definition des Belegenheitsortes von Konten kommt nicht in Betracht. Somit ist die Drittauskunft keine Informationsquelle für Fälle, die einen grenzüberschreitenden Bezug aufweisen.

3. Informationen des Kraftfahrt-Bundesamtes

§ 802l Abs. 1 S. 1 Hs. 2 Nr. 3 ZPO kann nicht für eine Aufklärung von ausländischem Vermögen fruchtbar gemacht werden. Der Gerichtsvollzieher kann darüber lediglich Kraftfahrzeuge ermitteln, die der Schuldner als Halter des Fahrzeuges in Deutschland auf sich zugelassen hat.[817] Eine Aussage zum Verbleib des Kraftfahrzeuges ist damit nicht verbunden.

III. Schuldnervermögen im Ausland: Ergebnis

Um Auslandsvermögen aufklären zu lassen, ist der Gläubiger nach der deutschen Zivilprozessordnung vollumfänglich auf den Schuldner als Auskunftsquelle angewiesen.

Die vorangehende Untersuchung der Drittauskünfte hat gezeigt, dass diese in Gesamtheit nicht geeignet sind, Auslandsvermögen transparent zu gestalten. Der automatisierte Datenabruf nach § 24c KWG verschafft dem Gläubiger keine Informationen über Bankkonten des Schuldners, die im Ausland belegen sein könnten.

Für das Auslandsvermögen bleibt es dabei, dass der Gläubiger den Weg über die Vermögensauskunft des Schuldners wählen muss. Ist diese nicht verfügbar, bleibt dem Gläubiger keine andere Wahl, als den Aufenthalt des Schuldners, unter Umständen im Ausland, ermitteln zu lassen und sodann mittels ausländischer Sachaufklärungsmaßnahmen Informationen über das Schuldnervermögen zu erhalten. Ein Vorgehen, das sich bei geringfügigen Ansprüchen kaum anbieten wird oder auch nur annähernd effizient sein dürfte.[818]

E. Sachaufklärung mittels Unionsrecht in Deutschland

Neben den bereits aufgezeigten rein innerstaatlichen Möglichkeiten für ausländische Unionsbürger, Informationen über das Schuldnervermögen in Deutschland einzuholen, ergeben sich mittels der beiden bereits vorgestellten Verordnungen zur Kontenpfändung sowie zum Unterhalt weitere Optionen für einen ausländischen Gläubiger. Insbesondere zeigen die beiden folgenden

---

817 Siehe Zöller/*Stöber*, ZPO, § 802l Rn. 10; *Hippler/Wasserl*, S. 286ff.

818 Siehe o. Teil 1, insbesondere C. II.

Abschnitte Unterschiede und Gemeinsamkeiten der grenzüberschreitenden Sachaufklärung zur nicht europarechtlich überformten rein innerdeutschen Sachaufklärung auf.

I. EuKoPfVO

Mittels der Drittauskunft können von Deutschland aus keine Vermögensgegenstände im Ausland aufgespürt werden. Ausländische Gläubiger können die Drittstellenabfrage selbstverständlich für in Deutschland belegenes Vermögen beantragen, wenn die Voraussetzungen der Zwangsvollstreckung an sich und die des § 802l ZPO vorliegen. Das System der primären Vermögensauskunft auch für ausländische Gläubiger wird mittels der in Deutschland erlassenen Durchführungsgesetzgebung für die EuKoPfVO durchbrochen.[819] § 948 Abs. 2 ZPO regelt das Verfahren zur Einholung der Kontoinformationen, wenn ein ausländisches Gericht eine Anfrage zu Kontoinformationen nach Art. 14 EuKoPfVO bei der Auskunftsbehörde in Deutschland stellt. Die zuständige Auskunftsbehörde ist nach § 948 Abs. 1 ZPO das Bundesamt für Justiz. Deutschland bedient sich bei der Informationseinholung des oben bereits dargestellten Systems, wonach das Bundeszentralamt für Steuern vom Bundesamt für Justiz ersucht werden darf, eine Abfrage bei den Kreditinstituten vorzunehmen.[820] Der Wortlaut der Regelung des § 948 Abs. 2 ZPO ist identisch zum Wortlaut des § 802l Abs. 1 S. 1 Hs. 2 Nr. 2 ZPO. Im Gegensatz zu rein innerstaatlichen Verfahren erfolgt die Abfrage der Kontodaten dabei ohne vorherige Befragung des Schuldners zu seinen Vermögensgegenständen bzw. im speziellen Fall zu vorhandenen Konten. Da der Informationsmechanismus des Art. 14 EuKoPfVO ausschließlich nach abgeschlossenem Erkenntnisverfahren möglich ist, ergibt sich eine Verbesserung der Gläubigerstellung bei ähnlich bleibenden Schuldnerrechten. Den angestrebten Überraschungseffekt der Kontenpfändung verwirklicht die unterlassene Anhörung des Schuldners zu seinem Vermögen.[821]

---

819 EuKoPfVODG, siehe o. Fn. 693.

820 Siehe o. Fn. 304.

821 Dazu kritisch und für eine Kombination aus Vermögensauskunft und Drittstellenabfrage plädieren Rauscher/*Rauscher/Wiedemann*, EuZPR/EuIPR, EU-KpfVO, Art. 14 Rn. 17.

II. Sachaufklärung in Unterhaltsfragen

In Deutschland wurde für die EuUntVO das Auslandsunterhaltsgesetz geändert.[822] Nach dem Auslandsunterhaltsgesetz ist das Bundesamt für Justiz in Deutschland die Zentrale Behörde.[823] Das AUG enthält Verfahrensregelungen für die Informationserlangung[824] sowie kompetenzrechtliche Regelungen für die innerstaatlichen Zentralen Behörden[825].

§ 17 AUG legt die Auskunftsrechte zum Zwecke der Vollstreckung fest. Dabei folgt der Aufbau von § 17 AUG dem Schema der Informationsermittlung nach deutschem Recht. Zentral ist entsprechend § 17 Abs. 1 AUG zunächst die Schuldnerbefragung.[826] Die Zentrale Behörde soll diese durchführen. Erst wenn der Schuldner die Auskunft verweigert oder wenn die dadurch ermittelten Gegenstände bei der Vollstreckung zur Befriedigung nicht ausreichen, darf die Zentrale Behörde weitergehende Ermittlungsmaßnahmen durchführen. Die Adresse des Schuldners kann die Zentrale Behörde primär ermitteln.[827]

Nur nach vorheriger Androhung gegenüber dem Schuldner darf die Behörde auch Drittauskünfte einholen. Die Gesetzesbegründung stellt für das Androhungserfordernis darauf ab, dass der Schuldner dadurch den drohenden Grundrechtseingriff noch abwehren könne.[828] Diese Art der nochmaligen Einbeziehung und gleichzeitigen Warnung des Schuldners im Verfahren verwundert stark, wurde dem Schuldner doch bereits von Beginn an Gelegenheit gegeben, über Einkommen und Vermögen Auskunft zu erteilen. Denn bis auf § 17 Abs. 1 S. 2 Nr. 2 AUG und die Tatsache, dass auf Daten der Träger der Grundsicherung zugegriffen werden kann, entsprechen die Zugriffsmöglichkeiten in den Nummern 1, 3 und 4 denen aus § 802l ZPO. Auch ist § 17 AUG ab

---

822 Gesetz zur Durchführung der Verordnung (EG) Nr. 4/2009 und zur Neuordnung bestehender Aus- und Durchführungsbestimmungen auf dem Gebiet des internationalen Unterhaltsverfahrensrechts vom 23. Mai 2011, BGBl. 2011 I 898; AUG: Gesetz zur Geltendmachung von Unterhaltsansprüchen im Verkehr mit ausländischen Staaten vom 23. Mai 2011, BGBl. I 2011, 898; Überblick dazu bei *Andrae* NJW 2011, 2545ff.

823 Siehe § 4 Abs. 1 AUG.

824 Siehe §§ 16ff. AUG.

825 Dazu § 5 AUG.

826 Dazu sowie zu Folgendem BeckOGK EU-UnterhaltsVO/*Wurmnest*, Art. 61 Rn. 24; *Andrae* NJW 2011, 2545 (2550).

827 Nach § 16 AUG.

828 BT-Drs. 17/4887, S. 39.

Titulierung des Anspruchs anwendbar und somit auf einer Ebene, auf der der Schuldner vollumfänglich in das Verfahren einbezogen wurde.

Der deutsche Gesetzgeber hat es vorgezogen, zwischen Ansprüchen in Unterhaltssachen und Ansprüchen aus anderen zivilrechtlichen Verhältnissen keinen Unterschied zu machen. Den Zentralen Behörden werden selbst bei vorliegenden titulierten Ansprüchen noch weitreichende Informationspflichten zugunsten des Schuldners auferlegt. Unter Umständen kann zwar eine Aufklärung stattfinden, böswilligen Schuldnern wird aber die Gelegenheit verschafft, Vermögen zu verschleiern. Die Analyse der Durchführungsgesetzgebung der EuUntVO in Deutschland zeigt somit ein weiteres Problem auf: Wird aufgrund von Verordnungen nationales Durchführungsrecht erforderlich, findet unter Umständen ein Rückfall auf nationale Strukturen statt, die gerade mittels des Unionsrechts verbessert werden sollten.[829] Darin findet sich ein Fingerzeig zum notwendigen Regelungsumfang und der Regelungsart einer unionsrechtlichen Sachaufklärungsregelung.

F. Zusammenfassung Teil 3

Die Sachaufklärung in Deutschland ist auf den Schuldner fokussiert und ermöglicht einen Zugriff auf Drittstellen erst zu einem Zeitpunkt, nachdem der Schuldner eine Vermögenserklärung abgegeben hat. Gläubiger eines jüngeren Zwangsvollstreckungsverfahrens sollen nach der deutschen Rechtsprechung nicht von einem Fehlverhalten in Verfahren der Zwangsvollstreckung eines vorangegangenen Gläubigers profitieren können. Stattdessen muss auch der Neu-Gläubiger ein Vermögensauskunftsverfahren initiieren. Rein innerstaatliche Aufklärungsverfahren sind folglich auf den Schuldner als Auskunftsquelle angewiesen. Die Darstellung der Rechtsprechung hat dies eindrücklich belegt.

Von der Notwendigkeit der Vermögenserklärung sieht die deutsche Rechtsordnung nur für die Zwecke der EuKoPfVO ab. Dafür wurde das innerstaatliche bereits vorhandene System der Kontenabfrage bestimmt, wie es seit der Reform der Zwangsvollstreckung nach § 802l Abs. 1 S. 1 Hs. 2 Nr. 2 ZPO praktiziert wird.

829 Exemplarisch dafür ist auch § 9 AUG. Durch die Vorschrift hat der deutsche Gesetzgeber bei Beantragung der Rechtshilfe, durch die Zentralen Behörden, eine zusätzliche Kontrolle durch einen Richter eingebaut. Art. 58 Abs. 2 EuUntVO sah diese nicht vor. Zum Verfahren nach § 9 AUG, *Andrae* NJW 2011, 2545 (2549). Damit geht ebenfalls eine Verschärfung der Regelungen der EuUntVO und die Verkürzung der Gläubigerrechte einher, siehe dazu *Hess/Spancken* in Beaumont/Hess/Walker/Spancken (Hrsg.), The Recovery of Maintenance in the EU and Worldwide, 385 (392f.).

Das Vorgehen räumt dem unionsrechtlichen einstweiligen Rechtsschutz die notwendige Stellung ein, um den Zweck der Verordnung zu erfüllen. Die EuUntVO hingegen verschärft die Anforderungen an eine Vermögensauskunft.

Im Gegensatz dazu stellen sich die Fragen nach der Schuldnereinbeziehung bei der Ermittlung von im Ausland belegenem Vermögen nach deutschem Recht grundsätzlich nicht. Die als zentral betrachtete Frage, ob den Schuldner eine Auskunftspflicht auch über im Ausland belegenes Vermögen trifft, stößt in der Literatur auf ein nahezu ungeteiltes Echo: Auslandsvermögen muss der Schuldner bei der Abnahme der Vermögensauskunft offenbaren. Schwierigkeiten ergeben sich, wenn der Gerichtsvollzieher die Vermögensauskunft nicht abnehmen kann, weil sich der Schuldner nicht in der Rechtsordnung des Gerichtsvollziehers aufgehalten hat oder sich der Schuldner der Vermögensauskunft schlicht entzieht. Doch selbst wenn sich dadurch, wie aufgezeigt, die Voraussetzungen der Drittauskunft verwirklichen, kann der Gerichtsvollzieher darüber keine Informationen über ausländisches Vermögen einholen. Die Drittauskunft nach der deutschen Zivilprozessordnung kann ausschließlich Erkenntnisse zu innerstaatlichen Beschäftigungsverhältnissen, Bankkonten und Kraftfahrzeugen des Schuldners liefern.

Das deutsche System steht stellvertretend für die vorgestellten Rechtsordnungen, die ein duales Aufklärungssystem vorsehen. Die deutsche Rechtsordnung räumt Vermögensinformationen seit der Reform 2009 gleich zu Beginn des Zwangsvollstreckungsverfahrens größeres Gewicht ein. Deutschland ist durch die Reform damit einem System näher gekommen, das die Gläubiger- und Schuldnerrechte bereits auf Ebene der Sachaufklärung austariert. Es vereint nun Elemente der auf den Schuldner und der auf Drittstellen fokussierten Aufklärung.

Ob dem Gläubiger auf europäischer Ebene die Vermögensauskunft oder die Drittauskunft zur Verfügung stehen sollte, wird unter den Vorgaben europäischer Grundrechte vor dem Hintergrund der gegensätzlichen Rechte von Gläubigern und Schuldnern erörtert. Eine später vorzunehmende Abwägung der betroffenen Rechte muss klären, ob das Recht des Gläubigers auf Justizgewährung den datenschutzrechtlichen Erwägungen zugunsten des Schuldners vorgeht.[830] Aus der folgenden Betrachtung ergeben sich die Vorgaben, wie die Aufklärung so effektiv wie möglich zu Gunsten des Gläubigers ausgestaltet werden kann.

830 Siehe Teil 5, A.

TEIL 4: Sachaufklärung im Lichte europäischer Grundrechte

Die aus dem Grünbuch zur Schuldnertransparenz sowie den mitgliedstaatlichen Rechtsordnungen zu entwickelnden Vorschläge für eine unionsrechtliche Sachaufklärung unterliegen einer wesentlichen Determinante: den europäischen Grundrechten. Beide Systeme des Menschen- und Grundrechtsschutzes in Europa bilden den übergesetzlichen Standard, an welchem sich sekundäres Unionsrecht messen lassen muss und aus welchem es entwickelt werden kann.[831] Die Wertungen der mitgliedstaatlichen Verfassungen fanden durch die Entwicklung der GRCh als auch durch die Rechtsprechung des EuGH in die Grundrechtsausbildung auf europäischer Ebene Eingang.[832] Der europäische Grundrechtsschutz steht somit nicht bloß neben den mitgliedstaatlichen Verbürgungen und gelangt nicht nur im Sinne einer Günstigkeitsabwägung zur Anwendung.[833]

Die folgende Betrachtung hat sich zur Aufgabe gemacht, einen Ausgleich zwischen Gläubiger- und Schuldnerrechten auf europäisch grundrechtlicher Ebene herzustellen. Die Rechte von Gläubigern und Schuldnern sind verankert in der EMRK sowie der GRCh. Durch letztere somit auch für die supranationale Legislativtätigkeit der EU. Inzident erfolgt eine Untersuchung, ob die Gläubigerrechte

---

831 Calliess/Ruffert/*Ruffert*, AEUV, Art. 288 Rn. 8; zu dieser Entwicklung siehe die Entscheidungen EuGH verb. Rs. C-92/09 und C-93/09, ECLI: EU: C:2010:662, Slg. 2010, I-11117 – Volker und Markus Schecke und Eifert sowie EuGH Rs. C-236/09, ECLI: EU: C:2011:100, Slg. 2011, I-800 – Test Achats, die die Sensibilität für Grundrechtsfragen nach der Einschätzung von Meyer/*Borowsky*, Vorbem. Titel VII, Rn. 2 Fn. 16 erheblich verstärkt haben. Siehe zum deutschen Recht *Ottaviano*, S. 14; Maunz/Dürig/*Schmidt-Aßmann*, GG, Art. 19 Abs. 4 Rn. 5; kritisch zur Überkonstitutionalisierung des Zwangsvollstreckungsrechts: *Fischer*, S. 49ff. Zur EU und zum Verhältnis von primärem und sekundärem EU-Recht: *Frenz*, Hdb. EuR, Bd. 5, Rn. 813f.; Streinz/*Schroeder*, AEUV, Art. 288 Rn. 20; EuGH Rs. 26/78, ECLI: EU: C:1978:172, Slg. 1978 -01771 Rn. 9/14 – Viola: „Grundlage, Rahmen und Grenzen der Verordnungen [ist der] EWG-Vertrag".

832 Dazu vdG/S/H/*Terhechte*, GRC, Vorbemerkung Rn. 8; *Cremer* in Grabenwarter (Hrsg.), Europäisches Rechtsschutz- und Verfahrensrecht (EnzEuR) Bd. 2, § 1 Rn. 16; siehe weiterhin Art. 53 GRCh.

833 So zumindest in EuGH Rs. C-399/11, ECLI:EU:C:2013:107 Rn. 56, 58 – Melloni; siehe zum Streit Calliess/Ruffert/*Kingreen*, GRCh, Art. 53 Rn. 2ff.; vdG/S/H/*Terhechte*, GRC, Art. 53 Rn. 3.

nur effektiv gewahrt werden können, wenn eine Hochzonung des Gläubigerrechts auf Justizgewährung auf die unionale Ebene stattfindet. Denn auch wenn die Europäische Union selbst nicht über ein Zivilprozessrecht, geschweige denn über die notwendige Infrastruktur bestehend aus Gerichten und Organen der Zwangsvollstreckung verfügt, vertritt der Verfasser der vorliegenden Arbeit die These, dass es als nicht mehr ausreichend erachtet werden kann, wenn das Recht des Gläubigers lediglich auf rein mitgliedstaatlicher Ebene durch innerstaatliche Maßnahmen der Zwangsvollstreckung verwirklicht wird. Die Problematik lässt sich mit den Ausführungen von *Alexander Bruns* konkret auf folgende Frage herunterbrechen: Handelt es sich bei der europäischen Grundrechtsgewährleistung des effektiven Rechtsschutzes um einen Auftrag an den europäischen Gesetzgeber, bei Vorhandensein der dafür notwendigen Kompetenz, legislativ auf dem Gebiet der Sachaufklärung tätig zu werden?[834] Die Antwort liegt in einer Betrachtung der momentanen Ausgestaltung der mitgliedstaatlichen Rechtsordnungen. Die Betrachtung der verfahrensrechtlichen Sicherung des Rechts des Gläubigers auf Justizgewährung gibt eine vorerst abschließende Antwort auf die aufgeworfene Frage.

Für die Ausgestaltung eines Sachaufklärungsverfahrens ist die Gläubigerperspektive maßgeblich. Sie ist darauf gerichtet, den im Erkenntnisverfahren rechtskräftig festgestellten Anspruch[835] des Gläubigers mit Hilfe von staatlichen Zwangsmitteln durchzusetzen. Die Betrachtung kommt zu dem Schluss, dass sich dem Justizgewährungsanspruch des Gläubigers, der gleichzeitig sein Eigentumsrecht verwirklicht, die Reichweite der schuldnerschützenden Regelungen unterordnen muss. Die Schuldnerrechte bilden das Pendant und zugleich konturierende Element für die Gläubigerrechte. Die Prämisse auf Seiten des Schuldners ist, seine Rechte im Zwangsvollstreckungsverfahren zu verteidigen. Speziell das Recht auf Datenschutz ist für den Schuldner zu berücksichtigen.[836]

Zunächst erläutert die Betrachtung das Verhältnis zwischen EMRK und GRCh. Denn für einen gesamteuropäischen Standard bedarf es eines kohärenten

834 Ohne weitere Nachweise für diese Annahme *Bruns* ZEuP 2010, 809 (816f.).

835 Der EuGH hat als Notwendigkeit für die Rechtspflege die Rechtskraft anerkannt, siehe EuGH Rs. C-126/97, ECLI:EU:C:1999:269, Slg. 1999, I-3055 Rn. 46 – Eco Swiss; EuGH Rs. C-224/01, ECLI:EU:C:2003:513, Slg. 2003, I-10239 Rn. 38 – Köbler; EuGH Rs. C-234/04, ECLI:EU:C:2006:178, Slg. 2006, I-2585 Rn. 20 – Kapferer.

836 Siehe u. C.

Verständnisses beider Grundrechtskataloge.[837] Keiner der beiden findet bevorzugt Anwendung. Vielmehr ergibt sich ein Zusammenspiel für die Erörterung der sich gegenüberstehenden Rechte von Gläubigern und Schuldnern.

A. Europäischer Grundrechtsschutz

I. Verhältnis der Rechtsgrundlagen

Das Verhältnis der Grundrechtskataloge von EMRK und GRCh bestimmt, in welchem Umfang die Normen zugunsten des Gläubigers und des Schuldners untersucht werden. Ausgangspunkt ist die Koexistenz und somit eine nebeneinander vorgenommene Betrachtung der Schutzgehalte.[838] Das verdeutlicht eine gemeinsame Stellungnahme der ehemaligen Präsidenten des EGMR sowie des EuGH: „It is important to ensure that there is the greatest coherence between the Convention and the Charter insofar as the Charter contains rights which correspond to those guaranteed by the Convention. Article 52(3) of the Charter provides moreover that, in that case, the meaning and scope of the rights under the Convention and the Charter are to be the same. In that connection, a 'parallel interpretation' of the two instruments could prove useful."[839]

Die Erläuterungen zur Charta der Grundrechte leisten für die Untersuchung eine detaillierte Orientierungshilfe.[840] Aus den Erläuterungen geht folgendes Verständnis hervor: Art. 6 Abs. 1 S. 1 EMRK[841] und Art. 47 Abs. 2 GRCh als Justizgewährungsgrundrechte können gemeinsam betrachtet werden. Der Schwerpunkt liegt auf Art. 6 EMRK und der umfänglichen Rechtsprechung

---

837 Siehe zu dieser Aufgabe für die (europäische) Rechtswissenschaft generell, *C. Schmidt*, S. 115.

838 Vgl. *Jarass* EuR 2013, 29 (41); zur Anwendung nebeneinander, je nachdem ob Unionsrecht einschlägig ist, siehe EuGH Rs. C-256/11, ECLI:EU:C:2011:734 Rn. 72 – Murat Derici; weiterhin dazu *C. Schmidt*, S. 147ff.

839 „Joint communication from Presidents Costa and Skouris", v. 24.01.2011, S. 1, verfügbar unter <https://curia.europa.eu/jcms/upload/docs/application/pdf/2011-02/cedh_cjue_english.pdf> [zuletzt abgerufen am 01.06.2020].

840 Siehe die „Erläuterungen zur Charta der Grundrechte", ABl. EU C 303/17 v. 14.12.2007; dazu *Ziegenhorn*, S. 59ff.

841 „Jede Person hat ein Recht darauf, dass über Streitigkeiten in Bezug auf ihre zivilrechtlichen Ansprüche und Verpflichtungen oder über eine gegen sie erhobene strafrechtliche Anklage von einem unabhängigen und unparteiischen, auf Gesetz beruhenden Gericht in einem fairen Verfahren, öffentlich und innerhalb angemessener Frist verhandelt wird."

des EGMR, da Art. 47 Abs. 2 GRCh inhaltlich auf Art. 6 Abs. 1 EMRK zurückgeht.[842] Für Art. 13 EMRK und die dazugehörigen Chartaverbürgungen in Art. 47 Abs. 1 GRCh, das Recht auf einen Rechtsbehelf bei Verletzung eines Konventions- oder Chartarechts, erfolgt eine Abgrenzung von Art. 6 Abs. 1 S. 1 und Art. 47 Abs. 2 GRCh.

Die das Recht auf Eigentum schützenden Normen in Art. 17 GRCh und Art. 1 1. ZP EMRK entsprechen sich. Sie haben die gleiche Tragweite sowie Bedeutung und sind einer gemeinsamen Betrachtung zugänglich.[843]

Der einzig gravierende Unterschied mit Folgen für die vorliegende Untersuchung ergibt sich im Bereich des Datenschutzrechts zugunsten des Schuldners, das explizit in Art. 16 AEUV, Art. 8 GRCh sowie indirekt in Art. 8 EMRK verankert ist. Auf die jeweiligen Unterschiede und Gemeinsamkeiten nimmt die Bearbeitung in den jeweiligen Abschnitten Bezug.

II. Grundrechtsgehalte

Die Grundrechtsgehalte[844] bedingen eine differenzierte Betrachtungsintensität von Gläubiger- und Schuldnerrechten. Für den Gläubiger wird überprüft, in welchem Umfang die europäischen Grundrechte die Zwangsvollstreckung zu seinen Gunsten garantieren. Schutzpflichten wurden in der GRCh nicht niedergelegt.[845] Nichtsdestotrotz ist anerkannt, dass sich aus den Verbürgungen auch Schutzpflichten seitens der Union ergeben können, die sich vor allem in Organisations- und Verfahrenspflichten materialisieren.[846] Der EuGH thematisierte Schutzpflichten bisher noch nicht tiefschürfender.[847] Im Gegensatz dazu sind

---

842 ABl. EU C 303/17, S. 34; siehe dazu auch Tettinger/Stern/*Alber*, Vor Art. 47 Rn. 5; vdG/S/H/*Lemke*, GRC, Art. 47 Rn. 1; Schwarze/*van Vormizeele*, GRC, Art. 47 Rn. 2.

843 Siehe ABl. EU C 303/17, S. 33f.

844 Siehe zu den Grundrechtsgehalten nach der GRCh: Calliess/Ruffert/*Kingreen*, GRCh, Art. 51 Rn. 22ff.; Tettinger/Stern/*Ladenburger*, Art. 51 Rn. 17ff.; *Cremer* in Grabenwarter (Hrsg.), Europäisches Rechtsschutz- und Verfahrensrecht (EnzEuR) Bd. 2, § 1 Rn. 63ff.; für die EMRK, siehe *Ehlers* in Ehlers, EuGR, § 2 Rn. 25ff. sowie Karpenstein/Mayer/*Johann*, Art. 1 Rn. 3ff.

845 Meyer/*Borowsky*, Art. 51 Rn. 31ff.

846 Calliess/Ruffert/*Kingreen*, GRCh, Art. 51 Rn. 27; dazu sogleich zur Durchsetzung des Eigentumsanspruchs des Gläubigers unter B. I.

847 Siehe dazu Calliess/Ruffert/*Kingreen*, GRCh, Art. 51 Rn. 27, 29; aus dem älteren Schrifttum *Nettesheim* EuZW 1995, 106 (108); ausführlich zu Schutzpflichten im europäischen Recht: *Szczekalla*, S. 459ff. Zur Pflicht zum Erlass ermöglichender Gesetze in der GRCh siehe *Cremer* in Grabenwarter (Hrsg.), Europäisches Rechtsschutz- und Verfahrensrecht (EnzEuR) Bd. 2, § 1 Rn. 85.

derartige Verpflichtungen aus der EMRK durch die Rechtsprechung des EGMR anerkannt.[848] Insofern Schutzpflichten bestehen, beziehen sich diese auf die Konventions- bzw. Mitgliedstaaten. Eine Übertragung des Befundes auf die Europäische Union regt die vorliegende Bearbeitung an. Allerdings ist der konkrete Gegenstand der Bearbeitung die Frage nach der tatsächlichen und möglichen Ausgestaltung eines Sekundärrechtsaktes. Die europäischen Grundrechte ziehen der Ausgestaltung die notwendigen Grenzen.

Ein anvisiertes Tätigwerden der Union muss sich im Verhältnis zwischen Gläubiger und zuständigem Organ der Zwangsvollstreckung entfalten. Das Organ der Zwangsvollstreckung wird dabei als Stellvertreter für den Staat tätig. Der Umfang der Justizgewährungsgarantie hat direkten Einfluss auf den Umfang der Ausgestaltung der Zwangsvollstreckung und somit auf den der Sachaufklärung. Ist die Rechtsschutzgarantie zugunsten des Gläubigers nicht begrenzt, ergibt sich solch eine Begrenzung aus den Rechten des Schuldners.[849] Denn auch im Verhältnis zwischen Vollstreckungsorgan und Schuldner besteht ein Grundrechtsverhältnis. Im Gegensatz zum Verhältnis zum Gläubiger wird in die Rechtsstellung des Schuldners eingegriffen, statt diese zu erweitern. Dadurch ist die abwehrrechtliche Seite der Grundrechte des Schuldners betroffen. Hinter der abwehrrechtlichen Seite verbirgt sich die Verhinderung unrechtmäßiger Eingriffe in die Schuldnersphäre.

B. Gläubigerperspektive: Rechtsverfolgung

Der Gläubiger befindet sich im Spannungsverhältnis zwischen der Weigerung des Schuldners, dem rechtskräftig festgestellten Urteil nachzukommen und dem ihm durch die Rechtsordnungen aufgelegten Gewaltverbot gegenüber dem Schuldner.[850] Der nächste Schritt ist die Durchsetzung des Rechts unter Zuhilfenahme staatlicher Mittel. Das Pendant zum staatlichen Gewaltmonopol, das dem

---

848 *Szczekalla*, S. 712ff.; *Grabenwarter/Pabel*, § 19 Rn. 10ff.; aus der Rechtsprechung EGMR, Urt. v. 13.6.1979, Marckx, Serie A 31 = EuGRZ 1979, 454 (455).

849 Siehe zum generellen Grundsatz, dass Grundrechte aufgrund ihrer gesellschaftsrechtlichen Funktion einschränkbar sein müssen: Tettinger/Stern/*von Danwitz*, Art. 52 Rn. 17; Meyer/*Borowski*, Art. 52 Rn. 18ff.; aus der Rechtsprechung EuGH Rs. 4/73, ECLI:EU:C:1974:51, Slg. 1974, 491 Rn. 14 – Nold/Kommission; EuGH Rs. C-5/88, ECLI:EU:C:1989:321 Slg. 1989 S. 2609 Rn. 18 – Wachauf/Bundesrepublik Deutschland; EuGH Rs. C-28/05, ECLI:EU:C:2006:408, Slg. 2006, I-5431 Rn. 75 m.w.N. – Dokter u. a.

850 Siehe o. Fn. 588.

Gläubiger Eigenmacht gegen Schuldner untersagt, ist der Justizgewährungsanspruch. Entscheidend ist vor allem der Umfang, in dem dieser zu gewährleisten ist. Die Untersuchung zeigt auf, dass der Justizgewährungsanspruch keine ent- oder begrenzenden Aussagen über das Recht der effektiven Sachaufklärung innerhalb der Zwangsvollstreckung trifft.

I. Durchsetzung der Gläubigerrechte

Bisher ist die Zwangsvollstreckung, bis auf die oben beschriebenen Ausnahmen, unionsrechtlich nicht normiert. Der Befund zu den untersuchten Menschenrechten und deren Inhalt zu Gunsten des Gläubigers, die sich bisher auf konventions- sowie mitgliedstaatlicher Ebene realisiert haben, stellt die Voraussetzungen für die Ausgestaltung des Sachaufklärungsverfahrens, das „wie", dar.[851] „Ob" eine Regelung ergehen muss, wurde primär unter den Aspekten der Notwendigkeit und der Kompetenz erörtert.

1. Eigentumsrecht des Gläubigers

Im Verhältnis zwischen dem Schuldner, dem Gläubiger und dem Vollstreckungsmitgliedstaat ist es zunächst der Private, der Schuldner, der seiner Verpflichtung zur Leistung des festgestellten Anspruchs nicht nachkommt. Im Verhältnis zwischen Gläubiger und Schuldner besteht allerdings keine konventions- oder chartarechtliche Beziehung.[852] Die grundrechtliche Absicherung der Konstellation haben die Konventions- bzw. Mitgliedstaaten vorzunehmen. Die Staaten können den Schutz des Eigentums des Gläubigers aber nur insoweit garantieren, als dass verfahrensrechtliche Absicherungen getroffen werden, die die Realisierung des Rechts ermöglichen. Ist der Schuldner nicht zahlungsfähig, kann das Recht des Gläubigers auch vom Staat unter Aufbietung all seiner rechtlichen Möglichkeiten rein faktisch nicht realisiert werden.[853] Grundsätzlich sind es die mitgliedstaatlichen Rechtsordnungen selbst, die den Schutz des Eigentums mittels der Verfahren der Zwangsvollstreckung und dazugehöriger Sachaufklärung garantieren.[854]

---

851 Vgl. *Heinze* EuR 2008, 654 (657), er unterscheidet zwischen Anforderungen „*im* gerichtlichen Verfahren" und dem Zugang „*zum* gerichtlichen Verfahren". Er erkennt aber die Überschneidungen beider Rechte aus Art. 47 Abs. 1 und Art. 47 Abs. 2 GRCh ebenfalls an.

852 Siehe dazu *Ziegenhorn*, S. 235f.

853 Vgl. *Alsfasser*, S. 2.

854 Siehe dazu o. Teil 1, C. I. 2. sowie Teil 3.

Das Eigentumsrecht soll durch ein unionsrechtliches Sachaufklärungsverfahren im Rahmen der zivilrechtlichen Zwangsvollstreckung eine verfahrensrechtliche Absicherung erlangen. Die Absicherung soll im Wege eines Sekundärrechtsaktes in den Mitgliedstaaten anwendbares Recht werden. Blaupause für solch eine Betrachtung ist der vor dem EuGH verhandelte Fall von Coty Germany GmbH/Stadtsparkasse Magdeburg.[855] Daran lassen sich die Verknüpfungen zwischen dem grundsätzlich gewährten Recht und der Notwendigkeit der Durchsetzung optimal veranschaulichen. Für die vorliegende Untersuchung ist der Bezug des Gerichts auf die europäischen Grundrechte des Klägers bedeutsam. Coty Germany, die klagende Partei, war exklusiver Rechteinhaber für den Vertrieb einer bestimmten Parfummarke.[856] Bei einer Auktion ersteigerte Coty Germany ein illegales Nachahmerprodukt. Von der Auktionsplattform wollte Coty den Kontoinhaber des Kontos erfahren, auf das sie den Preis für das Nachahmerprodukt überwiesen hatte. Die Person, die von der Auktionsplattform benannt wurde, gab zwar an, Inhaberin des Nutzerkontos der Auktionsplattform, nicht aber Verkäuferin des Nachahmerproduktes gewesen zu sein. Daraufhin wollte Coty den Inhaber des Bankkontos bei der Bank, der Stadtsparkasse Magdeburg, direkt erfragen. Die Anfrage wurde unter Hinweis auf das Bankgeheimnis abgelehnt. Der Fall wurde dem EuGH schlussendlich im Wege eines Vorabentscheidungsverfahrens vorgelegt, da die Frage im Raum stand, wie die Richtlinie zur Durchsetzung des geistigen Eigentums ausgelegt werden müsse.[857] Das Informationsrecht für das Erkenntnisverfahren in Streitigkeiten das geistige Eigentum betreffend wird in der RL 2004/48 durch Art. 8 Abs. 1 verkörpert.[858] Der Regelung entnimmt der EuGH eine verfahrensrechtliche Absicherung und somit eine Verwirklichung von Art. 47 GRCh.[859] Ein wirksamer Rechtsbehelf

---

855 EuGH Rs. C-580/13, ECLI:EU:C:2015:485 – Coty Germany.

856 Ausführlich zum Sachverhalt, EuGH Rs. C-580/13, ECLI:EU:C:2015:485 Rn. 9ff. – Coty Germany.

857 Richtlinie 2004/48/EG des Europäischen Parlaments und des Rates vom 29. April 2004 zur Durchsetzung der Rechte des geistigen Eigentums, ABl. EG L 157/45 v. 30.04.2004 (im Folgenden: RL 2004/48).

858 Art. 8 Abs. 1 RL 2004/48 lautet wie folgt: „Die Mitgliedstaaten stellen sicher, dass die zuständigen Gerichte im Zusammenhang mit einem Verfahren wegen Verletzung eines Rechts des geistigen Eigentums auf einen begründeten und die Verhältnismäßigkeit wahrenden Antrag des Klägers hin anordnen können, dass Auskünfte über den Ursprung und die Vertriebswege von Waren oder Dienstleistungen, die ein Recht des geistigen Eigentums verletzen, von dem Verletzer und/oderjeder anderen Person erteilt werden [. . .]".

859 EuGH Rs. C-580/13, ECLI:EU:C:2015:485 Rn. 29 – Coty Germany.

nach Art. 47 GRCh stelle ein notwendiges Instrument dar, um der Einschränkung des Eigentumsrechts,[860] im Fall hinsichtlich Auskunftsansprüchen bezüglich einer Verletzung des geistigen Eigentums, abzuhelfen. Ansonsten seien nach dem Schlussantrag des Generalanwalts *Cruz Villalón* beide Grundrechte eingeschränkt: „[...]eine Einschränkung von zwei Grundrechten [...], konkret ihres Rechts auf [...] Eigentum [...] und ihres Rechts auf einen wirksamen Rechtsbehelf [...], *das ein notwendiges Instrument zum Schutz des Ersteren darstellt.*“.[861] Auch wenn es sich in der Rechtssache Coty um eine in nationales Recht umsetzungspflichtige Richtlinie handelte, werden die Feststellungen des EuGH auf die unionsrechtliche Ebene übertragen.

Eine erste notwendige Einschätzung bezieht sich somit darauf, ob das Eigentumsrecht des Gläubigers einschlägig ist und somit geschützt werden muss.

Dass das Recht des Gläubigers auf Schutz seines Eigentums einschlägig ist, lässt sich nach beiden Grundrechtskatalogen problemlos feststellen. Der Gläubiger verfolgt das Anliegen, den sich im rechtskräftig erlangten Urteil verkörperten Anspruch zu realisieren. Gerichtlich festgestellte Ansprüche sind derart konkret und rechtlich abgesichert, dass sie unter den Eigentumsbegriff des Art. 17 Abs. 1 S. 1 GRCh fallen.[862] Auch nach der EMRK ist das Eigentumsrecht geschützt.[863] Forderungen unterfallen dem Eigentumsrecht unter der Voraussetzung, dass sie durchsetzbar sind.[864] Durchsetzbar ist die Forderung, wenn sie durch eine

860 Das abgesicherte Recht betrifft Immaterialgüter, die in Art. 17 Abs. 2 GRCh geschützt sind.

861 [Hervorhebung durch Autor]; vgl. die Schlussanträge des Generalanwalts *Cruz Villalón* v. 16.04.2015, Rs. C-580/13, ECLI:EU:C:2015:243 Rn. 31 – Coty Germany.

862 Tettinger/Stern/*Depenheuer*, Art. 17 Rn. 26 mit ausführlichen Nachweisen zur ergangenen Rechtsprechung des EGMR; vdG/S/H/*Wollenschläger*, GRC, Art. 17 Rn. 10; Calliess/Ruffert/*Calliess*, GRCh, Art. 17 Rn. 9. Aus der Rechtsprechung des EuGH: EuGH Rs. C-283/11, ECLI:EU:C:2013:28 Rn. 34 – Sky Österreich: „Der [...] gewährte Schutz bezieht sich [...] auf vermögenswerte Rechte, aus denen sich im Hinblick auf die Rechtsordnung eine gesicherte Rechtsposition ergibt, die eine selbständige Ausübung dieser Rechte durch und zugunsten ihres Inhabers ermöglicht.“; vgl. dazu die Notwendigkeit, dass ein Recht „wohlerworben“ worden sein muss, um Rechtsschutz zu genießen, EuGH Rs. 232/81, ECLI:EU:C:1984:358, Slg. 1984, 3881 Rn. 12 – Agricola Commerciale Olio sowie die Schlussanträge des Generalanwalts *Lenz* v. 25.09.1984, Rs. 232/81, ECLI:EU:C:1984:287, Slg. 1984, 3881 (3911f.) – Agricola Commerciale Olio.

863 Siehe Art. 1 ZP I EMRK.

864 Karpenstein/Mayer/*Kaiser*, Art. 1 ZP I Rn. 18.

endgültige und eine verbindliche gerichtliche Entscheidung anerkannt worden ist.[865] Für Fälle, in denen das Recht bereits gerichtlich festgestellt wurde, ist das Recht des Gläubigers auf Schutz seines Eigentums somit einschlägig.

Grundsätzlich müssen sich die weiteren Betrachtungen der garantierten Einräumung des Eigentums unterordnen. Die Rechte des Gläubigers sowie des Schuldners müssen der Durchsetzung dieses Gläubigerrechts dienen. Sie sollen dem Schuldner nicht zur bestmöglichen Verteidigung seiner Rechte verhelfen.

2. *Verfahrensrechtliche Durchsetzung – Abgrenzung*

Die Abgrenzung von Art. 6 Abs. 1 zu Art. 13 EMRK sowie Art. 47 Abs. 1 zu Abs. 2 EMRK bestimmt die normative Grundlage für die verfahrensrechtliche Absicherung der Durchsetzung des Eigentums und stellt gleichzeitig eine Möglichkeit für die Hochzonung der Sachaufklärung auf die Ebene der Europäischen Union dar. Die Normen verkörpern einen Justizgewährungsanspruch durch Beschwerde- und Zugangsrechte sowie verfahrensrechtliche Mindestgarantien auf europäisch grundrechtlicher Ebene.[866]

Art. 47 Abs. 1 GRCh beinhaltet das Recht auf wirksamen Rechtsschutz: „Jede Person, deren durch das Recht der Union garantierte Rechte oder Freiheiten verletzt worden sind, hat das Recht, nach Maßgabe der in diesem Artikel vorgesehenen Bedingungen bei einem Gericht einen wirksamen Rechtsbehelf einzulegen." Die Verbürgung ist nahezu gleichlautend zu Art. 13 EMRK: „Jede Person, die in ihren in dieser Konvention anerkannten Rechten oder Freiheiten verletzt worden ist, hat das Recht, bei einer innerstaatlichen Instanz eine wirksame Beschwerde zu erheben [...].". Art. 47 Abs. 2 GRCh ist die korrespondierende Norm zu Art. 6 Abs. 1 S. 1 EMRK. Nach Art. 47 Abs. 2 GRCh hat „[j]ede Person [hat] ein Recht darauf, dass ihre Sache von einem unabhängigen, unparteiischen und zuvor durch Gesetz errichteten Gericht in einem fairen Verfahren, öffentlich und innerhalb angemessener Frist verhandelt wird. [...]". Art. 6 Abs. 1 S. 1 EMRK lautet: „Jede Person hat ein Recht darauf, dass über

---

865 Siehe EGMR Urt. v. 09.12.1994 – 13427/87, HUDOC Rn. 59ff. – Stran Greek Refineries and Stratis Andreadis/Greece; EGMR Urt. v. 07.05.2002 – 59498/00, HUDOC Rn. 40 – Burdov/Russia; EGMR Urt. v. 03.04.2008 – 773/03, HUDOC Rn. 61f. – Regent Company/Ukraine.

866 Siehe dazu Tettinger/Stern/*Alber*, Art. 47 Rn. 2ff.; Meyer/*Eser*, Art. 47 Rn. 10, 28; Calliess/Ruffert/*Blanke*, GRCh, Art. 47 Rn. 6f.; vdG/S/H/*Lemke*, GRC, Art. 47 Rn. 3; weiterhin *Jarass*, Art. 47 Rn. 47 unter Bezugnahme auf EGMR Urt. v. 19.3.1997 – 18357/91, HUDOC – Hornsby/Greece, dazu weiter unten ausführlich.

Streitigkeiten in Bezug auf ihre zivilrechtlichen Ansprüche und Verpflichtungen [. . .] von einem unabhängigen und unparteiischen, auf Gesetz beruhenden Gericht in einem fairen Verfahren, öffentlich und innerhalb angemessener Frist verhandelt wird."

Auch wenn sich die Normierung des Justizgewährungsanspruchs gerade in der EMRK in unterschiedlichen Artikeln und in der GRCh in unterschiedlichen Absätzen befindet, wird vertreten, Art. 47 Abs. 1 und Abs. 2 GRCh als einheitliches Grundrecht zu betrachten.[867] Es gehe in den ersten beiden Absätzen des Art. 47 GRCh um den wirksamen Rechtsschutz für Fälle, in denen Ansprüche aufgrund der Verletzung eines Rechts geltend gemacht werden.[868] Andererseits wird auch vertreten, beide Absätze nicht als gemeinsame Verbürgung anzusehen. Auch für Art. 6 und 13 EMRK ist das der Fall.[869] Vor allem vor dem Hintergrund, dass Art. 47 Abs. 2 GRCh maßgeblich durch die zu Art. 6 Abs. 1 EMRK ergangene Judikatur geprägt ist, erscheint eine getrennte Betrachtung sinnvoll.[870] Eine Unterscheidung zwischen dem Vorhandensein eines Rechtsbehelfes, Art. 47 Abs. 1 GRCh und Art. 13 EMRK, und der Ausübung bzw. Verwirklichung in Art. 47 Abs. 2 und Art. 6 Abs. 1 EMRK wirkt zielführend. Das verdeutlicht nachstehende Betrachtung.

Für die Zwecke der Zwangsvollstreckung und in concreto der Sachaufklärung auf Unionsebene hat die soeben vorgestellte Unterscheidung folgende Bedeutung: Die in den Konventions- bzw. Mitgliedstaaten vorhandenen Systeme der Zwangsvollstreckung stellen auf einer abstrakten Ebene den Rechtsbehelf nach Art. 13 EMRK dar. Die Union belässt trotz der oben festgestellten Kompetenz sowie der Notwendigkeit einer europarechtlichen Regelung diesen Rechtsbehelf in den Händen der Mitgliedstaaten. Der gleiche Befund gilt für Art. 47 Abs. 1 GRCh. Darin besteht die relevante Unterscheidung der beiden Norminhalte zu Art. 6 EMRK und Art. 47 Abs. 2 GRCh. Das generelle Vorhandensein von Zwangsvollstreckungssystemen, die darauf ausgelegt sind, den Anspruch des Gläubigers mittels staatlicher Zwangsmittel zu befriedigen, sind die Rechtsbehelfe, die dem Eigentumsrecht nach Art. 17 GRCh sowie Art. 1 ZP I EMRK gemäß Art. 47 Abs. 1 GRCh und Art. 13 EMRK zu voller Wirksamkeit verhelfen. Sind die Organisations- und Verfahrensgarantien der

867 *Jarass*, Art. 47 Rn. 2; vdG/S/H/*Lemke*, GRC, Art. 47 Rn. 2; Holoubek/Lienbacher/*Raschauer/Sander/ Schlögl*, Art. 47 Rn. 36.

868 Jarass, wie zuvor.

869 Meyer/*Eser*, Art. 47 Rn. 1, ebenso *Frenz*, Hdb. EuR, Bd. 4 Rn. 4992.

870 Ähnlich *Frenz*, Hdb. EuR, Bd. 4 Rn. 4992, der die getrennte Betrachtung mit den unterschiedlichen ursprünglichen Normierungen in der EMRK begründet.

Art. 6 EMRK sowie Art. 47 Abs. 2 GRCh durch die Ausgestaltung der rein mitgliedstaatlichen Zwangsvollstreckungsrechtsordnungen nicht ausreichend für die Zwecke des Unionsrechts beachtet worden, kommen Art. 13 EMRK sowie Art. 47 Abs. 1 GRCh zur Anwendung.[871]

Die Grundrechtsgewährleistungen der EMRK richten sich gerade an die Konventionsstaaten. Eine Einschätzung der mitgliedstaatlichen Systeme selbst wurde nicht vorgenommen. Vielmehr hat der Vergleich der Mitgliedstaaten aufgezeigt, dass in allen Verfahren der Sachaufklärung vorhanden sind.[872] Nach dem Standard der EMRK kann somit nicht von einer verpflichtenden Anpassung ausgegangen werden. Die Mitglieds- und Konventionsstaaten stellen Sachaufklärungssysteme bereit. Nur auf Unionsebene selbst findet diese Verankerung nicht statt.

Die Europäische Union ist mittels Art. 6 Abs. 1 EUV an die GRCh und deren Schutzstandard gebunden.[873] Auf diesen hat auch die EMRK Einfluss. Die Verbürgungen der EMRK sind nach Art. 6 Abs. 3 EUV allgemeine Grundsätze des Unionsrechts.[874] Durch den bisher ausgebliebenen Beitritt der EU zur EMRK muss auch zukünftig bei der Bestimmung des Schutzniveaus darauf geachtet werden, dass Divergenzen zwischen GRCh und EMRK nicht derart auftreten, dass Mitglied- bzw. Konventionsstaaten an unterschiedliche Vorgaben aus den jeweiligen Instituten gebunden sind und sich bereits innerstaatlich ein bestehender Interessenkonflikt ergibt. Doch ein Beitritt hätte auch Auswirkungen auf die Union selbst: Nach einem Beitritt wäre die Union den anderen Konventionsstaaten gleichgestellt, das heißt nach Art. 1 EMRK an die EMRK gebunden sowie

871 Siehe dazu, dass Art. 13 EMRK heutzutage in Verbindung mit einer Verletzung von Art. 6 EMRK geltend gemacht werden kann: *Grabenwarter/Struth* in Ehlers, EuGR, § 6 Rn. 74; HK-EMRK/*Meyer-Ladewig/Renger*, Art. 13 Rn. 42; siehe aus der Rechtsprechung: EGMR Urt. v. 26.10.2000 – 30210/96 (GK), Slg 00-XI Rn. 146 ff. = NJW 2001, 2694 (2699 ff.) – Kudła/Polen.

872 Das scheint für *Bruns*, ZeuP 2010, 809 (817) auszureichen, um der EU ein Zurückziehen auf die Sachaufklärungsmaßnahmen der Mitgliedstaaten schlussendlich als rechtmäßig zuzugestehen.

873 Calliess/Ruffert/*Kingreen*, EUV, Art. 6 Rn. 12.

874 Gutachten des Gerichtshofs (Plenum) v. 18.12.2014, Gutachten 2/13, ECLI:EU:C:2014:2454 Rn. 179; bereits in der Rs. *Nold* hat der EuGH die EMRK als allgemeine Grundsätze anerkannt, die Hinweise geben können, „die im Rahmen des Gemeinschaftsrechts zu berücksichtigen sind", EuGH Rs. 4/73, ECLI:EU:C:1974:51, Slg. 1974, 491 Rn. 13 – Nold/Kommission; zur aktuellen Rechtslage nach dem EUV und vor einem möglichen Beitritt der EU zur EMRK siehe EuGH Rs. C-617/10, ECLI:EU:C:2013:105 Rn. 44 – Åkerberg Fransson. Siehe auch *C. Schmidt*, S. 144.

der externen Kontrolle der Einhaltung durch den EGMR unterworfen.[875] Würde man eine Bindung der Union an die EMRK fingieren, müsste man die Union mit den Konventionsstaaten gleichsetzen, was zu einer Bindung an den Standard der EMRK führt.[876] Eine Hochzonung der Ausgestaltung des Sachaufklärungsverfahrens auf Unionsebene ließe sich damit begründen, ohne auf die Existenz der Schutzpflichten in der GRCh einzugehen.[877] Denn als eine den Konventionsstaaten gleichzusetzende Institution fehlt der EU weitestgehend ein Recht auf Zwangsvollstreckung, wie es im folgenden Abschnitt etabliert wird. Die hypothetische Argumentation unterstreicht lediglich den Befund für Kompetenz und Notwendigkeit einer Regelung. Ob sich daraus ein Anspruch des Einzelnen gegen die Union richtet, soll vorliegend offen gelassen werden. Die Frage von *Alexander Bruns* wird somit bis auf weiteres derart beantwortet, dass nicht von einer Verpflichtung der Union zur Schaffung eines eigenständigen Sachaufklärungssystems aus Gründen des Grundrechtsschutzes gesprochen werden kann.

II. Ausgestaltung der Gläubigerrechte

Soll die Sachaufklärung auf Unionsebene ausgestaltet werden können Elemente dafür ausschließlich in Art. 6 EMRK und Art. 47 Abs. 2 GRCh und der dazu ergangenen Rechtsprechung gefunden werden. Zu Art. 47 Abs. 2 GRCh ist für die untersuchte Problematik keine Rechtsprechung ergangen. Das Schutzniveau wird zugleich auf Ebene der EMRK etabliert. Die vorgestellten Urteile zu Art. 6 Abs. 1 EMRK verdeutlichen den Befund. Mithin schlagen die Wertungen der EMRK, die zu ihr ergangene Rechtsprechung des EGMR und schließlich auch das aufgestellte Schutzniveau für den Gläubiger im Rahmen des Vollstreckungsverfahrens auf die GRCh durch.

Die nachfolgende Untersuchung zeigt zunächst auf, dass das Recht auf Zwangsvollstreckung grundsätzlich in der EMRK und somit auch in der GRCh

875 Gutachten des Gerichtshofs (Plenum) v. 18.12.2014, Gutachten 2/13, ECLI:EU:C:2014:2454 Rn. 180f.

876 Nach einem Beitritt würden die Rechtsakte der Union der Überprüfung durch den EGMR zugänglich sein und die Union wie eine staatliche Vertragspartei der EMRK behandelt werden, siehe G/H/N/*Schorkopf*, EUV, Art. 6 Rn. 48; mit dieser Ansicht ginge auch die Einführung von Schutzpflichten auf Unionslevel einher, siehe *Grewe*, EuR 2012, 285 (291); Gutachten des Gerichtshofs (Plenum) v. 18.12.2014, Gutachten 2/13, ECLI:EU:C:2014:2454 Rn. 181.

877 Zur Ansicht, die Einrichtung eines Zwangsvollstreckungsrechts als positive Verpflichtung nach der EMRK, siehe HK-EMRK/*Harrendorf/Meyer-Ladewig/König*, Art. 6 Rn. 33.

berücksichtigt wird. Gerade über die Ausgestaltung der Sachaufklärung schweigen die besprochenen Urteile allerdings.

1. Schutz der zivilrechtlichen Zwangsvollstreckung

Die Beschäftigung mit Art. 47 Abs. 2 GRCh führt, wie aufgezeigt, zu einer Auseinandersetzung mit Art. 6 EMRK. Aufgrund der Wesensverwandtschaft beider Grundrechtsgehalte gibt es nur geringfügige Erkenntnisse zum Schutzgehalt von Art. 47 Abs. 2 GRCh. Denn wie für Art. 47 Abs. 2 GRCh stellt sich für Art. 6 Abs. 1 S. 1 EMRK die Frage, ob „verhandeln" nur die Stufe des Erkenntnisverfahrens erfasst oder auch die des Vollstreckungsverfahrens.

Zentraler Gegenstand von Art. 6 Abs. 1 S. 1 EMRK ist das Recht darauf, dass „*Streitigkeiten* in Bezug auf [...] *zivilrechtliche Ansprüche und Verpflichtungen* [...] *verhandelt* [werden]".[878] Schon ein Vergleich der beiden offiziellen Sprachfassungen zeigt, dass sich darin Unterschiede verkörpern.[879] Nach der englischen Sprachfassung handelt es sich bei Art. 6 Abs. 1 S. 1 EMRK um „the *determination* of [...] civil rights and obligations"[880]. Die französische Fassung spricht von „*décidera*, soit des contestations sur ses droits et obligations de caractère civil".[881] Die drei Sprachfassungen umfassen nach Übersetzung des Verfassers das Verhandeln von Streitigkeiten, die Feststellung zivilrechtlicher Rechte und Pflichten sowie das Entscheiden von Streitigkeiten. Für die Auslegung bindend sind nur die englische und die französische Sprachfassung.[882]

Zunächst wird der Anwendungsbereich der Norm untersucht. Um in den Anwendungsbereich von Art. 6 EMRK zu fallen, muss die Sachaufklärung im Speziellen und die Zwangsvollstreckung im Allgemeinen eine zivilrechtliche Streitigkeit nach autonomer Lesart der EMRK durch den EGMR darstellen.[883]

---

878 [Hervorhebung durch Autor]. Vgl. die aktuelle deutsche Übersetzung, o. Fn. 28. Siehe aber zum Beispiel die Übersetzung bei *Peukert* RabelsZ 1999, 600 (601), die von einem „Anspruch" statt eines Rechts spricht und dass eine Sache von einem Gericht gehört wird, das über Ansprüche und Verpflichtungen „zu entscheiden hat". Diese Übersetzung kommt den offiziellen englischen und französischen Versionen wesentlich näher.

879 Darauf verweisen ebenfalls beim Vergleich der englischen und französischen Sprachfassung *Schabas*, S. 272 sowie *Ottaviano*, S. 17.

880 [Hervorhebung durch Autor].

881 [Hervorhebung durch Autor].

882 Karpenstein/Mayer/*Mayer*, Einleitung Rn. 56.

883 Zur Auslegung der EMRK siehe Karpenstein/Mayer/*Mayer*, Einleitung Rn. 45ff. insbes. Rn. 48; mit Fallnachweisen, *Frowein/Peukert*, Einführung Rn. 8; *Schabas*, S. 33ff.

Die Untersuchung der Rechtsprechung verdeutlicht, dass der EGMR ein überaus weites Verständnis des Begriffes „zivilrechtlich" in Art. 6 Abs. 1 S. 1 EMRK benutzt.[884] Das weite Verständnis führt zu folgender Situation: Der EGMR unterscheidet nicht trennscharf zwischen zivilprozessualer Zwangsvollstreckung und der Zwangsvollstreckung von öffentlich-rechtlichen Ansprüchen. Vielmehr lässt sich der Befund erheben, dass es keine Unterscheidung zwischen diesen Arten von Ansprüchen gibt, sobald sie mittels staatlicher Gewalt vollstreckt werden. Dass solch eine Unterscheidung rein faktisch in den Konventions- und Mitgliedstaaten allerdings stattfindet, zeigt eine vermeintliche Bevorzugung öffentlich-rechtlicher Ansprüche.[885] Die Entwicklung der Rechtsprechung des EGMR unterstreicht diesen Befund. Der hauptsächlich zitierte Fall, auf den sich die Literatur für die Frage nach der konventionsrechtlich geschützten Vollstreckbarkeit von privatrechtlichen Ansprüchen stützt, hat eigentlich eine Streitigkeit zum Gegenstand, in die ein öffentlich-rechtlicher Hoheitsträger involviert ist.[886] Doch mittlerweile ist auch Rechtsprechung für Konstellationen ergangen, die von der Grundanlage rein privatrechtlicher Natur waren.[887] Für die untersuchten rein privatrechtlichen Vollstreckungsangelegenheiten sind die Fälle der letztgenannten Kategorie hilfreicher.

a) Ursprüngliche Wortlautauslegung

Entsprechend einer Wortlautauslegung stellt das Zwangsvollstreckungsverfahren keine Verhandlung/Entscheidung über eine zivilrechtliche Streitigkeit dar, da der Streit in Art. 6 Abs. 1 S. 1 EMRK ein materielles und kein prozessuales Recht erfordert.[888] Hauptargument ist, dass der festgestellte Anspruch des Gläubigers nicht untergeht, auch wenn er nicht unmittelbar, mittels Zwangsvollstreckung, durchgesetzt wird. Der Anspruch wurde festgestellt und bleibt bestehen.[889] Das

---

884 Instruktiv *Grabenwarter/Struth* in Ehlers, EuGR, § 6 Rn. 37ff.

885 Beispielsweise in Bezug auf die Vollstreckung von Unterhaltsforderungen im Rahmen der EuUntVO. Siehe o. Teil 2, A. II.

886 Siehe unten die Besprechung von Hornsby/Greece sowie die Nachweise zur Literatur.

887 Dazu sogleich EGMR, Urt. v. 16.01.2018 – 27413/09, HUDOC – Ciocodeică/Romania.

888 Vgl. *Kodek* in Andenas/Hess/Oberhammer (Hrsg.), Enforcement Agency Practice in Europe, 303 (314f.); ebenso *Grabenwarter/Pabel* in Dörr/Grote/Marauhn, Konkordanzkommentar zum europäischen und deutschen Grundrechtsschutz, Rn. 16; Beispiele in denen der Gerichtshof bereits Zwangsvollstreckungsverfahren als zivilrechtliche Streitigkeiten angesehen hat gibt HK-EMRK/*Harrendorf/Meyer-Ladewig/König*, Art. 6 Rn. 21.

889 In Deutschland zumindest für 30 Jahre, siehe § 197 Abs. 1 BGB.

lässt sich auf die Sachaufklärung übertragen. Eine strikte Auslegung am Wortlaut der Norm verbietet eine Subsumption des Vollstreckungsverfahrens unter das Kriterium der zivilrechtlichen Streitigkeit in Art. 6 Abs. 1 S. 1 EMRK. Auf folgende Entscheidung stützt sich die Feststellung: In der Sache Krone-Verlag GmbH and Mediaprint Anzeigen GmbH & Co KG/Austria[890] stellte die Erste Kammer der European Commission of Human Rights unter Punkt 1. b) der Rechtsauffassung der Kommission die allgemeine Regel auf, dass Zwangsvollstreckungsverfahren, die auf einer Zivilrechtsstreitigkeit basieren, nicht in den Anwendungsbereich von Art. 6 Abs. 1 S. 1 EMRK fallen.[891] Denn, wie zuvor ausgeführt, stelle das Vollstreckungsverfahren keine Streitigkeit über zivilrechtliche Ansprüche dar.[892] Die EKMR nahm eine Unterscheidung zwischen der zivilrechtlichen Streitigkeit, die im Erkenntnisverfahren entschieden wird, und dem Vollstreckungsverfahren vor. Der EGMR unternimmt auch heute noch eine autonome Auslegung und stellt für die Frage, ob eine zivilrechtliche Streitigkeit vorliegt, auf das Ausgangsverfahrens ab.[893] Das Kriterium der Streitigkeit muss vor Aufnahme der Vollstreckungshandlung erfüllt sein. Die zivilrechtliche Eigenschaft der Streitigkeit setzt sich dann im Vollstreckungsverfahren fort.

Wenn auch nicht explizit vom Anwendungsbereich des Art. 6 Abs. 1 S. 1 EMRK erfasst, wird die Rechtsdurchsetzung heutzutage nichtsdestotrotz vom EGMR vorausgesetzt, um dem Recht in Art. 6 Abs. 1 S. 1 EMRK zu effektiver Wirksamkeit zu verhelfen.

---

890 EKMR Urt. v. 21.5.1997 – 28977/95, HUDOC – Krone-Verlag GmbH and Mediaprint Anzeigen GmbH & Co KG/Austria.

891 Krone-Verlag/Austria (Fn. 890).

892 Wie zuvor, Punkt 1. b) der Rechtsauffassung der Kommission: „The Commission recalls in this respect that, as a general rule, enforcement proceedings following a civil court judgment do not come within the scope of Article 6 para. 1 (Art. 6-1) of the Convention."; siehe dazu bereits die früheren Entscheidungen: EKMR Urt. v. 15.10.1981 – 9233/81; EKMR Urt. v. 5.10.1987 – 11918/86 Rn. 2; EKMR Urt. v. 14.7.1988 – 13359/87.

893 Die Argumentation unterstützt: EGMR Urt. v. 18.12.2008 – 69917/01, HUDOC Rn. 60 – Saccoccia/Austria: „As far as *civil proceedings before domestic courts are concerned*, the applicability of Article 6 *extends* to the execution phase of the proceedings [. . .]" [Hervorhebung durch Autor]; EGMR Urt. v. 28.07.1999 – 22774/93, HUDOC Rn. 63 – Immobiliare Saffi/Italy; dahingehend unterscheiden nicht eindeutig: HK-EMRK/*Harrendorf/Meyer-Ladewig/König*, Art. 6 Rn. 21.

b) Das Recht auf Zugang zum Gericht

Unabhängig von den unterschiedlichen Sprachfassungen der EMRK ist das *Recht auf ein Gericht* die zentrale Gewährleistung in Art. 6 EMRK. Das verdeutlicht Art. 6 Abs. 1 S. 1 EMRK, dessen Wortlaut damit endet, dass eine zivilprozessuale Streitigkeit „von einem [...] Gericht [...] verhandelt wird" oder wie in den anderen Fassungen „festgestellt wird". Der Zugang zu einem garantierten Gericht muss bestehen.[894] Satz 2 impliziert, dass es nicht nur ein Recht auf Verhandlung, sondern vor allem auch das Recht auf Abschluss des Verfahrens durch ein Urteil gibt.[895] Die Mitgliedstaaten haben eine Organisation des Justizapparates zu gewährleisten, der die Rechte wahrt.[896]

Der EGMR beschäftigte sich in einer Vielzahl von Fällen mit der Frage, ob die Zwangsvollstreckung dem Recht auf ein Gericht oder einer anderen Ausprägung des Art. 6 EMRK unterfällt. Dahingehend zeigt die Analyse der vor dem EGMR verhandelten Fälle auf, dass der EGMR zunächst keine expliziten Ansprüche an die Konventionsstaaten stellt, wie sie die Zwangsvollstreckung auszugestalten haben. Die Rechtsprechung betont vielmehr, dass das Recht auf die Institution der Zwangsvollstreckung zu gewährleisten ist. Folgende in Straßburg verhandelte Fälle verdeutlichen den Befund.

Ihren Anfang nahm die Rechtsprechungsentwicklung des EGMR mit einer Reihe von Mietstreitigkeiten und somit, von im Ausgangspunkt, klassisch zivilrechtlichen Konstellationen. In den Fällen hatte sich der EGMR bereits mit der Frage der Zwangsvollstreckung im Rahmen von Art. 6 Abs. 1 S. 1 EMRK auseinanderzusetzen.[897] Exemplarisch für diese frühere Rechtsprechung steht Scollo/Italy.[898] Der EGMR prüfte, ob die in Frage stehenden unterlassenen Vollstreckungshandlungen Teil der in Art. 6 Abs. 1 S. 1 EMRK bezeichneten „Verhandlungen" und somit darauf gerichtet waren, den Rechtsstreit zwischen den

---

894 Siehe Karpenstein/Mayer/*Meyer*, Art. 6 Rn. 5; mit ausführlichen Nachweisen zur Rechtsprechung siehe *Frowein/Peukert*, Art. 6 Rn. 45; *Peukert* RabelsZ 1999, 600 (608); HK-EMRK/*Harrendorf/Meyer-Ladewig/König*, Art. 6 Rn. 34.

895 Siehe unter anderem EGMR, Urt. v. 01.03.2002 – 48778/99, HUDOC Rn. 25 – Kutić/Croatia: „It must also be established that the degree of access afforded under the national legislation was sufficient to secure the individual's 'right to a court' [...]".

896 Siehe EGMR Urt. v. 27.06.2000 – 30979/96, HUDOC Rn. 45 – Frydlender/France; von einer positiven Verpflichtung der Staaten gehen aus: HK-EMRK/*Harrendorf/Meyer-Ladewig/König*, Art. 6 Rn. 33.

897 Zu weiteren ähnlichen Fällen siehe *Trocker* in Stürner/Kawano (Hrsg.), Comparative Studies on Enforcement and Provisional Measures, 21 (34f.).

898 EGMR Urt. v. 28.09.1995 – 19133/91, HUDOC – Scollo/Italy.

betroffenen Parteien zu beenden.[899] Ausgangspunkt des Streits war mangelnder polizeilicher Beistand zugunsten eines klagenden Wohnungseigentümers. Herr Scollo, der Wohnungseigentümer, versuchte wiederholt einen Mieter der Wohnung zu verweisen. Das Urteil zugunsten Herrn Scollos stützte sich auf folgenden wesentlichen Aspekt: Es habe ein Fehlverhalten des italienischen Staates dargestellt, dass kein polizeilicher Beistand geleistet wurde. Allerdings bestand durch das Ausweisungsverlangen noch eine zivilrechtliche Streitigkeit zwischen Scollo und dem Mieter. Per se lag somit keine Vollstreckungssituation vor.[900] Der EGMR warf dem beklagten Konventionsstaat verwaltungstechnisches Versagen vor und nahm eine Verweigerung von Art. 6 Abs. 1 S. 1 EMRK im zivilrechtlichen Kontext an.[901] Somit entschied der EGMR lediglich über das Vorhandensein einer zivilrechtlichen Streitigkeit. Die eingeschränkte Nützlichkeit des Falles für die vorliegenden Zwecke wird weiterhin durch den Verweis des Gerichts darauf, dass in dem Fall zweifelhaft gewesen sei, ob Vollstreckungshandlungen wie im Fall Silva Pontes/Portugal vorgelegen hätten,[902] deutlich. Der EGMR war nämlich im Fall Scollo nicht von Vollstreckungshandlungen „in the strict sense“ ausgegangen.[903]

Im angesprochenen Fall von Silva Pontes/Portugal waren zwar langwierige und tatsächliche Vollstreckungshandlungen Gegenstand des Verfahrens, aber schlussendlich musste der EGMR darüber nicht urteilen. Das Erkenntnisverfahren überschritt nach dem Dafürhalten des Gerichts eine angemessene Zeitspanne.[904] Lediglich über die Anwendbarkeit von Art. 6 Abs. 1 S. 1 EMRK traf der EGMR die Aussage, dass für den „zweiten Teil“[905] des Verfahrens nichts anderes gelten könne als für den „ersten Teil“[906]. Mit dem ersten Teil bezog sich der EGMR eindeutig nur auf das Erkenntnisverfahren, das von Art. 6 Abs. 1 S. 1 EMRK umfasst ist. Mit der Formulierung eines „zweiten Teils“ des Verfahrens ließ er

---

899 Scollo/Italy (o. Fn. 898) Rn. 44: „regard being had *to the purpose of the proceedings*, which was to settle the dispute between the applicant and his tenant“ [Hervorhebung durch Autor].

900 Ibid.

901 Ibid.: „the Court considers that the inertia of the competent administrative authorities engages the responsibility of the Italian State under Article 6 para. 1 (art. 6-1)“.

902 EGMR Urt. v. 23.03.1994 – 14940/89, HUDOC – Silva Pontes/Portugal.

903 Scollo/Italy (o. Fn. 898) Rn. 44.

904 Silva Pontes/Portugal (o. Fn. 902) Rn. 40f.; zur Problematik der überlangen Verfahrensdauer in Art. 6 Abs. 1 EMRK siehe u. B.II.2.

905 Silva Pontes/Portugal (o. Fn. 902) Rn. 36 “the second stage”.

906 Ibid., „no doubt that Article 6 (art. 6) applies to the first stage of the proceedings“.

leider gewisse Unschärfen erkennen. Das in Silva Pontes zur Diskussion stehende portugiesische Recht ermöglichte es, die Höhe eines Anspruchs noch während des Vollstreckungsverfahrens festzulegen.[907] Die Bestimmung des Schadens ist der erwähnte zweite und von der Zwangsvollstreckung losgelöste Teil. Bei genauer Betrachtung bezieht sich die Argumentation des EGMR in Silva Pontes, in Bezug auf die „second stage", nicht auf das Zwangsvollstreckungsverfahren. Denn in seinen Ausführungen gegen das Vorbringen der streitbefangenen Regierung Portugals befand der Gerichtshof, dass ein Anspruch erst dann als im Sinne der EMRK als festgestellt gelten solle, wenn nicht lediglich das Recht zuerkannt wurde. Erst dann, wenn auch die Anspruchshöhe festgelegt sei, sei auch der Anspruch an sich festgestellt.[908] Erst dieser Zeitpunkt setze die Frist für das Einreichen der Individualbeschwerde in Gang und bilde den Abschluss des Verfahrens – oder präziser: den Abschluss des Erkenntnisverfahrens.[909] Dass die Anspruchshöhe im Rahmen des Vollstreckungsverfahrens festgelegt wurde, war lediglich den nationalstaatlichen portugiesischen Regelungen geschuldet. Abschließend unterstrich das Gericht, dass das Vollstreckungsverfahren im vorliegenden Fall eben gerade nicht nur zur Durchsetzung eines festgelegten Betrages dienen sollte, sondern zur abschließenden Ermittlung weiterer Schadenssummen.[910] In Immobiliare Saffi/Italy, einer weiteren italienischen Mietrechtsstreitigkeit, bezog sich das Gericht dann bereits auf die regelmäßig zitierte Entscheidung Hornsby.[911] In der im Folgenden erläuterten Entscheidung aus dem Jahr 1997 hat der EGMR seinen Grundsatz zur Zugehörigkeit des Zwangsvollstreckungsverfahrens zu Art. 6 Abs. 1 S. 1 EMRK konkret ausformuliert.

In Hornsby/Greece[912] stellte der EGMR fest, dass das Recht auf Zugang zu einem Gericht illusorisch wäre, wenn das mitgliedstaatliche Recht es verhindern würde, dass ein bindendes und endgültiges Urteil zum Nachteil einer der beteiligten Parteien durchgesetzt werden könnte: „[...] that right would be

---

907 Siehe dazu sowie zur Frage, ob das Zwangsvollstreckungsverfahren ein separates Verfahren, gerade nach der portugiesischen Rechtsordnung, darstellt: *Trocker* (o. Fn.897) 21 (30).

908 Silva Pontes/Portugal (o. Fn. 902) Rn. 30.

909 Ein weiterer Aspekt für die entscheidende Bedeutung, dass das Zwangsvollstreckungsverfahren von Art. 6 Abs. 1 S. 1 EMRK umfasst ist. Siehe zum Fall Silva Pontes/Portugal (o. Fn. 902) Rn. 29f.; ebenso EGMR Urt. v. 26.09.1996 – 15797/89, Reports of Judgments and Decisions 1996-IV, S. 1384, Ziff. 22 – Di Pede/Italy.

910 Silva Pontes/Portugal (o. Fn. 902) Rn. 33.

911 Immobiliare Saffi/Italy (o. Fn. 922) Rn. 63.

912 Hornsby/Greece (o. Fn. 866).

illusory if a Contracting State's domestic legal system allowed a final, binding judicial decision to remain inoperative to the detriment of one party. It would be inconceivable that Article 6 para. 1 [. . .] should describe in detail procedural guarantees afforded to litigants [. . .] without protecting the implementation of judicial decisions; to construe Article 6 (art. 6) as being concerned exclusively with access to a court and the conduct of proceedings would be likely to lead to situations incompatible with the principle of the rule of law which the Contracting States undertook to respect [. . .]"[913] Es sollten nicht nur die Verfahrensgarantien für das Erkenntnisverfahren und vor allem der Zugang zum ersten Instanzenzug in Art. 6 EMRK zum Ausdruck kommen, sondern eben auch die Durchsetzung gerichtlicher Entscheidungen.[914] Die Vollstreckung müsse folglich als ein weiteres, von Art. 6 Abs. 1 S. 1 EMRK geschütztes, zentrales Element des Verfahrens verstanden werden.[915] Dabei verdeutlicht der Sachverhalt der Rechtssache Hornsby/Greece, dass der Fall als Referenz für die Verankerung der strikt zivilprozessualen Zwangsvollstreckung in der EMRK schwerlich taugt. Nur wenn man die weite Auslegung der zivilrechtlichen Streitigkeit nach der EMRK zum Maßstab nimmt, ist das Recht etabliert. In Hornsby/Greece wollten zwei britische Staatsangehörige auf einer griechischen Insel eine Auslandsschule eröffnen. Die Erteilung der dafür notwendigen Genehmigung verzögerte sich immer wieder. Begründet wurde die verweigerte Genehmigung hauptsächlich mit der Nationalität der Antragsteller. Der Europäische Gerichtshof befand, dass die Versagung gegen den Vertrag zur Gründung der Europäischen Gemeinschaft verstoße.[916] Im Nachgang des Verfahrens vor dem EuGH stellten sie weitere Anträge und brachten ihr Anliegen wiederholt in diversen Gerichten Griechenlands vor. Erst im Jahr 1995 und somit elf Jahre nach der ersten Antragstellung der Eheleute Hornsby befand das Verwaltungsgericht von Rhodos, dass die Verwaltungsbehörden unrechtmäßig nicht entsprechend bereits zuvor ergangener Gerichtsurteile zugunsten der Antragsteller verfahren wären.[917] Bereits im Jahr 1988 war beispielsweise eine Entscheidung des höchsten Verwaltungsgerichts

913 Vgl. Hornsby/Greece (o. Fn. 866) Rn. 40; unter anderem bestätigt in EGMR Urt. v. 18.11.2010 – 7618/05, HUDOC Rn. 53 – Romańczyk/France.

914 Dazu vertiefend: *Trocker* (o. Fn. 897) 21ff., insbesondere Fn. 1 mit weiteren Nachweisen, sowie zum Fall Hornsby konkret, 32ff.

915 Siehe dazu zum Beispiel EGMR Urt. v. 21.12.2004 – 34297/02 und 39574/02, HUDOC Rn. 37 – Derkach and Palek/Ukraine.

916 Siehe Rs. 147/86 Kommission der Europäischen Gemeinschaften gegen Republik Griechenland, Slg. 1988 - 01637, ECLI:EU:C:1988:150.

917 Hornsby/Greece (o. Fn. 866) Rn. 19.

(Supreme Administrative Court) zugunsten der Eheleute Hornsby ergangen.[918] Im Verfahren vor dem EGMR begründete das Gericht einen Verstoß gegen Art. 6 Abs. 1 S. 1 EMRK damit, dass die griechischen Behörden einem Urteil des obersten Verwaltungsgerichts zugunsten der Beschwerdeführer nicht zu Geltung verhelfen wollten.[919] Eine klassisch privatrechtliche Konstellation, wie sie der Sachaufklärung in der zivilprozessualen Einzelzwangsvollstreckung zu Grunde liegt, war nicht gegeben.[920] Der Grundsatz zur Zwangsvollstreckung in Hornsby wurde in einer verwaltungsrechtlichen Angelegenheit getroffen, die aber nach Auslegung der EMRK den zivilrechtlichen Ansprüchen und Verpflichtungen aus Art. 6 zugeordnet wird.[921] Für rein privatrechtliche Schuldverhältnisse, in denen kein öffentlich-rechtlicher Hoheitsträger involviert ist, muss die weitere Rechtsprechung des EGMR folglich noch eingehend untersucht werden. Viele jüngere Urteile berufen sich trotz alledem auf die allgemein aufgestellte Regel in Hornsby.[922]

Die untersuchten Fälle zeigen auf, dass die Entwicklung des Schutzes der Zwangsvollstreckung unter der EMRK nicht geradlinig verlief und keineswegs durch Vollstreckungssituationen im klassisch zivilrechtlichen Sinne geprägt ist.[923] Vielmehr wurde staatliches Versagen, vor allem in Verwaltungssituationen oder bei der Beachtung der Rechtsprechung in einzelnen Konventionsstaaten, als Konventionsverletzung herausgearbeitet. Das Ergebnis ist, dass staatliche Einrichtungen die Zwangsvollstreckung garantieren müssen. Doch aufgrund des weiten Verständnisses zivilprozessualer Streitigkeiten ist Hornsby/Greece nicht der optimale Referenzpunkt, um die zivilprozessuale Zwangsvollstreckung als unter Art. 6 Abs. 1 EMRK garantiert zu sehen. Vielmehr wird ein Verständnis

918 Hornsby/Greece (o. Fn. 866) Rn. 13.

919 Hornsby/Greece (o. Fn. 866) Rn. 40, 45.

920 So auch die Argumentation der Beklagtenvertreter Griechenlands, Hornsby/Greece (o. Fn. 866) Rn. 39.

921 Hornsby/Greece (o. Fn. 866) Rn. 39; siehe zu den Fallgruppen, die den „civil rights" in Art. 6 EMRK zugeordnet werden *Grabenwarter/Pabel* in Dörr/Grote/Marauhn, Konkordanzkommentar zum europäischen und deutschen Grundrechtsschutz, Rn. 13ff.

922 Wiederholt zum Beispiel in: Immobiliare Saffi/Italy (o. Fn. 893) Rn. 63; Burdov/Russia (o. Fn. 865) Rn. 34; EGMR Urt. v. 08.04.2004 – 71503/01, HUDOC Rn. 182 – Assanidze/Geogia.

923 Siehe mit ausführlichen Nachweisen zu Literatur und Rechtsprechung des EGMR und zu der Einschätzung, dass der EGMR eine einzelfallbasierte anstatt einer systematischen Entwicklung des Rechts vornimmt: *Kodek* in Andenas/Hess/Oberhammer (Hrsg.), Enforcement Agency Practice in Europe, 303 (304 Fn. 4).

deutlich, dass die Unterscheidung zwischen privatrechtlichen und öffentlich-rechtlichen Vollstreckungssachen verschwimmen lässt.

In weiteren Fällen hat sich der EGMR allerdings auch mit der Durchsetzung von Ansprüchen beschäftigt, die auf einer rein zivilrechtlichen Ausgangssituation beruhten.

c) Privatrechtliche Streitigkeiten

In der jüngst ergangenen Entscheidung Ciocodeică/Romania hat der EGMR zusammengefasst, in welchem Umfang Konventionsstaaten die Vollstreckung zivilrechtlicher Urteile zwischen Privatpersonen garantieren müssen.[924] Eine Arbeitnehmerin machte die Verletzung von Art. 6 Abs. 1 S. 1 EMRK geltend, da sie ihrer Meinung nach vom beklagten Staat Rumänien, in Vertretung durch den Gerichtsvollzieher, keine ausreichende Unterstützung bei der Vollstreckung ihres abschließend gerichtlich festgestellten Anspruchs erhielt. Bei seiner Einschätzung bezog sich das Gericht zunächst wieder auf die Argumentation in Hornsby[925] sowie auf ein Urteil aus dem Jahr 2003.[926]

In Ciocodeică postulierte der EGMR die Verpflichtung des betroffenen Konventionsstaats, dass dieser die Aufgabe habe, ein effektives System der Zwangsvollstreckung zu organisieren, das die Vollstreckung in angemessener Zeit ermögliche.[927] Dabei könne das innerstaatliche Rechtssystem nicht darauf überprüft werden, ob es in der Lage sei, die Vollstreckung auch zu gewährleisten.[928] Es sei vielmehr den Konventionsstaaten überlassen, eine gewisse Auswahl an Vollstreckungsinstrumenten vorzusehen, um der positiven Verpflichtung der effektiven Vollstreckung nachzukommen.[929] Dessen ungeachtet forderte der EGMR in Ciocodeică, dass das Zwangsvollstreckungssystem sowohl rechtlich als auch tatsächlich effektiv sein müsse und dass eine Vollstreckung ohne vertretbare Verzögerungen im Konventionsstaat sicherzustellen sei.[930] Aber, so schränkte der EGMR weiter unter Bezug auf die Entscheidung in Sanglier/France ein, das Recht auf Vollstreckung mittels des Zugangs zum Gericht bedeute nicht, dass die

---

924 EGMR, Urt. v. 16.01.2018 – 27413/09, HUDOC – Ciocodeică/Romania.
925 Hornsby/Greece (o. Fn. 866).
926 EGMR Urt. v. 17.06.2003 – 34647/97, HUDOC Rn. 66 – Ruianu/Romania.
927 Ciocodeică/Romania (o. Fn. 924) Rn. 84.
928 Siehe Fn. 926.
929 EGMR Urt. v. 03.05.2005 – 2577/02, HUDOC Rn. 69 – Fociac/Roumanie.
930 Ciocodeică/Romania (o. Fn. 924) Rn. 84: „to organise a system for enforcement of judgments that is effective both in law and in practice and ensures their enforcement without any undue delays“.

Ansprüche ohne Ansehung der Besonderheiten des jeweiligen Falles vollstreckt werden müssten.[931] Gleichzeitig beschränkte sich der EGMR darauf, die Pflicht der Staaten dahingehend zu definieren, dass diese lediglich durch ihre Institutionen, zum Beispiel nationalstaatliche Gerichte, in das Zwangsvollstreckungsverfahren involviert sein müssten.[932] Es müsse eine angemessene Unterstützung beim Verfahren der Zwangsvollstreckung erfolgen.[933] Das eingeschränkte Maß an staatlicher Unterstützung solle Fällen vorbeugen, in welchen aufgrund rein tatsächlicher Schwierigkeiten, wie zum Beispiel Vermögenslosigkeit des Schuldners oder Fälle komplexer Gläubigerbefriedigung, eine Vollstreckung verzögert wird.[934] Dabei kommt nochmals zum Tragen, dass die Zwangsvollstreckung immer auch von den tatsächlichen Gegebenheiten abhängt und sich somit nicht umfassend kodifizieren lässt.

Die Konventionsstaaten sind somit nach der EMRK verpflichtet, die Zwangsvollstreckung innerstaatlich auszugestalten. Ihnen wird ein gewisser Handlungsspielraum überlassen. Der EGMR beschränkt sich auf eine Kontrolle des Vorhandenseins verschiedener Maßnahmen, die die Vollstreckung abstrakt gewährleisten. Er etabliert folglich eine absolute Untergrenze für die Einrichtung von Zwangsvollstreckungsinstrumenten.

d) Zwischenergebnis

Die umfassende Betrachtung der Rechtsprechung zeigt, dass die Konventions- und somit auch die Mitgliedstaaten der europäischen Union die Zwangsvollstreckung von Urteilen abstrakt gewährleisten müssen. Zusammenfassend wird auf die Entscheidungen des EGMR in Dewicka/Poland verwiesen. Danach ist für die endgültige Beurteilung darüber, ob die Rechte des Klägers effektiv verteidigt wurden, entscheidend, dass der Kläger tatsächlich befriedigt wurde: „decisive is

---

931 EGMR Urt. v. 27.05.2003 – 50342/99, HUDOC Rn. 39 – Sanglier/France, wonach der beklagte Konventionsstaat nicht für die Vermögenslosigkeit des Schuldners aufgrund von Insolvenz verantwortlich gemacht werden kann.

932 Ciocodeică/Romania (o. Fn. 924) Rn. 85: „The State's responsibility for enforcement of a judgment against a private person extends no further than the involvement of State bodies in the enforcement procedures"; siehe auch EGMR Urt. v. 07.06.2005 – 71186/01, HUDOC Rn. 67 – Fuklev/Ukraine.

933 So bereits in Fociac/Roumanie (o. Fn. 929) Rn. 70.

934 Siehe dazu die schwierige Zwangsvollstreckung gegen eine Bank bei einer Mehrzahl von Gläubigern: EGMR Urt. v. 18.06.2002 – 48757/99, HUDOC – Shestakov/Russia.

the point at which the right asserted by a claimant actually becomes 'effective', that is to say, when his *civil claim is finally satisfied*".[935]

Zu einer möglichen Ausgestaltung, vor allem zu Begrenzungen des Zugangs zur Zwangsvollstreckung, hat der Europäische Gerichtshof für Menschenrechte ebenfalls Stellung genommen. Danach kann das Gericht die Einschränkungen rechtlicher oder tatsächlicher Art unter Art. 6 Abs. 1 S. 1 EMRK dahingehend überprüfen, ob diese den Kern des Rechts einschränken und ob solch eine Einschränkung verhältnismäßig ist.[936] Das heißt, durch gewisse Beschränkungen liegt keine Verletzung des Rechts per se vor. Vielmehr ist die konkrete Ausgestaltung den Konventionsstaaten überlassen. Die zivilrechtliche Zwangsvollstreckung ist somit, allerdings nur abstrakt, von Art. 6 Abs. 1 S. 1 EMRK umfasst. Konkrete Anforderungen, vor allem an die Einrichtung von Sachaufklärungsmechanismen, können der Garantie allerdings nicht entnommen werden.

2. Das Recht auf Verhandlung in angemessener Frist

Vorgaben für eine detaillierte Ausgestaltung der Zwangsvollstreckung können zusätzlich dem Recht auf Verhandlung in angemessener Frist entstammen. Art. 6 Abs. 1 S. 1 EMRK enthält das Gebot, dass das Gericht innerhalb einer angemessenen – das heißt, einer im Einzelfall als rechtmäßig festzulegenden[937] – Frist eine Entscheidung über den Fall getroffen haben muss.[938] Der EGMR unterscheidet, ob der Gläubiger Einfluss auf das Zwangsvollstreckungsverfahren nehmen kann, indem er den Zwangsvollstreckungsvorgang selbstständig in Gang setzt,

---

935 Siehe EGMR Urt. v. 04.04.2000 – 38670/97, HUDOC Rn. 42 – Dewicka/Poland; zuvor darauf berufen in: EGMR Urt. v. 26.09.1996 – 24295/94, Reports of Judgments and Decisions 1996-IV, S. 1411, Ziff. 18–20 – Zappia/Italy [Hervorhebung durch Autor]; nochmals bestätigt und auf Dewicka/Poland berufen in EGMR Urt. v. 02.07.2002 – 71891/01, HUDOC Rn. 20 – Halka and others/Poland.

936 Shestakov/Russia (o. Fn. 934) Punkt 1.

937 *Frowein/Peukert*, Art. 6 Rn. 249; *Grabenwarter/Struth* in Ehlers, EuGR, § 6 Rn. 56; HK-EMRK/*Harrendorf/Meyer-Ladewig/König*, Art. 6 Rn. 199ff., siehe insbesondere Rn. 208 mit Beispielen aus der Rechtsprechung.

938 Der für den Abschluss des Verfahrens maßgebliche Zeitpunkt wird in der deutschsprachigen Kommentarliteratur gegensätzlich betrachtet. Für Karpenstein/Mayer/*Meyer*, Art. 6 Rn. 74 endet die relevante Zeitspanne einer angemessenen Frist mit Zustellung des letztinstanzlichen Urteils im ordentlichen Rechtsweg. HK-EMRK/*Harrendorf/Meyer-Ladewig/König*, Art. 6 Rn. 190 hingegen berücksichtigen die Dauer der Zwangsvollstreckung, wenn über die Angemessenheit der Verfahrensdauer entschieden wird. *Frowein/Peukert*, Art. 6 Rn. 244 stimmen letzterer Ansicht unter Verweis auf die EMRK-Rechtsprechung zu.

oder ob er den Verlauf des Verfahrens nicht steuern kann.[939] In erstgenannter Alternative obliegt es dem Gläubiger, das Vollstreckungsverfahren einzuleiten. Der Gerichtshof beschränkte sich darauf, nur die Phase des Erkenntnisverfahrens zu betrachten. Das muss nicht bedeuten, dass nicht auch die zweite Phase, die Vollstreckung, unter Art. 6 fallen kann.[940] Die Sammlung der Rechtsprechung des EGMR zu zivilrechtlichen Streitigkeiten innerhalb von Art. 6 EMRK verdeutlicht, dass der EGMR die Zwangsvollstreckung hauptsächlich unter dem zeitlichen Aspekt als Verhandlungen in angemessener Frist betrachtet.[941] Gelangt der EGMR zu der Überzeugung, dass ein Verfahren nicht in angemessener Zeit durchgeführt wurde, sind damit keine Auswirkungen auf die mitgliedstaatliche Ausgestaltung des Zwangsvollstreckungsverfahrens verbunden. Dem Geschädigten wird lediglich eine gerechte Entschädigung gewährt. Ergibt sich die Verzögerung aufgrund struktureller Probleme, dann kann der Mitgliedstaat verpflichtet werden, Abhilfe zu schaffen. Der Geschädigte soll beispielsweise in die Lage versetzt werden, die überlange Verfahrensdauer rügen zu können.[942]

Das Kriterium der Verhandlung und der davon umfassten Vollstreckung in angemessener Zeit bezieht sich lediglich abstrakt auf die Ausgestaltung des Zwangsvollstreckungsverfahrens. Die Zwangsvollstreckung muss grundsätzlich gewährleistet werden und der Gläubiger kann erwarten, dass sie in einem abgegrenzten Zeitrahmen stattfindet. Konkrete Forderungen nach der Ausgestaltung, zum Beispiel Rechte zur Informationsbeschaffung, ergeben sich daraus nicht. Allerdings leitete der EGMR aus Art. 13 EMRK und der Verletzung des Rechts auf die angemessene Verfahrensdauer aus Art. 6 Abs. 1 EMRK die Verpflichtung der Konventionsstaaten her, einen Rechtsbehelf einzuführen, mit dem die überlange Verfahrensdauer gerügt werden kann.[943] Es bleibt bei

---

939 Siehe EGMR Urt. v. 26.10.1988 – 11371/85, HUDOC Rn. 44 – Martins Moreira/Portugal und EGMR Urt. v. 07.07.1989 – 11681/85, HUDOC Rn. 30 – Unión Alimentaria Sanders S.A./Spain; EGMR Urt. v. 03.04.2003 – 53534/99, HUDOC Rn. 18 – Esteves/Portugal; *Peukert* RabelsZ 1999, 600 (618).

940 Unión Alimentaria Sanders S.A./Spain (o. Fn. 939) Rn. 30.

941 Siehe den Guide on Article 6 of the European Convention on Human Rights, Right to a fair trial (civil limb), Updated to 31 August 2019, verfügbar unter <www.echr.coe.int/Documents/Guide_Art_6_ENG.pdf> [zuletzt abgerufen am 01.06.2020], S. 40, 84f.

942 *Peukert* RabelsZ 1999, 600 (620); Karpenstein/Mayer/*Meyer*, Art. 6 Rn. 82; *Grabenwarter/Pabel* in Dörr/Grote/Marauhn, Konkordanzkommentar zum europäischen und deutschen Grundrechtsschutz, Rn. 118.

943 Karpenstein/Mayer/*Breuer*, Art. 13 Rn. 71.

Einzelfallentscheidungen durch den EGMR, aus denen systematische Anforderungen nicht abgeleitet werden können.

III. Gläubigerperspektive: Ergebnis

Die Untersuchung der Gläubigerrechte hat ergeben, dass die Europäische Union an den Standard der GRCh und der EMRK gebunden ist. Daraus ergibt sich trotz Kompetenz der Union sowie der zu Beginn aufgezeigten Notwendigkeit einer Regelung nicht die Verpflichtung, selbstständig auf dem Gebiet der Sachaufklärung legislativ tätig zu werden. Andererseits steht einer Regelung nichts entgegen.

Bezüglich der Umsetzung auf Unionsebene hat die Analyse der Rechtsprechung aufgezeigt, dass die Zwangsvollstreckung zwar von Art. 6 EMRK als solche geschützt wird, sich daraus aber lediglich im Rahmen der überlangen Verfahrensdauer für Erkenntnisverfahren konkrete legislative Vorgaben für die Konventionsstaaten bzw. für die Union ergeben. Dass das Gebot zur Vermeidung überlanger Verfahrensdauern die Zwangsvollstreckung einbezieht, hat höchstens strukturelle, aber keine substanziellen Auswirkungen auf materielle Anforderungen an die Mitgliedstaaten. Die Konventionsstaaten müssen Beschwerdemöglichkeiten einrichten, die sich gegen die überlange Verfahrensdauer richten.

Die Ausgestaltung des Gläubigerrechts erfolgt dementsprechend im weit gefassten Rahmen von Art. 6 Abs. 1 EMRK i.V.m Art. 47 Abs. 2 GRCh. Ob der aufgezeigte Rahmen vollumfänglich zu Gunsten des Gläubigers ausgeschöpft werden kann, ist auch abhängig von den Rechten des Schuldners. Denn gerade in grundrechtssensiblen Bereichen kann der legislative Gestaltungsspielraum des Unionsgesetzgebers eingeschränkt sein.[944] Dass sich die Rechte der GRCh explizit aufgrund von Individualrechten einschränken lassen, geht aus Art. 52 Abs. 1 GRCh hervor.[945] Verfassungsimmanente Schranken durch Grundrechte anderer sind in der GRCh aufgrund des abschließenden Schrankensystems explizit nicht vorgesehen.[946] Für die EMRK wurde ein konkretes Schutzniveau sowohl in Bezug auf die Durchsetzung als auch in Bezug auf die Ausgestaltung zivilprozessualer Ansprüche festgestellt. Mittels Art. 52 Abs. 3 GRCh wird das

944 EuGH verb. Rs. C-293/12 und C-594/12, ECLI:EU:C:2014:238 Rn. 47 – Digital Rights Ireland.

945 Siehe dazu ausführlich im Zusammenhang mit den Rechten des Schuldners sogleich unter C.

946 Siehe ausführlich dazu Meyer/*Borowski*, Art. 52 Rn. 21.

Schutzniveau in Art 47 Abs. 2 GRCh inkorporiert.[947] Dadurch werden folglich die Rechte des Gläubigers erweitert.[948] Damit kommt auch die Meistbegünstigungsklausel des Art. 53 GRCh zum Tragen, die eine anderweitige Auslegung von Art. 47 Abs. 2 GRCh zum Nachteil der Bestimmungen der EMRK untersagt.[949] Der Schutz der Zwangsvollstreckung und die sich daraus ergebende Verpflichtung, die effektive Sachaufklärung auszugestalten, ist demnach auch Gegenstand von Art. 47 Abs. 2 GRCh und bindet die Union an diesen Standard.

C. Schuldnerperspektive: Rechtsverteidigung

Die Schuldnerrechte hegen die des Gläubigers ein und geben ihnen ihre Kontur. Maßgeblich ist der Schutz der personenbezogenen Daten des Schuldners während der Erhebung seiner Vermögensgegenstände durch ein Organ der Zwangsvollstreckung. Weitere Rechte, die der Schuldner effektiv vorbringen könnte, sind nicht ersichtlich. Auf das Recht des Schuldners auf rechtliches Gehör wird lediglich inzident eingegangen.[950]

---

947 H.M.; Siehe *Ziegenhorn*, S. 24ff. ausführlich zu den verschiedenen Lesarten von Art. 52 Abs. 3 GRCh sowie im Speziellen *Ziegenhorn*, S. 121ff, insbes. S. 136ff.; Meyer/*Borowsky*, Art. 52 Rn. 30, 30a; Tettinger/Stern/*v. Danwitz*, Art. 52 Rn. 51.

948 Daraus folgt, dass die Diskussion darüber, nach welchen Vorschriften transferiertes Recht beschränkt werden kann, nicht geführt werden muss. Dazu mit weiteren Nachweisen, *Ziegenhorn*, S. 22.

949 Vgl. *Bühler*, S. 420; *Lindner* EuR 2007, 160 (166ff.); *C. Schmidt*, S. 144ff.; *Franzius* ZaöRV 2015, 383 (395); Meyer/*Borowsky*, Art. 53 Rn. 14, 14b; *Jarass*, Art. 53 Rn. 11; vdG/S/H/*Terhechte*, GRC, Art. 53 Rn. 4. Zum Einfluss von Art. 53 auf Art. 52 Abs. 3 GRCh, *Ziegenhorn*, S. 191ff. mit weiteren Nachweisen.

950 Siehe zum Grundsatz des Europarechts, wonach rechtliches Gehör grundsätzlich in (Verwaltungs-) Verfahren gewährt werden muss, in denen den Betroffenen Buß- oder Zwangsgelder treffen können, EuGH Rs. C-85/76, Slg. 1979, 461 Rn. 9 – Hoffmann-La Roche/Kommission. Eine Ähnlichkeit zu einem Verwaltungsverfahren besteht, da ein Über-Unterordnungsverhältnis durch Einschaltung eines Organs der Zwangsvollstreckung vorliegt. Siehe weiterhin EuGH Rs. 17/74, ECLI:EU:C:1974:106, Slg. 1974, 1063 Rn. 15 - Transocean Marine Paint; EuGH Rs. C-276/01, ECLI:EU:C:2003:228, Slg. 2003, I-3735 Rn. 77 – Steffensen; EuGH Rs. C-63/01, ECLI:EU:C:2003:650, Slg. 2003, I-14447 Rn. 56 – Evans; EuGH Rs. C-136/02 P, ECLI:EU:C:2004:592, Slg. 2004, I-9165 Rn. 76f. – Mag Instrument.

I. Schutz der personenbezogenen Daten

Der Schutz der personenbezogenen Daten des Schuldners ist das für die transparentere Gestaltung der Gläubigerrechte begrenzende Grundrecht. Je umfassender die personenbezogenen Daten des Schuldners berücksichtigt werden müssen, desto kleiner ist der Spielraum für die Ausgestaltung der Gläubigerrechte

1. Verhältnis der Datenschutzgewährleistungen

Ausgangspunkt für das Recht des Schuldners auf Schutz seiner personenbezogenen Daten ist das europäische Primärrecht. Im Primärrecht ist mit Art. 16 AEUV seit dem Vertrag von Lissabon in Absatz 1 ein Datenschutzgrundrecht enthalten, das dem in Art. 8 GRCh gleicht. Art. 16 Abs. 1 AEUV lautet: „Jede Person hat das Recht auf Schutz der sie betreffenden personenbezogenen Daten.“[951] Art. 16 AEUV ist Art. 8 GRCh über Art. 6 Abs. 1 EUV gleichgestellt. Die beiden Datenschutzverbürgungen in Art. 16 Abs. 1 AEUV und Art. 8 Abs. 1 GRCh sind streng akzessorisch auszulegen.[952] Art. 8 Abs. 1 GRCh lautet ebenfalls: „Jede Person hat das Recht auf Schutz der sie betreffenden personenbezogenen Daten“. Die Vorschrift basiert zwar auf der gleichsam nummerierten Verbürgung der Menschenrechtskonvention, stellt insofern aber ein inhaltlich erweitertes Grundrecht dar.[953] Art. 8 GRCh ist auf zwei Quellen zurückzuführen. Eine Quelle ist Art. 8 Abs. 1 EMRK. Die Norm verkörpert ein Recht auf Achtung des Privatlebens: „Jede Person hat das Recht auf Achtung ihres Privat- und Familienlebens, ihrer Wohnung und ihrer Korrespondenz.“. Explizit ist der Datenschutz im Wortlaut des Art. 8 Abs. 1 EMRK nicht zu finden. Der Datenschutzaspekt hat sich anhand ergangener Rechtsprechung zum Recht auf Privatsphäre entwickelt.[954] Zum anderen stützt sich Art. 8 GRCh auf die

---

951 Zur Bedeutung von Art. 16 Abs. 1 AEUV: *Wagner*, S. 29; generell: Calliess/Ruffert/*Kingreen*, AEUV, Art. 16 Rn. 2; G/H/N/*Sobotta*, AEUV, Art. 16 Rn. 4.

952 So vdG/S/H/*Brühann*, AEUV, Art. 16 Rn. 37; *Britz*, EuGRZ 2009, 1 (2) geht ebenfalls auf das Verhältnis ein, unterlässt aber eine Entscheidung über das Verhältnis von Art. 16 AEUV zu Art. 8 GRCh.

953 Holoubek/Lienbacher/*Raschauer/Riesz*, Art. 8 Rn. 6; Meyer/*Bernsdorff*, Art. 8 Rn. 12 die von einem „innovative[n] Grundrecht“ sprechen; Calliess/Ruffert/*Kingreen*, GRCh, Art. 8 Rn. 4; G/H/N/*Sobotta*, AEUV, Art. 16 Rn. 5.

954 Siehe zum Beispiel die Bezugnahme des EuGH auf die Rspr. des EGMR in EuGH verb. Rs. C-293/12 und C-594/12, ECLI:EU:C:2014:238 Rn. 35 – Digital Rights Ireland; EGMR Urt. v. 26.03.1987 – 9248/81, Serie A, Nr. 116 Rn. 48 – Leander/Schweden; EGMR Urt. v. 04.05.2000 – 28341/95, Rep. 2000-V Rn. 46 – Rotaru/Rumänien; oder

Datenschutzrichtlinie.[955] Art. 8 Abs. 2 S. 1 GRCh enthält ein Verbot der Datenverarbeitung mit Erlaubnisvorbehalt.[956] Das Verbot war bereits in Art. 7 Datenschutz-RL enthalten.[957] Die DSGVO, die zum 25. Mai 2018 in Kraft getreten ist, löste die Datenschutzrichtlinie aus dem Jahr 1995 vollumfänglich ab.[958] Die neu geschaffene DSGVO konkretisiert Begrifflichkeiten von Art. 8 GRCh und dient als Auslegungshilfe.[959] Sie ist somit nicht Maßstab der vorliegenden Untersuchung, aber an relevanten Stellen wird auf die Normierungen zurückgegriffen, um ein praxisnahes Verständnis für die anvisierten Regelungen des Unionsrechtsaktes zu erhalten.

Art. 8 GRCh wird vom EuGH als Recht auf informationelle Selbstbestimmung gemeinsam mit Art. 7 GRCh geprüft.[960] Grundsätzlich schützt Art. 7 GRCh die

---

siehe auch EGMR Urt. v. 16.02.2000 – 27798/95, HUDOC Rn. 69, 80 – Amann/Switzerland. Siehe in der Literatur zum Datenschutz nach Art. 8 EMRK HK-EMRK/*Meyer-Ladewig/Nettesheim*, Art. 8 Rn. 32ff.; ausführlich *Siemen*, S. 51ff.; Karpenstein/Mayer/*Pätzold*, Art. 8 Rn. 28ff. sowie *Schabas*, S. 382ff., der für die Behandlung des Datenschutzes unmittelbar auf die Bestimmung in der GRCh verweist.

955 Vgl. ABl. EU C 303/17, S. 20 zu Art. 8 GRCh: „Dieser Artikel stützte sich auf [...] die Richtlinie 95/46/EG [...] zum Schutz natürlicher Personen bei der Verarbeitung personenbezogener Daten und zum freien Datenverkehr [...]"; Datenschutzrichtlinie: Richtlinie 95/46/EG des Europäischen Parlaments und des Rates zum Schutz natürlicher Personen bei der Verarbeitung personenbezogener Daten und zum freien Datenverkehr, ABl. L281/31 v. 23.11.1995 (im Folgenden: Datenschutz-RL) *Siemen*, S. 280f.; Ehmann/Selmayr/*Selmayr/Ehmann*, Einführung Rn. 34; Holoubek/Lienbacher/*Raschauer/Riesz*, Art. 8 Rn. 6; Meyer/*Bernsdorff*, Art. 8 Rn. 2; Tettinger/Stern/*Johlen*, Art. 8 Rn. 16.

956 Davon gehen ebenso aus Paal/Pauly/*Ernst*, Art. 1 Rn. 5, ebenso Ehmann/Selmayr/*Selmayr/Ehmann*, Einführung Rn. 31.

957 Darauf verweisen Ehmann/Selmayr/*Selmayr/Ehmann*, Einführung Rn. 31.

958 Nicht hinsichtlich der Ziele und Grundsätze der Richtlinie, siehe Erwägungsgrund (9) DSGVO.

959 Siehe Calliess/Ruffert/*Kingreen*, GRCh, Art. 8 Rn. 9, der den Schutzbereich in Anlehnung an RL 95/46/EG definiert; ebenso Meyer/*Bernsdorff*, Art. 8 Rn. 15 unter dem Verweis auf den Ursprung von Art. 8, der in der Richtlinie liegt; ohne nähere Begründung vdG/S/H/*Augsberg*, GRC, Art. 8 Rn. 6, 11; noch zur alten Rechtslage unter der Datenschutzrichtlinie siehe *Jarass*, Art. 8 Rn. 4a. Die primärrechtliche Vorgabe enthält den abstrakten Gedanken, weswegen auch zukünftig auf die Spezifikationen der DSGVO eingegangen wird.

960 Vgl. EuGH Rs. C-291/12, ECLI:EU:C:2013:670 Rn. 24, 33, 46 – Schwarz; EuGH verb. Rs. C-92/09 und C-93/09, ECLI:EU:C:2010:662, Slg. 2010, I-11117, Überschriften vor Rn. 56 und 65 – Volker und Markus Schecke und Eifert.

persönliche Lebensführung. Darin inbegriffen ist der Schutzgedanke, inwiefern die Lebensführung zum Gegenstand öffentlicher Kenntnisnahme werden darf.[961] Bezüglich des Schutzauftrages solle die Union eine positive Verpflichtung treffen, die Privatsphäre zu schützen.[962] Beide Chartaartikel umfassen die Verbürgungen von Art. 8 EMRK und stehen in Idealkonkurrenz zueinander.[963] Trotz vorhandener Idealkonkurrenz wird vorliegend im Zusammenhang mit dem Schutz personenbezogener Daten primär Art. 8 GRCh untersucht.[964] Wenn notwendig, wird auf Art. 7 GRCh eingegangen.[965] Die beiden Verbürgungen überschneiden sich in Bezug auf den Gegenstand der Verarbeitung, die Daten über das Privatleben.[966] Aus diesem Grund ist eine Betrachtung der beiden Verbürgungen nebeneinander für die Anforderungen an ein unionsrechtliches Sachaufklärungsverfahren angezeigt. Denn die Informationen über Schuldnervermögen betreffen die höchstpersönliche Lebensführung des Schuldners. Seine sämtlichen Vermögensgegenstände sollen gegenüber einer Privatperson, dem Gläubiger, offen gelegt werden.

Für die Entwicklung neuen Unionsrechts aus den oben vorgestellten Vorschlägen des Grünbuchs[967] orientiert sich die Untersuchung grundsätzlich an

---

961 Vgl. Calliess/Ruffert/*Kingreen*, GRCh, Art. 7 Rn. 3; Schutz der Privatsphäre: Jarass, Art. 7 Rn. 13.

962 Vgl. Meyer/*Bernsdorff*, Art. 7 Rn. 16; Jarass, Art. 7 Rn. 7.

963 Siehe EuGH verb. Rs. C-203/15 und C-698/15, ECLI:EU:C:2016:970 – Tele 2, in der der EuGH Art. 7 und 8 GRCh stets gemeinsam betrachtet; weiterhin EuGH verb. Rs. C-92/09 und C-93/09, ECLI:EU:C:2010:662, Slg. 2010, I-11117 Rn. 47 – Volker und Markus Schecke und Eifert und im Fortgang deutlich Rn. 52; weiterhin dazu Calliess/Ruffert/*Kingreen*, GRCh, Art. 8 Rn. 1; *Jarass*, Art. 8 Rn. 4; A.A. vdG/S/H/*Augsberg*, GRC, Art. 8 Rn. 1, der von einem Spezialitätsverhältnis ausgeht. Für Meyer/*Bernsdorff*, Art 7 Rn. 1, 16 entspricht Art. 7 GRCh vom Schutzumfang eher Art. 8 EMRK und soll „(nur) deren Bedeutung und Tragweite haben", wenn in Verbindung mit Art. 7 und dem Recht auf Privatleben die Ausprägung des Rechts auf Selbstdarstellung betroffen ist; dafür sehen auch Calliess/Ruffert/*Kingreen*, GRCh, Art. 7 Rn. 6 Art. 8 als *lex specialis* an.

964 Calliess/Ruffert/*Kingreen*, GRCh, Art. 8 Rn. 1a folgend, der Art. 8 als *lex specialis* zu Art. 7 betrachtet; ähnlich *Jarass*, Art. 8 Rn. 4; siehe auch BeckOK Informations- und Medienrecht/*Gersdorf*, EU-GRCharta, Art. 7 Rn.17.

965 *Michl* DuD 2017, 349 (353) betrachtet Art. 7 und 8 GRCh als konzentrische Kreise, in dem Art. 8 speziell datenschutzrechtliche Belange abdeckt. Danach ist in der vorliegenden Betrachtung keine Auseinandersetzung mit Art. 7 GRCh angezeigt. Weitere Ansätze bei *Wagner*, S. 111ff.

966 Vgl. *Bock/Engeler*, DVBl 2016, 593 (596).

967 Siehe o. Teil 2, C.

Art. 8 GRCh und der generellen Schrankenbestimmung in Art. 52 GRCh. Die nachstehende Untersuchung erfolgt für die Drittauskunft sowie für die Vermögensauskunft.

Da erweiterte Gläubigerrechte in die Rechte des Schuldners eingreifen, werden die anvisierten Maßnahmen zugunsten des Gläubigers anhand der klassischen, aus der deutschen Grundrechtsdogmatik bekannten Grundrechtsprüfung bewertet.[968] Nachdem der Schutzbereich von Art. 8 GRCh definiert wurde,[969] widmet sich die Darstellung dem Eingriff[970] in die Grundrechte und sodann der möglichen Rechtfertigung[971] eines Eingriffs.

2. *Schutzbereich: Personenbezogene Daten*

Der sachliche Schutzbereich von Art. 8 Abs. 1 GRCh umfasst den Schutz personenbezogener Daten.[972] Art. 8 GRCh enthält keine Definition des Begriffes der personenbezogenen Daten. Vielmehr nimmt unter dem nun in der EU vereinheitlichten Datenschutz der DSGVO der in ihr enthaltene Art. 4 Nr. 1 eine Definition vor.[973] Personenbezogene Daten sind alle Informationen, die sich auf eine identifizierte oder identifizierbare Person beziehen.[974] Informationen darüber, ob der Schuldner Eigentümer von Konten, Immobilien oder anderer Vermögensgegenstände in einem Mitgliedstaat der Europäischen Union oder einem Drittstaat ist, fallen unter Informationen dieser Art. Daraus folgt eine Verbindung zwischen der notwendigen Information und der Person des Schuldners. Eine Identifizierbarkeit der Person des Schuldners ist somit hergestellt.[975]

---

968 Die Prüfung nimmt ebenso vor Lenz/Borchardt/*Wolffgang*, Anh. zu Art. 6 Rn. 15ff.; weiterhin Meyer/*Borowsky*, Art. 52 Rn. 19.

969 Siehe unter 2.

970 Siehe unter 3.

971 Siehe unter 4.

972 Detaillierte Auseinandersetzung bei *Wagner*, S. 38ff.

973 Noch mit Verweis auf die Definiton zur Datenschutzrichtlinie siehe *Jarass*, Art. 8 Rn. 5; Meyer/*Bernsdorff*, Art. 8 Rn. 15; Tettinger/Stern/*Johlen*, Art. 8 Rn. 31.

974 Siehe Ehmann/Selmayr/*Klabunde*, Art. 4 Rn. 5ff.; Rechtsprechung des EuGH zur gleichlautenden Definition in der Datenschutz-RL: EuGH verb. Rs. C-465/00, C-138/01 und C-139/01, ECLI:EU:C:2003:294 Slg. 2003, I-4989 Rn. 64 – Österreichischer Rundfunk u. a.; EuGH Rs. C-73/07, ECLI:EU:C:2008:727, Slg 2008, I-9831 Rn. 35 – Satamedia; EuGH Rs. C-201/14, ECLI:EU:C:2015:638 Rn. 35 – Bara u. a.; EuGH Rs. C-524/06, ECLI:EU:C:2008:724, Slg. 2008 I-9705 Rn. 43 – Heinz Huber/Bundesrepublik Deutschland.

975 Zu den Kriterien personenbezogener Daten: Ehmann/Selmayr/*Klabunde*, Art. 4 Rn. 6.

Folglich ist der Schutzbereich des Art. 8 GRCh für beide Arten der möglichen Sachaufklärung eröffnet.

Natürliche Personen sind grundsätzlich vom persönlichen Schutzbereich umfasst.[976] Für juristische Personen hingegen ist die Anwendbarkeit umstritten.[977] Für juristische Personen wurde bereits aufgezeigt, welche Möglichkeiten bestehen, Informationen über dahinterstehende Personen zu erhalten.[978] Die nachfolgenden Ausführungen beziehen sich somit ausschließlich auf den Schutz personenbezogener Daten von natürlichen Personen. Das bedeutet gleichsam, dass gegenüber juristischen Personen auch eine größere Eingriffsintensität vorstellbar ist. Vorliegend wird allerdings nur der Mindeststandard für Eingriffe gegenüber natürlichen Personen erörtert.

3. *Eingriff: Verarbeitung*

Art. 8 Abs. 2 GRCh legt fest, dass ein Eingriff in das Grundrecht vorliegt, sobald eine „Verarbeitung" der personenbezogenen Daten stattfindet. Der Vorgang des „Verarbeitens" ist in Art. 8 Abs. 2 GRCh nicht näher definiert. In Anlehnung an Art. 4 Abs. 2 DSGVO ist das Verarbeiten jeder Vorgang, der im Zusammenhang

---

976 Siehe *Jarass*, Art. 8 Rn. 7; Meyer/*Bernsdorff*, Art. 8 Rn. 18; auf den nicht eindeutigen Wortlaut verweist: Tettinger/Stern/*Johlen*, Art. 8 Rn. 29.

977 Einen Ausschluss vom persönlichen Schutzbereich befürwortet: Ehmann/Selmayr/*Zerdick*, Art. 1 Rn. 8; dafür spricht Erwägungsgrund (14) und Art. 1 Abs. 2 DSGVO; sowie bereits die Beschränkung der Datenschutz-RL auf natürliche Personen in Art. 1 Abs. 1; unter Verweis auf Art. 8 EMRK, der auch juristische Personen schützt: vdG/S/H/*Brühann*, GRC, Art. 16 Rn. 47 m.w.N.; für eine Anwendung der Vorschriften auf Unternehmen, noch nach der Datenschutz-RL: Tettinger/Stern/*Johlen*, Art. 8 Rn. 29; Der EuGH sprach den Schutz zumindest juristischen Personen zu, deren Namen auf die dahinterstehenden natürlichen Personen schließen lassen: EuGH verb. Rs. C-92/09 und C-93/09, ECLI:EU:C:2010:662, Slg. 2010, I-11117 Rn. 53 – Volker und Markus Schecke und Eifert; Stern/Sachs/*Johlen*, Art. 8 Rn. 18 spricht unter Verweis auf Richtlinie 2002/58/EG des Europäischen Parlaments und des Rates vom 12. Juli 2002 über die Verarbeitung personenbezogener Daten und den Schutz der Privatsphäre in der elektronischen Kommunikation (Datenschutzrichtlinie für elektronische Kommunikation), ABl. EU L 201/37 v. 31.7.2002, von bereichsspezifischen Relativierungen der Grundregel, juristische Personen vom Schutz auszunehmen; das lehnt *Jarass*, Art. 8 Rn. 7 ab und fordert eine generelle Ausweitung des Schutzbereichs auf juristische Personen unter Begrenzung des Schutzniveaus.

978 Siehe o. Teil 2, B. II. 2.

mit personenbezogenen Daten stattfindet.[979] Darunter fällt beispielhaft, dass Daten erfasst, gespeichert, verwendet oder auch durch einen Vorgang der Übermittlung offengelegt werden.[980] Die näher betrachteten Verarbeitungsvorgänge sind zum einen die Vermögensauskunft des Schuldners während der Befragung durch ein Organ der Zwangsvollstreckung sowie die Speicherung der Daten. Zum anderen ist die Abfrage durch ein Organ der Zwangsvollstreckung bzw. die Übertragung zu zwangsvollstreckungsrechtlichen Zwecken durch speichernde Behörden Gegenstand der Untersuchung.

Unabhängig davon, in welcher Form die Sachaufklärung durch das Organ der Zwangsvollstreckung durchgeführt wird, sie verkörpert einen Eingriff in die Rechte des Schuldners. Der Eingriff liegt unabhängig davon vor, ob der Schuldner die Informationen durch eine Auskunft über sein Vermögen mitteilt oder ob ein Organ der Zwangsvollstreckung sie über eine Drittstellenabfrage einholt.

Ein Kriterium für die Bewertung der Rechtmäßigkeit der bevorzugten Anwendung eines der Aufklärungsmittel ist, ob eine der Maßnahmen eine höhere Eingriffsintensität verkörpert als die andere. Die dahingehende Untersuchung findet im Rahmen der Rechtfertigungsprüfung statt.

4. *Rechtfertigung*

Das Recht auf Schutz der personenbezogenen Daten ist nicht grenzenlos gewährleistet, wie Art. 16 Abs. 1 AEUV unter Umständen vermuten lässt: „Jede Person hat das Recht auf Schutz der sie betreffenden personenbezogenen Daten.“[981] Vielmehr führt eine Betrachtung des Verhältnisses von Art. 16 AEUV und Art. 8 GRCh sowie den zu Art. 8 GRCh gehörenden Schrankenregelungen in Art. 52

---

979 Siehe zur kaum eingrenzbaren Definition des Begriffes: *Wagner*, S. 67ff.; Ehmann/ Selmayr/*Klabunde*, Art. 4 Rn. 18f.; „alles, [. . .] was einem Datum widerfahren kann“, *Becker-Eberhard* DGVZ 2018, 129 (129).

980 Aus der Rechtsprechung: Weiterleiten der Information zur Zahlung von Bezügen und Ruhebezügen an einen Rechnungshof: EuGH verb. Rs. C-465/00, C-138/01 und C-139/01, ECLI:EU:C:2003:294 Slg. 2003, I-4989 Rn. 2 – Österreichischer Rundfunk u. a.; Veröffentlichung von Daten natürlicher Personen im Hinblick auf erzieltes Einkommen „aus Erwerbstätigkeit und Kapital und [. . .] Vermögen[s]“: EuGH Rs. C-73/07, ECLI:EU:C:2008:727, Slg 2008, I-9831 Rn. 34 – Satamedia; Veröffentlichung gewährter EU-Beihilfen auf einer Website: EuGH verb. Rs. C-92/09 und C-93/09, ECLI:EU:C:2010:662, Slg. 2010, I-11117 Rn. 2 – Volker und Markus Schecke und Eifert.

981 Eine Einschränkungsmöglichkeit ist in den weiteren Absätzen des Art. 16 AEUV nicht vorgesehen.

GRCh zu einer möglichen Beschränkung des Grundrechts auf Schutz der personenbezogenen Daten. Die Beschränkungsmöglichkeiten können ihrerseits jedoch auch nur in gewissen Grenzen ausgeübt werden.[982]

a) Beschränkungsmöglichkeiten

Grundsätzlich sind Chartarechte mittels der zentralen Norm des Art. 52 GRCh einschränkbar. In der zentralen Norm befinden sich mit Abs. 2 und 3 von Art. 52 zwei primär anwendbare Transferklauseln und in Absatz 1 eine subsidiär anwendbare Schrankenbestimmung.[983]

aa) Inhärente Beschränkungsmöglichkeit

Art. 8 Abs. 2 GRCh enthält eine eigenständige Schrankenregelung.[984] Nach Art. 8 Abs. 2 S. 1 GRCh dürfen Daten nur nach Treu und Glauben für festgelegte Zwecke und aufgrund einer Einwilligung oder bestehender gesetzlicher Grundlagen verarbeitet werden. Für die weiteren Anforderungen ist zunächst die Auseinandersetzung um die Anwendbarkeit des Art. 52 GRCh notwendig. Es ist umstritten, welcher Absatz von Art. 52 GRCh auf Art. 8 GRCh Anwendung findet und welche Auswirkungen sich daraus für Art. 8 Abs. 2 GRCh ergeben.

Art. 52 Absatz 3 GRCh scheidet von vornherein als Schrankenbestimmung aus, da Art. 8 GRCh in Art. 8 EMRK keine explizite Entsprechung findet.[985] Die Rechtsprechung des EuGH verdeutlicht allerdings, dass sich der EuGH in seinen Argumentationsstrukturen davon nicht beeinflussen lässt.[986]

---

982 Siehe zu den Schranken-Schranken u. 4. c).

983 Siehe ausführlich zum Streit über die Terminologie in Art. 52 Abs. 3, *C. Schmidt*, S. 119ff.; generell, Meyer/*Borowsky*, Art. 52 Rn. 1, 13, 29; a.A. zum Verhältnis von Abs. 1 zu Abs. 3: Calliess/Ruffert/*Kingreen*, GRCh, Art. 52 Rn. 36, 38.

984 Siehe dazu EuGH verb. Rs. C-92/09 und C-93/09, ECLI:EU:C:2010:662, Slg. 2010, I-11117 Rn. 49 – Volker und Markus Schecke und Eifert; Tettinger/Stern/*Johlen*, Art. 8 Rn. 41 sowie Tettinger/Stern/*von Danwitz*, Art. 52 Fn. 126.

985 So auch Holoubek/Lienbacher/*Raschauer/Riesz*, Art. 8 Rn. 32; P/H/K/W/*Kranenborg*, Art. 8 Rn. 08.21; im Gegensatz dazu vdG/S/H/*Brühann*, AEUV, Art. 16 Rn. 44, der zumindest für den Schutzumfang auf Art. 52 Abs. 3 GRCh rekurriert; ebenso argumentiert T/B/P/H/*Tinnefeld*, S. 92f.

986 Dazu sogleich. Ebenfalls Bezug darauf nehmen: Calliess/Ruffert/*Kingreen*, GRCh, Art. 52 Rn. 38, Fn. 70.

bb) Literaturansichten

Der Schutz der personenbezogenen Daten wird im Primärrecht durch Art. 16 AEUV gewährleistet, ohne dass in dem Artikel Bezüge zu einer möglichen Einschränkbarkeit des Rechts zu finden sind.

Die schrankenlose Gewährung in Art. 16 AEUV lässt die Schrankenbestimmungen in Art. 8 Abs. 2, 52 Abs. 1 GRCh nach einer Ansicht in der Wissenschaft unbeeinflusst. Nach dieser Ansicht verdränge Art. 16 AEUV nicht Art. 8 GRCh für die Zwecke des Datenschutzes.[987]

Eine andere Ansicht will der einschränkungslosen Verankerung des Datenschutzrechts im Primärrecht entnehmen, dass das Recht in den ursprünglichen Verträgen geregelt ist. Damit müsse die Grundrechtsschranke des Art. 52 Abs. 2 GRCh anwendbar sein.[988] Beide Ansichten unterscheiden sich grundsätzlich in dem Punkt, ob neu inkorporiertes Recht im EUV/AEUV unter den Wortlaut von Art. 52 Abs. 2 GRCh fällt. Art. 52 Abs. 2 GRCh lautet wie folgt: „Die Ausübung der durch diese Charta anerkannten Rechte, die in den Verträgen geregelt sind, erfolgt im Rahmen der in den Verträgen festgelegten Bedingungen und Grenzen." Die Formulierung „die in den Verträgen geregelt sind" – ist der Hauptgrund für die Meinungsstreitigkeit.

Die GRCh wurde vor dem Vertrag von Lissabon verabschiedet.[989] Sie erhielt durch Inkrafttreten des völkerrechtlichen Vertrages fast zehn Jahre später, mit dem 1. Dezember 2009, durch Art. 6 Abs. 1 EUV Rechtskraft.

Oben genannte erste Ansicht verkörpert eine Sichtweise, wonach die im Vertrag von Lissabon geregelten Grundrechte die in der Charta verbürgten unberührt lassen. Art. 52 Abs. 2 GRCh stellt nach dieser Ansicht sicher, dass die GRCh keine Grundrechte relativiert, die bereits in den Gründungsverträgen enthalten waren. Auf Normen, die aber erst mit dem Vertrag von Lissabon wirksam geworden sind, das heißt auch auf Art. 16 AEUV, habe Art. 52 Abs. 2 GRCh nicht abgezielt.[990]

Letztere Ansicht, die Art. 52 Abs. 2 GRCh anwenden will, erkennt demgegenüber an, dass auch in den Vertrag von Lissabon explizit aufgenommene

---

987 Zur Begründung siehe Calliess/Ruffert/*Kingreen*, GRCh, Art. 8 Rn. 3; weiterhin auch *Britz* EuGRZ 2009, 1 (2).

988 Meyer/*Bernsdorff*, Art. 8 Rn. 17 plädiert zwar für die Anwendung von Art. 52 Abs. 2 GRCh, verneint aber, dass mittels der Verankerung des Datenschutzgrundrechts in Art. 16 AEUV die Schrankenregelung ausgehebelt werden sollte; Meyer/*Borowsky*, Art. 52 Rn. 25, 25a.

989 Siehe o. Fn. 29.

990 Calliess/Ruffert/*Kingreen*, GRCh, Art. 8 Rn. 3.

Grundrechte als „in den Verträgen geregelt“ angesehen werden können. Aus der zuletzt genannten Sichtweise ergeben sich praktische Konsequenzen. Ist Art. 52 Abs. 2 GRCh anwendbar, ist die schrankenlose Gewährleistung des Art. 16 Abs. 1 AEUV einschlägig.[991] Damit würden sich für das Grundrecht auf Datenschutz bei strenger Auslegung keine Einschränkungsmöglichkeiten ergeben.[992] Eine vermittelnde Literaturansicht wendet Art. 52 Abs. 2 GRCh nicht an, um die Schrankenregelungen von Art. 8 GRCh und Art. 52 Abs. 1 GRCh nicht leerlaufen zu lassen.[993]

Die Ansicht, die die Anwendung von Art. 52 Abs. 2 GRCh ablehnt, ist vorzugswürdig. Die Bearbeitung schließt sich der Argumentation an, dass die Verankerung des Datenschutzgrundrechts in Art. 16 AEUV nicht dazu führen sollte, die allgemeine Schrankenregelung für Chartarechte in Art. 52 Abs. 1 GRCh zu unterlaufen, zumal Art. 8 Abs. 2 GRCh selbst auch Einschränkungsmöglichkeiten enthält.

cc) EuGH-Rechtsprechung

Der EuGH hat sich mehrfach mit der rechtmäßigen Beschränkung von Art. 8 GRCh auseinandergesetzt. Aus der gesellschaftlichen Funktion der Grundrechte auf Privatsphäre und Datenschutz leitete der EuGH wiederholt ab, dass sie grundsätzlich auch einschränkbar sein müssten.[994] Anschaulich, wenn auch nicht systematisch, zählt der EuGH die möglichen Schranken in der Rechtssache *Volker und Markus Schecke und Eifert* auf.[995] In dem Fall wurde die Veröffentlichung der Namen europäischer Agrarbeihilfenempfänger durch mehrere Betroffene angefochten. Die erhaltenen Zahlungen sollten samt Empfänger und Anschrift im Internet auf einer dafür speziell eingerichteten Website einsehbar sein.[996] Der EuGH zählte im Urteil die möglichen Beschränkungen des Rechts

---

991 Darauf verweisen auch Calliess/Ruffert/*Kingreen*, AEUV, Art. 16 Rn. 3.

992 Vgl. Holoubek/Lienbacher/*Raschauer/Riesz*, Art. 8 Rn. 32; Schlussendlich inkonsequent vermeidet das auszusprechen: Meyer/*Borowsky*, Art. 52, Rn. 25a.

993 *Britz* EuGRZ 2009, 1 (2). Verfassungsimmanente Schranken, wie sie nach dem deutschen Recht bekannt sind, sind der GRCh und der EMRK als Rechtsfigur fremd, siehe dazu Meyer/*Borowski*, Art. 52 Rn. 22 mit weiteren Erläuterungen und Nachweisen.

994 Siehe EuGH Rs. C-543/09, ECLI:EU:C:2011:279, Slg. 2011, I-3441 Rn. 51 – Deutsche Telekom, unter Verweis auf EuGH verb. Rs. C-92/09 und C-93/09, ECLI:EU:C:2010:662, Slg. 2010, I-11117 Rn. 48 m.w.N. – Volker und Markus Schecke und Eifert.

995 Wie zuvor.

996 EuGH verb. Rs. C-92/09 und C-93/09, ECLI:EU:C:2010:662, Slg. 2010, I-11117 Rn. 21f. – Volker und Markus Schecke und Eifert.

auf Schutz der personenbezogenen Daten auf: Art. 8 Abs. 2 GRCh, Art. 52 Abs. 1 GRCh, Art. 52 Abs. 3 GRCh und schlussendlich auch Art. 8 EMRK.[997] Folglich konnte eine umfassende Debatte zum tatsächlichen Maßstab für die Rechtfertigung von Eingriffen erwartet werden. Die erhoffte Auseinandersetzung blieb allerdings aus. Schlussendlich stellte der EuGH lediglich auf Art. 52 Abs. 1 GRCh ab, nicht aber ohne im Rahmen der Verhältnismäßigkeitsprüfung zunächst auf die Rechtsprechung des EGMR einzugehen, bevor er auf seine eigene Rechtsprechung rekurrierte.[998] Er unterließ eine klare Stellungnahme dazu, warum Art. 52. Abs. 3 GRCh ausscheiden müsse, und noch gravierender, warum nicht Art. 8 Abs. 2 GRCh die zu überprüfende Schranke darstelle. In Bezug auf obige Untersuchung von Art. 52 Abs. 2 GRCh unterließ er es, die Vorschrift überhaupt als Schranke zu erwähnen.

Ähnlich führte der EuGH in der Entscheidung darüber aus, ob die Speicherung von Kommunikationsdaten auf Vorrat zulässig war.[999] Der EuGH überprüfte die Zulässigkeit der Richtlinie zur Vorratsdatenspeicherung unter dem Gesichtspunkt eines Eingriffs in Art. 7 und 8 GRCh lediglich anhand von Art. 52 Abs. 1 GRCh.[1000] In der Verhältnismäßigkeitsprüfung bezog sich der EuGH wiederum auf die Rechtsprechung des EGMR.[1001] Das Vorgehen lässt sich zurückführen auf die Konturierung des Grundrechts, die nicht durch die unionsinternen Quellen erfolgte, sondern mittels Ausformung durch den EGMR.[1002]

---

997 Wie zuvor, Rn. 48–52.

998 Wie zuvor, Rn. 65–67 sowie insbes. Rn. 72.

999 EuGH verb. Rs. C-293/12 und C-594/12, ECLI:EU:C:2014:238 Rn. 35 – Digital Rights Ireland: Die Speicherung sollte aufgrund von Richtlinie 2006/24 des Europäischen Parlaments und des Rates vom 15. März 2006 über die Vorratsspeicherung von Daten, die bei der Bereitstellung öffentlich zugänglicher elektronischer Kommunikationsdienste oder öffentlicher Kommunikationsnetze erzeugt oder verarbeitet werden, und zur Änderung der Richtlinie 2002/58/EG, ABl. EU L 105/54 v. 13.04.2006 (im Folgenden: RL 2006/24/EG), erfolgen.

1000 Siehe die Fälle EuGH Rs. C-291/12, ECLI:EU:C:2013:670 Rn. 34 – Schwarz und EuGH verb. Rs. C-293/12 und C-594/12, ECLI:EU:C:2014:238 Rn. 38 – Digital Rights Ireland; ausführlich zu letzterem Fall siehe u. 4. c) aa) (1).

1001 EuGH verb. Rs. C-293/12 und C-594/12, ECLI:EU:C:2014:238 Rn. 47 – Digital Rights Ireland.

1002 Siehe zum Beispiel *Britz* EuGRZ 2009, 1 (6); weiterhin Meyer/*Bernsdorff*, Art. 7 Rn. 18: Die Schranke des Art. 8 Abs. 2 wird für Art. 7 GRCh nicht völlig ausgeblendet. Indem der EuGH Art. 7 und 8 GRCh zusammen prüft, ergibt sich durch die Hintertür der Rückgriff auf die Schrankenregelungen und die Rechtsprechung des EGMR.

Der EuGH startete bei seiner Prüfung folglich ausschließlich mit Art. 52 Abs. 1 GRCh und bezog die Rechtsprechung des EGMR im Nachgang im Rahmen der Verhältnismäßigkeitsprüfung mit ein.

dd) Zwischenergebnis

Aus Art. 52 Abs. 1 GRCh ergeben sich die Voraussetzungen für eine gerechtfertigte Beeinträchtigung des Daten- und somit für vorliegende Zwecke des Schuldnerschutzes: Die Einschränkung muss gesetzlich vorgesehen sein,[1003] der Wesensgehalt des Grundrechts muss beachtet[1004] und der Grundsatz der Verhältnismäßigkeit muss gewahrt werden.[1005] In letztgenannte Anforderung kann die Rechtsprechung des EGMR einfließen. Für die Rechtfertigung eines Eingriffs wird weiterhin auf die Konkretisierung des allgemeinen Gesetzesvorbehalts des Art. 52 Abs. 1 GRCh in Art. 8 Abs. 2 S. 1 zurückgegriffen.[1006] Art. 8 Abs. 2 GRCh nennt als Rechtfertigungsgründe für solch einen Eingriff zum einen die Einwilligung und zum anderen die Rechtfertigung aufgrund einer anderweitigen legitimen Rechtsgrundlage.

Als Konkretisierung zu den Anforderungen des Art. 8 Abs. 2 GRCh legt auch die DSGVO in Art. 6 Voraussetzungen für die Rechtmäßigkeit der Verarbeitung personenbezogener Daten fest.[1007] Dazu kommen die Grundsätze der Datenverarbeitung in Art. 5 DSGVO, insofern sich detailliertere Anforderungen als aus Art. 8 Abs. 2 GRCh ergeben.

b) Schranken

Die Schranken für einen Eingriff werden nach der Darstellung des Gesetzesvorbehaltes sowie der gemeinwohldienenden Zielsetzung für die Vermögensauskunft[1008] und die Drittstellenabfrage[1009] getrennt dargestellt. Es ergeben sich aus den gesetzlichen Bestimmungen unterschiedliche Maßstäbe für die Eingriffsrechtfertigung der beiden Sachaufklärungsmaßnahmen.

1003 Dazu u. 4. b) aa).

1004 Dazu u. 4. c) aa).

1005 EuGH verb. Rs. C-293/12 und C-594/12, ECLI:EU:C:2014:238 Rn. 38 – Digital Rights Ireland; dazu u. 4. c) bb).

1006 So auch *Siemen*, S. 286f.; Tettinger/Stern/*Johlen*, Art. 8 Rn. 41, 44; Calliess/Ruffert/*Kingreen*, GRCh, Art. 8 Rn. 14.

1007 Siehe dazu *Albrecht* CR 2016, 88 (92).

1008 U. 4. b) cc).

1009 U. 4. b) dd).

aa) Gesetzesvorbehalt

Der Eingriff mittels Datenverarbeitung muss auf gesetzlicher Grundlage erfolgen.[1010] Ein Sekundärrechtsakt, wie er von der vorliegenden Bearbeitung anvisiert ist, wurde vom EuGH als dafür ausreichend anerkannt.[1011] Die Maßnahme muss lediglich die Reichweite des Eingriffs selbstständig festlegen.[1012]

bb) Gemeinwohldienende Zielsetzung

Die Datenverarbeitung muss „einer von der Union anerkannten dem Gemeinwohl dienenden Zielsetzung im Sinne des Art. 52 Abs. 1 der Charta“ entsprechen.[1013] Auch „Rechte und Freiheiten anderer“, folglich Individualpositionen, sind schutzwürdig.[1014] Der EuGH hat inzident festgestellt, dass sich die Ziele nicht explizit aus den Verträgen ergeben müssen, sondern auch in einer Verordnung festgelegt werden können.[1015] In der Literatur wird für die Ziele eine präzise und überprüfbare Definition gefordert.[1016] Grundlegend muss das eigentliche Ziel des Eingriffs definiert werden.

Wenn ein Organ der Zwangsvollstreckung beim Schuldner oder bei Drittstellen Informationen über das Vermögen des Schuldners einholt oder abruft und sodann auch weiterleitet, dann zielt die Einholung einzig darauf ab, dem Gläubiger die Durchsetzung seines gerichtlich bereits festgestellten Anspruchs zu ermöglichen.[1017] Schlussendlich zielt die Einholung somit auf die Verwirklichung eines in der Charta verankerten Rechts ab, dem des Eigentumsrechts des Gläubigers. Die Individualinteressen sind mittels der Formulierung „den

---

1010 Art. 8 Abs. 2 GRCh.

1011 Meyer/*Borowsky*, Art. 52 Rn. 20a; dazu bereits EuGH verb. Rs. C-92/09 und C-93/09, ECLI:EU:C:2010:662, Slg. 2010, I-11117 Rn. 66 – Volker und Markus Schecke und Eifert; siehe vertiefend Calliess/Ruffert/*Kingreen*, GRCh, Art. 52 Rn. 61ff.

1012 Aus der Rechtsprechung EuGH Rs. C-419/14, ECLI:EU:C:2015:832 Rn. 81 – WebMindLicenses.

1013 EuGH verb. Rs. C-293/12 und C-594/12, ECLI:EU:C:2014:238 Rn. 42 – Digital Rights Ireland; Gutachten des Gerichtshofs (Große Kammer) v. 26.07.2017, Gutachten 1/15, ECLI:EU:C:2017:592 Rn.138; Meyer/*Borowsky*, Art. 52 Rn. 21; Calliess/Ruffert/*Kingreen*, GRCh, Art. 52 Rn. 67.

1014 Art. 52 Abs. 1 S. 2 Alt. 2 GRCh.

1015 Zum Beispiel hat der EuGH die Verhinderung der illegalen Einreise in das Gebiet der Union als dem Gemeinwohl dienende Zielsetzung anerkannt, ohne überhaupt auf das Primärrecht zu rekurrieren, siehe EuGH Rs. C-291/12, ECLI:EU:C:2013:670 Rn. 36-38 – Schwarz.

1016 So Meyer/*Borowsky*, Art. 52 Rn. 22a.

1017 Siehe zuvor B. I.

Erfordernissen des Schutzes der Rechte und Freiheiten anderer tatsächlich entsprechen" ebenfalls von Art. 52 Abs. 1 GRCh umfasst.

Neben den schutzwürdigen Individualinteressen gelten Gemeinwohlbelange als schützenswerte Zielbestimmungen des Eingriffs. Darunter fallen durch die in den Verträgen in besonderen Bestimmungen geschützten Interessen.[1018] Die Zielsetzungen der EU in Art. 3 EUV finden Berücksichtigung.[1019] Beispielsweise könnte auf die Zielsetzung der justiziellen Zusammenarbeit in Zivilsachen in Art. 81 AEUV abzustellen sein.[1020] Die Historie von Art. 81 AEUV belegt die Zielsetzung der Union, allen Bürgern einen verbesserten Rechtsschutz zu gewähren.[1021] In einer Entscheidung des EuGH wurden die Bemühungen, Fälle der Justizverweigerung zu vermeiden, sodann auch als Ziele des Allgemeininteresses postuliert.[1022] Zwar handelte es sich dabei um die Ebene des Erkenntnisverfahrens und das Problem, den Beklagten ausfindig zu machen. Auf die Ebene der Zwangsvollstreckung übertragen ist die Problematik das Auffinden von Vermögensgegenständen. Das Ziel ist in beiden Fällen eine Justizverweigerung zu vermeiden. Natürlich muss der Befund unter der Einschränkung getroffen werden, dass keine Fälle der Justizverweigerung per se vorliegen. Die Sachaufklärung wird mitgliedstaatlich organisiert und dadurch garantiert. Es ist das Ziel, den Effekt einer Rechtsverweigerung zu vermeiden, wenn Verfahren der Zwangsvollstreckung ein europäisches Gepräge erhalten haben.[1023] Nach Ansicht des Autors kann dieser Effekt auch dadurch entstehen, dass der Gläubiger überhaupt den Rechtsweg in einer anderen Rechtsordnung anstrengen muss, um die Sachaufklärung umfassend betreiben zu können.

Folglich ist eine rechtfertigende Zielsetzung, gleich ob verwirklicht durch Individual- oder Gemeinschaftsinteressen, vorhanden.

1018 Calliess/Ruffert/*Kingreen*, GRCh, Art. 52 Rn. 67.

1019 Siehe ABl. EU C 303/17, S. 32.

1020 Solch einen eher abstrakt anmutenden Vergleich zieht auch der Generalanwalt beim EuGH *Cruz Villalón* in seinem Gutachten v. 16.04.2015, Rs. C-580/13, ECLI:EU:C:2015:243 – Coty Germany Rn. 32 wonach Bankinstitute eine essentielle Funktion für das Wirtschaftssystem hätten und deren Arbeitsfähigkeit eine gemeinwohldienende Zielsetzung erfüllen könnten.

1021 Calliess/Ruffert/*Rossi*, AEUV, Art. 81 Rn. 1.

1022 EuGH Rs. C-327/10, ECLI:EU:C:2011:745, Slg. 2011, I-11582 Rn. 51 – Hypoteční banka.

1023 EuGH Rs. C-394/07, ECLI:EU:C:2009:219, Slg. 2009 I-2563 Rn. 31 – Marco Gambazzi.

cc) Vermögensauskunft: Spezielle Rechtfertigungsgründe

Die für die Rechtfertigung des Eingriffs der Vermögensauskunft notwendige Argumentation stützt sich auf die in Art. 8 GRCh befindlichen Anforderungen, die über die Konkretisierungen des Art. 6 Abs. 1 DSGVO dargestellt werden.[1024] Die DSGVO enthält in Art. 6 Abs. 1 einen Katalog an Rechtmäßigkeitsgründen für die Datenverarbeitung. Nachfolgend werden die einschlägigen Normen untersucht.[1025]

Zunächst kommt Art. 6 Abs. 1 lit. c) DSGVO als Rechtmäßigkeitsbegründung der Vermögensauskunft und des damit verbundenen Eingriffs in Betracht. Danach ist die Verarbeitung rechtmäßig, wenn sie „zur Erfüllung einer rechtlichen Verpflichtung erforderlich [ist], der der Verantwortliche unterliegt".[1026] Ein unionsrechtlicher Sekundärrechtsakt kann den Verantwortlichen der Datenverarbeitung im Rahmen eines zukünftigen unionsrechtlichen Sachaufklärungsverfahrens festlegen. Die Festlegung ist notwendig, da der Verantwortliche der Datenverarbeitung nach der DSGVO unterschiedliche Rechte ausüben kann und ihm Pflichten auferlegt werden.[1027] Das jeweils national zuständige Organ der Sachaufklärung sollte als Verantwortlicher der Datenerhebung festgelegt werden. Nur das Organ der Sachaufklärung kann die Aufgaben erfüllen, die dem Verantwortlichen übertragen werden.[1028] Mittels eines Sekundärrechtsaktes

1024 Vgl. Art. 5 Abs. 1 lit. a) DSGVO; siehe die Entscheidungen des EuGH noch auf Grundlage der Datenschutz-RL, EuGH verb. Rs. C-465/00, C-138/01 und C-139/01, ECLI:EU:C:2003:294 Slg. 2003, I-4989 Rn. 65 – Österreichischer Rundfunk u. a.; EuGH Rs. C-468/10 und 469/10, ECLI:EU:C:2011:777, Slg. 2011, I-12186 Rn. 26 – ASNEF und FECEMD; EuGH Rs. C-201/14, ECLI:EU:C:2015:638 Rn. 30 – Bara u. a. sowie bereits zuvor unter Fn. 959.

1025 Ähnlich *Becker-Eberhard* DGVZ 2018, 129 (130). Die Einwilligung als Grund für die Rechtmäßigkeit der Verarbeitung wird nicht thematisiert, da sie als rein freiwillige Maßnahme mit der Zwangssituation der Zwangsvollstreckung nicht in Einklang gebracht werden kann. Die betroffene Person muss eine „echte oder freie Wahl" haben, in die Datenverarbeitung einzuwilligen, vgl. Ehmann/Selmayr/*Heberlein*, Art. 5 Rn. 7. Des Weiteren würde sie dem Schuldner ermöglichen, Informationen „freiwillig" nicht preis zu geben und so die Sachaufklärung zu verlangsamen. *Becker-Eberhard* DGVZ 2018, 129 (130) beschreibt eine Vollstreckungssituation, in der Daten freiwillig überlassen werden, merkt aber an, dass sich die Situation eher auf den Gläubiger als auf den Schuldner bezieht. Vertiefend zur Einwilligung und deren Rechtmäßigkeit: *Buchner/Kühling* DuD 2017, 544 (545ff.).

1026 Zum Verantwortlichen: Art. 4 Nr. 7; Sydow/*Raschauer*, Art. 4 Rn. 114ff.; Paal/Pauly/*Ernst*, DS-GVO, Art. 4 Rn. 55; Ehmann/Selmayr/*Klabunde*, Art. 4 Rn. 36ff.

1027 Siehe Art. 24, 25 und 32 DSGVO sowie *Becker-Eberhard* DGVZ 2018, 129 (131).

1028 Siehe vor allem Art. 5 Abs. 2 sowie Art. 13, 14, 19 DSGVO.

muss dem Organ der Zwangsvollstreckung in jedem Falle die rechtliche Verpflichtung übertragen werden, die Informationen einzuholen.[1029] Die Vorgaben kann der Rechtsakt somit ausgestalten. Art. 6 Abs. 1 lit. c) DSGVO ist folglich als Rechtmäßigkeitsbegründung für die Datenerhebung beim Schuldner durch ein Organ der Zwangsvollstreckung geeignet.[1030]

Die Datenverarbeitung stützt sich weiterhin auf Art. 6 Abs. 1 lit. e) DSGVO. Es greift die zweite Alternative von lit. e). Die Aufgabenerfüllung des Organs der Zwangsvollstreckung erfolgt durch die Wahrnehmung öffentlicher Gewalt. Es soll sich dabei um klassische originäre Staatsaufgaben handeln.[1031] Die Ausübung hoheitlicher Gewalt im Rahmen von Zwangsvollstreckungsmaßnahmen, auch im besonderen Fall der Abnahme der Vermögensauskunft, liegt vor.[1032]

Art. 6 Abs. 3 DSGVO stellt weitere Rechtmäßigkeitskriterien auf, wenn Art. 6 Abs. 1 lit. c) oder lit. e) DSGVO als Rechtmäßigkeitsgrundlage Anwendung finden soll. Art. 6 Abs. 3 DSGVO formuliert das Kriterium einer notwendigen Rechtsgrundlage bei fehlender Einwilligung weiter aus. Die Norm rekurriert dabei auf das Unionsrecht als mögliche Rechtsgrundlage. Aufgrund der zu erlassenden europarechtlichen Grundlage für die Datenerhebung innerhalb eines

---

1029 Zu der Verpflichtung, dass ein Sekundärrechtsakt als Rechtsgrundlage notwendig ist, siehe Umkehrschluss aus Erwägungsgrund (45) DSGVO: „Mit dieser Verordnung wird nicht für jede einzelne Verarbeitung ein spezifisches Gesetz verlangt." sowie Kühling/Buchner/*Buchner*/*Petri*, Art. 6 Rn. 78; Ehmann/Selmayr/*Heberlein*, Art. 6 Rn. 15; Gola/*Schulz*, Art. 6 Rn. 43.

1030 So auch die Einschätzung des Europäischen Datenschutzbeauftragten zum Grünbuch der Kommission „Effiziente Vollstreckung gerichtlicher Entscheidungen in der Europäischen Union: Transparenz des Schuldnervermögens" - KOM(2008) 128 endg., ABl. EU C 20/1 v. 27.01.2009, S. 2, Nr. 11.

1031 Ehmann/Selmayr/*Heberlein*, Art. 6 Rn. 20.

1032 Siehe Finland's reply to the Green Paper (o. Fn. 89) S. 2. Weiterhin die Übersicht bei *Cuniberti*/*Migliorini*, S. 179f. Punkt 9: nur ein geringer Teil der Mitgliedstaaten hat nicht offizielle Behörden als Zentrale Behörden berufen, sondern stattdessen die Gerichte oder auch vereinzelt die Vollstreckungsorgane; siehe weiterhin *Stamm*, S. 9, der die Privatisierung des Gerichtsvollzieherwesens generell kritisch betrachtet, vor allem unter dem Aspekt, wie die Rechte des Schuldners gewahrt werden können; siehe weiterhin Schuschke/Walker/*Schuschke*, Einf. Buch 8 ZPO, Rn. 5. Nochmals generell zur unterschiedlichen Organisation des Gerichtsvollzieherwesens, *Brunner* DGVZ 2012, 61 (64) sowie zu Effektivitätserwägungen öffentlicher und privatisierter Systeme siehe *Correa Delcasso* in Andenas/Hess/Oberhammer (Hrsg.), Enforcement Agency Practice in Europe, 47ff. sowie o. die einzelnen Länderberichte.

Europäischen Sachaufklärungsverfahrens ergeben sich keine weiteren Anforderungen.

Die Grundsätze der Datenverarbeitung des Art. 5 DSGVO werden ebenfalls gewahrt. Denn wenn die Daten beim Schuldner zum Zwecke der Vermögenserklärung erhoben werden, liegt eine erstmalige Verarbeitung der Daten vor.[1033] Sie werden unter der eindeutigen Zweckbestimmung erhoben, die Zwangsvollstreckung, durch Zugriff auf das Schuldnervermögen, zu ermöglichen. Das Kriterium der Zweckbestimmung ist somit erfüllt.[1034]

Für die Vermögensauskunft ist ein Eingriff in den Schutz der personenbezogenen Daten folglich gerechtfertigt.

dd) Drittauskunft: Spezielle Rechtfertigungsgründe

Die Frage nach der Rechtmäßigkeit der Datenverarbeitung stellt sich aus einem anderen Blickwinkel, sobald ein Organ der Zwangsvollstreckung auf Informationen über das Schuldnervermögen anhand einer Abfrage von Drittstellen zugreift. Der Zugriff erfolgt auf Daten, die von Behörden oder anderen Einrichtungen – primär mit Wissen des Schuldners – zuvor zu einem konkret bestimmten, aber anderen Zweck als dem der Ermöglichung der Zwangsvollstreckung gespeichert worden sind. Hinter dem verdeckten Zugriff auf bereits erhobene Daten steckt ein erheblicher Eingriff. Dessen Rechtfertigung setzt voraus, dass der Zugriff auf die Behördendaten als Vorgang der Verarbeitung rechtmäßig ist und – umso entscheidender – dass es rechtmäßig ist, die Daten für Zwecke der Zwangsvollstreckung und eben nicht zum ursprünglichen Zweck zu verwenden. Damit ist das Kriterium der Zweckänderung angesprochen, auf das im Datenschutzrecht besonderes Augenmerk gelegt wird.

(1) Änderung der Zweckbestimmung

Das Organ der Zwangsvollstreckung holt bei der Drittstellenabfrage Informationen ein, die ihm andere mitgliedstaatliche Behörden, die speichernden Stellen, zur Verfügung stellen sollen. Der Vorgang der Datenübermittlung durch die Behörden bzw. die Abfrage durch das Organ der Zwangsvollstreckung geschieht entgegen des ursprünglichen Zwecks, für den die Daten durch mitgliedstaatliche Behörden erhoben worden sind. Die Weiterverwendung zu einem anderen Zweck durch das Organ der Zwangsvollstreckung widerspricht einem Grundgebot der

---

1033 Vgl. Art. 4 Nr. 2 DSGVO.

1034 Das Kriterium wurde in Art. 5 Abs. 1 lit. b) DSGVO neben Art. 8 GRCh nochmals ausformuliert.

Datenverarbeitung, dem der Zweckbindung.[1035] Die Zweckbindung ist bereits in Art. 8 Abs. 2 GRCh verankert, der eine Verarbeitung „für festgelegte Zwecke“ gestattet. Art. 5 Abs. 1 lit. b) Hs. 1 DSGVO konkretisiert den Grundsatz der Zweckbindung. Der Grundsatz wirkt insbesondere eingriffsbegrenzend bei der Weiterverarbeitung von Daten. Bei der Weiterverarbeitung zu einem anderen als dem ursprünglich vorgesehenen Zweck darf die neue Zweckbestimmung nicht mit der ursprünglichen inkompatibel sein. Der zuvor bereits thematisierte Verantwortliche im Sinne der DSGVO muss daher prüfen, ob ein Zusammenhang zwischen der ursprünglichen Erhebung durch die mitgliedstaatlichen Behörden und der beabsichtigten Weiterverarbeitung zu Zwecken der Zwangsvollstreckung besteht.[1036] Die Weiterverarbeitung unterliegt weiteren Anforderungen aus Art. 5 und 6 DSGVO.[1037] Art. 6 Abs. 4 DSGVO gestaltet das Kompatibilitätserfordernis insbesondere bei Zweckänderungen weiter aus.[1038] Für die Rechtmäßigkeit der Zweckänderung muss ein Organ der Zwangsvollstreckung gesetzlich legitimiert sein, die Daten bei den speichernden Stellen erheben zu dürfen.[1039]

Zunächst wird die ursprüngliche Zweckbestimmung begutachtet. Gemeinsam ist den speichernden Stellen, dass die Daten auf anderer Grundlage oder für andere definierte Zwecke primär erhoben worden sind, als sie sodann für die Zwecke der Zwangsvollstreckung weiterverwendet werden. Ursprüngliche Zwecke sind die Ermöglichung des Rechtsverkehrs,[1040] die Publizität[1041] oder rechtserhebliche und transparent zu gestaltende Informationen über Unternehmen.[1042] Ausreichend für die innerstaatliche Ersterhebung ist zum Beispiel

---

1035 Zur Zweckbindung: Ehmann/Selmayr/*Heberlein*, Art. 5 Rn. 13; Paal/Pauly/*Frenzel*, DS-GVO, Art. 5 Rn. 23ff.; BeckOK DatenschutzR/*Schantz,* DS-GVO, Art. 5 Rn. 12ff.; aus dem übergesetzlichen Recht: vdG/S/H/*Brühann*, AEUV, Art. 16 Rn. 54.

1036 Siehe Erwägungsgrund (50) S. 6; weiterhin Ehmann/Selmayr/*Heberlein*, Art. 5 Rn. 16; grundsätzlich zur Weiterverarbeitung, siehe *Monreal* ZD 2016, 507 (510ff.).

1037 Sydow/*Reimer*, Art. 5 Rn. 24.

1038 Vgl. *Schantz* NJW 2016, 1841 (1844); Ehmann/Selmayr/*Heberlein*, Art. 6 Rn. 48ff.; Sydow/*Reimer*, Art. 6 Rn. 67ff.

1039 Ehmann/Selmayr/*Heberlein*, Art. 6 Rn. 48.

1040 Für Deutschland siehe den Umkehrschluss aus § 3 Abs. 4 GBO.

1041 Siehe beispielsweise für die deutsche Rechtsordnung § 15 HGB und das Unternehmensregister, eingeführt durch § 8b HGB, sowie den Gesetzentwurf der Bundesregierung, Entwurf eines Gesetzes über elektronische Handelsregister und Genossenschaftsregister sowie das Unternehmensregister (EHUG), Deutscher Bundestag – 16. Wp., Drucksache 16/960, S. 39.

1042 Siehe für Österreich das Bundesgesetz über die Einrichtung eines Registers der wirtschaftlichen Eigentümer von Gesellschaften, anderen juristischen Personen und Trusts (Wirtschaftliche Eigentümer Registergesetz – WiEReG), ÖstBGBl. I Nr.

Art. 6 Abs. 1 lit. e) DSGVO. Er ist die Begründung für die ursprüngliche Erhebung, wenn einer staatlichen Stelle die verpflichtende Informationserhebung durch Gesetz zugewiesen wurde.[1043] Auch Art. 6 Abs. 1 lit. c) DSGVO ist einschlägig für die rechtliche Verpflichtung von speichernden Stellen, Daten zu übermitteln.[1044]

Die Datenerhebung bei Drittstellen unterscheidet sich lediglich derart von der Vermögensauskunft, dass sich das zuständige Organ an die speichernde Stelle wendet und dass die Stelle die Daten übermittelt bzw. der Zugang von vornherein ermöglicht wurde. Das zuständige Organ erhebt die Daten für sich durch einen Vorgang der Übermittlung seitens der speichernden Stelle. Der Übermittlungsvorgang muss im Sekundärrechtsakt berücksichtigt und die speichernde Stelle ermächtigt werden, die vom zuständigen Organ angefragten Informationen zu übermitteln.[1045] Ebenso könnte das Organ für einen direkten Abruf legitimiert werden. Für die Rechtmäßigkeit, sowohl für die Abfrage als auch für die Übermittlung, ist Art. 6 Abs. 1 lit. c) DSGVO einschlägig.

Für die Bearbeitung ist die Übereinstimmung der Verarbeitungszwecke wegen der zu erstellenden unionsrechtlichen Grundlage unerheblich. Ein zukünftig zu erlassender unionsrechtlicher Sekundärrechtsakt legitimiert die Zweckänderung zugunsten der Drittstellenabfrage. Dazu ist allerdings nicht jede Unionsrechtsgrundlage geeignet.[1046] Es bedarf einer qualifizierten Rechtsvorschrift.[1047] Für die Legitimität der Zweckänderung durch qualifizierte Rechtsvorschrift muss einer der Gründe des Art. 23 Abs. 1 DSGVO erfüllt sein. Art. 23 Abs. 1 lit. j) DSGVO ermöglicht die Zweckänderung, wenn sie zur Sicherstellung der Durchsetzung zivilrechtlicher Ansprüche notwendig ist. Der Verantwortliche muss die Kompatibilitätsprüfung nicht durchführen. Die Kompatibilität besteht aufgrund eines festgelegten öffentlichen Interesses. Die Norm bezieht sich explizit auf die

---

136/2017. Für eine Übersicht über die in den mitgliedstaatlichen Registern und den Informationen über Unternehmen, die eingeholt werden können, siehe das European Justice Portal, verfügbar unter <https://e-justice.europa.eu/content_business_registers_in_member_states-106-de.do> [zuletzt abgerufen am 01.06.2020].

1043 Somit lediglich Aufstellung eines Gesetzesvorbehaltes, siehe dazu BeckOK DatenschutzR/*Albers/Veit*, DS-GVO, Art. 6 Rn. 41ff.; Ehmann/Selmayr/*Heberlein*, Art. 6 Rn. 19ff.; Paal/Pauly/*Frenzel*, DS-GVO, Art. 6 Rn. 23ff.

1044 Siehe mit Beispielen Ehmann/Selmayr/*Heberlein*, Art. 6 Rn. 15.

1045 Nach Art. 6 Abs. 3 DSGVO.

1046 Siehe Art. 6 Abs. 4 Var. 2 DSGVO.

1047 Bezeichnung bei Sydow/*Reimer*, Art. 6 Rn. 70f.

Zwangsvollstreckung.[1048] Des Weiteren hebt Art. 23 Abs. 1 letzter Hs. DSGVO nochmals die Kriterien des Art. 8 bzw. 52 Abs. 1 GRCh hervor. Die Regelung muss den Wesensgehalt des betroffenen Grundrechts beachten und eine gemeinwohldienende Zielsetzung verfolgen sowie insgesamt verhältnismäßig sein.[1049]

Die Änderung der Zweckbestimmung zum Zweck der Ermöglichung der Zwangsvollstreckung kann folglich unionsrechtlich rechtmäßig ausgestaltet werden.

(2) Verdeckte Erhebung

Eine verdeckte Erhebung der Daten bei den zuständigen Behörden liegt vor, wenn der Schuldner über die Maßnahme der Datenbeschaffung im Vorfeld nicht informiert wird. Die verdeckte Informationserhebung unterliegt strengeren Anforderungen als die offene Erhebung. Die Grundsätze sind in Art. 5 Abs. 1 DSGVO niedergelegt und betreffen nach lit. a) die Verarbeitung nach Treu und Glauben und in transparenter Art und Weise. Gegenstand des Prinzips ist die Art und Weise der Verarbeitung, die auch als die Gewährleistung einer „fairen" Verarbeitung bezeichnet wird.[1050] Da es sich aber nicht um ein Erschleichen von Daten seitens des Organs der Zwangsvollstreckung handelt,[1051] liegt der Schwerpunkt auf der Frage nach der Rechtmäßigkeit der verdeckten Erhebung als möglichem Grund für eine intransparente und unter Umständen nicht gerechtfertigte Maßnahme.[1052] Die Transparenzregelungen sind in Art. 12ff. und insbesondere Art. 13 und 14 DSGVO verankert.[1053] Art. 13 DSGVO legt Informationspflichten für die Erhebung von Daten fest, wenn die Daten bei der betreffenden Person selbst erhoben werden. Einschlägig für die

---

1048 So Paal/Pauly/*Paal*, DS-GVO, Art. 23 Rn. 43; siehe weiterhin Sydow/*Peuker*, Art. 23 Rn. 36; BeckOK DatenschutzR/*Stender-Vorwachs*, DS-GVO, Art. 23 Rn. 32.

1049 Siehe Ehmann/Selmayr/*Bertermann*, Art. 23 Rn. 3; siehe zum Wesensgehalte sogleich unter c) aa).

1050 So bei Ehmann/Selmayr/*Heberlein*, Art. 5 Rn. 9f.; ebenso Sydow/*Reimer*, Art. 5 Rn. 12; Kühling/Buchner/*Herbst*, Art. 5 Rn. 13ff.; eine Auseinandersetzung findet nicht statt bei Meyer/*Bernsdorff*, Art. 8 Rn. 21ff.; keine namentliche Erwähnung bei Calliess/Ruffert/*Kingreen*, GRCh, Art. 8 Rn. 14ff.; betrachtet lediglich als Auffangklausel durch Tettinger/Stern/*Johlen*, Art. 8 Rn. 48f. mit weiteren Nachweisen; vgl. auch EuGH Rs. C-131/12, ECLI:EU:C:2014:317 Rn. 69, 72 – Google Spain and Google.

1051 Siehe für Beispiele den Grundsatz von Treu und Glauben betreffend Kühling/Buchner/*Herbst*, Art. 5 Rn. 15.

1052 Überschneidungen zwischen den Prinzipien der fairen und transparenten Verarbeitung bestehen trotz alledem, siehe Ehmann/Selmayr/*Heberlein*, Art. 5 Rn. 10.

1053 Vormals Art. 10 und 11 Datenschutz-RL.

vorliegende Konstellation der Informationseinholung bei Drittstellen ist Art. 14 DSGVO. Darin ist die Informationspflicht für Fälle geregelt, in denen die personenbezogenen Daten der betroffenen Person bei einer anderen Person eingeholt werden. Art. 14 Abs. 4 DSGVO enthält eine Regelung für Fälle, in denen mit der Erhebung bei einer anderen Person auch eine Zweckänderung einhergeht. Im Fall der Zweckänderung sieht Art. 14 Abs. 4 DSGVO vor, dass die betroffene Person im Vorfeld der Weiterverarbeitung über den Zweck der Weiterverarbeitung informiert wird. Bei einer geheimen Drittstellenabfrage durch ein Organ der Zwangsvollstreckung sieht die Regelung demnach vor, dass der Schuldner vor der Abfrage bzw. Übermittlung seiner Daten über den Beschaffungsvorgang in Kenntnis gesetzt wird.

Über die Auslegung und Reichweite der Vorgängervorschriften zu Art. 13 und 14 DSGVO in der Datenschutz-RL entschied der EuGH in der Rechtssache *Bara*.[1054]

In der vom EuGH behandelten Rechtssache wurden die Klägerin Frau Bara sowie weitere Betroffene von einer nationalen Behörde aufgefordert, Krankenversicherungsbeiträge nachzuzahlen. Die Rückforderung entstand, da Einkommenssteuerdaten der Betroffenen an ihre Krankenversicherungen übermittelt wurden. Die Übermittlung erfolgte ohne ausdrückliche Einwilligung und ohne vorherige Unterrichtung der Betroffenen. Die Übermittlung fand somit ohne Wissen und nach Auffassung der Betroffenen auch ohne einschlägige Rechtsgrundlage statt.[1055] Nach mitgliedstaatlichem Recht waren die öffentlichen Einrichtungen jedoch ermächtigt, personenbezogene Daten an die Krankenkassen zu übermitteln, um die Versicherteneigenschaft von Personen festzustellen.[1056] Es handelte sich bei den Daten um Personalien, beispielsweise von Personen mit Einkünften aus selbstständiger Beschäftigung, aber nicht um Auskünfte über das genaue Einkommen dieser Personen.[1057] Die vom EuGH zugelassene Vorlagefrage des rumänischen Gerichts hatte folgenden Gegenstand: zum einen die Rechtmäßigkeit der Datenverarbeitung durch die Behörde und zum anderen, ob die Bestimmungen des Datenschutzes einer geheimen Übermittlung von Daten entgegenstanden.[1058] Der EuGH verkündete in seiner Entscheidung, dass sich aus den Vorgaben der Datenschutz-RL die Verpflichtung für die mitgliedstaatliche

1054 EuGH Rs. C-201/14, ECLI:EU:C:2015:638 – Bara u. a.
1055 Wie zuvor, Rn. 15.
1056 Wie zuvor, Rn. 16.
1057 Ibid.
1058 Wie zuvor, Rn. 28.

Gesetzgebung ergebe, Betroffene darüber zu informieren, dass Informationen weitergeleitet würden.[1059] Im Wortlaut besagt das Urteil, „dass die [...] Daten [...] *weitergeleitet werden*“[1060]. Die Formulierung lässt die Auslegung zu, dass eine Benachrichtigung noch vor der Weiterleitung der Daten hätte erfolgen müssen. Die rumänische Regierung wandte dagegen ein, dass die die Behörde legitimierende mitgliedstaatliche Rechtsgrundlage für die Weiterleitung als vorsorgliche Benachrichtigung der Betroffenen ausreiche. Der EuGH stellte sich jedoch auf den Standpunkt, dass die weitergeleiteten Daten gerade nicht von der gesetzlichen Grundlage umfasst waren. Die gesetzliche Grundlage konnte nach dem Dafürhalten der Richter somit keine Substitution der Informationspflicht darstellen.[1061] Darin liege ein Verstoß gegen die Unterrichtungspflicht des Art. 10 Datenschutz-RL begründet. Aus diesem Grund erläuterte der EuGH mögliche Ausnahmen von der Unterrichtungspflicht, wie sie von der Datenschutz-RL vorgesehen waren.

Die dem Verantwortlichen auferlegten Informationspflichten, die ihn zugunsten des Betroffenen – im Falle der Zwangsvollstreckung des Schuldners – treffen, sind nun in Art. 14 DSGVO geregelt. Für die Untersuchung ist die Frage entscheidend, unter welchen Bedingungen es unterbleiben kann, dass der Schuldner über die Übermittlung seiner Daten von Drittstellen an Organe der Zwangsvollstreckung informiert wird.[1062] Für die Vorgängerregelung der Datenschutz-RL in Art. 13 hatte der EuGH im Fall *Bara* festgehalten, dass es an einer Ausnahmeregelung zur Unterrichtungspflicht im inländischen Recht mangelte.[1063] Die Unterrichtungspflicht, die sich für den Fall noch aus der Datenschutz-RL ergab, war vom betroffenen Mitgliedstaat nicht eingehalten worden.[1064]

Signifikanter Unterschied zur heutigen DSGVO ist der Verweis in Art. 11 Abs. 1 Datenschutz-RL, dass die Mitgliedstaaten die Ausnahmen zur Unterrichtungspflicht zugunsten von Betroffenen vorsehen. Nachdem der Datenschutz von einer Richtlinie in eine Verordnung überführt wurde, legen nun Art. 14 Abs. 5 lit. c) und lit. d) DSGVO fest, dass auch eine Rechtsvorschrift der Union die Unanwendbarkeit der Absätze 1–4 von Art. 14 DSGVO anordnen kann. Lit. d) kommt für die vorliegenden Zwecke nicht in Betracht. Lit. c) hingegen enthält Vorgaben, wie ein künftiger Sekundärrechtsakt auszugestalten

1059 Wie zuvor, Rn. 34.
1060 Ibid.; [Hervorhebung durch Autor].
1061 Wie zuvor, Rn. 38.
1062 Art. 14 Abs. 5 DSGVO enthält die Ausnahmen.
1063 EuGH Rs. C-201/14, ECLI:EU:C:2015:638 Rn. 40f. – Bara u. a.
1064 EuGH Rs. C-201/14, ECLI:EU:C:2015:638 Rn. 43 – Bara u. a.

ist. Eine generalklauselartige Regelung ist nicht ausreichend.[1065] Vielmehr muss ein materiell ausreichendes Schutzniveau erreicht werden.[1066] Dementsprechend wird der Sekundärrechtsakt eine Regelung enthalten müssen, die dem Organ der Zwangsvollstreckung auferlegt, die Interessen des Schuldners in Bezug auf eine Benachrichtigungspflicht ausreichend zu schützen. Konkret heißt das, dass im Sekundärrechtsakt ausgestaltet sein muss, wie der Schuldner von der geheimen Datenerhebung in Kenntnis gesetzt wird. Die Mitteilung über die Erhebung kann jedoch auch zeitlich verzögert geschehen, wie ein Blick in die bereits besprochenen Sekundärrechtsakte der EuUntVO und EuKoPfVO zeigt. In den beiden Sekundärrechtsakten ist die Pflicht zur Benachrichtigung um einen Zeitraum von 30 bis 90 Tagen verzögert. Die jeweiligen Zwecke der Verordnung, entweder Vollstreckung gegen den Unterhaltsschuldner oder Pfändung eines Bankkontos, sollen erreicht werden. Die genaue Ausgestaltung obliegt dem Unionsgesetzgeber.[1067]

Die speziellen Rechtfertigungsgründe für einen zunächst geheimen Abruf der Informationen über den Schuldner stehen in Einklang mit den Schranken des Art. 8 Abs. 2 GRCh und den Konkretisierungen in der DSGVO. Der Unionsgesetzgeber muss die Vorgaben lediglich datenschutzkonform ausgestalten.

ee) Zwischenergebnis

Unabhängig davon, ob das Organ der Zwangsvollstreckung den Eingriff in das Recht auf den Schutz personenbezogener Daten mittels der Befragung des Schuldners oder einer Drittauskunft vornimmt, die Eingriffe entsprechen den sich aus den allgemeinen und speziellen Rechtfertigungsgründen ergebenden Anforderungen.

c) Schranken-Schranken

Die soeben thematisierten Beschränkungsmöglichkeiten des Rechts auf Datenschutz unterliegen ebenso Schranken. Eine Bestimmung der Schranken-Schranken des Eingriffs nimmt der EuGH nicht systematisch vor. Insbesondere die Bestimmung des Wesensgehaltes des Grundrechts auf Datenschutz ist undurchsichtig. Das zeigt die dazu ergangene Rechtsprechung.

1065 Siehe Paal/Pauly/*Paal/Hennemann*, DS-GVO, Art. 14 Rn. 42; Ehmann/Selmayr/*Knyrim*, Art. 14 Rn. 47.

1066 Sydow/*Ingold*, Art. 14 Rn. 18.

1067 Siehe zu einem Vorschlag u. Teil 5, C. V. 2.

Eine weitere Schranken-Schranke ist die Prüfung der Verhältnismäßigkeit eines Eingriffs. Entscheidend ist das Verhältnis der Wesensgehaltsgarantie zur Verhältnismäßigkeit. Zwar wird eine getrennte Prüfung teils vorgenommen, die vorliegende Untersuchung verdeutlicht jedoch, warum die getrennte Prüfung in nur unzureichender Weise möglich ist.[1068]

aa) Wesensgehaltsgarantie

(1) Inhalt

Die Wesensgehaltsgarantie ist in Art. 52 Abs. 1 S. 1 GRCh verankert. Über die konkreten Anforderungen an die Prüfung der Wesensgehaltsgarantie eines Grundrechts herrscht Uneinigkeit. Grundsätzlich bietet sich eine Unterscheidung zwischen relativer und absoluter Bestimmung des Wesensgehaltes an.[1069] Die Unterscheidung wird anhand der ergangenen Literatur sowie der Rechtsprechung des EuGH im weiteren Verlauf dargestellt.

Über Bedeutung und Auslegung der Garantie fanden schon im Grundrechtekonvent ausführliche Diskussionen statt. Danach gefragt, was unter dem Wesensgehalt eines Grundrechts zu verstehen sei, erwiderte der Leiter des Grundrechtekonvents Roman Herzog, dass er nach vier Jahrzehnten erworbener Praxis „auch nicht wisse, was letztlich mit ‚Wesensgehalt' gemeint sei".[1070] Herzog stellte vier Verständnismöglichkeiten vor, die in Deutschland für den Begriff debattiert worden waren. Seine Ausführungen schloss er mit den Worten, dass die Wesensgehaltsgarantie schwierig zu bestimmen sei.[1071] „Deshalb nütze sie zwar nicht viel, sei aber auch nicht schädlich."[1072] Trotz dessen wird der Wesensgehaltsgarantie in der GRCh keine Bedeutungslosigkeit attestiert.[1073] Vielmehr stelle die Garantie eine absolute Schranke dar.[1074] Oder auch einen „schlechthin unantastbare[n] Kernbereich[s]"[1075] Das kommt einem von Roman Herzog im Grundrechtekonvent vorgestellten möglichen deutschen Verständnis des grundrechtlichen Wesensgehaltes sehr nahe: „In jedem Grundrecht sei eine Art Atomkern von Menschenwürde enthalten".[1076] Letztere Auslegungen verkörpern

---

1068 Dazu sogleich c) bb).
1069 Vgl. Stern/Sachs/*Krämer*, Art. 52 Rn. 58.
1070 Bernsdorff/Borowsky, S. 235.
1071 Ibid.
1072 Ibid.
1073 Meyer/*Borowsky*, Art. 52 Rn. 23.
1074 Siehe *Kokott* in Merten/Papier, Handbuch der Grundrechte Bd. I, 853 (892).
1075 Vgl. Calliess/Ruffert/*Kingreen*, GRCh, Art. 52 Rn. 64.
1076 Bernsdorff/Borowsky, S. 235.

ein absolutes Verständnis der Wesensgehaltsgarantie, das keiner Abwägung und somit auch keiner Verhältnismäßigkeitsprüfung zugänglich ist.[1077]

Die Judikatur des EuGH zum Recht des Schutzes personenbezogener Daten vermittelt hingegen ein relatives Verständnis in dem Sinne, dass der Wesensgehalt das sei, „was nach einer Abwägung übrig bleib[e].“[1078] Unverhältnismäßige Eingriffe in ein Grundrecht tasteten nach Einschätzung des EuGH auch den Wesensgehalt des betroffenen Rechts an.[1079] Auch in der Literatur finden sich Vertreter, die die Verhältnismäßigkeit und die Wesensgehaltsgarantie im Rahmen der Eingriffsprüfung getrennt betrachten und sich einem relativen Verständnis anschließen.[1080] Dem relativen Verständnis folgt die vorgelegte Bearbeitung. Wesensgehalt und Verhältnismäßigkeit werden getrennt, aber in Abhängigkeit voneinander, untersucht.

Für die vorliegenden Zwecke wird die Judikatur des EuGH beleuchtet. Die EMRK spielt bei der Bestimmung des Wesensgehaltes nur eine untergeordnete Rolle.[1081]

Ein erster Fall beschäftigte sich mit der Frage, ob die namentliche Nennung sowie die Veröffentlichung weiterer privater Daten von Beihilfeempfängern aus EU-Mitteln im Internet rechtmäßig war.[1082] Der EuGH erwähnte die Wesensgehaltsgarantie im Urteil mehrfach.[1083] Leider unterließ er es dazu explizit Stellung

---

1077 Grundsätzlich *Alexy*, S. 269.

1078 Ibid; *Bock/Engeler*, DVBl 2016, 593 (594) begründen die getrennte Untersuchung des EuGH des Wesensgehalts und der Verhältnismäßigkeit mit der bereits normierten Trennung in Art. 52 Abs. 1 S. 1 und S. 2 GRCh.

1079 EuGH Rs. C-5/88, ECLI:EU:C:1989:321 Slg. 1989 S. 2609 Rn. 18 – Wachauf/Bundesrepublik Deutschland; EuGH Rs. C-292/97, ECLI:EU:C:2000:202, Slg. 2000 I-02737 Rn. 58 – Karlsson u. a.; EuGH Rs. C-283/11, ECLI:EU:C:2013:28 Rn. 49 – Sky Österreich.

1080 Meyer/*Borowsky*, Art. 52 Rn. 19; wohl auch bei Lenz/Borchardt/*Wolffgang*, Anh. zu Art. 6 Rn. 18, der zunächst die Verhältnismäßigkeit und sodann die Garantie des Wesensgehalts als Schranken-Schranken behandelt; weiterhin betrachtet die Trennung auch als möglich *Kokott* in Merten/Papier, Handbuch der Grundrechte Bd. I, 853 (892); nach Tettinger/Stern/*von Danwitz*, Art. 52 Rn. 44 ist der Wesensgehalt „gleichrangig neben der Wahrung des Grundsatzes des Verhältnismäßigkeitsprinzips einzuhalten“; *Jarass*, Art. 52 Rn. 28: „eigenständige[r] Gehalt“ der Wesensgehaltsgarantie.

1081 Vgl. zu dieser Einschätzung *Bock/Engeler*, DVBl 2016, 593 (595).

1082 EuGH verb. Rs. C-92/09 und C-93/09, ECLI:EU:C:2010:662, Slg. 2010, I-11117 – Volker und Markus Schecke und Eifert.

1083 Wie zuvor, Rn. 50, 65.

zu nehmen. Die Erklärung dafür ist, dass der EuGH keinen Verstoß gegen den Verhältnismäßigkeitsgrundsatz zu etablieren vermochte und für ihn nach der oben dargestellten relativen Sichtweise auch der Wesensgehalt nicht mehr betroffen sein konnte.[1084]

Die Abnahme von Fingerabdrücken und deren Speicherung für die Zwecke eines Reisepasses berühre den Wesensgehalt von Art. 7 und 8 GRCh nach Meinung des EuGH nicht.[1085] Zu dieser Feststellung gelangte der EuGH anhand der ihm vorliegenden Daten. Darüber hinaus sei eine Verletzung der Wesensgehaltsgarantie nicht geltend gemacht worden.[1086] Im angesprochenen Urteil nahm der EuGH die Verhältnismäßigkeitsprüfung erst vor, nachdem er die Einhaltung der Wesensgehaltsgarantie bejahte.[1087]

Im Urteil zur Vorratsdatenspeicherung ging der EuGH explizit auf die Wesensgehaltsgarantie ein. In Frage stand die Vereinbarkeit der RL 2006/24/EG[1088] mit datenschutzrechtlichen Bestimmungen der EU.[1089] Die Richtlinie sah „in Art. 3 [. . .] [die] [. . .] Pflicht der Anbieter öffentlich zugänglicher elektronischer Kommunikationsdienste oder der Betreiber eines öffentlichen Kommunikationsnetzes [vor], die in Art. 5 der Richtlinie aufgezählten Daten auf Vorrat zu speichern, um sie gegebenenfalls den zuständigen nationalen Behörden zugänglich zu machen".[1090] Daraus folgerte der EuGH, dass mittels dieser Informationen „sehr genaue Schlüsse auf das Privatleben der Personen, deren Daten auf Vorrat gespeichert wurden, gezogen werden [könnten]".[1091] Einen Eingriff in Art. 7 und 8 GRCh stellte der EuGH unproblematisch fest.[1092] Ohne Umschweife und ohne zuvor auf die Verhältnismäßigkeit einzugehen, erläuterte der EuGH knapp, dass die Wesensgehaltsgarantie bei bloßer Kenntnisnahme der sogenannten

---

1084 Feststellung der Verhältnismäßigkeit: EuGH verb. Rs. C-92/09 und C-93/09, ECLI:EU:C:2010:662, Slg. 2010, I-11117 Rn. 87 – Volker und Markus Schecke und Eifert.

1085 EuGH Rs. C-291/12, ECLI:EU:C:2013:670 Rn. 39 – Schwarz.

1086 Ibid.

1087 EuGH Rs. C-291/12, ECLI:EU:C:2013:670 Rn. 40ff. – Schwarz; keine Verletzung der Verhältnismäßigkeit, siehe Rn. 66.

1088 Nachweis siehe o. Fn. 999.

1089 EuGH verb. Rs. C-293/12 und C-594/12, ECLI:EU:C:2014:238 Rn. 18 – Digital Rights Ireland.

1090 Wie zuvor, Rn. 25.

1091 Wie zuvor, Rn. 27.

1092 Wie zuvor, Rn. 37: „Von großem Ausmaß und als besonders schwerwiegend anzusehen".

Verkehrsdaten[1093] und somit nicht des eigentlichen Inhalts der Kommunikation durch die zuständigen Behörden nicht verletzt sei.[1094] Ein weiterer Grund dafür soll sein, dass die Richtlinie Vorschriften zum Datenschutz und zur Datensicherheit enthielt.[1095] Die Mitgliedstaaten müssten Daten vor Zerstörung, Verlust oder Änderung mittels technischer und organisatorischer Maßnahmen schützen.[1096] Eine positive Bestimmung des Wesensgehalts unterließ der EuGH folglich. Vielmehr bezog er sich mit der grundsätzlich ebenso möglichen Kenntnisnahme des Inhalts der elektronischen Kommunikation auf einen Eingriff, der noch intensiver gewesen wäre. Über diese Negativabgrenzung nahm er eine Bestimmung des Wesensgehaltes vor.[1097] Als erste Regel leitet der Verfasser der Bearbeitung daraus ab, dass der Wesensgehalt als nicht betroffen betrachtet werden kann, wenn ein Eingriff denkbar ist, der das Recht auf Datenschutz stärker einschränkt, als die aktuell in Rede stehende Maßnahme. Darauf kommt die Bearbeitung im weiteren Verlauf nochmals zurück.

Der Gerichtshof bestätigte seine Argumentation im Fall *Schrems* für die Weitergabe von Daten durch eine von Facebook geführte Tochter in Europa an den Konzernsitz in Amerika.[1098] Erstmals nahm der EuGH eine Verletzung des Wesensgehaltes an.[1099] Der Fall war damit potentiell geeignet, objektive Maßstäbe dafür aufzustellen, wann eine Maßnahme die Wesensgehaltsgarantie verletzt. Nach dem Urteil des EuGH stelle es einen Verstoß gegen den Wesensgehalt des Rechtes auf das Privatleben aus Art. 7 GRCh dar, wenn eine Behörde generell auf den Inhalt von Daten, im konkreten Falle die elektronische Kommunikation von Betroffenen, zugreifen dürfe.[1100] Im Fall *Schrems* war somit der tatsächliche Inhalt von Kommunikation und deren Auswertung Gegenstand. Die Kommunikation fällt ausdrücklich in den Schutzbereich des Art. 7 GRCh.[1101] Daher ist das

---

1093 Siehe Art. 5 RL 2006/24/EG.

1094 EuGH verb. Rs. C-293/12 und C-594/12, ECLI:EU:C:2014:238 Rn. 39 – Digital Rights Ireland.

1095 Wie zuvor, Rn. 40.

1096 Ibid.

1097 Zu dieser Schlussfolgerung kommt ebenfalls: Stern/Sachs/*Krämer*, Art. 52 Rn. 58.

1098 EuGH Rs. C-362/14, ECLI:EU:C:2015:650 – Maximillian Schrems.

1099 So *Bock/Engeler*, DVBl 2016, 593 (593).

1100 EuGH Rs. C-362/14, ECLI:EU:C:2015:650 Rn. 94 – Maximillian Schrems, unter Verweis auf die Argumentation in EuGH verb. Rs. C-293/12 und C-594/12, ECLI:EU:C:2014:238 Rn. 39 – Digital Rights Ireland.

1101 Vgl. Calliess/Ruffert/*Kingreen*, GRCh, Art. 7 Rn. 10; vdG/S/H/*Ino Augsberg*, Art. 7 Rn. 9; Meyer/*Bernsdorff*, Art. 7 Rn. 23.

Urteil zwar für die generelle Bedeutung der Wesensgehaltsgarantie als überaus wichtig einzustufen, für die vorliegende notwendige Bestimmung im Zusammenhang mit dem Recht auf Datenschutz nur eingeschränkt nutzbar. Den Fällen *Schrems* und *Digital Rights Ireland* entnimmt die Bearbeitung ungeachtet dessen die Grundsätze, dass eine Missachtung der Wesensgehaltsgarantie umso intensiver zu überprüfen ist, je näher der Kern von Informationen betroffen ist.

Aktuell nahm der Gerichtshof in seinem Gutachten zur Rechtmäßigkeit des Abkommens zur Übermittlung von Fluggastdaten (PNR-Daten) zwischen der EU und Kanada Stellung.[1102] Das angesprochene Gutachten macht deutlich, dass eine Beschränkung auf bestimmte Aspekte des Privatlebens es sogar rechtfertigen könne, wenn gewisse konkrete Inhalte einer anderen Behörde zugänglich gemacht werden.[1103] Insbesondere müssten bei der Ausgestaltung von Regelungen, die den Wesensgehalt berühren, Vorkehrungen getroffen werden, die die Vertraulichkeit, Sicherheit und Integrität der Daten sicherstellen und diese vor unberechtigten Zugriffen sowie deren Verarbeitung schützen.[1104] Werden diese Kriterien eingehalten, nimmt der EuGH keine Verletzung des Wesensgehaltes des Rechts auf Datenschutz an.

Das Gutachten sowie die vorangegangene Rechtsprechung weisen den Weg für die Einschränkbarkeit des Rechts auf Datenschutz für die Zwecke eines europäischen Verfahrens zur Verbesserung der Sachaufklärung in Zwangsvollstreckungsangelegenheiten. Aus der Rechtsprechung ergibt sich, dass der Wesensgehalt betroffen sein kann, wenn der tatsächliche Inhalt der Kommunikation, die Essenz der Informationen, betroffen ist. Ansonsten findet lediglich eine Negativabgrenzung zu potentiell erheblicheren Eingriffen in das Recht statt. Eine völlige Preisgabe des Datenschutzrechts ist unrechtmäßig.[1105] Des Weiteren wird gerade aus den Fällen *Schrems* und *Digital Rights Ireland* für Art. 7 GRCh abgeleitet, dass für dessen Wesensgehalt unbeobachtete Rückzugsräume garantiert werden müssen.[1106]

Die vorgestellten Fallbeispiele erfahren für ihre Anwendbarkeit noch folgende Einschränkung: Zumeist handelte es sich um Zugriffe auf öffentlich-rechtliche Datensammlungen zu staatlich vorgesehenen Zwecken. Dem Austausch der Fluggastdaten und der Übermittlung der Daten im Fall *Schrems* lagen trotz

---

1102 Gutachten des Gerichtshofs (Große Kammer) v. 26.07.2017, Gutachten 1/15, ECLI:EU:C:2017:592 Rn. 138.

1103 Wie zuvor, Rn. 150.

1104 Wie zuvor, Rn. 141, insbes. Rn. 150.

1105 Sydow/*Peuker*, Art. 23 Rn. 41.

1106 So *Bock/Engeler*, DVBl 2016, 593 (595).

alledem privatrechtliche Verhältnisse zugrunde. Auch die Zwangsvollstreckung besitzt ein privatrechtliches sowie öffentlich-rechtliches Gepräge bei der Verwendung der Daten über das Schuldnervermögen. Zwar werden die Daten zugunsten eines Privaten und der Durchsetzung seines privatrechtlichen Anspruchs genutzt, sie befinden sich aber zunächst in der Hand einer öffentlich-rechtlichen Person. Eine Vergleichbarkeit in Bezug auf den öffentlich-rechtlichen Charakter der Erwägungen mit den geschilderten Fällen ist für die staatliche Sachaufklärung in der Zwangsvollstreckung folglich gegeben.

Die vorliegende Bearbeitung stellt entsprechend der vorgenommenen Analyse für die Einhaltung der Wesensgehaltsgarantie des Grundrechts auf Schutz der personenbezogenen Daten folgende Kriterien auf:

1. Verkommt das Grundrecht durch den in Rede stehenden Eingriff zu einer leeren Worthülse, oder ist eine erheblichere Beeinträchtigung des Grundrechts denkbar?
2. Wie nah am Kern des Grundrechts ist die Maßnahme angesiedelt? Je näher der Kern des Rechts auf Datenschutz betroffen ist, desto stärker ist eine Missachtung der Wesensgehaltsgarantie zu überprüfen.
3. Wie ist der Eingriff ausgestaltet? Sind ihm bereits durch den Gesetzgeber Grenzen gesetzt worden?
4. Liegt ein unverhältnismäßiger Eingriff vor?

Unter diesen Gesichtspunkten[1107] findet im Folgenden die Untersuchung der beiden für die Offenlegung des Schuldnervermögens designierten Hauptinstrumente statt. Die Untersuchung schließt sich der relativen Bestimmbarkeit der Wesensgehaltsgarantie an. Aus diesem Grund bestimmt erst die Verhältnismäßigkeitsprüfung der Maßnahme, ob die Drittstellenabfrage unverhältnismäßig ist und somit auch eine Verletzung der Wesensgehaltsgarantie angenommen werden kann.

(2) Vermögensauskunft

Im Rahmen der Vermögensauskunft befragt das Organ der Zwangsvollstreckung den Schuldner nach in seinem Eigentum stehenden Vermögensgegenständen. Der Schuldner muss die Vermögensgegenstände umfassend offenbaren. Der Schuldner legt Arbeitsverhältnisse und daraus resultierende Forderungen gegen Arbeitgeber offen, weitere Forderungen gegenüber eigenen Schuldnern, in seinem Eigentum stehende Immobilien sowie weitere Vermögensgegenstände.

1107 Mit Ausnahme von Punkt 3., da die Ausgestaltung Aufgabe des Unionsgesetzgebers ist, die die vorliegende Untersuchung nicht vornimmt.

Weiterführende sensiblere Daten erhebt das zuständige Organ nicht. Die Preisgabe konkreter Vermögensgegenstände betrifft nicht nur das abstrakte Vorhandensein der Vermögensgegenstände in einer anderen Rechtsordnung. Vielmehr ist der Inhalt betroffen, welches Vermögen an welchem Ort auffindbar ist.

Nach den zuvor aufgestellten Maßstäben ist der Wesensgehalt betroffen, wenn keine belastendere Maßnahme in Betracht kommt. Eine offene und direkte Befragung des Schuldners verkörpert einen weniger gravierenderen Eingriff, als wenn das Organ der Zwangsvollstreckung eine verdeckte und dem Schuldner unbekannte Informationseinholung vornimmt. Eine größere Eingriffstiefe im Vergleich zur Befragung des Schuldners kann sich auch dadurch verwirklichen, dass die Drittauskunft sensible Informationen wie Steuer- oder Sozialversicherungsnummern offenlegt. Für die Zwecke der Drittauskunft sind die Informationen notwendig, um den gleichen Informationsgehalt wie im Rahmen der Vermögensauskunft zu erhalten. Grundsätzlich kann die verdeckte Informationsermittlung bei Drittstellen somit bereits als gravierende Maßnahme angesehen werden.[1108]

Zum zweiten Punkt der oben aufgestellten Kriterien gilt Folgendes: Die Auskunft über sein Vermögen betrifft einen wesentlichen Punkt der persönlichen Lebensführung des Schuldners. Für den Umstand, dass der Schuldner sein Vermögen offenlegen muss, ist der Schuldner allerdings selbst verantwortlich. Er kann den Eingriff durch Zahlung seiner Schuld eigenständig abwehren oder erklären, dass er nicht dazu in der Lage ist die Schuld zu begleichen und den Weg in die Privatinsolvenz gehen. Somit ist er für die Preisgabe von Teilen seiner privaten Lebensführung selbst verantwortlich. Auch findet die Vermögensauskunft zunächst gegenüber einem Hoheitsträger unter festgelegten Voraussetzungen und unter Beachtung von Schutzvorschriften statt. Unter Berücksichtigung des oben angesprochenen Punkt 3. für die Einhaltung der Wesensgehaltsgarantie und einer konkreten Ausgestaltung eines zukünftigen Sekundärrechtsaktes zur Sachaufklärung liegt keine völlige Preisgabe der in Art. 7 und 8 GRCh verbürgten Rechte vor.

Der Wesensgehalt des Rechts auf Schutz der personenbezogenen Daten wird bei der Vermögensauskunft somit unter Berücksichtigung der oben aufgestellten Kriterien und bei entsprechender Ausgestaltung von Sicherungsmechanismen der Daten beachtet.

1108 Mit der Erwägung, dass die Drittstellenabfrage eine intensivere Maßnahme darstellt, ist keine Feststellung verbunden, dass die Drittstellenabfrage die Wesensgehaltsgarantie verletzt. Siehe dazu sogleich unter aa) (3).

(3) Drittstellenabfrage

Die Abfrage der Informationen von Drittstellen wurde soeben bereits als schwerwiegenderer Eingriff in das Recht auf Datenschutz für die Negativabgrenzung und somit zur Bestimmung der Wesensgehaltsgarantie für die Vermögensauskunft verwendet. Die Drittstellenabfrage ist ungeachtet dessen mit den Kriterien der Wesensgehaltsgarantie vereinbar.

Die relevanten Vorgänge für die Vermögensermittlung über Drittstellen sind die Abfrage durch ein Organ der Zwangsvollstreckung bei einer Behörde oder speichernden Stelle und nicht beim Schuldner direkt. Weiterhin geht mit der Übermittlung der Daten eine Zweckänderung der für einen ursprünglich anderen Zweck erhobenen Daten einher. Gegenstand der vorliegenden Bearbeitung ist darüber hinaus, dass der Schuldner über den Datenabruf zunächst nicht in Kenntnis gesetzt wird. Ihm soll die Information über den Datenabruf erst verzögert mitgeteilt werden.

Die Daten zu relevantem Schuldnervermögen sollen in den jeweiligen Mitgliedstaaten direkt bei den Stellen abgerufen werden, die die Daten im Mitgliedstaat erhoben haben.

Eine Missachtung des Wesensgehaltes kann sich zum einen dadurch verwirklichen, dass sich der Inhalt der durch die Drittstellen zu erlangenden Informationen zum Inhalt der Informationen unterscheidet, die mittels der direkten Befragung des Schuldners ermittelt werden können.[1109] Daten zur Steuer- oder Sozialversicherungspflichtigkeit des Schuldners sind grundsätzlich besonders sensible Informationen. Die Privatsphäre und der Datenschutz sind maßgeblich betroffen. Die Abfrage und Nutzung der Informationen stellt sich als Vehikel des eigentlichen Zwecks der Abfrage dar. Wird der Schuldner direkt befragt, ist er verpflichtet, zum Beispiel Forderungen gegenüber seinen eigenen Schuldnern, den Drittschuldnern, derart konkret zu benennen, dass sie vollstreckbar wären. Mittels einer Auskunft zur Steuerpflicht des Schuldners erlangt das Organ der Zwangsvollstreckung einen ähnlichen Einblick in die Vermögensverhältnisse wie mittels der Vermögensauskunft, lediglich über einen Umweg und unter Umgehung des Schuldners. Wenn der Schuldner zur Einkommensteuer veranlagt ist, muss ein Beschäftigungsverhältnis bestehen. Durch die Abfrage ist das Beschäftigungsverhältnis unter Umständen nicht derart konkret benannt wie bei der Befragung, doch der Kern der Information, das Vorhandensein eines Arbeitsverhältnisses und somit einer pfändbaren Forderung, bleibt derselbe.[1110]

1109 Siehe die ausführliche Behandlung des Zugriffs auf unterschiedliche Daten bei der Drittstellenabfrage im deutschen Recht bereits zuvor in Teil 3, D. II.

1110 In diesem Sinne auch *Alsfasser*, S. 138.

Die einzelnen Eingriffe, die das Organ der Zwangsvollstreckung für die Drittauskunft vornimmt, finden somit alle im sensiblen Bereich der Wesensgehaltsgarantie statt. Das zuständige Organ muss mehr Informationen sammeln, um den gleichen Gehalt von Informationen zu erlangen. Darüber hinaus nimmt es die Abfrage im Geheimen vor. Es werden mehrere Behörden involviert. Eine mehrfache Verschiebung sensibler Schuldnerdaten findet statt. Der Wesensgehalt des Rechts auf Datenschutz ist bei einer Gesamtschau der einzeln aufgeführten Schritte für die Drittauskunft nach Ansicht des Autors eindeutig betroffen. Gerade der Kern der Privatheit, der der persönlichen Lebensführung, ist in einem größeren Ausmaß als bei der Vermögensauskunft betroffen.

Dass die Daten geheim von nicht öffentlich zugänglichen Stellen erhoben werden, ist für die Problematik der Unterrichtungspflicht der maßgebliche Unterschied zur Befragung des Schuldners.[1111] Der Vorgang der geheimen Abfrage nicht-öffentlicher Register wird dem Schuldner gegenüber offenbart, indem er in einem zeitlichen Abstand vom Zugriff über diesen informiert wird. Die Verzögerung garantiert, dass er in der Zwischenzeit keine Maßnahmen veranlasst, die die Zwangsvollstreckung noch vereiteln könnten.

Für eine Negativabgrenzung, um die Ablehnung einer Verletzung der Wesensgehaltsgarantie zu untermauern, kann wie folgt argumentiert werden: Es bestünde durchaus die Möglichkeit des europäischen Gesetzgebers, neben der Abfrage von Vermögensdaten durch das Organ der Zwangsvollstreckung weitere Maßnahmen zu erlassen. Der Unionsgesetzgeber könnte die Einrichtung von Registern vorsehen, die die relevanten Vermögensdaten von Schuldnern europaweit erfassen. Die gespeicherten Daten könnten den einzelnen Organen der Zwangsvollstreckung auf Abruf zur Verfügung stehen. Solch ein Vorgehen würde deutlich intensiver in die geschützten Bereiche von Art. 8 sowie auch Art. 7 GRCh eingreifen. Der angesprochene Rest geheimer Lebensentfaltung wäre stärker betroffen. Ein erheblicherer Eingriff läge ebenso vor, wenn der Gläubiger das Organ der Zwangsvollstreckung beauftragen könnte, abstrakt in allen Mitgliedstaaten nach Vermögen zu suchen. Die Vermeidung solch einer „*fishing expedition*" verkörpert zum einen einen Schutzmechanismus zugunsten des Schuldners und zum anderen eine Hürde, die dem anvisierten Eingriff einen weniger intensiven Charakter verleiht.[1112] Partielle Eingriffe, die als konkrete

---

1111 Dazu EuGH Rs. C-468/10 und 469/10, ECLI:EU:C:2011:777, Slg. 2011, I-12186 Rn. 45 – ASNEF und FECEMD.

1112 Siehe zur konkreten Ausgestaltung im angeregten unionsrechtlichen Sachaufklärungsverfahren u. Teil 5 C. II.

Suchaufträge ausformuliert sind und lediglich auf bereits bestehende Register zugreifen, sind demgegenüber weitaus weniger einschneidend.

Ein weiterer Dreh- und Angelpunkt ist letztlich die Ausgestaltung des Sekundärrechtsaktes. Das geht exemplarisch aus dem Urteil *Digital Rights Ireland* hervor, wonach gewisse Sicherungsmechanismen eingebaut sein müssen, die die Handhabung der Daten durch die beteiligten Institutionen einhegt und vor unbefugter Verwendung absichert.[1113] Des Weiteren müssen Regelungen zu Ausnahmen des Schutzes personenbezogener Daten sich auf das absolut Notwendige beschränken.[1114]

Eine Gesamtschau der obigen Ausführungen lässt keine eindeutige Aussage darüber zu, ob die Wesensgehaltsgarantie bei der Drittstellenabfrage missachtet wird. Aufgrund dieser Zweifel nimmt die Bearbeitung die oben vorgestellte Untersuchung vor, ob die Verhältnismäßigkeit für die Drittstellenabfrage gegeben ist. Falls nicht, liegt auch eine Verletzung der Wesensgehaltsgarantie vor.

bb) Verhältnismäßigkeit

Die Verhältnismäßigkeit stellt eine weitere Schranken-Schranke dar.[1115] Art. 8 Abs. 2 GRCh stellt eine besondere Ausformung der Verhältnismäßigkeitsprüfung der Schrankenbestimmung des Art. 52 Abs. 1 GRCh dar. Der Eingriff ist auf das absolut Notwendigste zu beschränken.[1116] Daraus ergibt sich eine Handlungsanleitung für den anvisierten Sekundärrechtsakt: Es „müssen nachvollziehbare Kriterien für die Datenverarbeitung und den Zweck der Datenverwendung" erkennbar sein.[1117] Konkret heißt das, dass die Maßnahme, die den Datenzugriff ermöglicht, vorhersehbar sein muss und dass den betroffenen

---

1113 EuGH verb. Rs. C-293/12 und C-594/12, ECLI:EU:C:2014:238 Rn. 40 – Digital Rights Ireland.

1114 Wie zuvor, Rn. 52.

1115 Siehe generell zur Verhältnismäßigkeitsprüfung des EuGH: *Trstenjak/Beysen* EuR 2012, 265ff.; aus der Rechtsprechung: EuGH verb. Rs. C-293/12 und C-594/12, ECLI:EU:C:2014:238 Rn. 45ff. – Digital Rights Ireland; EuGH verb. Rs. C-92/09 und C-93/09, ECLI:EU:C:2010:662, Slg. 2010, I-11117 Rn. 72ff. – Volker und Markus Schecke und Eifert; EuGH verb. Rs. C-465/00, C-138/01 und C-139/01, ECLI:EU:C:2003:294 Slg. 2003, I-4989 Rn. 82ff. – Österreichischer Rundfunk u. a; zu einer umfassenden Kritik an der vom EuGH durchgeführten Verhältnismäßigkeitsprüfung siehe Tettinger/Stern/*von Danwitz*, Art. 52 Rn. 19ff.

1116 Siehe EuGH Rs. C-73/07, ECLI:EU:C:2008:727, Slg 2008, I-9831 Rn. 56 – Satamedia; EuGH Rs. C-473/12, ECLI:EU:C:2013:715 Rn. 39 – IPI; EuGH verb. Rs. C-293/12 und C-594/12, ECLI:EU:C:2014:238 Rn. 52 – Digital Rights Ireland.

1117 Holoubek/Lienbacher/*Raschauer/Riesz*, Art. 8 Rn. 23.

Personen ausreichend Garantien zur Verfügung stehen müssen, um den Schutz der Daten vor Missbrauch, unberechtigtem Zugang sowie Nutzung zu gewährleisten.[1118] Weitere Ausprägungen des Verhältnismäßigkeitsgrundsatzes sind die Prinzipien der Datensparsamkeit und der Datenvermeidung.[1119] Zusätzlich besteht ein erhöhtes Erfordernis, Garantien zum Datenschutz zu verankern, wenn die Daten automatisch verarbeitet werden und wenn die erhebliche Gefahr besteht, dass Unberechtigte Zugriff auf die Daten erhalten.[1120] Im Rahmen der Abwägung innerhalb der Verhältnismäßigkeitsprüfung finden die Gläubigerrechte Berücksichtigung. Aufgrund der geäußerten Zweifel an der Achtung der Wesensgehaltsgarantie der Maßnahme der Drittstellenabfrage findet vorrangig die Verhältnismäßigkeitsprüfung der Drittstellenabfrage und im Nachgang die Verhältnismäßigkeitsprüfung der Vermögensauskunft statt.

(1) Drittstellenabfrage

Für die Drittstellenabfrage bestanden bereits Zweifel an der Einhaltung der Wesensgehaltsgarantie. Der bisherigen Bestimmung der Wesensgehaltsgarantie folgend ist eine umfassende Verhältnismäßigkeitsprüfung notwendig. Eine Gesamtschau führt zu einer abschließenden Bewertung für die Rechtmäßigkeit der Drittstellenabfrage vor dem Hintergrund von Art. 7 und 8 GRCh.

Die Drittstellenabfrage verfolgt den legitimen Zweck, dem Gläubiger in grenzüberschreitenden Rechtssachen eine vereinfachte Realisierung seines Urteils zu ermöglichen.[1121] An der Eignung, das Vermögen des Schuldners mittels der Drittstellenabfrage darzustellen, bestehen keine Zweifel. Der Fortschritt des gerichtlichen Verfahrens, das der Gläubiger gegen den Schuldner angestrengt hat, hat Auswirkungen auf die Angemessenheit[1122] der Maßnahme. Der Gläubiger hat ein endgültiges und vollstreckbares Urteil erstritten. Die Durchsetzung des Anspruchs ist die Zweckerreichung der Vermögensaufklärung. Dafür sind

---

1118 EuGH verb. Rs. C-293/12 und C-594/12, ECLI:EU:C:2014:238 Rn. 40 – Digital Rights Ireland; EuGH Rs. C-362/14, ECLI:EU:C:2015:650 Rn. 91 – Maximillian Schrems; Gutachten des Gerichtshofs (Große Kammer) v. 26.07.2017, Gutachten 1/15, ECLI:EU:C:2017:592 Rn. 141.

1119 Siehe G/H/N/*Sobotta*, AEUV Art. 16 Rn. 8.

1120 Siehe EuGH verb. Rs. C-293/12 und C-594/12, ECLI:EU:C:2014:238 Rn. 55 – Digital Rights Ireland.

1121 Die Verwirklichung des „Dominat[s] de[r] Gläubigerinteresse[n]“, so *Stamm* in Leible/Terhechte (Hrsg.), Europäisches Rechtsschutz- und Verfahrensrecht (EnzEuR) Bd. 3, Rn. 32.

1122 Siehe zur Durchführung einer Überprüfung der Angemessenheit durch den EuGH: *Trstenjak/Beysen* EuR 2012, 265 (270).

die Informationen über das Vermögen des Schuldners zwingend notwendig. Die Drittstellenabfrage kann zur endgültigen Bestimmung der Angemessenheit nicht isoliert betrachtet werden. Sie muss in Bezug gesetzt werden zu Maßnahmen, die das Ziel mit unter Umständen weniger einschneidenden Mitteln erreichen. Die Vermögensauskunft ist potentiell solch ein Mittel, da sie den Schuldner von vornherein in die Informationserlangung einbezieht und vor allem Daten zu einem konkreten Zweck erhebt, anstatt eine weitere Verarbeitung von bereits zu einem anderen Zweck erhobenen Daten zu veranlassen. Ein Eingriff in die Privatsphäre liegt gleichermaßen vor wie durch die Drittstellenabfrage. Allerdings offenbart die Drittstellenabfrage dem zuständigen Organ der Zwangsvollstreckung zunächst nur die bei Behörden gespeicherten Informationen wie die Steuerpflicht des Schuldners. Die damit ermittelte Information ist das Vorliegen eines Arbeitsverhältnisses im Vollstreckungsmitgliedstaat und somit theoretisch das Vorhandensein pfändbaren Einkommens. Nur diese Information ist relevant für den Gläubiger. Ihm Inhalte zur Steuerpflichtigkeit zu offenbaren ist nicht notwendig. Informationen, die darüber hinausgehen, sollten beim Organ der Zwangsvollstreckung verbleiben. Auch wenn dies schlussendlich eine Frage der Ausgestaltung ist, ist sie maßgeblich für die Bewertung der Verhältnismäßigkeit der Maßnahme. Denn eine Übermittlung sensibler Daten wie einer Steuernummer wäre nicht zu rechtfertigen. Im dargestellten Rahmen ergeben sich somit keine Zweifel an der Angemessenheit, wenn die an den Gläubiger ermittelten Informationen denen aus der Schuldnerbefragung entsprechen.

Ein weiterer Aspekt geht in die Abwägung ein. Für die Vermögensauskunft ist charakteristisch, dass die Eingriffsintensität durch die Befragung des Schuldners hinsichtlich des Rechts auf Datenschutz geringer ist, als durch die Drittstellenabfrage. Die Drittstellenabfrage muss einen Umweg über die Behörden gehen, um den gleichen Informationsgehalt zu ermitteln. Spiegelbildlich bevorzugt die Belastung des Schuldners durch die geheime Drittstellenabfrage den Gläubiger. In Bezug auf die Gewährung und Beeinträchtigung von Grundrechten verkörpern beide Varianten eine ähnliche Eingriffsintensität: Soll die Absicht der Zwangsvollstreckung nicht unmittelbar offenbart werden, müssen Drittstellen, ohne den Schuldner informieren zu müssen, Daten zu dessen Vermögen preisgeben. Soll der Zugriff auf Drittstellen verhindert werden, muss der Schuldner befragt und die Absicht der Zwangsvollstreckung offenbart werden.

Hinzu kommt ein weiterer Punkt für die Verhältnismäßigkeit der Abfrage. Es steht dem Schuldner generell frei, die geschuldete Leistung zu erbringen, somit das gegen ihn ergangene Urteil zu befolgen.[1123]

Unter Berücksichtigung des Rechts des Gläubigers auf Durchsetzung seines Anspruchs müssen die Schuldnerrechte in angemessenem Umfang zurücktreten. Will der Schuldner Informationen über sein Vermögen nicht offenbaren oder bestehen Zweifel an seinen Angaben, müssen dem Gläubiger weitere Maßnahmen zur Verfügung stehen, das Vermögen des Schuldners aufzuklären. Das Recht des Gläubigers darauf ergibt sich aus dem ihm zustehenden Justizgewährungsanspruch. Aus der Abwägung folgt, dass eine Maßnahme zur schuldnerunabhängigen Vermögensaufklärung erforderlich, geeignet und auch angemessen ist, das mit der Aufklärung verfolgte Ziel der Gläubigerbefriedigung zu erreichen. Aufgrund der festgestellten Verhältnismäßigkeit liegt auch keine Verletzung der Wesensgehaltsgarantie von Art. 7 und 8 GRCh durch die Drittstellenabfrage vor. Dementsprechend ist die Drittstellenabfrage verhältnismäßig, vor allem um den legitimen Zweck der Abfrage, die verbesserte Transparenz der Sachaufklärung, zu verwirklichen.

(2) Vermögensauskunft

Die Maßnahme der Vermögensauskunft hat die Hürde der Wesensgehaltsgarantie genommen. Die Gläubigerrechte wurden in der Verhältnismäßigkeitsprüfung zur Drittstellenabfrage ausreichend berücksichtigt. Sie stellen ein maßgebliches Kriterium für die Verhältnismäßigkeit und somit der Zulässigkeit der Drittstellenabfrage dar. Der Befund ist erst recht für die Verhältnismäßigkeit der Vermögensauskunft zu übernehmen. Aufgrund der bereits festgestellten Einhaltung der Wesensgehaltsgarantie bestehen keine Zweifel an der Verhältnismäßigkeit der Vermögensauskunft vor dem Hintergrund von Art. 7 und 8 GRCh.

cc) Zwischenergebnis

Sowohl die Vermögensauskunft als auch die Drittauskunft beachten, unter der Voraussetzung eines entsprechend unionsrechtlich ausgestalteten Sekundärrechtsakts, die Wesensgehaltsgarantie und die Verhältnismäßigkeit des Rechts des Schuldners auf Schutz seiner personenbezogenen Daten.

1123 Darauf verweist auch *Stamm* in Leible/Terhechte (Hrsg.), Europäisches Rechtsschutz- und Verfahrensrecht (EnzEuR) Bd. 3, Rn. 32.

d) Weiterverarbeitung und Speicherung der ermittelten Informationen

Für beide Arten der Ermittlung des Schuldnervermögens stellt sich eine Anschlussfrage: Können die ermittelten Informationen vollständig an den Gläubiger übermittelt werden oder sollte der Gläubiger lediglich darüber informiert werden, dass im zukünftigen Vollstreckungsmitgliedstaat Schuldnervermögen vorhanden ist?

Hauptargument gegen die Übermittlung der Information über das bloße Vorhandensein von Schuldnervermögen ist der mit der Einholung verbundene Aufwand für die einholenden Organe der Zwangsvollstreckung und der Verwaltung. Es würde dem getätigten Aufwand nicht gerecht, wenn das Organ der Zwangsvollstreckung dem Gläubiger schlussendlich nur mitteilen würde, dass im vermuteten Vollstreckungsmitgliedstaat Vermögen des Schuldners vorhanden ist, aber nicht, welches Vermögen im Speziellen. Gerade im Hinblick auf die Grundsätze der Datensparsamkeit verbietet sich eine Datensammlung im Vollstreckungsmitgliedstaat, wenn sie nicht den Zweck der eigentlichen Erhebung erfüllen kann. Da die detaillierte Erhebung bereits als verhältnismäßig und in Übereinstimmung mit den Datenschutzvorschriften der EU als rechtmäßig erachtet wurde, wird diese Argumentation auf den Vorgang der Datenübermittlung an den Gläubiger übertragen. Darüber hinaus soll sich der Gläubiger mittels der Sachaufklärung ein umfassendes Bild von den Vermögensgegenständen des Schuldners im Vollstreckungsmitgliedstaat machen können, um eine informierte Entscheidung über ein weiteres Zwangsvollstreckungsverfahren treffen zu können.[1124] Werden die Daten im dargestellten verhältnismäßigen Umfang übermittelt und des Weiteren nicht auf Vorrat gespeichert sowie Vorkehrungen getroffen, die sicherstellen, dass dritte Parteien nicht auf die Daten zugreifen können, dann entspricht auch die Übermittlung den datenschutzrechtlichen Grundsätzen. Ohne genaue Informationen über den Umfang der im Vollstreckungsmitgliedstaat vorhandenen Vermögensgegenstände läuft der Gläubiger Gefahr, ein Vollstreckungsverfahren anzustrengen, das für ihn am Ende nicht gewinnbringend ist. Das würde Sinn und Zweck eines unionsrechtlichen Sachaufklärungsverfahrens entgegenstehen.

Grundsätzlich dürfen die beteiligten Hoheitsträger die Informationen nur für die Zwecke der Zwangsvollstreckung einholen, speichern und übermitteln. Die EuKoPfVO sieht für die Auskunftsbehörde und andere beteiligte Stellen eine maximale Speicherdauer von sechs Monaten nach Abschluss des Verfahrens vor, ansonsten den Zeitraum, in dem das Verfahren noch anhängig ist.[1125]

1124 Siehe bereits zuvor zum Zweck der Sachaufklärung, o. Fn. 725.

1125 Vgl. Art. 47 Abs. 2 S. 1 EuKoPfVO.

5. *Zwischenergebnis*

Eingriffe in das Recht des Schuldners auf Schutz seiner personenbezogenen Daten sind grundsätzlich möglich. Alle Verarbeitungsvorgänge personenbezogener Daten stellen Eingriffe dar. Die untersuchten Eingriffe in das Datenschutzrecht, einerseits durch die Vermögensauskunft und andererseits durch die Drittauskunft, sind gerechtfertigt. Beide Maßnahmen achten die vorgegebenen Schranken-Schranken, vor allem den Wesensgehalt des Rechts.

II. Schuldnerperspektive: Ergebnis

Das Grundrecht auf Schutz der personenbezogenen Daten des Schuldners ist das bestimmende Recht, um die Grundrechte des Gläubigers einzuhegen.

Das Recht des Schuldners auf Schutz seiner personenbezogenen Daten wird durch beide Maßnahmen der Sachaufklärung gleichermaßen beeinträchtigt. Die Bearbeitung hat aufgezeigt, dass das Recht trotz schrankenloser Verankerung in Art. 16 AEUV eingeschränkt werden kann. Aus Art. 8 Abs. 2 GRCh sowie der allgemeinen Schrankenbestimmung aus Art. 52 GRCh ergaben sich die Voraussetzungen. Hauptaugenmerk hat die Bearbeitung auch auf die Wesensgehaltsgarantie des Rechts auf Schutz der personenbezogenen Daten gelegt. Auch wenn der Wesensgehalt des Rechts eher negativ als positiv bestimmt wird und der tatsächliche Stellenwert des Wesensgehaltes umstritten ist, hat sich herauskristallisiert, dass die Sachaufklärungsmaßnahmen unter Berücksichtigung gewisser Schutzmaßnahmen auch die Wesensgehaltsgarantie nicht verletzen. Dazu musste auch eine Überprüfung der Verhältnismäßigkeit vorgenommen werden. Das Verhältnis beider Schranken-Schranken für den Eingriff in das Datenschutzgrundrecht ist nicht unumstritten. Die Betrachtung schloss sich der relativen Bestimmung des Wesensgehaltes an. Eine eigenständige und die Gläubigerrechte berücksichtigende Prüfung der Verhältnismäßigkeit war folglich angezeigt. Grundsätzlich liegt es auch am Unionsgesetzgeber, die Grundlagen für die Datensicherheit beim Abruf und der Weiterleitung der Daten zu garantieren. Auf damit im Zusammenhang stehende spezielle Regelungen geht die vorliegende Bearbeitung nicht näher ein.

D. Zusammenfassung Teil 4

Unter Berücksichtigung des alles überspannenden Rechts des Gläubigers auf Justizgewährung, um seinen Eigentumsanspruch zu verwirklichen, sind die Eingriffe in das Recht des Schuldners gerechtfertigt. Für die Justizgewährung und die Ausgestaltung des Verfahrens ergeben sich dabei keine konkreten Vorgaben aus den untersuchten Fällen vor dem EGMR oder dem EuGH. Vielmehr findet die Ausgestaltung unter Beachtung der Rechte des Schuldners statt.

Das Recht des Schuldners auf Schutz seiner personenbezogenen Daten kann dahingehend umfassend eingeschränkt werden. Grundsätzlich gilt ein Gesetzesvorbehalt, der aber durch einen Sekundärrechtsakt der Union erfüllt wird. Für beide Maßnahmen der Sachaufklärung liegt jeweils ein Eingriff in das Datenschutzrecht vor, der aber gerechtfertigt ist. Ein Sekundärrechtsakt auf dem Gebiet der Sachaufklärung verfolgt weiterhin eine gemeinwohldienende Zielsetzung. Der Aspekt der Zweckbestimmung der Datensammlung wurde besonders beleuchtet. Die DSGVO, die die Begrifflichkeiten des Datenschutzrechtes in Art. 8 GRCh konkretisiert, sieht Zweckänderungen durch Sekundärrechtsakte zu Zwecken der Zwangsvollstreckung ausdrücklich vor. Da sich die Untersuchung der Maßnahme einer geheimen Drittstellenabfrage widmet, wurde die verzögerte Information des Schuldners über einen Zugriff auf seine Daten ebenso überprüft. Auch in diesem Zusammenhang trifft die DSGVO in Art. 13 und 14 Vorkehrungen, die einen geheimen Abruf ermöglichen, um die Zwecke der Sachaufklärung nicht zu gefährden. Müsste der Schuldner unmittelbar über die Drittauskunft und den damit verbundenen Zugriff informiert werden, würde das Sinn und Zweck der Maßnahme zuwiderlaufen.

Nur allein anhand der Kenntnis von Vermögensgegenständen im Ausland ist das Urteil des Gläubigers nicht durchgesetzt und sein Anspruch somit nicht befriedigt. Die Rechte des Gläubigers und das Recht des Schuldners ermöglichen die umfassende Ausgestaltung, insofern eine Abwägung stattfindet. Das Recht des Schuldners auf Schutz seiner personenbezogenen Daten ist dabei zu berücksichtigen. Da die Situation des Schuldners und der Eingriff in sein Datenschutzrecht jedoch selbst verschuldet sind, muss er die Offenlegung seines Vermögens hinnehmen. Wie zu Beginn erläutert, richten sich das Zwangsvollstreckungsrecht und somit auch das Sachaufklärungsrecht gegen den zahlungsunwilligen Schuldner. Für zahlungsunfähige Schuldner sind beispielsweise durch das Insolvenzrecht andere Schutzmechanismen vorgesehen. Warum ein zahlungsfähiger, aber nicht -williger Schuldner schon im Rahmen der Sachaufklärung privilegiert werden sollte, erschließt sich nicht und findet auch keine Grundlage in den europäischen Grundrechten.

Aus den Erkenntnissen des vierten Teils sowie der Ergebnisse der vorangegangenen Teile entwickelt der fünfte Teil Bausteine für ein unionsrechtliches Sachaufklärungsverfahren.

TEIL 5: Unionsrechtliches Sachaufklärungsverfahren *de lege ferenda*

Der abschließende Teil entwickelt die angekündigten und die sich aus den vorangegangenen Betrachtungen ergebenden Bausteine für ein unionsrechtliches System der Sachaufklärung *de lege ferenda*. Sämtliche Erkenntnisse des Grünbuchs zur Transparenz des Schuldnervermögens, der bisher ergangenen unionsrechtlichen Verordnungen zu Unterhalt und Kontenpfändung sowie aus den Sachaufklärungssystemen der mitgliedstaatlichen Rechtsordnungen gehen in die vorgeschlagenen Elemente für ein unionsrechtliches Sachaufklärungsverfahren ein. Eine zusammenfassende Abwägung der widerstreitenden Rechte und Interessen von Gläubiger und Schuldner stellt die Richtschnur für die nachfolgenden Elemente dar. Zuvor behandelt die Bearbeitung, welche Handlungsform des Art. 288 AEUV für die unionsrechtliche Sachaufklärung am geeignetsten erscheint.

A. Würdigung der Gläubiger- und Schuldnerperspektive

Die Grundkonstellation, in der sich Gläubiger und Schuldner nach Verkündung eines Urteils zugunsten des Gläubigers befinden, konstituiert ein informationelles Ungleichgewicht zwischen den beiden Akteuren. Dem Gläubiger wurde der Anspruch zwar rechtskräftig zugesprochen, aber die Befriedigung und somit der Abschluss der Rechtsstreitigkeit ist damit nicht verbunden. Die EMRK stellt für den Zeitpunkt, zu dem das Eigentumsrecht des Gläubigers nicht mehr beeinträchtigt wird, auf den der tatsächlichen Befriedigung des Gläubigers ab.[1126] Um der den Gläubiger benachteiligenden Situation abzuhelfen, stellen die Konventions- und Mitgliedstaaten der EMRK bzw. EU Instrumente für die Sachaufklärung des Schuldnervermögens bereit, die das angesprochene Defizit zumindest auf rein mitgliedstaatlicher Ebene beheben.[1127] Abstrakt wird das informationelle Ungleichgewicht nach Urteilsverkündung und vor dem Vorgang der Pfändung dadurch ausgeglichen. Ob die Sachaufklärungsverfahren der Mitgliedstaaten die

---

1126 Siehe o. Fn. 935.

1127 Siehe zuvor unter Teil 1, C. I. 2. den vergleichenden Überblick über die Mitgliedstaaten sowie die detaillierte Untersuchung der deutschen Rechtsordnung unter Teil 3.

Gläubiger- und Schuldnerrechte effektiv ausgleichen, war nicht Gegenstand der Bearbeitung. Sie widmete sich vielmehr dem europäischen Kontext und dem Unterfangen, einen Ausgleich mittels eines unionsrechtlichen Sekundärrechtsakts herzustellen.

Die Betrachtung ist notwendig, da im innereuropäischen grenzüberschreitenden Kontext zum bestehenden Ungleichgewicht noch die Schwierigkeit hinzukommt, dass Vermögensgegenstände des Schuldners in einem anderen Mitgliedstaat belegen sein können. Daraus kann sich für den Gläubiger die Situation ergeben, dass er die Sachaufklärung in einer anderen Rechtsordnung durchführen lassen muss. Den Gläubigerrechten auf Justizgewährung und Verschaffung des Eigentums hat sich das Recht des Schuldners auf Schutz seiner personenbezogenen Daten insoweit unterzuordnen, insofern nicht eine unverhältnismäßige und den Wesenbereich des Grundrechts verletzende Beeinträchtigung vorliegt. Andererseits verkürzen wiederum die Schuldnerrechte die Gläubigerrechte.[1128] Das Recht auf Schutz der personenbezogenen Daten darf das Recht auf Durchsetzung des Anspruchs des Gläubigers auf der Ebene der Sachaufklärung nicht vereiteln. Schuldner, die nach Erlass eines rechtskräftigen und vollstreckbaren Urteils nicht bereit sind, die festgestellte Forderung zu begleichen, müssen Einschränkungen hinnehmen.

Die Untersuchung der beiden in Europa vorherrschenden Sachaufklärungsmaßnahmen vor dem Hintergrund der europäischen Grundrechte hat aufgezeigt, dass kein wesentlicher Unterschied darin besteht, ob das Organ der Zwangsvollstreckung die Informationen über das Schuldnervermögen im grenzüberschreitenden Kontext mittels der Vermögensauskunft oder der Drittauskunft einholt. Das anvisierte Gleichgewicht zwischen Schuldner- und Gläubigerrechten verändert sich nicht, wenn dem Gläubiger die beiden untersuchten Sachaufklärungsmaßnahmen jeweils zur Verfügung stehen. Die Informationsbeschaffung mittels der Drittstellenabfrage ist ebenso verhältnismäßig wie eine direkte Befragung des Schuldners. Das hat die zuvor durchgeführte Untersuchung aufgezeigt.[1129]

Ein relevanter Unterschied dürfte sich hinsichtlich der Effektivität der beiden Maßnahmen ergeben. Die Vermögensauskunft ist darauf ausgelegt und dazu geeignet, Vermögensgegenstände und Ansprüche des Schuldners konkret aufzuzeigen. Nur der Schuldner hat Kenntnis über all seine Vermögensgegenstände. Dementsprechend kann nur er Vermögen aufdecken, über das Register keine

1128 Zur Betrachtung des Recht des Schuldners auf Schutz seiner personenbezogenen Daten, siehe o. Teil 4, C.

1129 Siehe o. Teil 4, D.

Auskünfte erteilen können. Das System der Vermögensauskunft sieht sich allerdings breiter mitgliedstaatlicher Kritik ausgesetzt, die nicht unbeachtet bleiben soll. Auch wenn der Schuldner sich durch die Urteilsverkündung im Klaren sein wird, dass ihn eine Maßnahme der Zwangsvollstreckung von nun an jederzeit treffen kann, vereitelt eine Vermögensauskunft zumindest einen letzten Rest eines Überraschungsmoments des Gläubigers, wenn er mittels der Drittauskunft oder ohne eine Informationseinholung durch Organe der Zwangsvollstreckung vorgeht. Dem Gläubiger würde zumindest nach der Einleitung eines Vollstreckungsverfahrens ein Überraschungseffekt verbleiben.[1130]

Eine Ansicht attestiert der Vermögensauskunft eine generelle Unergiebigkeit. Bei vermögenden Schuldnern sei die Aufklärungsfunktion der Vermögensauskunft absolut ineffektiv.[1131] Andere Stimmen gingen darüber hinaus und bezeichneten die alte Offenbarungsversicherung im deutschen Recht als „Bankrott [der] Zwangsvollstreckung".[1132] Abschließend sei nochmals auf das Grünbuch zur Schuldnertransparenz hingewiesen: Dieses betont, dass die Gläubiger in den Ländern, in denen eine Befragung des Schuldners nicht die primäre Quelle der Sachaufklärung darstellt, unter Umständen besser gestellt sein könnten.[1133] Slowenien zählt zu diesen Ländern. Es verweist in seiner Stellungnahme zum Grünbuch der Schuldnertransparenz darauf, dass sich die Effektivität der Zwangsvollstreckung in Systemen, die die Drittstellenabfrage verwenden, beachtlich verbessert habe und dass sich dadurch privatrechtliche und öffentlich-rechtliche Schulden bezüglich ihrer Wertigkeit angleichen.[1134] Unterstützend verweisen Autoren auf die auf der Schuldnerauskunft basierenden Systeme Englands, Frankreichs und Deutschlands, die sie als ineffektive Systeme beschreiben. Im Gegensatz dazu heben sie Systeme wie das schwedische hervor, die auf einer drittstellenbasierten Informationserlangung beruhen.[1135] Die Drittstellenabfrage vermag den Effekt

---

1130 Zum Überraschungseffekt, *Schlosser* RIW 2002, 809ff.; auf diesen verweist im Zusammenhang mit der EuKoPfVO auch *Lüttringhaus* ZZP 2016, 187 (188).

1131 Siehe *Heiderhoff* in Hess (Hrsg.), Anerkennung im internationalen Zivilprozessrecht, 149 (156, 158); ebenso *Pogorelčnik Vogrinc*, WiRO 2019, 38 (41).

1132 So *Berner*, zitiert von Gaul JZ 1973, 473 (481) Fn. 116; siehe u. Teil 3, A. sowie bereits zuvor Teil 1, A. II.

1133 Grünbuch Schuldnertransparenz (o. Fn. 17) S. 9.

1134 Siehe Slowenien zur Konsultation im Rahmen des Grünbuchs Schuldnertransparenz, (o. Fn. 96) S. 9; dazu auch *Kennett*, S. 104 mit dem Verweis auf einfachere Zugangsmöglichkeiten zu öffentlichen Registern im Fall von Steuerschulden.

1135 Vgl. *Andenas/Nazzini* in Andenas/Hess/Oberhammer (Hrsg.), Enforcement Agency Practice in Europe, 53 (98).

der Vermögenstransparenz zwar lediglich auf einem indirekten Weg herstellen. Ihr wird aber eine größere Effektivität im Hinblick auf die auszuforschenden Gegenstände attestiert. Ein oben angesprochener vermeintlicher Nachteil der Drittauskunft wird durch die Verwirklichung des Überraschungseffektes aufgewogen, der bei der Schuldnerbefragung vollends verloren geht.

Durch beide Sachaufklärungsmaßnahmen verwirklichen sich sowohl Nachteile als auch Vorteile für Gläubiger und Schuldner. Somit kommt der Verfasser der vorliegenden Bearbeitung für die Abwägung zu dem Ergebnis, dass sich vor dem Hintergrund europäischer Grundrechte keine Begründung dafür ergibt, dem Gläubiger entweder nur eine der Maßnahmen zur Verfügung zu stellen oder aber eine Maßnahme prioritär in einem Sekundärrechtsakt zu verankern. Der Gläubiger sollte beide Maßnahmen folglich gleichberechtigt nebeneinander beantragen können, je nachdem, welche Gesichtspunkte ihm bei der Beantragung als ausschlaggebend erscheinen. Das vorgeschlagene Vorgehen vermeidet auch Konflikte zwischen Vermögensauskunft und Drittauskunft, wie sie sich beispielsweise für die deutsche Rechtsordnung ergeben.[1136]

B. Handlungsform für ein unionsrechtliches Sachaufklärungsverfahren

Für ein unionsrechtliches Sachaufklärungsverfahren kommen die möglichen Sekundärrechtsakte der rechtsvereinheitlichenden Verordnung als auch lediglich der rechtsangleichenden Richtlinie in Betracht. Dies ergibt sich aus der Kompetenzzuweisung an die EU aus Art. 81 AEUV, die der Union alle in Art. 288 AEUV aufgeführten Handlungsformen ermöglicht.[1137]

Die erlassenen Regelungen auf den Gebieten des Unterhalts sowie der Kontenpfändung, die die Sachaufklärung ebenfalls zum Gegenstand hatten, ergingen als Verordnungen.[1138] Sie hatten mit der grundsätzlichen Durchsetzbarkeit von Unterhaltsansprüchen sowie der Sicherung der zukünftigen Zwangsvollstreckung andere Ziele zum Gegenstand als die reine Sachaufklärung und dienen damit lediglich als Anhaltspunkt. Die Antworten auf das Grünbuch sprachen sich mehrheitlich für rechtsangleichende „minimum standards“ aus,

---

1136 Siehe dazu ausführlich o. Teil 3, C. II. 2.

1137 Zur Kompetenz in Art. 81 AEUV siehe o. Teil 2, D.; siehe zur Frage, ob Art. 81 AEUV das gesamte Repertoire des Art. 288 AEUV zur Verfügung stellt ebenfalls bereits die Diskussion o. Teil 2, D. I. 2. am Anfang.

1138 Siehe o. Teil 2, A.

im Gegensatz zu einer vereinheitlichenden Regelung.[1139] Die Befürworter einer Rechtsangleichung erhalten Unterstützung aus der Literatur. In Bezug auf eine unter Umständen einzuführende europäische Vermögenserklärung erläutert eine Meinung, dass dafür lediglich eine Mindestharmonisierung in Betracht komme.[1140] Diesen Ansätzen folgt der Verfasser nicht. Vielmehr zielte die Untersuchung auf einen homogenen Ansatz ab, der ausschließlich mittels einer umfassenden unionsrechtlichen Lösung verwirklicht werden kann.

Dem Gläubiger soll mittels eines unionsrechtlichen Sachaufklärungsverfahrens ein originär europäisches Instrument an die Hand gegeben werden, mit dem er die Sachaufklärung im Mitgliedstaat seiner Wahl initiieren kann. Ausgehend vom gewählten Mitgliedstaat versetzt ihn das Verfahren in die Lage, Schuldnervermögen, das außerhalb des Mitgliedstaates belegen ist, aufzudecken, ohne zuvor ein weiteres Sachaufklärungsverfahren initiiert haben zu müssen. Das Verfahren soll ihm neben der Möglichkeit der Einleitung eines mitgliedstaatlichen Sachaufklärungsverfahrens im potentiellen Vollstreckungsmitgliedstaat zur Verfügung stehen. Schon die Eigenständigkeit dieses verbindlich einzuführenden Verfahrens und somit die Gewährung von Rechten zugunsten jedes Einzelnen lässt eine Richtlinie als Handlungsform ungeeignet erscheinen.[1141] Eine Richtlinie erscheint auch unter Zweckmäßigkeitsgesichtspunkten nicht der richtige Weg zu sein, den der Unionsgesetzgeber für einen Sekundärrechtsakt einschlagen sollte. Nur über die Verordnung kann die Rechtsvereinheitlichung erreicht werden.[1142] Auch wenn die oben vorgenommene Untersuchung aufgezeigt hat, dass es in nahezu allen Mitgliedstaaten Elemente der Vermögensauskunft als auch der Drittauskunft gibt, sind die Voraussetzungen jedoch grundsätzlich verschieden.[1143] Die einzelnen Regelungen sollen nicht nur bezüglich des Zieles verbindlich wirken, sondern gerade bei der zu wählenden Handlungsform der Mitgliedstaaten.[1144] Die Entscheidung kann nicht den Mitgliedstaaten überlassen

---

1139 Siehe Summary of Replies (o. Fn. 136) S. 1, Frage 1.

1140 *Stamm* in Leible/Terhechte (Hrsg.), Europäisches Rechtsschutz- und Verfahrensrecht (EnzEuR) Bd. 3, Rn. 37.

1141 Zur Geltung in jedem Mitgliedstaat und sich dadurch ergebenden Auswirkungen auf die Bürger, vdG/S/H/*Geismann*, AEUV, Art. 288 Rn. 37; Streinz/*Schroeder*, AEUV, Art. 288 Rn. 57; Schwarze/*Biervert*, AEUV, Art. 288 Rn. 22.

1142 Vgl. Schwarze/*Biervert*, AEUV, Art. 288 Rn. 18.

1143 Zuvor Teil 1, C. I. 2. sowie Teil 3, D. II.

1144 Siehe zu diesen Charakteristika der Richtlinie, Streinz/*Schroeder*, AEUV, Art. 288 Rn. 53; im Gegensatz dazu die Verordnung die in allen ihren Teilen verbindlich ist, vdG/S/H/*Geismann*, AEUV, Art. 288 Rn. 34.

werden. Es sollen nicht nur einer Vermögensauskunft ähnliche Elemente der Mitgliedstaaten angeglichen werden, vielmehr wird für die Zwecke der grenzüberschreitenden Sachaufklärung die Einführung einer unionsrechtlich überformten Vermögensauskunft angeregt.[1145] Ebenso soll der Zugang zu Drittstellen, der das Herzstück des unionsrechtlichen Sachaufklärungsverfahrens darstellt, umfassend gewährt werden. Beide Sachaufklärungsmaßnahmen müssen somit zukünftig auch in den Mitgliedstaaten verfügbar sein, in denen bisher nur eine der beiden Maßnahmen zur Anwendung kam.

Die Handlungsform der Richtlinie kann folglich die Ziele der Sachaufklärung nicht erreichen. Die vorliegende Bearbeitung spricht sich eindeutig für die Handlungsform der Verordnung für ein unionsrechtliches Sachaufklärungsverfahren aus.

C. Bausteine unionsrechtlicher Sachaufklärung

Die Abwägung der Gläubiger- und Schuldnerrechte vor dem Hintergrund europäischer Grundrechte unter der Prämisse, entweder die Vermögensauskunft oder die Drittauskunft zu implementieren, kam zu dem Ergebnis, dass dem Gläubiger beide Maßnahmen der Sachaufklärung zur Verfügung stehen sollten. Entsprechend dieser Prämisse werden in den folgenden fünf Gliederungspunkten einzelne relevante Bausteine dargestellt, die sich aus der Bearbeitung ergeben haben. Die vorliegende Bearbeitung sieht die aufgeführten Punkte als unerlässlich für einen Unionsrechtsakt zur Sachaufklärung an.

I. Voraussetzungen der Sachaufklärung

1. Zuständigkeit

Eine Grundidee hinter dem unionsrechtlichen Sekundärrechtsakt ist, dass der Gläubiger die Sachaufklärung in Fällen mit vermutetem, grenzüberschreitendem Bezug vereinfacht betreiben können soll. Wie bereits dargelegt entlässt das den Gläubiger aus der Situation, in einer weiteren Rechtsordnung ein Sachaufklärungs- und somit gleichbedeutend ein Zwangsvollstreckungsverfahren anstrengen zu müssen. Den Vorgang der Pfändung im Vollstreckungsmitgliedstaat soll er gemäß den innerstaatlichen Voraussetzungen der Zwangsvollstreckung einleiten, sobald er gesicherte Kenntnisse über das im Ausland belegene Vermögen besitzt.

1145 Siehe dazu sogleich u. C. IV. 2.

Die Bestimmung einer internationalen Zuständigkeit für das unionsrechtliche Sachaufklärungsverfahren ist für das angeregte Vorgehen nicht notwendig. Zunächst soll der Gläubiger verpflichtet sein, das Verfahren der Zwangsvollstreckung sowie der Sachaufklärung im Mitgliedstaat seiner Wahl zu beantragen. Es ist dem Gläubiger in der Europäischen Union nach der Brüssel Ia-VO belassen, die Zwangsvollstreckung und somit die Sachaufklärung in dem Mitgliedstaat durchzuführen, in dem er sich die größten Erfolgsaussichten verspricht.[1146] Die Zuständigkeit für die innerstaatliche Sachaufklärung ergibt sich sodann daraus, dass im gewählten Staat auch tatsächlich Vermögen des Schuldners vorhanden ist.[1147] Hat der Gläubiger im Mitgliedstaat seiner Wahl sodann die Zuständigkeit des Organs der Zwangsvollstreckung sowohl örtlich als auch sachlich bestimmt, soll er gleichzeitig mit dem mitgliedstaatlichen Antrag auf Zwangsvollstreckung und Sachaufklärung das unionsrechtliche Sachaufklärungsverfahren parallel beantragen können. Einfacher gestaltet sich das Verfahren für den Gläubiger, wenn er in dem Mitgliedstaat die innerstaatliche Zwangsvollstreckung anstrengt, in dem auch das Urteil zu seinen Gunsten ergangen ist. Denn wenn sich der Gläubiger entscheidet, die Zwangsvollstreckung außerhalb des titelgebenden Ursprungsmitgliedstaates einzuleiten, muss er die Konsequenz berücksichtigen, dass dem Schuldner die Geltendmachung der Anerkennungs- und Vollstreckungshindernisse der Brüssel Ia-VO zustehen.[1148] Das könnte Sinn und Zweck eines vereinfachten und unter Umständen auch geheimen unionsrechtlichen Sachaufklärungsverfahren zuwiderlaufen, liegt aber insoweit in der Risikosphäre des Gläubigers.

Das unionsrechtliche Sachaufklärungsverfahren sollte folglich, an den Voraussetzungen gemessen, dem innerstaatlichen Sachaufklärungsverfahren

---

1146 Art. 39ff. Brüssel Ia-VO legen lediglich Regelungen über die Vollstreckbarkeit sowie das anwendbare Verfahren für die Zwangsvollstreckung fest; siehe Rauscher/*Mankowski*, EuZPR/EuIPR, Brüssel Ia-VO, Art. 39 Rn. 26.

1147 Siehe bereits o. Teil 3, D. I. 1. a).

1148 Mittels der Regelungen über die Versagung der Vollstreckung nach Art. 46 Brüssel Ia-VO kann der Schuldner die Anerkennung und die Vollstreckung des im Ursprungsmitgliedstaat ergangenen vollstreckbaren Titels im Vollstreckungsmitgliedstaat noch verhindern. Unter Umständen kann der Schuldner das Verfahren sogar im Gegensatz zum früheren Verfahren „erschweren", siehe *Schlosser/Hess*, Brüssel Ia-VO, Art. 45 Rn. 1. *Schack*, Rn. 1059b spricht den Einwendungen trotzdessen eine effektive Verteidigung des Schuldners ab, da nicht vorgesehen ist, dass das Zwangsvollstreckungsverfahren während des Versagungsverfahrens unterbrochen wird; siehe weiterhin *Geimer* FS Schütze, 109 (113f).

akzessorisch zugeordnet werden. Es unterläge damit den Bedingungen der Sachaufklärung nach mitgliedstaatlichem Recht. Kann der Gläubiger die Zwangsvollstreckung bei einem mitgliedstaatlich zuständigen Organ der Zwangsvollstreckung beantragen, besteht nach den Erkenntnissen der gesamten Untersuchung folglich nicht nur nach innerstaatlichen Maßstäben das Interesse, die Zwangsvollstreckung grenzüberschreitend zu ermöglichen und zu diesem Zweck die unionsrechtliche Sachaufklärung einzuleiten. Der Nachweis der Einleitung sowie die vollstreckbare Ausfertigung des Urteils sind die Dokumente, die das Organ der Zwangsvollstreckung im Vollstreckungsmitgliedstaat legitimieren, die Sachaufklärung durchzuführen oder sie zu beantragen.[1149] Die Regelung belässt vor allem den Mitgliedstaaten die eigentliche Herrschaft über die Voraussetzungen der innerstaatlichen Sachaufklärung und tastet diese nicht an. Damit geht eine Gleichberechtigung der innerstaatlichen und unionsrechtlichen Sachaufklärung einher.

2. Verfahrenseinleitung

Es wird als europäisches Prinzip begriffen, dass der Gläubiger das Verfahren der Zwangsvollstreckung einleiten muss. In keinem Mitgliedstaat der EU beginnt die Zwangsvollstreckung automatisch.[1150] In Deutschland beinhaltet das einen Antrag des Gläubigers beim zuständigen Organ der Zwangsvollstreckung,[1151] bzw. direkt beim Gerichtsvollzieher, um die Sachaufklärung zu betreiben.[1152]

Daran hält der vorliegende Vorschlag für die unionsrechtliche Sachaufklärung fest. Der Gläubiger soll das Verfahren für die europäische Sachaufklärung parallel zur mitgliedstaatlichen Regelung einleiten. Da die Einleitung des Verfahrens nicht unionsrechtlich überformt werden soll, müssen die jeweiligen mitgliedstaatlichen Voraussetzungen beachtet werden, um die Zwangsvollstreckung einzuleiten.

II. Darlegungslast

Das zuständige Organ der Zwangsvollstreckung, das den Antrag für ein unionsrechtliches Sachaufklärungsverfahren zu bewilligen oder abzulehnen hat,

---

1149 Siehe Art. 53 Brüssel Ia-VO sowie Anhänge I und II; weiterhin zur einfachen Nachweispflicht der Verfahrenseinleitung Art. 10 Abs. 1 EuKoPfVO.

1150 Vgl. Case study enforcement proceedings, S. 13f.; ebenso *Hess* in Stürner/Kawano (Hrsg.), Comparative Studies on Enforcement and Provisional Measures, S. 49 (64).

1151 Siehe o. Fn. 580f.

1152 Siehe zu den verschiedenen Organen in Deutschland bereits o. Fn. 583ff.

bewegt sich in einem weitläufigen Spannungsfeld. Neben Erwägungen, die die Schuldner- und Gläubigerrechte betreffen, entscheidet es maßgeblich darüber, ob weitere staatliche Institutionen im Vollstreckungsmitgliedstaat involviert und ob somit weitere – ausländische – Ressourcen aufgewendet werden, um vollstreckbare Vermögensgegenstände aufzufinden.

Wenn der Gläubiger die unionsrechtliche Sachaufklärung beantragt, ist es notwendig, dass der Sachaufklärung ein grenzüberschreitender Bezug innewohnt. Anderenfalls dürfte der Unionsgesetzgeber legislativ nicht tätig werden.[1153] Der Gläubiger soll die unionsrechtliche Sachaufklärung jedoch in derselben Rechtsordnung beantragen können wie die mitgliedstaatliche Sachaufklärung. Unter Umständen richtet sich die Sachaufklärung auch gegen einen Schuldner, der seinen (Wohn-)Sitz im selben Mitgliedstaat hat wie der Gläubiger sowie das Organ der Zwangsvollstreckung.[1154] Der grenzüberschreitende Bezug wird folglich mittels der Belegenheit des Vollstreckungsgegenstandes im Vollstreckungsmitgliedstaat hergestellt. Über die Existenz des Vollstreckungsgegenstandes wird sich der Gläubiger nicht sicher sein. Vielmehr wird er lediglich Indizien haben, dass der Schuldner in einem anderen Mitgliedstaat über Vermögensgegenstände verfügt. Dazu muss der Gläubiger in einer bestimmten Form bei Antragstellung ausführen. Zu welchem Grad das mitgliedstaatlich zuständige Organ der Zwangsvollstreckung davon überzeugt sein muss, dass sich Vermögen im Ausland befindet, ist bestimmend für die Akzeptanz und die Effektivität des unionsrechtlichen Sachaufklärungsverfahrens. Aufgrund bisher mangelnder Regelungen zur Darlegungslast für Fälle der grenzüberschreitenden Sachaufklärung greift die Bearbeitung auf Konzepte zurück, die vergleichbare Probleme zum Gegenstand haben.

Zunächst ist für die Bewilligung des Antrages auf unionsrechtliche Sachaufklärung notwendig, dass der Gläubiger zu im Ausland befindlichem Schuldnervermögen vorträgt. Die Sachaufklärung ist zwar Teil der Zwangsvollstreckung, aber kein Vorgang, bei welchem Vermögen bereits gepfändet wird. Für die Einleitung des Sachaufklärungsverfahrens muss das Vorhandensein von Auslandsvermögen bedeutungslos sein. Folglich muss ein Darlegungsmaßstab etabliert werden, der die Interessen und Rechte des Gläubigers abbildet. Das heißt

---

1153 Siehe dazu o. Teil 2, D. I. 1.

1154 Siehe den Report with recommendations to the Commission on common minimum standards of civil procedure in the EU (2015/2084(INL)) v. 06.06.2017, der im Annex in Art. 3 Abs. 1 lit. b) 3. Var. einen grenzüberschreitenden Sachverhalt an der Vollstreckung des Urteils im Ausland fest macht, wenn sich Gläubiger und Schuldner im selben Mitgliedstaat befinden.

allerdings nicht, dass dem Gläubiger eine Sachaufklärung ermöglicht werden muss, die anlasslos oder sogar willkürlich in einem anderen Mitgliedstaat durchzuführen wäre. Schlussendlich muss ein schlüssiger Vortrag über die behauptete Tatsache, das Vorhandensein von Auslandsvermögen, ausreichend sein. Die Alternative, wonach der Gläubiger für seine Behauptung Beweis erbringen muss, ist abzulehnen, wie der folgende Absatz untermauert.

Zum einen weist die Problematik Ähnlichkeiten mit dem Fall doppeltrelevanter Tatsachen für die Begründung der internationalen Zuständigkeit auf. Beispielsweise muss ein Gericht, wenn es über die internationale Zuständigkeit für die Bestimmung des Gerichtsstandes der unerlaubten Handlung befindet, Art. 7 Nr. 2 Brüssel Ia-VO, nicht feststellen, ob eine unerlaubte Handlung tatsächlich vorliegt.[1155] Auch im Verfahren der europaweiten Sachaufklärung kann für die positive Bescheidung des Antrags nicht entscheidend sein, ob Vermögen im Zwangsvollstreckungsmitgliedstaat vorhanden ist. Eine Meinung geht davon aus, dass die internationale Zuständigkeit, wie in Fällen einer unerlaubten Handlung, nicht anhand bloßer Behauptungen des Klägers etabliert werden dürfe.[1156] Vielmehr solle das entscheidende Organ von der Existenz der zuständigkeitsbegründenden Umstände überzeugt sein.[1157] Damit erteilt diese Meinung rein subjektiven Umständen eine Absage und fordert objektivierende Umstände für die Zuständigkeitsbegründung. Die herrschende Meinung geht dem gegenüber von subjektiven Umständen aus und lässt die Schlüssigkeit der Tatsachenbehauptung ausreichen.[1158] Die Rechtsprechung des EuGH weist ebenfalls in diese Richtung.[1159] Ein Beweisverfahren sei bei der Durchführung der Zuständigkeitsprüfung nicht notwendig.[1160]

Die Erwägungen können auf den Antrag zum unionsrechtlichen Sachaufklärungsverfahren übertragen werden. Dem Anliegen des vorgeschlagenen

---

1155 Vgl. Rauscher/*Leible*, EuZPR/EuIPR, Brüssel Ia-VO, Art. 7 Rn. 106; weiterhin generell *Nagel/Gottwald*, § 3 Rn. 408; *Geimer*, Rn. 1825ff.; *Mankowski* IPRax 2006, 454ff. sowie *Schumann* FS Nagel, 402 (414ff.).

1156 So *Geimer*, Rn. 1826 unter Verweis auf die Argumentation in Rn. 1824; ebenso *Schumann* FS Nagel, 402 (420).

1157 Ibid.

1158 Dafür Rauscher/*Leible*, EuZPR/EuIPR, Brüssel Ia-VO, Art. 7 Rn. 106; *Nagel/Gottwald*, § 3 Rn. 83 fordern, dass die Behauptung nicht offensichtlich ausgeschlossen ist; weiterhin für die h.M. *Mansel* IPRax 1989, 84 (86); *Weller* IPRax 2000, 202 (204); *Stürner* IPRax 2006, 450 (451).

1159 Vgl. EuGH Rs. C-375/13, ECLI:EU:C:2015:37 Rn. 61 – Kolassa.

1160 Wie zuvor, Rn. 65.

Sachaufklärungsverfahrens und den Belangen des Gläubigers wird nicht gerecht, wenn dieser das Vorliegen ausländischer Vermögensgegenstände beweisen müsste. Eine derartige Voraussetzung würde die Verordnung ad absurdum führen und sie ihres Zweckes berauben. Somit wird die Ansicht der herrschenden Meinung, um die internationale Zuständigkeit bei Vorliegen doppeltrelevanter Tatsachen zu begründen, auf den Verordnungsvorschlag übertragen.

Zum anderen zeigt die EuKoPfVO auf, wie das Kriterium der „Schlüssigkeit" für die unionsrechtliche Sachaufklärung ausgelegt werden kann. Der zuvor bereits behandelte Art. 14 EuKoPfVO hat nicht die Zielsetzung, den Gläubiger darüber aufzuklären, ob Konten des Schuldners europaweit vorhanden sind. Um zu verhindern, dass der Antragsteller des Kontenpfändungsbeschlusses Art. 14 EuKoPfVO für derartige Zwecke ausnutzt, sieht die Verordnung eine Schlüssigkeitsprüfung vor. Der Gläubiger muss vortragen, in welchem Mitgliedstaat oder welchen Mitgliedstaaten er ein Konto oder Konten des Schuldners vermutet.[1161] Konkreter ist die Regelung auf dem zugehörigen Formular zur EuKoPfVO ausgestaltet. Erwägungsgrund (20), Art. 14 Abs. 1 UAbs. 1 und speziell Art. 8 Abs. 2 lit. f) bilden den Unterbau für das Antragsformular.[1162] Im Formular muss die begründete Annahme vorgetragen werden, „dass der Schuldner ein Konto oder mehrere Konten in einem bestimmten Mitgliedstaat unterhält". Dafür werden dem Gericht „alle zur Verfügung stehenden relevanten Informationen über den Schuldner und das/die vorläufig zu pfändende(n) Konto/Konten" vorgelegt.[1163] Im Formular regelt dies Punkt 7: Punkt 7.2. enthält die Bezeichnung des Mitgliedstaates, in dem das Konto vermutet wird; Punkt 7.3. gibt dem Gläubiger vorgefertigte mögliche Begründungen für die Vermutung. Als Gründe kommen der gewöhnliche Aufenthalt des Schuldners, eine Arbeitsstelle oder Beschäftigung des Schuldners sowie Eigentum des Schuldners in Betracht. Aber auch das Vorhandensein sonstiger Gründe findet Berücksichtigung. Die jeweiligen Punkte sollen mit relevanten Einzelheiten belegt werden. Erwägungsgrund (20) spricht dahingehend von der Notwendigkeit einer „gebührenden" Begründung.

1161 Im englischen als „spark-thrower principle" bezeichnet, das sich in Europa generell nicht anbietet, *Kengyel/Harsági* in Kengyel/Harsági (Hrsg.), Grenzüberschreitende Vollstreckung in der Europäischen Union, 417 (433).

1162 Das Formular kann dynamisch ausgefüllt oder auch leer heruntergeladen werden und ist online verfügbar unter <https://e-justice.europa.eu/content_european_account_preservation_order_forms-378-de.do> [zuletzt abgerufen am 01.06.2020].

1163 Antrag auf einen Europäischen Beschluss zur vorläufigen Kontenpfändung, wie zuvor, S. 7.

Die abgefragten Informationen behandeln Daten, die teils erst mittels einer Drittauskunft oder gar einer Schuldnerbefragung zweifelsfrei belegt werden können. Es handelt sich um Meldeauskünfte, Auskünfte der Renten- oder Sozialversicherung und eines Grundbuchamtes oder diesen verwandte Register. Eine private, vorangestellte Sachaufklärung durch den Gläubiger, bevor er an die Informationen über ein Konto gelangt, kann weder Sinn und Zweck der EuKoPfVO noch einer zukünftigen unionsrechtlichen Sachaufklärung sein.

Die EuKoPfVO verweist für alle Angelegenheiten des Verfahrens, die keine eigene Normierung erfahren haben, auf mitgliedstaatliches Verfahrensrecht.[1164] Die mitgliedstaatlichen Gerichte werden schlussendlich nach eigenem Verfahren, in Anlehnung an das Erkenntnisverfahren und damit verbundener Überzeugungsbildung, entscheiden, ob sie die angeführten Gründe des Gläubigers für ausreichend erachten. Die Gerichte werden dem Gläubiger nicht dabei behilflich sein, die EuKoPfVO als *fishing expedition* zu missbrauchen.[1165]

Eine europarechtliche Überformung sowie handlungsanleitende Interpretation ist nahezu unumgänglich. Ansonsten würde den Mitgliedstaaten durch die Hintertür ermöglicht, die Informationseinholung zu torpedieren. Für den Informationsmechanismus des Art. 14 EuKoPfVO soll ein „Grund zur Annahme" ausreichen, dass sich ein Konto im Vollstreckungsmitgliedstaat befindet. Auch die bisher vorhandene Literatur geht nur von dem in der englischen Sprachfassung notwendigen „reasonable reason to believe [. . .]" aus.[1166] Etwas ausführlicher wird diskutiert, ob die subjektive Ansicht des Gläubigers ausreichen kann, oder ob es objektivierende Umstände geben muss, die das Gericht veranlassen, die Informationseinholung zu bewilligen.[1167]

Ein erster Fall zur Darlegungslast für die Voraussetzungen des Art. 14 EuKoPfVO wurde vom OLG Hamm entschieden.[1168] Das Gericht stützte sich

---

1164 Siehe Art. 46 Abs. 1 EuKoPfVO; kritisch betrachtet von Rauscher/*Wiedemann*, EuZPR/EuIPR, EU-KpfVO, Art. 46 Rn. 1.

1165 Die Gefahr, die EuKoPfVO derart einzusetzen, sprechen ebenfalls an: *Holzapfl*, S. 202 sowie *Cuniberti/Migliorini*, S. 178, Punkt 6; in diesem Sinne auch LG Arnsberg BeckRS 2018, 41506.

1166 *Cuniberti/Migliorini*, S. 178, Punkt 6; S/K/T/*Schumacher*, Art. 14 Rn. 9; D/M/V/*St. Huber/Geier-Thieme* HdB ZwangsvollR, 11. Kap., Rn. 49; *Schlauß* RIW 2017, 205 (207). Bis zum Zeitpunkt der Fertigstellung der Arbeit wurden noch keine Entscheidungen dazu veröffentlicht, welchen Maßstab nationalstaatliche Gerichte anlegen bzw., ob auch eine Betrachtung der Voraussetzungen durch den EuGH notwendig ist.

1167 Siehe dazu Geimer/Schütze/*Klöpfer*, Int. Rechtsverkehr III, 58. EL, Art. 14 Rn. 11.

1168 OLG Hamm NJW 2019, 1235.

darauf, dass die Gründe, die der Antragsteller für die Existenz eines Kontos in einem anderen Mitgliedstaat anführt, nicht nur pauschaler und genereller Art sein dürften.[1169] Doch genau diese Art der Begründung des Antragstellers nahm das Gericht an. Es sei keine Begründung gegeben worden, dass der Antragsgegner des Kontenpfändungsbeschlusses eine Verbindung zum in Rede stehenden Mitgliedstaat unterhalten hätte.[1170] Der Fall dient folglich leider nicht, um eine Regel für die Darlegungslast innerhalb der EuKoPfVO zu formulieren.

Die Schutzbelange von Schuldner und Gläubiger wurden zuvor vor dem Hintergrund europäischer Grundrechte gegeneinander abgewogen.[1171] Die Rechte des Gläubigers sind in der Gesamtbetrachtung gewichtiger. Für die Sachaufklärung dürfen dementsprechend nicht bereits auf einer Vorstufe zu umfassende Voraussetzungen bzw. Hürden geschaffen werden.

Die Erwägungen um die doppeltrelevanten Tatsachen bei der Bestimmung der internationalen Zuständigkeit stützen die Annahme der Voraussetzung des schlüssigen Gläubigervortrags.

Aus den vorgenannten Gründen ergibt sich folgender Baustein für das unionsrechtliche Sachaufklärungsverfahren: Der Gläubiger muss Tatsachen schlüssig vortragen, damit für das zuständige Organ mehr dafür spricht als dagegen, dass der Schuldner über Vermögen in einem anderen Mitgliedstaat verfügt.[1172] Das Verfahren sollte sich an dem der EuKoPfVO orientieren. Für diese und das Verfahren in Art. 14 EuKoPfVO sollte es nach Ansicht des Verfassers als ausreichend betrachtet werden, wenn der Antragsteller eine Verbindung des Schuldners zum Vollstreckungsmitgliedstaat etablieren kann.

Eine andere Form der Informationsbereitstellung stünde nicht in Einklang mit dem europaweit mehr oder weniger praktizierten Gebot der Beibringung auch in Vollstreckungsverfahren.[1173] Höhere Anforderungen an den Gläubiger können nicht gestellt werden, geringere gehen zu Lasten des Schuldners. Weiterhin soll dem Gläubiger das Verfahren von Anfang an in dem Umfang zur Verfügung stehen, dass er im Antragsformular für die europäische Sachaufklärung mehrere Mitgliedstaaten benennen kann. Dafür muss der Gläubiger aber in der

---

1169 OLG Hamm NJW 2019, 1235 (1236).

1170 Ibid.; Ähnlich auch bereits die Vorinstanz, siehe LG Arnsberg BeckRS 2018, 41506.

1171 Siehe zuvor unter A.

1172 So auch *Mohr*, Fn. 206 für die EuKoPfVO.

1173 Keine Anwendung des sogenannten Gießkannenprinzips, siehe *Harsági/Kengyel* in Kengyel/Harsági (Hrsg.), Grenzüberschreitende Vollstreckung in der Europäischen Union, 385 (404).

Lage sein, schlüssige Argumente für das Vorliegen von Schuldnervermögen in mehreren Mitgliedstaaten vorzutragen.

III. Sachaufklärungsmaßnahmen

1. Verhältnis

Vor allem die Abwägung der europäischen Grundrechte für Gläubiger und Schuldner hat ergeben, dass keine der beiden Maßnahmen zur Informationsbeschaffung die Rechte des Gläubigers besser verwirklicht oder spiegelbildlich die Rechte des Schuldners weniger beeinträchtigt.[1174]

Aus diesem Grund plädiert die vorliegende Bearbeitung dafür, dem Gläubiger direkt zu Beginn einer unionsrechtlichen Sachaufklärung beide Verfahren zur Verfügung zu stellen, unabhängig davon, welche Sachaufklärungsmaßnahme mitgliedstaatlich primär durchgeführt werden muss.[1175] Darin liegt ein Kompromissvorschlag aus den vorgestellten mitgliedstaatlichen Aufklärungssystemen und der mitgliedstaatlichen Verfügbarkeit von Sachaufklärungsmaßnahmen.

2. Vermögensauskunft

Der Sekundärrechtsakt soll eine europäische Vermögensauskunft einführen.[1176] Die Verpflichtung orientiert sich an der Modellregelung der Storme Working-Group.[1177] Neben Punkten zur Drittstellenabfrage ist vor allem Art. 12.4 der Modellregelung von Relevanz[1178]: „For the protection of a judgment creditor who establishes his inability to find sufficient assets in the hands of the judgment debtor for the satisfaction of the judgment, the law of Member States shall provide:

> 1. that the debtor shall disclose in their entirety the nature and location of his assets. Such disclosure shall be made to the creditor or the proper authority as provided by law; [. . .].“[1179]

1174 Siehe die Abwägung zuvor unter A.

1175 Für ein Subsidiaritätsverhältnis und primärer Vermögensauskunft, *Sala* in Kengyel/Harsági (Hrsg.), Grenzüberschreitende Vollstreckung in der Europäischen Union, 275 (276).

1176 Für diesen Vorschlag ebenso offen, sonst aber kritisch *Stamm* in Leible/Terhechte (Hrsg.), Europäisches Rechtsschutz- und Verfahrensrecht (EnzEuR) Bd. 3, Rn. 37; ebenso grundsätzlich zustimmend *Bruns*, ZeuP 2010, 809 (829).

1177 Siehe zur Geschichte der Storme Working-Group, *Kennett*, S. 35f.

1178 Storme Working-Group, S. 152 und 210.

1179 Den Vorschlag, eine europäische Vermögensauskunft einzuführen, greift auch der *Hess-Report*, S. 148 auf.

Durch die Umsetzung dieses Vorschlages bestünde in allen Mitgliedstaaten durch die Verordnung die Möglichkeit, eine Vermögensauskunft abnehmen zu lassen.

Der Vorschlag der Storme Working-Group spricht einen weiteren überaus wichtigen Punkt an. Soll der Schuldner in der Vermögenserklärung alle Vermögensgegenstände aufführen, die potentiell der Zwangsvollstreckung unterfallen? Der Punkt kann, muss aber nicht verschieden zu den mitgliedstaatlichen Rechtsordnungen geregelt werden. Ausgangspunkt ist die in allen Mitgliedstaaten durch die unionsrechtliche Sachaufklärung gleichermaßen verfügbare Vermögensauskunft.

Weniger einschneidend ist eine Maßnahme, die den Schuldner lediglich verpflichtet Vermögensgegenstände anzugeben, die ausreichend sind, um die Schuld zu begleichen. Dass der Schuldner die Vermögensgegenstände für die Zwecke eines europäischen Sachaufklärungsverfahrens zu Beginn des Sachaufklärungs- und Zwangsvollstreckungsverfahrens angeben muss, steht außer Frage. Das Sachaufklärungsverfahren, das noch beispielsweise nach der alten deutschen Rechtslage zur Anwendung kam, ist für die unionsrechtliche Sachaufklärung nicht praktikabel. Nach dem Verfahren muss der Schuldner erst nach einem erfolglosen Pfändungsversuch sein Vermögen offenbaren. Bei einer Umsetzung auf europäischer Ebene müsste der Gläubiger zunächst die Pfändung initiieren. Das widerspricht dem Leitgedanken der Arbeit sowie den Grundrechten des Gläubigers auf eine umfassende Sachaufklärung vor Durchführung der Pfändung.

Auch gegen eine Veröffentlichung nur ausgewählter im Ausland belegener Vermögensgegenstände, die nach der Einschätzung des Schuldners ausreichend sind, um die Schuld zu begleichen, sprechen gewichtige Argumente.[1180] Mittels des unionsrechtlichen Sachaufklärungsverfahrens soll der Gläubiger gerade in die Lage versetzt werden, sich ein umfassendes Bild von den ausländischen Vermögensgegenständen des Schuldners machen zu können, um somit eine informierte Entscheidung über ein weiteres Vollstreckungsverfahren zu treffen. Denn mit den erlangten Informationen begibt sich der Gläubiger in den Vollstreckungsmitgliedstaat und wird dort die Pfändung des Gegenstandes beantragen. Geht die Pfändung fehl, steht er unter Umständen wieder am Anfang der Zwangsvollstreckung. Folgende Regelung schlägt die Bearbeitung somit

1180 Nach veralteten Erkenntnissen ist das System der vollständigen Offenbarung von Vermögen im Rahmen der Vermögensauskunft vorherrschend in Europa, siehe *Hess-Report*, S. 35.

vor: Zumindest Auslandsvermögen des Schuldners muss dieser umfassend in der Vermögensauskunft angeben. Um den mitgliedstaatlichen Besonderheiten zu entsprechen, können die Mitgliedstaaten für die Auskunft über im Inland verfügbares Vermögen abweichende Regelungen vorsehen und somit mitgliedstaatliches Recht beibehalten.

Die Entscheidung über den Einsatz von Zwang zur Abnahme der Vermögensauskunft sollte in der Hoheit der Mitgliedstaaten verbleiben. Die Mitgliedstaaten sind verpflichtet mitzuteilen, ob sie im Rahmen ihrer nationalen Rechtsordnung vorsehen, dass die Vermögensoffenbarung auch mittels Zwanges abgenommen werden kann. Dem Gläubiger wird dadurch die Entscheidung erleichtert, welche Form der Aufklärung er wählt. Hat die Nichtabgabe einer Vermögenserklärung nach mitgliedstaatlichem Recht keine Konsequenzen für den Schuldner, ist es dem Gläubiger belassen, die Drittauskunft direkt einholen zu lassen.[1181]

3. *Drittauskunft*

Zur Drittauskunft wurde an den relevanten Stellen ausgeführt. Für sie ist vor allem entscheidend, auf welche Informationen das Organ der Zwangsvollstreckung zugreifen können soll. Ob das Organ der Zwangsvollstreckung berechtigt ist, die Daten selbstständig abzurufen, oder ob es lediglich eine Abfrage bei den Behörden initiieren darf, muss Gegenstand weiterer Untersuchungen sein.

Eine einheitliche Regelung für diese Art des Austausches muss ein zusätzliches Hindernis überwinden. Das jeweilige Organ der Zwangsvollstreckung des ersuchenden Mitgliedstaates muss sich gegenüber einzelnen Behörden im ersuchten Mitgliedstaat über die Berechtigung ausweisen, datenschutzrechtlich sensible Daten abrufen zu dürfen.[1182] Nur eine elektronische Signatur[1183]

1181 Erläuterungen zum Einsatz von Zwang gegen den Schuldner im Rahmen der Schuldnerbefragung sowie Argumente dagegen im *Hess-Report*, S. 38, unter Fn. 192.

1182 Sehr eindrücklich schildert *Ehmann*, S. 365, dass Meldebehörden in Deutschland auf E-Mail Verkehr bei Abfrage von Meldedaten verzichten sollten, da Verschlüsselungen in der Praxis kaum eingesetzt werden würden.

1183 „'Elektronische Signatur' sind Daten in elektronischer Form, die anderen elektronischen Daten beigefügt oder logisch mit ihnen verbunden werden und die der Unterzeichner zum Unterzeichnen verwendet.", Begriffsbestimmung Art. 3 Nr. 10 eIDAS-VO. Eine elektronische Unterschrift bringt in die Diskussion ein *Sala* in Kengyel/Harsági (Hrsg.), Grenzüberschreitende Vollstreckung in der Europäischen Union, 275 (276). Lediglich eine elektronische Unterschrift auf Drittstellenanfragen dürfte zur Identifikation des Organs der Zwangsvollstreckung jedoch nicht ausreichen.

und die damit verbundene zeitnahe Überprüfung solch einer Berechtigung verhindert, dass sich der Vorgang der Sachaufklärung erheblich verzögert.[1184] Für ausländische ersuchende Organe der Zwangsvollstreckung bestehen bereits verbesserte Möglichkeiten, ihre Legitimation nachzuweisen und darüber Informationen einzuholen. Dafür wenden die Mitgliedstaaten intern bereits Dienste zur elektronischen Identifizierung[1185] an.[1186] Allerdings waren die bestehenden Systeme bisher nicht interoperabel.[1187] Die Europäische Union versucht nun mit der VO (EU) Nr. 910/2014 über elektronische Identifizierung und Vertrauensdienste für elektronische Transaktionen im Binnenmarkt (eIDAS-VO) Abhilfe zu schaffen.[1188] Die eIDAS-VO legt einen Schwerpunkt auf die Regelung zur grenzüberschreitenden elektronischen Identifizierung, vor allem auch in Verwaltungsangelegenheiten.[1189] Eine Authentifizierung zumindest für öffentliche Dienste soll ermöglicht werden.[1190] Art. 6 eIDAS-VO verpflichtet dafür die Mitgliedstaaten, Identifizierungssysteme[1191] der anderen

---

1184 Dahingehend optimistisch: Green Paper on the efficient enforcement of judgments in the EU: transparency of debtor assets. Position of the Austrian Ministry of Justice (o. Fn. 397) S. 1f.

1185 „'Elektronische Identifizierung' ist der Prozess der Verwendung von Personenidentifizierungsdaten in elektronischer Form, die eine natürliche oder juristische Person oder eine natürliche Person, die eine juristische Person vertritt, eindeutig repräsentieren.", Begriffsbestimmung in Art. 3 Nr. 1 eIDAS-VO.

1186 Siehe die Arbeitsunterlage der Kommissionsdienststellen, Zusammenfassung der Folgenabschätzung Begleitunterlage zum Vorschlag für eine Verordnung des Europäischen Parlaments und des Rates über die elektronische Identifizierung und Vertrauensdienste für elektronische Transaktionen im Binnenmarkt, SWD(2012) 135 final, S. 3, Thema Marktfragmentierung sowie Vorschlag für eine Verordnung des Europäischen Parlaments und des Rates über die elektronische Identifizierung und Vertrauensdienste für elektronische Transaktionen im Binnenmarkt, KOM(2012) 238 final, S. 2.

1187 *Roßnagel*, NJW 2014, 3686 (3686).

1188 Verordnung (EU) Nr. 910/2014 des Europäischen Parlaments und des Rates über elektronische Identifizierung und Vertrauensdienste für elektronische Transaktionen im Binnenmarkt und zur Aufhebung der RL 1999/93/EG, ABl. EU L257/73 vom 28.8.2014; siehe dazu eine Einführung bei *Roßnagel*, NJW 2014, 3686ff.; ausführlich mit Ausführungen zu den Implikationen für die deutsche Rechtsordnung, siehe *Roßnagel*, Das Recht der Vertrauensdienste, Baden-Baden 2016.

1189 Siehe Erwägungsgrund (1) und (16) eIDAS-VO.

1190 Siehe Erwägungsgrund (12) eIDAS-VO.

1191 „'Elektronisches Identifizierungssystem' ist ein System für die elektronische Identifizierung, in dessen Rahmen natürlichen oder juristischen Personen oder natürlichen

Mitgliedstaaten anzuerkennen. Für die Anerkennung regelt die eIDAS-VO Voraussetzungen, um das notwendige Sicherheitsniveau zu garantieren.[1192] Eine Regelung für die Verbesserung der Zusammenarbeit muss folglich darauf hinauslaufen, die Mitgliedstaaten zu verpflichten, für den Zugang zu Vermögensinformationen des Schuldners digitale Signaturen einzuführen.[1193] Eine Überprüfung der Identität der dahinterstehenden abfragenden Behörde erübrigt sich dadurch. Der Austausch der Daten vereinfacht sich und die Vernetzung der Behörden wird vorangebracht.

Für die Sachaufklärung mittels der Drittauskunft eignen sich Daten, die öffentlich-rechtliche Stellen über Bürger gesammelt haben. Primär müssen die erhobenen Daten, die sich in der Hand des Staates befinden, vor dem Gläubiger, aber auch vor dem Staat geschützt werden. Die DSGVO formt das Datenschutzprinzip der Zweckbindung nun in allen Mitgliedstaaten gleichermaßen aus.[1194] Es verkörpert einen Schutz für personenbezogene Daten. Allerdings ist explizit vorgesehen, dass die Zweckbindung für weitere festgelegte Zwecke, wie der Verfolgung juristischer Ansprüche, durchbrochen werden kann.[1195] Das heißt, es ist ausdrücklich möglich, die Daten für die Zwecke der Sachaufklärung zugänglich zu machen.

Für die Drittauskunft wurde vorgeschlagen, dass das Organ der Zwangsvollstreckung seine Suchanfrage nach ausländischem Vermögen direkt an die mitgliedstaatlichen Behörden richtet. Unterstützend sollte ein Sekundärrechtsakt festlegen, für welche Daten dem Organ der Zwangsvollstreckung Zugriffsrechte eingeräumt werden. Ein Baustein eines zukünftigen Sekundärrechtsaktes ist somit die Benennung der einzuholenden Informationen. Die Drittauskunft soll folgende Informationen für den Gläubiger zur Verfügung stellen:

Personen, die juristische Personen vertreten, elektronische Identifizierungsmittel ausgestellt werden.“, Begriffsbestimmung in Art. 3 Nr. 4 eIDAS-VO.

1192 Dazu auch die Durchführungsverordnung (EU) 2015/1502 der Kommission vom 8. September 2015 zur Festlegung von Mindestanforderungen an technische Spezifikationen und Verfahren für Sicherheitsniveaus elektronischer Identifizierungsmittel gemäß Artikel 8 Absatz 3 der Verordnung (EU) Nr. 910/2014 des Europäischen Parlaments und des Rates über elektronische Identifizierung und Vertrauensdienste für elektronische Transaktionen im Binnenmarkt, ABl. EU L 235/7 vom 9.9.2015.

1193 So auch die Stellungnahme des Deutschen Anwaltvereins durch den Zivilverfahrensrechtsausschuss zum Grünbuch, Stellungnahme Nr.: 39/2008, S. 8f. Antworten zu Fragen 4 und 6.

1194 Vgl. die Kritik an der bisherigen Umsetzung der Datenschutz-RL in Deutschland bezüglich der Zweckbindung bei *Monreal* ZD 2016, 507 (509).

1195 Siehe zuvor Teil 4, C. 4. b) dd).

1. Auskunft darüber, ob der Schuldner ein sozialversicherungspflichtiges Beschäftigungsverhältnis im Mitgliedstaat ausübt. Das Organ der Zwangsvollstreckung soll die Register der Sozialversicherung abfragen.
2. Insofern das Organ der Zwangsvollstreckung keine Informationen über ein Arbeitsverhältnis durch die Daten der Sozialversicherung erheben kann, soll es die Informationen über die Steuerregister einholen.[1196]
3. Sind Informationen nach 1. oder 2. abrufbar, dann stellen die zuständigen Behörden auch Informationen über den Arbeitgeber, den Drittschuldner, bereit.[1197]
4. Weiterhin soll das Organ der Zwangsvollstreckung ermitteln, ob der Schuldner über ein Bankkonto oder andere Geldanlagen wie Depots, Fonds oder andere Wertanlagen, die der Pfändung unterliegen könnten, im Vollstreckungsmitgliedstaat verfügt.[1198] Es wird auf das durch die Mitgliedstaaten eingerichtete und bereitgestellte System der EuKoPfVO abgestellt.
5. Über Grundbuchämter und mitgliedstaatlich entsprechende Register soll das Organ der Zwangsvollstreckung Informationen über unbewegliches Vermögen im Vollstreckungsmitgliedstaat einholen.
6. Informationen über Kraftfahrzeuge soll das Organ der Zwangsvollstreckung ebenfalls ermitteln können.
7. Das Organ der Zwangsvollstreckung soll mittels nationaler Register Informationen über Unternehmensbeteiligungen einsehen.

Das dargelegte Vorgehen vereinheitlicht die einzuholenden Informationen. Aufgrund der vorgeschlagenen Art und Weise ist der Zugang zu den Informationen gesichert. Dass auf die Daten zugegriffen wird, rechtfertigt sich durch die Gläubigerinteressen und vor allem durch die Einschätzung des befassten Organs der Zwangsvollstreckung, ob Indizien dafür sprechen, dass Vermögen des Schuldners im Aufklärungsstaat vorhanden ist.[1199]

1196 Dies kann im Zusammenhang damit stehen, dass Sozialversicherungsregister zwar staatlich kontrolliert, aber durch Private unterhalten werden; siehe *Kennett*, S. 100.

1197 Siehe Art. 61 Abs. 2 EuUntVO.

1198 Der Anwendungsbereich soll explizit weiter gefasst werden, als die Beschränkungen des Europäischen Kontenpfändungsbeschlusses nach Art. 4 Nr. 1 EuKoPfVO.

1199 Siehe zuvor zur Darlegungslast, B. III.

IV. Vernetzungsstruktur für die Zwecke der Sachaufklärung

1. Ausgangssituation

Die Vernetzung von Behörden oder auch Gerichten innerhalb der Europäischen Union wurde oben unter der Besprechung des Grünbuchs aufgezeigt. Mittels der Vernetzung soll die Durchsetzung von Ansprüchen bzw. deren Feststellung garantiert werden. Die Forderungen in Steuer- und Unterhaltssachen werden über zuständige oder Zentrale Behörden eingetrieben. Diese Stellen oder Büros sind selbstständig an der Durchsetzung interessiert (Steuerbehörden)[1200] oder nehmen die Durchsetzung für eine Partei wahr (Unterhaltsgläubiger)[1201]. Gleichsam ist beiden Verordnungen, dass die designierten Stellen oder Behörden für die Informationseinholung verantwortlich sind.[1202] Die Informationen im ersuchten Mitgliedstaat zu beschaffen, ist durch die Verordnungen zentral organisiert. Der direkte Zugriff auf die Informationen ist den ersuchenden Behörden verwehrt.

Eine ähnliche Regelung sieht die EuKoPfVO vor. Die Verordnung fordert die Einrichtung einer Auskunftsbehörde. Die Auskunftsbehörde wird tätig, wenn ein ersuchendes Gericht Kontoinformationen des Schuldners im ersuchten Mitgliedstaat abfragt. Allen drei Verordnungen ist gemein, dass die ersuchten Stellen oder Behörden Auskünfte für eine ersuchende Stelle im ersuchten Mitgliedstaat ermitteln sollen. Es handelt sich im Falle der EuUntVO um eine Vielzahl möglicher Informationen über den Schuldner selbst sowie über sein Vermögen. Auch die Beitreibungsrichtlinie sieht eine Vermögensaufklärung vor. Lediglich in der EuKoPfVO ist einzig die Information entscheidend, ob der Schuldner im ersuchten Mitgliedstaat ein Konto besitzt. Die Suche ist auf einen Vermögensgegenstand beschränkt. Allerdings kann das gesuchte Konto von jeder Bank im ersuchten Mitgliedstaat geführt werden, weswegen für die Offenlegung des Kontos eine Auskunftsbehörde zentral nach einer mitgliedstaatlich gewählten Methode die Information abruft und übermittelt.

Die Notwendigkeit der Zentralisierung von Informationsflüssen steht somit bei den drei beleuchteten Verordnungen im Vordergrund.

Anders verhält es sich für die EuBVO. Die Verordnung begeht bereits einen zukunftsweisenden Weg europäischer Zivilprozessrechtsintegration und

1200 Siehe zuvor, Ersuchen um Beitreibung der Forderung, Art. 10 Abs. 1 EuBeitrRL.

1201 Siehe zuvor, Ausgestaltung in Deutschland nach dem AUG derart, dass die Zentrale Behörde bevollmächtigt ist, gerichtlich für den Berechtigten aufzutreten, § 5 Abs. 5 S. 1 AUG.

1202 Siehe Art. 5 Abs. 1 UAbs. 2 EuBeitrRL sowie Art. 61 Abs. 2 EuUntVO.

gestattet ersuchenden Gerichten im ersuchten Mitgliedstaat Beweisaufnahmen nach dem Recht des ersuchenden Gerichts. Die Beweisaufnahme durch das ersuchende Gericht muss lediglich bei der Zentralstelle beantragt werden und darf nicht mittels Zwang durchgeführt werden.

2. *Bestimmung Zentraler Behörden*

Die Einrichtung Zentraler Stellen oder Behörden hat eine lange Tradition.[1203] Auch in europäischen Verordnungen hat das System seit längerem Einzug gehalten.[1204] In Mitgliedstaaten, in denen die Informationen über das Schuldnervermögen dezentral in diversen Registern und Datenbanken verteilt sind, würde sich solch ein System zentraler Informationsgewinnung anbieten. Die Zentralen Behörden würden die Informationseinholung vornehmen und als Zentrale Stelle an das Organ der Zwangsvollstreckung im ersuchenden Mitgliedstaat weiterleiten. Sobald der ersuchte Mitgliedstaat die Informationen beschafft hat, manifestieren sich die Vorteile dieser Informationseinholung. Problematisch ist der Weg dahin, bis die Informationen bei der Zentralen Stelle vorliegen. Dies kann auch gegen eine Einrichtung von Zentralen Behörden für die Zwecke der Sachaufklärung sprechen.

Ein Nachteil in Verbindung mit zentral eingerichteten Stellen oder Behörden besteht in der mangelnden strukturellen Ausstattung der Behörden und einer damit verbundenen mangelnden Einhaltung von Zeitvorgaben. Eine Untersuchung zur Effizienz des Vernetzungssystems innerhalb der EuUntVO deckte diesen Missstand auf.[1205] Die EuUntVO enthält Berichtspflichten zum Stand des Verfahrens der Informationseinholung.[1206] Die ersuchte Behörde soll Berichte über den Verfahrensstand an die ersuchende Behörde übermitteln. Als Gründe für einen eher nachlässigen Umgang mit den Fristen für die Berichtsübermittlung führen die Verfasser der Studie folgende Gründe an: unzureichende personelle Ausstattung der ersuchten Zentralen Behörde, ineffektive Datenbanken und ein nationales Prozessrecht, das die Behörden überlastet.[1207] Die Bestimmung einer

---

1203 Siehe beispielsweise im Unterhaltsrecht, dazu *Veith*, FPR 2013, 46 (46ff.).

1204 Siehe die zuvor vorgestellten Verordnungen in Teil 2, B. III.

1205 Dazu die Erhebung von *Walker/Beaumont* in Beaumont/Hess/Walker/Spancken (Hrsg.), The Recovery of Maintenance in the EU and Worldwide, 337 (354ff.)

1206 Siehe Art. 58 Abs. 3 und 4 EuUntVO.

1207 Wie zuvor, *Walker/Beaumont* in Beaumont/Hess/Walker/Spancken (Hrsg.), The Recovery of Maintenance in the EU and Worldwide, 337 (370); weiterhin siehe *Stamm* in Leible/Terhechte (Hrsg.), Europäisches Rechtsschutz- und Verfahrensrecht (EnzEuR) Bd. 3, Rn. 36 unter Fn. 73.

weiteren Behörde oder die Delegierung einer weiteren Aufgabe an eine bereits eingerichtete Zentrale Behörde dürfte diesen Effekt noch verstärken.

Eine Möglichkeit dem zu entgegnen ist es, auf die Einrichtung Zentraler Stellen zu verzichten und die Kommunikation zwischen den Organen der Zwangsvollstreckung des ersuchenden Mitgliedstaates und den Behörden, die über die Informationen über den Schuldner im ersuchten Mitgliedstaat verfügen, direkt zu gewähren.[1208] Allerdings sollten auch dafür die praktischen Konsequenzen berücksichtigt werden. Zunächst müsste das Organ der Zwangsvollstreckung aus dem ersuchenden Mitgliedstaat heraus Informationen darüber besitzen, bei welchen Stellen es Informationen im ersuchten Mitgliedstaat abrufen kann. Schon die Vielzahl verschiedener Behörden, seien es Handelsregister oder Meldebehörden,[1209] dürfte das Auffinden des Schuldners sowie seiner Vermögensgegenstände erschweren, wenn nicht erheblich verzögern. Das Europäische Justizportal kann in diesem Zusammenhang bereits Abhilfe leisten.[1210] Informationen, beispielsweise zum spanischen Grundbuchverfahren und der Möglichkeiten der Einsichtnahme in das Grundbuch, sind mit wenigen Klicks abrufbar.[1211] Ebenso einfach erfolgt der Zugriff auf das Europäische Unternehmensregister.[1212] Mit fortschreitendem Ausbau der Digitalisierung bestehender Registerinformationen ist ein Zugriff aus anderen Mitgliedstaaten durch die Organe der Zwangsvollstreckung auf direktem Wege durchaus realisierbar. Neben öffentlich zugänglichen Informationen über Register müssten die Mitgliedstaaten mitteilen, über welche Behörden die ersuchenden Organe der Zwangsvollstreckung Informationen abrufen können, die generell nicht öffentlich zugänglich sind.

Trotz alledem sollten Zentrale Behörden oder Zentralstellen für die Zwecke der Sachaufklärung in der Zwangsvollstreckung benannt werden. An diese sollte sich das ersuchende Organ der Zwangsvollstreckung wenden können, wenn es auf Schwierigkeiten stößt, die notwendigen Daten im ersuchten Mitgliedstaat

---

1208 Für dieses Vorgehen plädiert beispielsweise Österreich, siehe Green Paper on the efficient enforcement of judgments in the EU: transparency of debtor assets. Position of the Austrian Ministry of Justice (o. Fn. 397) S. 5.

1209 Siehe o. Teil 2, B. II. 2.

1210 Siehe <https://e-justice.europa.eu/home.do?plang=de&action=home> [zuletzt abgerufen am 01.06.2020].

1211 Siehe <https://e-justice.europa.eu/content_land_registers_in_member_states-109-es-de.do?member=1> [zuletzt abgerufen am 01.06.2020].

1212 Siehe o. Fn. 379.

abzurufen.[1213] In dem Sinne sollen die benannten Zentralen Stellen lediglich unterstützend tätig werden und nicht selbstständig für die Zwecke der Sachaufklärung Informationen beschaffen. Es besteht keine Notwendigkeit, dass der Gläubiger die Zentralen Behörden oder Zentralstellen selbstständig kontaktieren darf. Vielmehr sollte die gesamte Kommunikation über das zuständige Organ der Zwangsvollstreckung abgewickelt werden.

V. Schuldnerbenachrichtigung

1. Letztmalige Aufforderung zur Forderungsbegleichung

Eine Maßnahme, die Sinn und Zweck einer verdeckten Abfrage mittels Drittstellen vereiteln würde, ist die letztmalige Aufforderung an den Schuldner, die im Urteilsspruch festgestellte Forderung zu begleichen. In Deutschland sieht eine Regelung diesbezüglich vor, dass der Schuldner vor Abnahme der Vermögensauskunft Gelegenheit bekommen soll, die Schuld innerhalb einer gewissen Frist zu begleichen.[1214] In Frankreich ist vor der Vollstreckung keine Frist vorgesehen die Leistung zu erbringen, aber es besteht die Möglichkeit einer „Gnadenfrist".[1215]

Sinn und Zweck eines (unionsrechtlichen) Sachaufklärungsverfahrens stehen einer letztmaligen Aufforderung an den Schuldner, die Schuld zu begleichen, entgegen. Der Überraschungseffekt, der gerade mittels der Drittstellenabfrage in grenzüberschreitenden Fällen Teil des Verfahrens ist und erreicht werden soll, würde von vornherein vereitelt, wenn ein Rechtsakt dem Schuldner weitere Möglichkeiten einräumt, die Sachaufklärung und damit die Vollstreckung zu verzögern. Sicherlich handelt es sich dabei um einen letztmaligen Versuch, die Zwangsvollstreckung als solche zu verhindern. Andererseits sollte die Entscheidung beim Gläubiger liegen, ob er dem Schuldner die Möglichkeit einräumen will. Die Untersuchung hat ergeben, dass sich die Rechte des Schuldners dem Justizgewährungsanspruch, der den Eigentumsanspruch des Gläubigers verwirklichen soll, unterordnen muss.

Ausgehend davon soll folgende Regelung für das unionsrechtliche Sachaufklärungsverfahren gelten: Der Gläubiger soll den Prozess des europäischen

1213 Auf diese Möglichkeit verweist auch Estonia's replies to the questions in the Green Paper on improving the efficiency of the enforcement of judgments in the European Union: the transparency of debtors' assets, (o. Fn. 109) S. 3f.

1214 Siehe § 802f Abs. 1 S. 1 ZPO.

1215 Siehe *Schlosser* RIW 2002, 809 (809) unter Verweis auf Art. 510ff. - Chapitre III: Le délai de grâce, Code de procédure civile.

Sachaufklärungsverfahrens frühestens vier Wochen nach dem Zeitpunkt anstrengen dürfen, zu dem das endgültige Urteil zu seinen Gunsten ergangen ist.

2. Benachrichtigung über den Drittstellenzugriff

Im Rahmen der Konsultation der Mitgliedstaaten und weiterer beteiligter Akteure für die Zwecke des Grünbuchs der Transparenz des Schuldnervermögens kam der Aspekt der Benachrichtigung des Schuldners über den Zugriff auf sensible Daten zur Sprache.[1216] Vor allem die Auseinandersetzung mit den Schuldnerrechten, insbesondere im Hinblick auf verfahrens- und datenschutzrechtliche Belange, hat offenbart, dass eine verzögerte Information des Schuldners über den Zugriff auf seine Daten verhältnis- und somit rechtmäßig ist.[1217] Das Recht auf Rechtsverfolgung des Gläubigers überwiegt das Interesse des Schuldners. Der Schuldner kann die Datenabfrage, gleich ob direkt oder indirekt, offen oder geheim, nicht angreifen. Eine Benachrichtigung des Schuldners ist notwendig. Seinem berechtigten Interesse darauf, vom Datenabruf generell zu erfahren, würde ansonsten nicht Genüge getan. In der EuUntVO ist solch eine Informationspflicht vorgesehen. Nach Art. 63 EuUntVO muss der Betroffene von der Erhebung der ihn betreffenden personenbezogenen Daten unterrichtet werden. Das einschlägige Verfahren richtet sich nach den Rechtsordnungen der Mitgliedstaaten. Besteht die Gefahr, dass der Verpflichtete die Geltendmachung der Ansprüche vereitelt, kann die Benachrichtigung um höchstens 90 Tage ab Übermittlung durch die Zentrale Behörde aufgeschoben werden.[1218] Die EuKoPfVO sieht vor, dass der Schuldner erst 30 Tage später über den Zugriff auf die Informationen in Kenntnis gesetzt werden soll, um mögliche Vermögensverschiebungen zu verhindern.[1219]

Für die Zwecke eines unionsrechtlichen Sachaufklärungsverfahrens wird ein Zeitraum von mindestens 90 Tagen angeregt. Spätestens mit dem Zeitpunkt der Pfändung soll der Schuldner darüber informiert werden, wie der Zugriff auf die Daten und folglich auf seine Vermögensgegenstände ermöglicht worden ist. Denn es handelt sich nicht wie bei der EuKoPfVO um einen Vorgang des einstweiligen Rechtsschutzes, der zügig erledigt werden sollte. Bei der Sachaufklärung

---

1216 Green Paper on the efficient enforcement of judgments in the EU: transparency of debtor assets. Position of the Austrian Ministry of Justice, (o. Fn. 397) Antwort Question 1.

1217 Siehe dazu o. Teil 4, C. I. 4. b) dd) (2) am Ende.

1218 Art. 63 Abs. 2 EuUntVO; siehe für Deutschland § 18 Abs. 2 AUG.

1219 Siehe Art. 14 Abs. 8 EuKoPfVO.

steht die endgültige Befriedigung des Gläubigers bereits im Vordergrund.[1220] Der Zeitraum beginnt mit der Übermittlung der Information an den Gläubiger. Denn auch wenn hinter der Regelung schuldnerschützende Aspekte stehen, muss dem Gläubiger die Gelegenheit gegeben werden, die Daten zur Zwangsvollstreckung zu nutzen. Um dem Gedanken des Überraschungseffekts Rechnung zu tragen erfordert das, dass der Gläubiger über die Daten disponieren kann. *In concreto* muss er in der Lage sein, auf Grundlage der Daten zu entscheiden, ob er die Zwangsvollstreckung nach der Sachaufklärung initiiert oder nicht. Dem Organ der Zwangsvollstreckung wird hinreichend Zeit eingeräumt, die Zwangsvollstreckung zumindest zu beginnen. Ansonsten kann die Information darüber, dass auf die Daten zugegriffen wurde, auch während des Vollstreckungsvorganges durch das zuständige Organ der Zwangsvollstreckung erfolgen.

D. Zusammenfassung Teil 5

Der fünfte und abschließende Teil der Bearbeitung hat sich mit den grundsätzlichen Regelungen eines unionsrechtlichen Sachaufklärungsverfahrens *de lege ferenda* befasst.

Zunächst wurde eine Analyse der möglichen Handlungsformen für das unionsrechtliche Sachaufklärungsverfahren vorgenommen. Grundsätzlich kommen die Handlungsformen der Richtlinie als auch der Verordnung in Betracht, um das Verfahren unionsrechtlich auszugestalten. Die aufgezeigten Argumente sprechen aber grundsätzlich für eine Verordnung. Dem Gläubiger soll die unionsrechtliche Sachaufklärung als zusätzliches, vereinheitlichtes Instrument neben den mitgliedstaatlichen Sachaufklärungsmaßnahmen optional zur Verfügung stehen. Weiterhin ist die Einführung der Vermögensauskunft für alle Mitgliedstaaten angeregt worden. Für die Mitgliedstaaten sollen folglich nicht nur die Ziele der Sachaufklärung verbindlich sein, sondern auch die dafür notwendigen Mittel. Damit geht die Einführung einer europäischen Vermögensauskunft einher, die der Gläubiger als eine der beiden Sachaufklärungsmaßnahmen beantragen kann. Weiterhin steht dem Gläubiger die Drittauskunft zur Verfügung. Zwischen beiden Maßnahmen soll kein Abhängigkeitsverhältnis bestehen. Der Gläubiger als Herr des Verfahrens soll zwischen beiden Maßnahmen zu Beginn der Sachaufklärung wählen können, ohne dass er eine Maßnahme prioritär anwenden muss. In nahezu allen Mitgliedstaaten sind beide

1220 Siehe die Case study enforcement proceedings, S. 19 mit Beispielen für die Dauer der Verfahren, vom Zeitpunkt der Pfändung bis zur Überweisung. In den Mitgliedstaaten unterscheidet sich die Länge des Zwangsvollstreckungsverfahrens teils erheblich.

Formen der Sachaufklärung bereits bekannt. Die Unterscheidung zwischen der vollständigen Offenbarung von Vermögen und nur von für die Zwangsvollstreckung relevanten Gegenständen und Forderungen kann problemlos mittels der Vermögensauskunft vorgenommen werden. Mitgliedstaatliche Besonderheiten finden dadurch Berücksichtigung. Die Drittauskunft erfolgt ohne weitere Zwischenschritte und lediglich durch die Einräumung von Zugriffs- und Abfragebefugnissen. Einzig die Vermögensauskunft, als europäische Vermögenserklärung, dürfte für wenige Staaten in Art und Umfang neu sein.

Ein weiterer wesentlicher Baustein des unionsrechtlichen Sachaufklärungsverfahrens behandelt die Frage um die notwendige Darlegungslast für die Bewilligung der unionsrechtlichen Sachaufklärung durch das Organ der Zwangsvollstreckung im Ursprungsmitgliedstaat. Ein Gießkannenprinzip, wonach eine Abfrage der Daten in allen vom Gläubiger, im Antrag unsubstantiiert, bezeichneten Mitgliedstaaten erfolgt, scheidet von vornherein aus. Andererseits dürfen mittels der Darlegungslast keine übermäßigen Anforderungen an den Antrag des Gläubigers etabliert werden, da ansonsten das Recht auf Sachaufklärung von Anfang an nur eingeschränkt zur Verfügung stünde. Aus diesem Grund wurde eine Schlüssigkeitsprüfung für die unionsrechtliche Sachaufklärung als Diskussionsgrundlage ins Spiel gebracht. Die EuKoPfVO hat im Mechanismus zur Einholung von Konteninformationen des Art. 14 EuKoPfVO eine ähnliche Hürde zu überwinden. Rechtsprechung, die über die gerichtliche Behandlung Aufschluss geben könnte, ist bisher nicht ergangen.

Für die Zwecke der grenzüberschreitenden Sachaufklärung soll auch eine mitgliedstaatliche Behörde als Zentrale Stelle berufen werden. Sie erhält allerdings keine weitreichenden Kompetenzen wie das in der EuUntVO oder der EuKoPfVO der Fall ist, sondern soll lediglich unterstützend tätig werden, ähnlich der Aufgabenwahrnehmung der Zentralen Stellen in der EuBVO.

Abschließend ist für die Wahrung des mit der Drittauskunft anvisierten Überraschungseffektes noch eine verzögerte Benachrichtigung des Schuldners über den Abruf der personenbezogenen Daten verbunden. Ein Zeitraum von 90 Tagen wurde dafür vorgeschlagen. Auch die letztmalige Aufforderung an den Schuldner, seine Schuld zu begleichen, ist mit der geheimen Drittstellenabfrage nicht konform. Über eine letztmalige Aufforderung sollte der Gläubiger bei der Einleitung der Sachaufklärung entscheiden.

TEIL 6: Gesamtergebnis

Der abschließende Teil der Bearbeitung stellt die wichtigsten Erkenntnisse nochmals überblicksartig vor. Um Wiederholungen zu vermeiden wird zusätzlich auf die Zusammenfassungen der einzelnen Teile der Untersuchung verwiesen.[1221]

Übergeordnetes Ergebnis der vorangegangenen Untersuchung ist, dass die Europäische Union ein Verfahren zur Sachaufklärung auf den Weg bringen sollte. Die Notwendigkeit für eine Regelung als auch die Kompetenz dafür wurden herausgearbeitet.

Die Thematik der Transparenz des Schuldnervermögens in der Einzelzwangsvollstreckung mit grenzüberschreitenden Bezügen beschäftigt die Rechtswissenschaft, aber auch die Union selbst, bereits seit mehreren Jahrzehnten.[1222] Neben der bereits erschienenen Literatur hat die Bearbeitung Überlegungen zur Einholung von Informationen durch mitgliedstaatliches Recht angestellt und vor allem den grundrechtlichen Hintergrund der Sachaufklärung auf europäischer Ebene beleuchtet. Dass die Vereinheitlichung des Gebietes der Sachaufklärung notwendig ist, konnte anhand von Fakten wie der erhöhten Mobilität von Unionsbürgern und Arbeitnehmern, dem grenzüberschreitenden Handel und damit verbundenen Schwierigkeiten des Forderungseinzugs sowie der Beteiligung von ausländischen Unionsbürgern an innerstaatlichen Gerichtsverfahren eindeutig aufgezeigt werden.[1223]

Ein Vergleich der mitgliedstaatlichen Sachaufklärungssysteme verdeutlichte, dass Sachaufklärungsverfahren in allen Mitgliedstaaten vorhanden sind.[1224] Zwei Maßnahmen bilden die Grundlage der Verfahren: Zum einen ist das die Vermögensauskunft. Sie beinhaltet zwangsläufig eine Befragung des Schuldners zu all seinen Vermögensgegenständen. Zum anderen ist das die Drittauskunft. Durch diese gewinnt ein Organ der Zwangsvollstreckung und somit mittelbar der Gläubiger Informationen, unabhängig vom Schuldner. Die beiden Maßnahmen sind in allen Mitgliedstaaten bekannt. Nur die allerwenigsten Mitgliedstaaten wenden lediglich eines der Systeme an. Eine Vergleichbarkeit der Grundstrukturen der Sachaufklärung ist dementsprechend gewährleistet. Auf den Grundstrukturen

1221 Unter Teil 2, E., Teil 3, F., Teil 4, D. und Teil 5, D.

1222 Siehe Teil 1, D.

1223 Siehe Teil 1, C.

1224 Siehe Teil 1, C. I. 2.

basierten die Überlegungen der Arbeit zur Schaffung eines unionsrechtlichen Sachaufklärungsverfahrens.

Das Zusammenspiel der Sachaufklärungsmaßnahmen wurde anhand der Untersuchung der dem Verfasser vertrauten deutschen Rechtsordnung herausgearbeitet. Die detaillierte Untersuchung des deutschen Sachaufklärungsrechts, nachdem es einer umfassenden Reform unterzogen wurde, hat gezeigt, dass innerstaatliche Maßnahmen schnell an ihre Grenzen stoßen können und dem Gläubiger nicht den gewünschten Effekt der Sachaufklärung garantieren.[1225] Zum einen kann sich der Schuldner der Vermögensauskunft entziehen oder Auskünfte zu Auslandsvermögen verschweigen, zum anderen sind die innerstaatlichen Drittauskünfte für den Gläubiger in Bezug auf Auslandsvermögen wertlos.[1226] Vielmehr muss er sich bei dem Verdacht auf bestehendes Auslandsvermögen des Schuldners weiterhin in eine fremde Rechtsordnung begeben. Für einen Großteil der Verbraucher, die grenzüberschreitende Geschäfte unter einem Wert von 2.000 Euro getätigt haben, ist solch ein Vorgehen illusorisch.[1227] Dem gegenüber stehen Unternehmen, die mit Forderungsabschreibungen im grenzüberschreitenden Handel und weiteren Unwägbarkeiten konfrontiert sind.[1228] Es wird deutlich, dass die fehlende Regelung eines unionsrechtlichen Zwangsvollstreckungs- bzw. Sachaufklärungsrechts durchaus Auswirkungen auf den Binnenmarkt zeitigt. Aus der Betrachtung des deutschen Rechts ergibt sich weiterhin, dass eine Konkurrenz der Aufklärungssysteme im grenzüberschreitenden Kontext keine Lösung darstellen kann.

Sowohl die Vermögensauskunft als auch die Drittauskunft zielen auf das Schuldnervermögen als Informationsgehalt ab. Die Drittauskunft sollte entgegen der deutschen Rechtsordnung nicht lediglich eine dienende Funktion für die Vermögensauskunft erfüllen, sondern ein der Vermögensauskunft gleichwertiges Instrument der Informationsbeschaffung in der Sachaufklärung darstellen. Dieser Befund stellt eine Grundlage für das unionsrechtliche System der Sachaufklärung dar. Die Betrachtung der Grundrechte von Gläubiger und Schuldner unterstreicht die notwendige Gleichstellung beider Systeme.

Die Rechte des Gläubigers und die Rechte des Schuldners wurden anhand eines europäischen Maßstabs mittels der GRCh sowie der EMRK beleuchtet.[1229]

1225 Siehe Teil 3, C. und D.

1226 Siehe Teil 3, D. II.

1227 Siehe Teil 1, C. II. 3.

1228 Ibid.

1229 Siehe Teil 4.

Hauptsächlich stehen sich bei der Sachaufklärung der Justizgewährungsanspruch des Gläubigers und das Recht auf Schutz der personenbezogenen Daten des Schuldners gegenüber. Der Justizgewährungsanspruch verkörpert keinen Anspruch des Gläubigers gegen die EU, ein unionsrechtliches Sachaufklärungsverfahren zu erlassen, wie es beispielsweise in der Literatur angeregt wurde.[1230]

Grundsätzlich muss sich das Recht des Schuldners dem Justizgewährungsanspruch des Gläubigers, nach rechtskräftig festgestelltem Urteil zugunsten des Gläubigers, unterordnen.[1231] Die Maßnahmen der Zwangsvollstreckung sind notwendig, um den Eigentumsanspruch des Gläubigers zu verwirklichen.[1232] Datenschutzaspekte des Schuldners sind umfassend zu berücksichtigen, aber lediglich in der Hinsicht, dass abgefragte und eingeholte Informationen über das Vermögen des Schuldners oder seine persönlichen Lebensumstände durch ausreichende Sicherungsmechanismen geschützt werden. Den Schutz muss die Union im Rahmen eines anvisierten Sekundärrechtsaktes sicherstellen. Mittels der Sachaufklärungsmaßnahmen der Vermögensauskunft sowie der Drittauskunft verwirklichen sich gerechtfertigte Eingriffe in das Recht auf Datenschutz. Beide Maßnahmen zielen auf den gleichen Informationsgehalt ab, verwirklichen dessen Offenlegung aber auf unterschiedlichen Wegen. Um beide Maßnahmen abwägen zu können, wurden der Grad der Geheimhaltung einer Sachaufklärungsmaßnahme vor dem Schuldner und die damit verbundene Realisierung eines Überraschungseffektes berücksichtigt. Die Abwägung ergab, dass sich die Intensität, mit der der Wesensgehalt des Rechts auf Schutz der personenbezogenen Daten des Schuldners betroffen ist, für beide Maßnahmen unterscheidet.[1233] Die Wesensgehaltsgarantie ist das entscheidende Kriterium des Rechts des Schuldners auf Schutz der personenbezogenen Daten. Eine relative Bestimmung des Wesensgehaltes ermöglichte, den Eingriff zugunsten des Gläubigers als rechtmäßig zu betrachten.[1234] Die Untersuchung hat anhand der Rechtsprechung des EuGH objektive Kriterien etabliert, wie eine Verletzung der Wesensgehaltsgarantie bestimmt werden kann.[1235] Dazu gehört die Prüfung, dass das Recht zu keiner leeren Hülse verkommen darf. Das ist nicht der Fall, insofern ein intensiverer Eingriff in das Recht denkbar ist. Entscheidend ist auch, wie nah am Wesensgehalt die betreffende Maßnahme agiert. Wenn Schutzvorschriften

1230 Siehe Teil 4, Fn. 834.
1231 Siehe Teil 4, B. III.
1232 Siehe Teil 4, B. I.
1233 Siehe Teil 4, C. I. 4. c).
1234 Ibid.
1235 Siehe Teil 4, C. I. 4. c) aa) (1).

zusätzlich erlassen werden und die Maßnahme insgesamt verhältnismäßig ist, ist die Wesensgehaltsgarantie nicht verletzt.[1236]

Im letzten Teil der Bearbeitung wurden die für eine unionsrechtliche Sachaufklärung zwingend notwendigen Regelungen aufgezeigt und erläutert. Problematisch ist vor allem die Frage nach der Darlegungslast für den Gläubiger, wenn er die grenzüberschreitende Sachaufklärung mittels einer Drittauskunft beantragt.[1237] Damit das Sachaufklärungsverfahren volle Wirksamkeit entfalten kann, muss eine Schlüssigkeitsprüfung seitens des Organs der Zwangsvollstreckung für die Bewilligung der grenzüberschreitenden Drittauskunft ausreichen. Das bedeutet, der Gläubiger muss lediglich zu potentiellem Schuldnervermögen in einem Mitgliedstaat oder zu weiteren Umständen, die die Annahme vorhandenen Schuldnervermögens stützen, vortragen. Für das Gericht muss es wahrscheinlicher sein, dass er mit diesem Vortrag recht behält, als dass das Gegenteil der Fall ist.[1238] Das Sachaufklärungsverfahren sollte wie folgt ausgestaltet sein: Der Gläubiger kann zwischen der Abnahme der zukünftig europaweit vorhandenen Vermögensauskunft des Schuldners und der Drittauskunft im potentiellen Vollstreckungsmitgliedstaat frei wählen.[1239] Den Antrag auf europäische Sachaufklärung stellt der Gläubiger in Abhängigkeit vom Antrag auf die innerstaatliche Zwangsvollstreckung sowie Sachaufklärung. Für die Drittauskunft schlägt die Bearbeitung einen vereinfachten Zugang der Organe der Zwangsvollstreckung auf bestehende Register vor.[1240] Die Betrachtung hat aufgezeigt, dass keine Notwendigkeit besteht, zusätzlich zu den bestehenden Registern, wie Melderegister, Handelsregister und Transparenzregister, weitere unionsrechtlich verankerte Register zu schaffen.[1241] Bei der Abfrage soll das Organ der Zwangsvollstreckung gerade nicht gezwungen sein, einen Umweg über oftmals ineffizient arbeitende Zentrale Behörden oder Auskunftsbehörden zu nehmen.[1242] Stattdessen soll sich das Organ mittels elektronischer Ausweismöglichkeiten identifizieren und so einen unkomplizierten Zugriff auf die notwendigen Daten erhalten.[1243] Die für die Drittstellenabfrage in Frage kommenden Informationen sollte der Rechtsakt

---

1236 Ibid.
1237 Siehe Teil 5, C. II.
1238 Ibid.
1239 Siehe Teil 5, C. III.
1240 Siehe Teil 5, C. IV.
1241 Siehe Teil 2, B. II.
1242 Siehe zu diesem Befund o. Fn. 1207.
1243 Siehe Teil 5, C. III. 3.

festschreiben. Zu den Informationen sollten die Mitgliedstaaten den Zugang garantieren.[1244]

Keineswegs leitet der Verfasser der Untersuchung aus den Ergebnissen ab, dass sich die aufgezeigten Probleme allein mittels eines unionsrechtlichen Sachaufklärungsverfahrens vollständig beseitigen lassen. Allerdings stellt ein unionsrechtliches Sachaufklärungsverfahren einen ersten überaus wichtigen Schritt dar, der nur am Anfang der weiteren Entwicklung stehen kann. Für das unionsrechtliche Sachaufklärungsverfahren wurden die notwendigen Argumente aufgezeigt. Eine unionsrechtliche Vereinheitlichung ist angezeigt. Die vorgelegte Bearbeitung beleuchtete die Sachaufklärung von einem europäischen Standpunkt aus. Ein unionsrechtliches Sachaufklärungsverfahren ist ökonomisch betrachtet notwendig und hinsichtlich der Kompetenz der Europäischen Union zulässig. Gläubiger- und Schuldnerbelange können durch ein unionsrechtliches Sachaufklärungsverfahren im Lichte der europäischen Grundrechte in Ausgleich gebracht sowie darüber hinaus besser verwirklicht werden.

1244 Ibid. zu den notwendigen Daten; zu bestehenden Registern siehe Teil 2, B. II.

Thesen

1. Die Arbeit entwickelt aus den Erkenntnissen über mitgliedstaatliche Sachaufklärungsverfahren sowie aus unionsrechtlichen Vorarbeiten ein unionsrechtliches Sachaufklärungsverfahren *de lege ferenda*, das die europäischen Grundrechte von Gläubigern und Schuldnern in angemessenen Ausgleich bringt.[1245]
2. Innerhalb der europäischen Union nehmen Migrationsbewegungen der Unionsbürger und damit verbundene Vermögensakquisitionen im Zielmitgliedstaat zu. Auch grenzüberschreitende Betätigungen auf dem Binnenmarkt steigen stetig an.[1246]
3. Finanzprodukte wurden bisher nicht in übermäßigem Umfang grenzüberschreitend erworben. Das steht im Kontrast zu den Zahlen der Migrationsbewegungen. Aus diesem Grund ist davon auszugehen, dass Unionsbürger in ihren Heimatmitgliedstaaten noch über Konten oder andere Finanzprodukte und somit potentiell vollstreckbares Vermögen verfügen.[1247]
4. Unternehmen sind im grenzüberschreitenden Handel mit Forderungsabschreibungen und weiteren Unwägbarkeiten konfrontiert, die ihr grenzüberschreitendes Engagement negativ beeinflussen.[1248]
5. Migrationsbewegungen sowie der zunehmend grenzüberschreitende Handel führen zu einer steigenden Beteiligung von Unionsbürgern an Gerichtsverfahren in Deutschland.[1249]
6. Die Migrationsbewegungen sowie Vermögensverschiebungen machen es notwendig, dass der Unionsgesetzgeber tätig wird, um den Justizgewährungsanspruch des Gläubigers auch mittels eines Unionsrechtsaktes zu stärken.
7. In den Rechtsordnungen der Mitgliedstaaten der Europäischen Union bestehen ausreichend vergleichbare Strukturen, um einen unionsrechtlichen Sekundärrechtsakt zur Thematik der Transparenz des Schuldnervermögens zu entwickeln.[1250]

1245 Siehe Teil 1, A. III.
1246 Siehe Teil 1, C.
1247 Siehe Teil 1, C. II. 2.
1248 Siehe Teil 1, C. II. 3.
1249 Siehe Teil 1, C. II. 4.
1250 Siehe Teil 1, C. I. 2.

8. Alle Mitgliedstaaten kennen entweder die Sachaufklärungsmaßnahme der Vermögensauskunft oder die der Informationsbeschaffung mittels Register bzw. bei Behörden, die sogenannte Drittauskunft.[1251]
9. Ein unionsrechtliches Sachaufklärungsverfahren ist die denklogische Ergänzung unionsrechtlicher Gesetzgebung, die die Bereiche des IPR sowie des IZVR, letzteres bezüglich der internationalen Zuständigkeit, in den Mitgliedstaaten bereits maßgeblich bestimmt.[1252]
10. Die Thematik der Transparenz des Schuldnervermögens in der Einzelzwangsvollstreckung mit grenzüberschreitenden Bezügen beschäftigt sowohl die Rechtswissenschaft als auch die Europäische Union selbst bereits seit mehreren Jahrzehnten.[1253]
11. Unionsrechtliche Regelungen für die Sachaufklärung im Rahmen der Zwangsvollstreckung sind bisher nur rudimentär und für speziell umgrenzte Bereiche vorhanden.[1254]
12. Mit dem Grünbuch zur Transparenz des Schuldnervermögens hat die Europäische Kommission im Jahr 2008 einen Ansatz für die Harmonisierung bzw. Vereinheitlichung des Sachaufklärungsverfahrens auf unionsrechtlicher Ebene vorgelegt.[1255] Selbst die von den Mitgliedstaaten als positiv betrachteten Vorschläge, wie ein Handbuch zur Zwangsvollstreckung oder eine europaweite Vermögensauskunft des Schuldners, erfuhren keine gezielte unionsrechtliche Umsetzung.
13. Die Europäische Union besitzt die Kompetenz nach Art. 81 AEUV, um auf dem Gebiet der Sachaufklärung Sekundärrechtsakte zu erlassen.[1256]
    a. Der geforderte grenzüberschreitende Bezug liegt für die Abnahme der Vermögensauskunft sowie die Einholung der Drittauskunft durch ein Organ der Zwangsvollstreckung vor, wenn der Anknüpfungspunkt dafür der Belegenheitsort der Sache ist.[1257]
    b. Der zukünftige Rechtsakt stützt sich auf mehrere Kompetenztitel in Art. 81 Abs. 2 AEUV.[1258] Die Einführung einer europäischen Vermögensauskunft in allen Mitgliedstaaten ist ebenso möglich wie die

1251 Ibid.
1252 Siehe Teil 1, C. III.
1253 Siehe Teil 1, D.
1254 Siehe Teil 2, A.
1255 Siehe Teil 2, B.
1256 Siehe Teil 2, D.
1257 Siehe Teil 2, D. I. 1.
1258 Siehe Teil 2, D. I. 2.

Verknüpfung der mitgliedstaatlichen Behörden unter dem Aspekt der Drittauskunft.[1259]

c. Ein Sekundärrechtsakt auf dem Gebiet der Sachaufklärung kann sich des gesamten Handlungsformenrepertoires des Art. 288 AEUV bedienen.[1260]

14. Die Untersuchung der Sachaufklärung nach der deutschen Zivilprozessordnung zeigt konkrete Defizite der Sachaufklärung von ausländischem Vermögen auf. Weiterhin verdeutlicht die Betrachtung die zwingende Verknüpfung der Vermögensauskunft nach § 802c ZPO mit der Drittauskunft nach § 802l ZPO. Durch die Verknüpfung ergeben sich Nachteile für den Gläubiger im Sachaufklärungsverfahren.[1261]
15. Die Adressermittlung stellt oftmals den Startpunkt der Sachaufklärung dar.[1262] Bereits der Gläubiger kann bei den deutschen Meldebehörden Informationen über die Anschrift des Schuldners einholen.[1263] Die Kompetenzen des Gerichtsvollziehers nach § 755 ZPO zur Adressermittlung in Deutschland gehen darüber hinaus.[1264]
16. Die Sachaufklärung für in Deutschland belegenes Schuldnervermögen ist auf den Schuldner als Auskunftsquelle fokussiert und ermöglicht einen Zugriff auf Drittstellen durch den Gerichtsvollzieher erst nachdem der Schuldner eine Vermögenserklärung abgegeben hat.[1265]
    a. Die deutsche Rechtsordnung verlagert die Informationsbeschaffung über das Vermögen des Schuldners seit der Reform des Jahres 2009 an den Beginn des Zwangsvollstreckungs- und Sachaufklärungsverfahrens. Damit wird der Sachaufklärung größeres Gewicht eingeräumt.
    b. Deutschland ist durch die Reform einem System näher gekommen, das die Gläubiger- und Schuldnerrechte bereits auf Ebene der Sachaufklärung austariert.
    c. Die Regelungen für rein innerstaatliche Sachaufklärungsverfahren sehen den Schuldner als primäre Auskunftsquelle für die Sachaufklärung vor.[1266]

1259 Siehe Teil 2, D. I. 2. f) und g).
1260 Siehe Teil 2, D. I. 2. zu Beginn.
1261 Siehe Teil 3.
1262 Siehe Teil 2, B. II. 1. sowie Teil 3, B.
1263 Siehe Teil 3, B. I.
1264 Siehe Teil 3, B. II.
1265 Siehe Teil 3, C. I. und D. I.
1266 Siehe Teil 3, C. I.

d. Gläubiger eines weiteren Einzelzwangsvollstreckungsverfahrens gegen den Schuldner profitieren nach der deutschen Rechtsprechung nicht von einem Fehlverhalten des Schuldners in Verfahren der Zwangsvollstreckung mit einem vorangegangenen Gläubiger, um eine isolierte Drittauskunft auf verkürztem Wege zu erhalten.[1267] Der Gläubiger kann sich für die Beantragung einer isolierten Drittauskunft nicht lediglich darauf berufen, dass der Schuldner bereits in das Schuldnerverzeichnis eingetragen wurde.

17. Deutschland modifiziert die innerstaatlichen Normen der Sachaufklärung auf Gebieten, die durch Unionsrecht determiniert sind:
    a. Von der Notwendigkeit der Vermögenserklärung des Schuldners sieht § 948 Abs. 2 ZPO für die Zwecke der EuKoPfVO ab.[1268]
    b. Die deutsche Durchführungsgesetzgebung der EuUntVO verschärft die Voraussetzungen der Sachaufklärung. Im Verfahren nach § 17 Abs. 1 AUG ist eine Androhung vor Einholung der Drittauskünfte vorgesehen.[1269]
18. Bei der Ermittlung von im Ausland belegenem Vermögen nach deutschem Zivilprozessrecht muss für die Zwecke der Sachaufklärung ebenfalls zwingend auf den Schuldner zurückgegriffen werden.[1270]
    a. Auslandsvermögen muss der Schuldner bei der Abnahme der Vermögensauskunft offenbaren.[1271]
    b. Schwierigkeiten ergeben sich, wenn der Gerichtsvollzieher die Vermögensauskunft nicht abnehmen kann, weil sich der Schuldner nicht in der Rechtsordnung des Gerichtsvollziehers aufgehalten hat oder sich der Schuldner der Vermögensauskunft schlicht entzieht.[1272]
    c. Mittels der Drittauskünfte können nach der deutschen Zivilprozessordnung ausschließlich Informationen über innerstaatliche Beschäftigungsverhältnisse, Bankkonten und Kraftfahrzeuge des Schuldners beschafft werden.[1273]

1267 Siehe Teil 3, C. II.
1268 Siehe Teil 3, E. I.
1269 Siehe Teil 3, E. II.
1270 Siehe Teil 3, D. I.
1271 Ibid.
1272 Siehe Teil 3, D. I. 1.
1273 Siehe Teil 3, D. II.

19. Hauptsächlich stehen sich bei der (unionsrechtlichen) Sachaufklärung vor dem Hintergrund der in EMRK und GRCh verkörperten europäischen Grundrechte der Justizgewährungsanspruch des Gläubigers nach Art. 47 Abs. 2 GRCh i.V.m Art. 6 Abs. 1 S. 1 EMRK und das Recht des Schuldners auf Schutz der personenbezogenen Daten nach Art. 8 GRCh gegenüber.[1274]
20. Der Justizgewährungsanspruch des Gläubigers verkörpert keinen Anspruch gegen den Unionsgesetzgeber, ein unionsrechtliches Sachaufklärungsverfahren zu erlassen.[1275]
21. Grundsätzlich müssen sich die Rechte des Schuldners dem Justizgewährungsanspruch des Gläubigers unterordnen, wenn ein rechtskräftig festgestelltes Urteil zugunsten des Gläubigers ergangen ist.[1276]
22. Die Maßnahmen der Zwangsvollstreckung und somit der Sachaufklärung sind notwendig, um den Eigentumsanspruch des Gläubigers nach Art. 17 Abs. 1 S. 1 GRCh i.V.m. Art. 1 ZP I EMRK zu verwirklichen.[1277]
23. Für beide Maßnahmen der Sachaufklärung liegt ein Eingriff in das Recht des Schuldners auf Schutz der personenbezogenen Daten nach Art. 8 GRCh vor.[1278]
24. Die Eingriffe sind gerechtfertigt.[1279]
    a. Das Recht auf Schutz der personenbezogenen Daten kann umfassend eingeschränkt werden.[1280]
    b. Der Aspekt der Zweckbestimmung der Datenverarbeitung muss bei der Informationsbeschaffung mittels Drittstellen besondere Berücksichtigung finden.[1281]
        i. Die DSGVO, die die Begrifflichkeiten des Datenschutzrechtes in Art. 8 GRCh konkretisiert, sieht Zweckänderungen durch Sekundärrechtsakte zu Zwecken der Zwangsvollstreckung vor.[1282] Die Möglichkeit der Zweckänderung legitimiert die Einholung von Daten, die zu

---

1274 Siehe Teil 4, B. und C.
1275 Siehe Teil 4,am Anfang.
1276 Siehe Teil 4, B. III.
1277 Siehe Teil 4, B. I.
1278 Siehe Teil 4, C. I. 3.
1279 Siehe Teil 4, C. I.
1280 Siehe Teil 4, C. I. 4. a).
1281 Siehe Teil 4, C. I. 4. b).
1282 Siehe Teil 4, C. I. 4. b) dd).

anderen Zwecken von öffentlich-rechtlichen Trägern beim Schuldner erhoben worden sind.

ii. Die Drittstellenabfrage findet im Gegensatz zur Vermögensauskunft im Geheimen statt.

iii. Dadurch ist eine verzögerte Information des Schuldners über einen Zugriff auf seine Daten notwendig.[1283] Die unmittelbare Information des Schuldners über die Drittauskunft und den damit verbundenen Zugriff vereitelt Sinn und Zweck der Drittstellenabfrage.

c. Die Wesensgehaltsgarantie ist das entscheidende Kriterium des Rechts des Schuldners auf Schutz der personenbezogenen Daten.[1284]

i. Anhand der Rechtsprechung des EuGH können objektive Kriterien entwickelt werden, um eine Verletzung der Wesensgehaltsgarantie festzustellen.[1285]

ii. Das in Rede stehende Recht darf zu keiner leeren Hülse verkommen. Das ist nicht der Fall, insofern ein intensiverer Eingriff in das Recht denkbar ist.[1286]

iii. Eine relative Bestimmung des Wesensgehalts macht eine Verhältnismäßigkeitsprüfung notwendig.[1287]

iv. Die Intensität, mit der der Wesensgehalt des Rechts auf Schutz der personenbezogenen Daten des Schuldners betroffen ist, ist für beide Maßnahmen der Sachaufklärung verschieden.[1288]

v. Anhand einer relativen Bestimmung des Wesensgehalts ist der Eingriff zugunsten des Gläubigers für die beiden untersuchten Sachaufklärungsmaßnahmen als rechtmäßig zu betrachten.[1289]

d. Ein zahlungsfähiger, aber nicht zahlungswilliger Schuldner darf nicht bereits im Rahmen der Sachaufklärung privilegiert werden. Eine Grundlage für eine Privilegierung ist in den europäischen Grundrechten auch nicht zu finden.

1283 Siehe Teil 4, C. I. 4. b) dd) (2) sowie Teil 5, C. V. 2.
1284 Siehe Teil 4, C. I. 4. c).
1285 Siehe Teil 4, C. I. 4. c) aa) (1).
1286 Ibid.
1287 Siehe Teil 4, C. I. 4. c) bb).
1288 Ibid.
1289 Ibid.

25. Die unionsrechtliche Sachaufklärung lässt sich nur mittels einer Verordnung verwirklichen.[1290]
    a. Eine Vermögensauskunft wird verpflichtend in allen Mitgliedstaaten eingeführt. Sie ist bereits in nahezu allen Mitgliedstaaten bekannt. Die Offenlegung des gesamten Vermögens des Schuldners, das in Mitgliedstaaten der EU belegen ist, ist im Rahmen der Vermögensauskunft verpflichtend.
    b. Dem Gläubiger steht ebenso die Drittauskunft zur Verfügung. Das Organ der Zwangsvollstreckung forscht im potentiellen Vollstreckungsmitgliedstaat nach Informationen über Auslandsvermögen des Schuldners, die in Registern hinterlegt sind oder durch Behörden gespeichert wurden.
    c. Der Gläubiger, als Herr des Verfahrens, wählt zwischen beiden Maßnahmen zu Beginn der Sachaufklärung, ohne dass er eine Maßnahme prioritär anwenden muss.
26. Ein unionsrechtliches Sachaufklärungsverfahren *de lege ferenda* muss folgende Elemente beinhalten:[1291]
    a. Ein unionsrechtliches Sachaufklärungsverfahren besteht aus den Maßnahmen der europäischen Vermögenserklärung sowie der Drittauskunft.[1292]
    b. Eine Konkurrenz der Aufklärungssysteme stellt im grenzüberschreitenden Kontext keine Lösung dar. Die Vermögensauskunft und die Drittauskunft müssen gleichberechtigt nebeneinander für den Gläubiger verfügbar sein.[1293] Der Gläubiger kann zwischen der Abnahme der zukünftig unionsrechtlich vorhandenen Vermögensauskunft des Schuldners im Mitgliedstaat der Beantragung der Sachaufklärung und der Drittauskunft im potentiellen Vollstreckungsmitgliedstaat frei wählen.[1294]
    c. Die Darlegungslast des Gläubigers ist entscheidend für den Erfolg und die Akzeptanz des unionsrechtlichen Sachaufklärungsverfahrens.[1295]

1290 Siehe Teil 5, B.
1291 Siehe Teil 5, C.
1292 Siehe Teil 5, B. III.
1293 Siehe Teil 5, A.
1294 Siehe Teil 5, C. III.
1295 Siehe Teil 5, C. II.

Entscheidend ist, welche Informationen der Gläubiger vorlegen muss, damit ein Sachaufklärungsverfahren mittels Drittstellen bewilligt wird:

i. Der Gläubiger muss bei Beantragung der Drittauskunft zum Vorhandensein von Auslandsvermögen vortragen. Die Vermögensauskunft des Schuldners unterliegt der Anforderung nicht. Sie wird generell in den Mitgliedstaaten eingeführt.
ii. Ein Gießkannenprinzip, wonach eine Abfrage der Daten in allen Mitgliedstaaten erfolgt, die der Gläubiger unsubstantiiert bezeichnet, scheidet aus. Er muss für den bezeichneten Mitgliedstaat vortragen, warum er in diesem Vermögen des Schuldners vermutet.
iii. Die Hürde darf nicht zu hoch angesetzt werden, da sie ansonsten das Recht des Gläubigers von Anfang an unmöglich macht.
iv. Für die unionsrechtliche Sachaufklärung ist eine Schlüssigkeitsprüfung ausreichend.
v. Die EuKoPfVO verfährt für den Mechanismus in Art. 14 EuKoPfVO ähnlich. Rechtsprechung, die über die gerichtliche Behandlung Aufschluss geben könnte, ist bisher nicht ergangen.
vi. Für das Gericht muss es wahrscheinlicher sein, dass der Gläubigervortrag zutreffend ist, als der entgegengesetzte Fall.[1296]

d. Für die Drittauskunft ist ein vereinfachter Zugang der Organe der Zwangsvollstreckung auf bestehende Register notwendig.[1297]
e. Das Organ der Zwangsvollstreckung identifiziert sich mittels elektronischer Ausweismöglichkeiten und erhält Zugriff auf Drittstelleninformationen.[1298]
f. Zusätzlich zu den bestehenden Melderegistern, Handelsregistern und Transparenzregistern sind unionsrechtlich keine weiteren Register einzurichten.[1299]
g. Die Daten, die für die Sachaufklärung bei Drittstellen als notwendig erachtet werden, schreibt der Rechtsakt fest.[1300]
h. Bei der Abfrage ist das Organ der Zwangsvollstreckung nicht gezwungen, einen Umweg über Zentrale Behörden oder Auskunftsbehörden zu nehmen.[1301]

1296 Ibid.
1297 Siehe Teil 5, C. IV.
1298 Siehe Teil 5, C. III. 3.
1299 Siehe Teil 2, B. II.
1300 Ibid.
1301 Siehe Teil 5, IV. 2.

i. Für die Zwecke der grenzüberschreitenden Sachaufklärung wird ungeachtet dessen eine mitgliedstaatliche Behörde als Zentrale Stelle berufen. Sie besitzt keine weitreichenden Kompetenzen, wie das in der EuUntVO oder der EuKoPfVO der Fall ist. Sie wird ausschließlich unterstützend tätig, ähnlich der Aufgabenwahrnehmung der Zentralen Stellen in der EuBVO.[1302]
j. Die letztmalige Aufforderung an den Schuldner, seine Schuld zu begleichen, ist mit der geheimen Drittstellenabfrage nicht konform.[1303]
k. Für die Wahrung des mit der Drittauskunft anvisierten Überraschungseffektes ist eine verzögerte Benachrichtigung des Schuldners über den Abruf der personenbezogenen Daten notwendig. Ein Zeitraum von 90 Tagen ist ausreichend, um das Zwangsvollstreckungsverfahren zu initiieren.[1304]

1302 Siehe Teil 2, B. III. 4.
1303 Siehe Teil 5, C. V. 1.
1304 Siehe Teil 5, C. V. 2.

Literaturverzeichnis

Albrecht, Jan Philipp, Das neue EU-Datenschutzrecht – von der Richtlinie zur Verordnung, Überblick und Hintergründe zum finalen Text für die Datenschutz-Grundverordnung der EU nach der Einigung im Trilog, CR 2016, S. 88–98.

Alexy, Robert, Theorie der Grundrechte, Frankfurt am Main 1986 (zugl. Habil.-Schr., Göttingen 1984).

Alio, Tarec, Die Neufassung der Brüssel I-Verordnung, NJW 2014, S. 2395–2400.

Alsfasser, Alexander, Sachaufklärung in der Einzelzwangsvollstreckung, Tübingen 2018 (zugl. Diss., Saarbrücken 2018).

Andenas, Mads/Nazzini, Renato, Market Integration, the Harmonization Process, and Enforcement Practices in the EU Member States, in: *Andenas, Mads/Hess, Burkhard/Oberhammer, Paul* (Hrsg.), Enforcement Agency Practice in Europe, London 2005, S. 53–101.

Andrae, Marianne, Das neue Auslandsunterhaltsgesetz, NJW 2011, S. 2545–2551.

Baumbach, Adolf, Handelsgesetzbuch, bearb. v. *Hopt, Klaus J./Kumpan, Christoph/Merkt, Hanno/Roth, Markus*, 39. Aufl., München 2020 (zitiert: Baumbach/Hopt/*BearbeiterIn*).

Baumbach/Lauterbach/Albers/Hartmann, Zivilprozessordnung, hrsg. v. *Hartmann, Peter*, 77. Aufl., München 2019 (zitiert: B/L/A/H/*Hartmann*).

Baur, Fritz/Stürner, Rolf/Bruns, Alexander, Zwangsvollstreckungsrecht, 13. Aufl., Heidelberg 2006 (zitiert: *Baur/Stürner/Bruns*).

beck-online.GROSSKOMMENTAR, GesamtHrsg: Gsell, Beate/Krüger, Wolfgang/Lorenz, Stephan/Reymann, Christoph, EU-UnterhaltsVO, *Budzikiewicz, Christine/Weller, Marc-Philippe/Wurmnest, Wolfgang* (Hrsg.), Stand: 01.11.2019, München 2018 (zitiert: BeckOGK EU-UnterhaltsVO/*BearbeiterIn*).

Beck'scher Online-Kommentar Datenschutzrecht, hrsg. v. *Brink, Stefan/Wolff, Heinrich Amadeus*, 31. Edition, 01.02.2020, München 2020 (zitiert: BeckOK DatenschutzR/*BearbeiterIn*).

Beck'scher Online-Kommentar HGB, hrsg. v. *Häublein, Martin/Hoffmann-Theinert, Roland*, 27. Edition, 15.01.2020, München 2020 (zitiert: BeckOK HGB/*BearbeiterIn*).

Beck'scher Online-Kommentar Informations- und Medienrecht, hrsg. v. *Gersdorf, Hubertus/Paal, Boris P.*, 27. Edition, 01.02.2020, München 2020 (zitiert: BeckOK Informations- und Medienrecht/*BearbeiterIn*).

Beck'scher Online-Kommentar InsO mit InsVV, EuInsVO und Spezialthemen, hrsg. v. *Fridgen, Alexander/Geiwitz, Arndt/Göpfert, Burkard*, 18. Edition, 01.04.2020, München 2020 (zitiert: BeckOK InsO/*BearbeiterIn*).

Beck'scher Online-Kommentar Sozialrecht, hrsg. v. *Rolfs, Christian/Giesen, Richard/Kreikebohm, Ralf/Udsching, Peter*, Viertes Buch Sozialgesetzbuch – Gemeinsame Vorschriften für die Sozialversicherung –, 56. Edition, 01.03.2020, München 2020 (zitiert: BeckOK Sozialrecht/*BearbeiterIn*).

Beck'scher Online-Kommentar Online-Kommentar ZPO, hrsg. v. *Vorwerk, Volkert/Wolf, Christian*, 36. Edition, 01.03.2020, München 2020 (zitiert: BeckOK ZPO/*BearbeiterIn*).

Becker-Eberhard, Ekkehard, Gerichtsvollzieher und Datenschutz unter der Datenschutzgrundverordnung der EU, DGVZ 2018, S. 129–136.

Behr, Johannes, Zur Pfändung von Lohn- und Gehaltskonten, JurBüro 1995, S. 119–122.

Berger, Christian, Die EG-Verordnung über die Zusammenarbeit der Gerichte auf dem Gebiet der Beweisaufnahme in Zivil- und Handelssachen (EuBVO), IPRax 2001, S. 522–527.

Bernsdorff, Norbert/Borowsky, Martin, Die Charta der Grundrechte der Europäischen Union, Handreichungen und Sitzungsprotokolle, Baden-Baden 2002.

Bock, Kirsten/Engeler, Malte, Die verfassungsrechtliche Wesensgehaltsgarantie als absolute Schranke im Datenschutzrecht, DVBl. 2016, S. 593–599.

Boos, Karl-Heinz/Fischer, Reinfrid/Schulte-Mattler, Hermann (Hrsg.), KWG, CRR-VO, Kommentar zu Kreditwesengesetz, VO (EU) Nr. 575/2013 (CRR) und Ausführungsvorschriften, 5. Aufl., München 2016 (zitiert: B/F/S/*BearbeiterIn*).

Briggs, Adrian, Recognition and enforcement of judgments (common law), in: *Basedow, Jürgen/Rühl, Giesela/Ferrari, Franco/de Miguel Asensio, Pedro Alberto* (Hrsg.) Encyclopedia of Private International Law, Vol. 2, Cheltenham, UK/Northampton, USA 2017, S. 1479–1485.

Britz, Gabriele, Europäisierung des grundrechtlichen Datenschutzes?, EuGRZ 2009, S. 1–11.

Brox, Hans/Walker, Wolf-Dietrich, Zwangsvollstreckungsrecht, 11. Aufl., München 2018.

Brunner, Karl-Heinz, Die europäischen Leitlinien für eine bessere Umsetzung der bestehenden Empfehlung des Europarates über die Zwangsvollstreckung, DGVZ 2012, S. 61–69.

Bruns, Alexander, Das Grünbuch Effiziente Vollstreckung gerichtlicher Entscheidungen in der Europäischen Union – empfehlenswerte Erleichterungen des Zwangsvollstreckungszugriffs durch Transparenz des Schuldnervermögens?, ZEuP 2010, S. 809–829.

Buchner, Benedikt/Kühling, Jürgen, Die Einwilligung in der Datenschutzordnung 2018, DuD 2017, S. 544–548.

Bühler, Margit, Einschränkung von Grundrechten nach der Europäischen Grundrechtecharta, Berlin 2005 (zugl. Diss., Tübingen 2004).

Büttner, Holger, Die Unzulässigkeit der isolierten Aufenthaltsermittlung nach § 755 ZPO, DGVZ 2014, S. 188–192.

ders., Probleme bei der Aufenthaltsermittlung durch den Gerichtsvollzieher: Die „neutrale Antwort" der Meldebehörde – das unbekannte Wesen, DGVZ 2017, S. 221–237.

Bunge, Jürgen, Zivilprozess und Zwangsvollstreckung in England und Schottland, 2. Aufl., Berlin 2005.

Calliess, Christian/Ruffert, Matthias (Hrsg.), EUV/AEUV, 5. Aufl., München 2016 (zitiert: Calliess/Ruffert/*BearbeiterIn*).

Centre for European Constitutional Law, „ENABLE – Enabling dematerialised access to information and assets for judicial enforcement of claims in the EU", verfügbar unter <https://access2just.eu/> [zuletzt abgerufen am 01.06.2020].

Childress, Donald Earl III, Jurisdiction, limits under international law, in: *Basedow, Jürgen/Rühl, Giesela/Ferrari, Franco/de Miguel Asensio, Pedro Alberto* (Hrsg.) Encyclopedia of Private International Law, Vol. 2, Cheltenham, UK/Northampton, USA 2017, S. 1051–1056.

Correa Delcasso, Juan Pablo, Efficiency in the Methods of Enforcement of Judgments: Public vs Private Systems, in: *Andenas, Mads/Hess, Burkhard/Oberhammer, Paul* (Hrsg.), Enforcement Agency Practice in Europe, London 2005, S. 47–51.

Cuniberti, Gilles/Migliorini, Sara, The European Account Preservation Order Regulation, Cambridge, u.a. 2018.

de Cristofaro, Marco, National Report – Italy, in: *Kengyel, Miklós/Harsági, Viktória* (Hrsg.), Grenzüberschreitende Vollstreckung in der Europäischen Union, München 2011, S. 117–132.

Dierck, Ralf/Morvilius, Theodor/Vollkommer, Gregor (Hrsg.), Handbuch Zwangsvollstreckungsrecht, 2. Aufl., München 2016 (zitiert: D/M/V/*BearbeiterIn*, HdB ZwangsvollR).

Domej, Tanja, Ein wackeliger Balanceakt, Die geplante Verordnung über die Europäische vorläufige Kontenpfändung, ZEuP 2013, S. 496–527.

dies., Internationale Zwangsvollstreckung zwischen Territorialitätsprinzip, Gläubigerinteressen und Schuldnerschutz, in: *Hess, Burkhard* (Hrsg.), Die Anerkennung im Internationalen Zivilprozessrecht – Europäisches Vollstreckungsrecht, Bielefeld 2014, S. 109–123.

dies., Internationale Zwangsvollstreckung und Haftungsverwirklichung, Tübingen 2016 (zugl. Habil.-Schr., Zürich 2011).

dies., Recognition and enforcement of judgments (civil law), in: *Basedow, Jürgen/Rühl, Giesela/Ferrari, Franco/de Miguel Asensio, Pedro Alberto* (Hrsg.) Encyclopedia of Private International Law, Vol. 2, Cheltenham, UK/Northampton, USA 2017, S. 1471–1479.

Dutta, Anatol, Reciprocity, in: *Basedow, Jürgen/Rühl, Giesela/Ferrari, Franco/de Miguel Asensio, Pedro Alberto* (Hrsg.) Encyclopedia of Private International Law, Vol. 2, Cheltenham, UK/Northampton, USA 2017, S. 1466–1470.

Ehlers, Dirk, § 2 Allgemeine Lehren der EMRK in: *Ehlers, Dirk (Hrsg.)*, Europäische Grundrechte und Grundfreiheiten, 4. Aufl., Berlin/Boston 2014, S. 25–95.

ders., § 7 Allgemeine Lehren der Grundfreiheiten in: *Ehlers, Dirk (Hrsg.)*, Europäische Grundrechte und Grundfreiheiten, 4. Aufl., Berlin/Boston 2014, S. 239–314.

Ehmann, Eugen, Ermittlung von Schuldneranschriften – Unerwartete Möglichkeiten bei Meldebehörde und Gerichtsvollzieher, NJW 2013, S. 1862–1864.

ders., Mit Meldedaten richtig umgehen, 3. Aufl., Stuttgart 2017.

Ehmann, Eugen/Selmayr, Martin, DS-GVO, Datenschutz-Grundverordnung, 2. Aufl., München 2018 (zitiert: Ehmann/Selmayr/*BearbeiterIn*).

Eickmann, Dieter, Vollstreckungssysteme und Gerichtsvollzieherstellung in Europa, DGVZ 1980, S. 129–136.

Ervo, Laura, Enforcement Procedure in Finland – an Overview Based on the Questionaire, in: *Kengyel, Miklós/Harsági, Viktória* (Hrsg.), Grenzüberschreitende Vollstreckung in der Europäischen Union, München 2011, S. 49–116.

European Commission, Commission Staff Working Paper, Impact Assessment, Accompanying document to the Proposal for a Regulation of the European Parliament and of the Council on jurisdiction and the recognition and enforcement of judgments in civil and commercial matters (Recast) {COM(2010) 748 final} {SEC(2010) 1548 final}, SEC(2010) 1547 final, verfübar unter <https://eur-lex.europa.eu/LexUriServ/LexUriServ.do?uri=SEC:2010:1547:-FIN:EN:PDF> [zuletzt abgerufen am 01.06.2020] (zitiert: Impact Assessment enforcement of judgments in civil and commercial matters (Recast), SEC(2010) 1547 final).

European Commission, Commission Staff Working Paper, Impact Assessment, Accompanying the document, Commission Recommendation on access to a basic payment account (Text with EEA relevance){C(2011) 4977}{SEC(2011) 907}, SEC(2011) 906 final, verfübar unter <https://www.europarl.europa.eu/RegData/docs_autres_institutions/commission_europeenne/sec/2011/0906/COM_SEC(2011)0906_EN.pdf> [zuletzt abgerufen am 01.06.2020] (zitiert: Impact Assessment basic payment account, SEC(2011) 906 final).

European Commission, Commission Staff Working Paper, Impact Assessment, Accompanying the document, Proposal For a Regulation of the European Parliament and of the Council, Creating a European Account Preservation Order to facilitate cross-border debt recovery in civil and commercial matters, {COM(2011) 445 final}, {SEC(2011) 938 final}, SEC(2011) 937 final, verfügbar unter <www.europarl.europa.eu/registre/docs_autres_institutions/commission_europeenne/sec/2011/0937/COM_SEC(2011)0937_EN.pdf> [zuletzt abgerufen am 01.06.2020] (zitiert: Impact Assessment Proposal EAPO Regulation, SEC(2011) 937 final).

European Commission, Directorate-General for Justice, Consumers and Gender Equality (Hrsg.), Case study on the functioning of enforcement proceedings relating to judicial decisions in Member States, Final report, February 2015, verfügbar unter <http://knjiznica.sabor.hr/pdf/E_publikacije/Case_study_on_the_functioning_of_enforcement_proceedings_relating_to_judicial_decisions_in_Member_States.pdf> [zuletzt abgerufen am 01.06.2020] (zitiert: Case study enforcement proceedings).

Franzius, Claudio, Grundrechtsschutz in Europa, Zwischen Selbstbehauptungen und Selbstbeschränkungen der Rechtsordnungen und ihrer Gerichte, ZaöRV 2015, S. 383–412.

Frenz, Walter, Handbuch Europarecht,

Band 4 Europäische Grundrechte, Berlin u.a. 2009 (zitiert: *Frenz*, Hdb. EuR, Bd. 4);

Band 5 Wirkungen und Rechtsschutz, Berlin u.a. 2010 (zitiert: *Frenz*, Hdb. EuR, Bd. 5);

Band 6 Institutionen und Politiken, Berlin u.a. 2011 (zitiert: *Frenz*, Hdb. EuR, Bd. 6).

Frey, Tobias, Fünfte Geldwäsche-Richtlinie – Auswirkungen in Deutschland, CCZ 2018, S. 170–178.

Fischer, Nikolaj, Vollstreckungszugriff als Grundrechtseingriff, Zugleich eine Kritik an der Hyperkonstitutionalisierung einfachen Verfahrensrechts, Frankfurt am Main 2006 (zugl. Habil.-Schr., Frankfurt am Main 2004).

Frauenberger-Pfeiler, Ulrike, Studie zur Effektivität der grenzüberschreitenden Vollstreckung in den Mitgliedstaaten der Europäischen Union, in: *Kengyel*,

Miklós/Harsági, Viktória (Hrsg.), Grenzüberschreitende Vollstreckung in der Europäischen Union, München 2011, S. 151–180.

Frowein, Jochen Abr./Peukert, Wolfgang, Europäische Menschenrechtskonvention, EMRK-Kommentar, 3. Aufl., Kehl am Rhein 2009.

Galič, Aleš, Probleme der grenzüberschreitenden Vollstreckung in Slowenien – Transparenz des Schuldnervermögens und Kontenpfändung, in: *Kengyel, Miklós/Harsági, Viktória* (Hrsg.), Grenzüberschreitende Vollstreckung in der Europäischen Union, München 2011, S. 209–237.

Garcimartín Alférez, Francisco, Rome Convention and Rome I Regulation (contractual obligations), in: *Basedow, Jürgen/Rühl, Giesela/Ferrari, Franco/de Miguel Asensio, Pedro Alberto* (Hrsg.) Encyclopedia of Private International Law, Vol. 2, Cheltenham, UK/Northampton, USA 2017, S. 1553–1562.

Gaul, Hans Friedhelm, Zur Reform des Zwangsvollstreckungsrechts, JZ 1973, S. 473–483.

Gaul, Hans Friedhelm/Schilken, Eberhard/Becker-Eberhard, Ekkehard, Zwangsvollstreckungsrecht, 12. Aufl., München 2010 (zitiert: Gaul/Schilken/Becker-Eberhard/*BearbeiterIn*).

Geimer, Reinhold, Unionsweite Titelvollstreckung ohne Exequatur nach der Reform der Brüssel I-Verordnung, in ARS AEQUI ET BONI IN MUNDO Festschrift zum 80. Geburtstag von Rolf A. Schütze, München 2015, S. 109–121.

Geimer, Reinhold/Geimer, Ewald/Geimer, Gregor, Internationales Zivilprozessrecht, 7. Aufl., Köln 2015 (zitiert: *Geimer*).

Geimer, Reinhold/Schütze, Rolf A. (Hrsg.), Internationaler Rechtsverkehr in Zivil- und Handelssachen, Bd. III, Losebl. 58. EL September 2019, München 1954 (zitiert: Geimer/Schütze/*BearbeiterIn*, Int. Rechtsverkehr III).

Gola, Peter (Hrsg.), DS-GVO, Datenschutz-Grundverordnung VO (EU) 2016/679, Kommentar, 2. Aufl., München 2018 (zitiert: Gola/*BearbeiterIn*).

Gottwald, Peter, Die internationale Zwangsvollstreckung, IPRax 1991, S. 285–293.

ders. (Hrsg.), Insolvenzrechts-Handbuch, 5. Aufl., München 2015 (zitiert: Gottwald/*BearbeiterIn*).

Grabenwarter, Christoph/Pabel, Katharina, Kapitel 14: Der Grundsatz des fairen Verfahrens, in: *Dörr, Oliver/Grote, Rainer/Marauhn, Thilo* (Hrsg.), EMRK/GG Konkordanzkommentar zum europäischen und deutschen Grundrechtsschutz, 2. Aufl., Tübingen 2013, S. 742–838.

dies., Europäische Menschenrechtskonvention, 6. Aufl., München 2016.

Grabenwarter, Christoph/Struth, Katharina, § 6 Justiz- und Verfahrensgrundrechte, in: *Ehlers, Dirk (Hrsg.)*, Europäische Grundrechte und Grundfreiheiten, 4. Aufl., Berlin/Boston 2014, S. 198–238.

Grabitz, Eberhard/Hilf, Meinhard/Nettesheim, Martin, Das Recht der Europäischen Union, Kommentar, Losebl. (Stand: Oktober 2009), München 2009 (zitiert: G/H/N/*BearbeiterIn*, 40. EL).

dies., Das Recht der Europäischen Union, Kommentar, Losebl. 68. EL Oktober 2019, München 2019 (zitiert: G/H/N/*BearbeiterIn*).

Grewe, Constance, Beitritt der EU zur EMRK und ZP 14: Wirksame Durchsetzung einer gesamteuropäischen Grundrechteverfassung?, EuR 2012, S. 285–309.

Grothaus, Julia, Inlandsvollstreckung mit Auslandswirkung, Die inländische Vollstreckung von Handlungs- und Unterlassungsentscheidungen mit ausländischem Leistungsort, Baden-Baden 2010 (zugl. Diss., Köln 2010).

Hahn, Steffen/Rößler, Jörg, Grenzüberschreitende Bankdienstleistungen in der EU, München 2009.

Hallstein, Walter, Angleichung des Privat- und Prozessrechts: In der Europäischen Wirtschaftsgemeinschaft, RabelsZ 1964, S. 211–231.

Harsági, Viktória/Herédi, Erika/Király, Lilla/Kengyel, Miklós, Länderbericht Ungarn, in: *Kengyel, Miklós/Harsági, Viktória* (Hrsg.), Grenzüberschreitende Vollstreckung in der Europäischen Union, München 2011, S. 239–272.

Harsági, Viktória/Kengyel, Miklós, Generalbericht – Verbesserung der Effektivität der grenzüberschreitenden Vollstreckung in der Europäischen Union, in: *Miklós Kengyel, Viktória Harsági* (Hrsg.), Grenzüberschreitende Vollstreckung in der Europäischen Union, München 2011, S. 385–415.

Harsági, Viktória/Kengyel, Miklós, General Report, in: *Kengyel, Miklós/Harsági, Viktória* (Hrsg.), Grenzüberschreitende Vollstreckung in der Europäischen Union, München 2011, S. 417–443.

Hau, Wolfgang, Payment Order Regulation, in: *Basedow, Jürgen/Rühl, Giesela/Ferrari, Franco/de Miguel Asensio, Pedro Alberto* (Hrsg.) Encyclopedia of Private International Law, Vol. 2, Cheltenham, UK/Northampton, USA 2017, S. 1342–1345.

ders., Service of documents, in: *Basedow, Jürgen/Rühl, Giesela/Ferrari, Franco/de Miguel Asensio, Pedro Alberto* (Hrsg.) Encyclopedia of Private International Law, Vol. 2, Cheltenham, UK/Northampton, USA 2017, S. 1628–1634.

Heger, Matthias, Europa ganz praktisch – Das Gesetz zur Verbesserung der grenzüberschreitenden Forderungsdurchsetzung und Zustellung, DStR 2009, S. 435–439.

Heiderhoff, Bettina, Vermögenstransparenz zwischen Gläubigerinteresse und Datenschutz, in: *Hess, Burkhard* (Hrsg.), Die Anerkennung im Internationalen

Zivilprozessrecht – Europäisches Vollstreckungsrecht, Bielefeld 2014, S. 149–171.

Heinze, Christian, Europäisches Primärrecht und Zivilprozess, EuR 2008, S. 654–690.

Hergenröder, Wolfgang, Das Schuldnerverzeichnis, DGVZ 2017, S. 119–127.

Herzog, Felix/Achtelik, Olaf (Hrsg.), Geldwäschegesetz, (GwG), 3. Aufl., München 2018 (zitiert: Herzog/Achtelik/*BearbeiterIn*).

Hess, Burkhard, Auslandssachverhalte im Offenbarungsverfahren, Rpfleger 1996, S. 89–94.

ders., Der Binnenmarktprozeß, JZ 1998, S. 1021–1032.

ders., Die „Europäisierung" des internationalen Zivilprozessrechts durch den Amsterdamer Vertrag – Chancen und Gefahren, NJW 2000, S. 23–32.

ders., Study No. JAI/A3/2002/02 on making more efficient the enforcement of judicial decisions within the European Union: Transparency of a Debtor's Assets, Attachment of Bank Accounts, Provisional Enforcement and Protective Measures, Version of 2/18/2004, verfügbar unter <www2.ipr.uni-heidelberg.de/studie/General%20Report%20Version%20of%2018%20Feb%20 2004.pdf> [zuletzt abgerufen am 01.06.2020] (zitiert: *Hess-Report*).

ders., Effektuierung der Forderungspfändung: Der BGH erleichtert „Verdachtspfändungen", NJW 2004, S. 2350–2352.

ders., Europäisches Zivilprozessrecht, Heidelberg 2010 (zitiert: *Hess*, EU-ZivilprozessR).

ders, Europäisches Zwangsvollstreckungsrecht: Herausforderungen und rechtspolitische Perspektiven, DGVZ 2010, S. 45–52.

ders., Der Vorschlag der EU-Kommission zur vorläufigen Kontenpfändung – ein wichtiger Integrationsschritt im Europäischen Zivilverfahrensrecht, DGVZ 2012, S. 69–75.

ders., An evaluation study of national procedural laws and practices in terms of their impact on the free circulation of judgments and on the equivalence and effectiveness of the procedural protection of consumers under EU consumer law Report prepared by a Consortium of European universities led by the MPI Luxembourg for Procedural Law as commissioned by the European Commission, JUST/2014/RCON/PR/CIVI/0082, Strand 1, Mutual Trust and Free Circulation of Judgments, Luxembourg 2017 (zitiert: Study of National Procedural Laws and Practices).

Hess, Burkhard/Müller, Achim, Die Verordnung 1206/01/EG zur Beweisaufnahme im Ausland, ZZPInt 2001, S. 149–178.

Hess, Burkhard/Bittmann, David, Die Verordnung zur Einführung eines Europäischen Mahnverfahrens und eines Europäischen Verfahrens für geringfügige Forderungen – ein substantieller Integrationsschritt im Europäischen Zivilprozessrecht, IPRax 2008, S. 305–314.

Hess, Burkhard/Spancken, Stefanie, The Effective Operation of the EU Maintenance Regulation in the Member States, in: *Beaumont, Paul R./Hess, Burkhard/Walker, Laura/Spancken, Stefanie* (Hrsg.), The Recovery of Maintenance in the EU and Worldwide, Oxford/Portland 2014, S. 385–410.

Hess, Burkhard/Raffelsieper, Katharina, Die Europäische Kontenpfändungsverordnung: Eine überfällige Reform zur Effektuierung grenzüberschreitender Vollstreckung im Europäischen Justizraum, IPRax 2015, S. 46–52.

Hess, Burkhard/Richard, Vincent, Brussels I (Convention and Regulation), in: *Basedow, Jürgen/Rühl, Giesela/Ferrari, Franco/de Miguel Asensio, Pedro Alberto* (Hrsg.) Encyclopedia of Private International Law, Vol. 1 Cheltenham, UK/Northampton, USA 2017, S. 219–229.

Hippler, Robert/Wasserl, Uwe, Die Sachaufklärung in der Zwangsvollstreckung durch den Gerichtsvollzieher, 2. Aufl., Pegnitz 2016.

Holoubek, Michael/Lienbacher, Georg (Hrsg.), Charta der Grundrechte der Europäischen Union, GRC-Kommentar, Wien 2014 (zitiert: Holoubek/Lienbacher/*BearbeiterIn*).

Holzapfl, Carolin, Sachaufklärung und Zwangsvollstreckung in Europa, Baden-Baden 2009 (zugl. Diss., Freiburg i. Br. 2008).

Isidro, Marta Requejo, Do We Need Harmonisation to Achieve Harmonious Cooperation? Judicial Cooperation for Criminal Matters as a Testing Field, in: *Hess, Burkhard/Kramer, Xandra E.* (Hrsg.), From common rules to best practices in European Civil Procedure, Baden-Baden 2017, S. 77–118.

Jarass, Hans D., Zum Verhältnis von Grundrechtecharta und sonstigem Recht, EuR 2013, S. 29–45.

ders., Charta der Grundrechte der Europäischen Union, 3. Aufl., München 2016.

Jayme, Erik/Kohler, Christian, Europäisches Kollisionsrecht 1999 – Die Abendstunde der Staatsverträge, IPRax 1999, S. 401–413.

dies., Europäisches Kollisionsrecht 2000: Interlokales Privatrecht oder universelles Gemeinschaftsrecht?, IPRax 2000, S. 454–465.

Karpenstein, Ulrich/Mayer, Franz C. (Hrsg.), Konvention zum Schutz der Menschenrechte und Grundfreiheiten, Kommentar, 2. Aufl., München 2015 (zitiert: Karpenstein/Mayer/*BearbeiterIn*).

Kasseler Kommentar Sozialversicherungsrecht, hrsg. v. Körner, Anne/Leitherer, Stephan/Mutschler, Bernd/Rolfs, Christian, Bd. I, 107. EL Dezember 2019, München 2019 (zitiert: KassKomm/*BearbeiterIn*).

Kennett, Wendy A., The Enforcement of Judgments in Europe, Oxford 2000.

Kerameus, Konstantinos D., Enforcement in the international context, RdC 1997, S. 179–410.

Kessel, Karl-Ludwig, Sachaufklärung in der Zwangsvollstreckung und die Kosten, DGVZ 2012, S. 213–220.

Kindl, Johann/Meller-Hannich, Caroline/Wolf, Hans-Joachim (Hrsg.), Gesamtes Recht der Zwangsvollstreckung, ZPO, ZVG, Nebengesetze, Europäische Regelungen, Kosten; Handkommentar, 3. Aufl., Baden-Baden 2015 (zitiert: Hk-ZV/*BearbeiterIn*).

Kindler, Peter, Unternehmen und Binnenmarkt – Transparenz und Nachhaltigkeit. Transparenz und Mobilität: konfligierende Regelungsziele im Europäischen Gesellschaftsrecht?, DNotZ-Sonderheft 2016, S. 75–102.

Klein, Abgabenordnung, bearb. v. *Gersch, Eva-Maria/Rätke, Bernd/Rüsken, Reinhart/Jäger, Markus/Ratschow, Eckart/Werth, Franceska*, 14. Aufl., München 2018 (zitiert: Klein/*BearbeiterIn*).

Knöfel, Oliver L., Die Rolle der Zentralen Behörden bei der grenzüberschreitenden Vollstreckung von Unterhaltstiteln in der Europäischen Union, (zu EuGH, 9.2.2017 – Rs. C-283/16 – M.S. ./. P.S.), IPRax 2018, S. 487–493.

Kodek, Georg, The Impact of the European Convention on Human Rights and Fundamental Liberties on Enforcement Practices, in: *Andenas, Mads/Hess, Burkhard/Oberhammer, Paul* (Hrsg.), Enforcement Agency Practice in Europe, London 2005, S. 303–333.

Kokott, Julia, § 22 Grundrechtliche Schranken und Schrankenschranken, in: *Merten, Detlef/Papier, Hans-Jürgen* (Hrsg.), Handbuch der Grundrechte Bd. I, Heidelberg 2004, S. 852–908.

Kotzenberg, Jochen/Lorenz, Karsten, Das Transparenzregister kommt, Ein dringliches Thema vor allem für Familienunternehmen, NJW 2017, S. 2433–2438.

Krais, Jürgen, Zu den Änderungen der 5. EU-Geldwäscherichtlinie, NZWiSt 2018, S. 321–325.

Kramer, Xandra, Legal Aid, in: *Basedow, Jürgen/Rühl, Giesela/Ferrari, Franco/de Miguel Asensio, Pedro Alberto* (Hrsg.) Encyclopedia of Private International Law, Vol. 2, Cheltenham, UK/Northampton, USA 2017, S. 1088–1094.

Kroll-Ludwigs, Kathrin, Small Claims Regulation, in: *Basedow, Jürgen/Rühl, Giesela/ Ferrari, Franco/de Miguel Asensio, Pedro Alberto* (Hrsg.) Encyclopedia of Private International Law, Vol. 2, Cheltenham, UK/Northampton, USA 2017, S. 1641–1647.

Kropholler, Jan/von Hein, Jan, Europäisches Zivilprozessrecht, 9. Aufl., Frankfurt am Main 2011.

Kühling, Jürgen/Buchner, Benedikt, Datenschutz-Grundverordnung/BDSG, 2. Aufl., München 2018 (zitiert: Kühling/Buchner/*BearbeiterIn*).

Kuntz, Thilo, Zweigniederlassungsfreiheit und Begriff der Zweigniederlassung von EU-Auslandsgesellschaften im Handels- und Gesellschaftsrecht, Bank- und Versicherungsaufsichtsrecht, ZBB 2005, S. 412–420.

Leible, Stefan, § 14 Strukturen und Perspektiven der justiziellen Zusammenarbeit in Zivilsachen, in: *Leible, Stefan/Terhechte Jörg Philipp* (Hrsg.), Europäisches Rechtsschutz- und Verfahrensrecht, Enzyklopädie Europarecht (EnzEuR) Bd. 3, Baden-Baden, Zürich 2014, S. 433–481.

Lenz, Carl Otto/Borchardt, Klaus-Dieter (Hrsg.), EU-Verträge, Kommentar nach dem Vertrag von Lissabon, 5. Aufl., Köln, Wien 2010 (zitiert: Lenz/Borchardt/*BearbeiterIn*).

Leutheusser-Schnarrenberger, Sabine/Goebel, Frank-Michael, Neue Wege bei der Bekämpfung unseriösen Inkassos, NJW 2017, S. 3207–3213.

Liesecke, Rudolf, Das Bankguthaben in Gesetzgebung und Rechtsprechung, WM 1975, S. 314–324.

Lindner, Josef Franz, Grundrechtsschutz in Europa – System einer Kollisionsdogmatik, EuR 2007, S. 160–194.

Linke, Hartmut/Hau, Wolfgang, Internationales Zivilverfahrensrecht, 7. Aufl., Köln 2018.

Lüttringhaus, Jan D., Die Europäisierung des Zwangsvollstreckungsrechts im Bereich der vorläufigen Kontenpfändung, ZZP 2016, S. 187–218.

Mańko, Rafał, Europeanisation of civil procedure, Towards common minimum standards: indepth analysis, European Parliamentary Research Service, PE 559.499, Luxembourg 2015.

Mankowski, Peter, Anm. zu LG Zwickau, Beschl. v. 22.3.1995 – 6 T 17/95, Rpfleger 1995, 371, EWiR 1995, S. 935–936.

ders., Die Lehre von den doppeltrelevanten Tatsachen auf dem Prüfstand der internationalen Zuständigkeit, IPRax 2006, S. 454–460.

Mansel, Heinz-Peter, Gerichtliche Prüfungsbefugnis im forum delicti, IPRax 1989, S. 84–87.

Maunz/Dürig, Grundgesetz-Kommentar, hrsg. v. *Herzog, Roman/Herdegen, Matthias/Scholz, Ruppert/Klein, Hans H.*, Band III Art. 16–22, 89. EL Oktober 2019, München 2019 (zitiert: Maunz/Dürig/*BearbeiterIn*).

Max Planck Working Group, Comments on the European Commission's Green Paper on Improving the Efficiency of the Enforcement of Judgments in the European Union: The Attachment of Bank Accounts, ECFR 2007, S. 252–300.

Meyer, Jürgen (Hrsg.), Charta der Grundrechte der Europäischen Union, 4. Aufl., Baden-Baden 2014 (zitiert: Meyer/*BearbeiterIn*).

Meyer-Ladewig, Jens/Nettesheim, Martin/von Raumer, Stefan (Hrsg.) EMRK, Europäische Menschenrechtskonvention, 4. Aufl., Baden-Baden, u.a. 2017 (zitiert: HK-EMRK/*BearbeiterIn*).

Michl, Walther, Das Verhältnis zwischen Art. 7 und Art. 8 GRCh – zur Bestimmung der Grundlage des Datenschutzgrundrechts im EU-Recht, DuD 2017, S. 349–353.

Mikolajczak, Christian, Die Zwangsvollstreckung in ein Girokonto, Berlin 2015 (zugl. Diss., Bielefeld 2014).

Mohr, Franz, Die vorläufige Kontenpfändung, EuKoPfVO, Wien 2014.

Monreal, Manfred, Weiterverarbeitung nach einer Zweckänderung in der DS-GVO, Chancen nicht nur für das europäische Verständnis des Zweckbindungsgrundsatzes, ZD 2016, S. 507–512.

Mroß, Stefan, Anmerkung zu Beschluss Amtsgericht Fürth, 20. Juni 2014, DGVZ 2014, S. 225–226.

ders., Anmerkung zu Beschluss Amtsgericht Heidelberg, 08. Januar 2014, DGVZ 2016, S. 57.

Mülhausen, Dieter, Zwangsvollstreckungsmaßnahmen deutscher Gerichte in Bankguthaben von Inländern bei Auslandsfilialen, WM 1986, S. 957–960.

Müller, Nadja, Transparenz auf allen Ebenen – Zur Umsetzung der Vierten Geldwäscherichtlinie – Teil 2, NZWiSt 2017, S. 121–129.

Münchener Kommentar zum FamFG, hrsg, v. *Rauscher, Thomas*, Bd. 2, §§ 271–493, Internationales und Europäisches Zivilverfahrensrecht in Familiensachen, 3. Aufl., München 2019 (zitiert: MüKoFamFG/*BearbeiterIn*).

Münchener Kommentar zum Handelsgesetzbuch, hrsg. v. *Schmidt, Karsten*, Bd. 1, Erstes Buch. Handelsstand, §§ 1–104a, 4. Aufl., München 2016 (zitiert: MüKoHGB/*BearbeiterIn*).

Münchener Kommentar zur Zivilprozessordnung, hrsg. v. *Krüger, Wolfgang/Rauscher, Thomas*, Bd. 2 – §§ 355–945b, 5. Aufl., München 2016 (zitiert: MüKoZPO/*BearbeiterIn*).

Musielak, Hans-Joachim/Voit, Wolfgang, Zivilprozessordnung, Mit Gerichtsverfassungsgesetz; Kommentar, 17. Aufl., München 2020 (zitiert: Musielak/Voit/*BearbeiterIn*).

Musil, Andreas/Weber-Grellet, Heinrich (Hrsg.), Europäisches Steuerrecht, Kommentar, München 2019 (zitiert: Musil/Weber-Grellet/*BearbeiterIn*).

Nagel, Heinrich/Gottwald, Peter, Internationales Zivilprozessrecht, 7. Aufl., Köln 2013.

Nekrošius, Vytautas/Vėbraitė, Vigita, Enforcement Procedure in Baltic Countries: Lithuania, Latvia and Estonia, in: *Kengyel, Miklós/Harsági, Viktória* (Hrsg.), Grenzüberschreitende Vollstreckung in der Europäischen Union, München 2011, S. 133–149.

Nettesheim, Martin, Grundrechtliche Prüfdichte durch den EuGH, EuZW 1995, S. 106–108.

Nohe, Nathalie, Unterhaltsrealisierung im Ausland, FPR 2013, S. 31–34.

Oetker, Hartmut (Hrsg.), Handelsgesetzbuch, 6. Aufl. München 2019 (zitiert: Oetker-HGB/*BearbeiterIn*).

Onţanu, Elena Alina, Cross-Border Debt Recovery in the EU, A Comparative and Empirical Study in the Use of the European Uniform Procedures, Cambrigde 2018 (zugl. Diss., Rotterdam 2017).

Ottaviano, Marco, Der Anspruch auf rechtzeitigen Rechtsschutz im Gemeinschaftsprozessrecht, Tübingen 2012.

Overbeck, Alice, Datenschutz und Verbraucherschutz bei Bonitätsprüfungen durch Wirtschaftsauskunfteien mittels Scoring, Münster 2017 (zugl. Diss., Münster 2016).

Paal, Boris P./Pauly, Daniel A. (Hrsg.), Datenschutz-Grundverordnung, Bundesdatenschutzgesetz, 2. Aufl., München 2018 (zitiert: Paal/Pauly/*BearbeiterIn*).

Pauli, Rudolf, Erbschaftsteuerrechtliche Anzeigepflicht eines inländischen Kreditinstituts mit Zweigniederlassung im Ausland bei einem dort geltenden strafbewehrten Bankgeheimnis, DStRK 2017, S. 96.

Peers, Steve/Hervey, Tamara/Kenner, Jeff/Ward, Angela (Hrsg.), The EU Charter of Fundamental Rights, Oxford u.a. 2014 (zitiert: P/H/K/W/*BearbeiterIn*).

Peukert, Wolfgang, Verfahrensgarantien und Zivilprozeß (Art. 6 EMRK), RabelsZ 1999, S. 600–624.

Pogorelčnik Vogrinc, Neža, Europäischer Beschluss zur vorläufigen Kontenpfändung in Österreich, Deutschland und Slowenien – Teil 2, WiRO 2019, S. 38–41.

Prost, Gerhard, Die Stellung des Drittschuldners bei fehlerhaften Vollstreckungsakten, NJW 1958, S. 485–488.

Rauscher, Thomas (Hrsg.), Europäisches Zivilprozess- und Kollisionsrecht, EuZPR/EuIPR,

Bd. I – Brüssel Ia-VO, 4. Aufl., Köln 2016;

Bd. II – EG-VollstrTitelVO, EG-MahnVO, EG-BagatellVO, EU-KPfVO, HProrogÜbk 2005, EG-ZustVO 2007, EG-BewVO, EG-InsVO, 4. Aufl., Köln 2016;

Bd. IV – Brüssel IIa-VO, EG-UntVO, HUntVerfÜbk 2007, EU-EheGüter-VO-E, EU-LP-GüterVO-E, EU-SchutzMVO, 4. Aufl., Köln 2016 (zitiert: Rauscher/*BearbeiterIn*, EuZPR/EuIPR).

Reichsjustizministerium, Entwurf einer Zivilprozessordnung: veröffentlicht durch das Reichsjustizministerium, Berlin 1931.

Reischauer/Kleinhans, Kreditwesengesetz (KWG), bearb. v. *Albert, Anja/ Becker, Egon/ Bitterwolf, Manfred/Brogl, Frank A./Lehnhoff, Jochen/Mielk, Holger*, Bd. I – KWG – Kommentar, Losebl. (Stand: Juni 2010), §§ 1–25a; Bd. II – KWG – Kommentar, Losebl. (Stand: Juni 2010), §§ 32–64h (zitiert: Reischauer/Kleinhans/*BearbeiterIn*).

Rick, Nicole, Schuldnerschutz in der Zwangsvollstreckung, Aachen 2002 (zugl. Diss., Münster 2002).

Riebold, Julia, Die Europäische Kontopfändung, Tübingen 2014 (zugl. Diss., Mainz 2013).

Riezler, Erwin, Internationales Zivilprozessrecht und prozessuales Fremdenrecht, Berlin, Tübingen 1949.

Roßnagel, Alexander, Neue Regeln für sichere elektronische Transaktionen. Die EU-Verordnung über elektronische Identifizierung und Vertrauensdienste, NJW 2014, S. 3686–3692.

ders., Das Recht der Vertrauensdienste, Baden-Baden 2016.

Roth, Herbert, Anmerkung zu BGH, Beschluss v. 25.11.2010 – VII ZB 120/09, JZ 2011, S. 858, JZ 2011, S. 859–860.

Rühl, Giesela, Statut und Effizienz, Tübingen 2011 (zugl. Habil.-Schr., Hamburg 2010).

Saenger, Ingo, Gesellschaftsrecht, 3. Aufl., München 2015.

Saenger, Ingo (Hrsg.), Zivilprozessordnung, 8. Aufl., Baden-Baden 2019 (zitiert: Hk-ZPO/*BearbeiterIn*).

Sala, Rosa Miquel, Grenzüberschreitende Vollstreckung in Europa, in: *Kengyel, Miklós/Harsági, Viktória* (Hrsg.), Grenzüberschreitende Vollstreckung in der Europäischen Union, München 2011, S. 275–296.

Schabas, William, The European Convention on Human Rights, A Commentary, Oxford 2015.

Schack, Haimo, Internationales Zivilverfahrensrecht, 7. Aufl., München 2017.

Schaumburg, Harald/Englisch, Joachim (Hrsg.), Europäisches Steuerrecht, Köln 2015 (zitiert: Schaumburg/Englisch/*BearbeiterIn*).

Schiller, Friedrich, Das Lied von der Glocke, in: Schiller, Friedrich, Musen-Almanach für das Jahr 1800, Tübingen 1799, S. 251–272.

Schimansky, Herbert/Bunte, Hermann-Josef/Lwowski, Hans-Jürgen (Hrsg.), Bankrechts-Handbuch, 5. Aufl., München 2017 (zitiert: S/B/L BankR-HdB/*BearbeiterIn*).

Schlauß, Stefan, Erleichterte grenzüberschreitende Zwangsvollstreckung in der EU durch die zentrale Einholung von Kontoinformationen, RIW 2017, S. 205–208.

Schlosser, Peter, Der Überraschungseffekt der Zwangsvollstreckung – national und international, RIW 2002, S. 809–814.

ders./Hess, Burkhard, EU-Zivilprozessrecht, 4. Aufl., München 2015 (zitiert: *Schlosser/Hess*).

Schmidt, Christopher P., Grund- und Menschenrechte in Europa, Das neue System des Grund- und Menschenrechtsschutzes in der Europäischen Union nach dem Inkrafttreten des Vertrags von Lissabon und dem Beitritt der Union zur EMRK, Baden-Baden 2013 (zugl. Diss., Würzburg 2012).

Schmidt, Jessica, Cross-border mergers and divisions, transfers of seat: Is there a need to legislate?, Study upon request of the JURI committee of the European Parliament, Juni 2016, PE 559.960, verfügbar unter <www.europarl.europa.eu/RegData/etudes/STUD/2016/556960/IPOL_STU(2016)556960_EN.pdf> [zuletzt abgerufen am 01.06.2020] (zitiert: *Schmidt*, Cross-border mergers and divisions, transfers of seat).

Schmidt, Karsten, Gesellschaftsrecht, 4. Aufl., Köln 2002 (zitiert: *K. Schmidt*, Gesellschaftsrecht).

ders., Handelsrecht, 6. Aufl. Köln 2014 (zitiert: *K. Schmidt*, Handelsrecht).

Schmittmann, Jens M./David, Peter, Über den Umgang mit Schuldnern, 19. Aufl., Freiburg 2013.

Schönke/Schröder, Strafgesetzbuch, 30. Aufl. 2019 (zitiert: Schönke/Schröder/*BearbeiterIn*).

Scholz, Oliver, Die Einführung elektronischer Handelsregister im Europarecht, EuZW 2004, S. 172–176.

Schumacher, Hubertus/Köllensperger, Barbara/Trenker, Martin, EuKoPfVO, Kommentar zur EU-Kontenpfändungsverordnung, Wien 2017 (zitiert: S/K/T/*BearbeiterIn*).

Schumann, Ekkehard, Internationale Zuständigkeit: Besonderheiten, Wahlfeststellung, doppeltrelevante Tatsachen, in: Beiträge zum Internationalen Verfahrensrecht und zur Schiedsgerichtsbarkeit, Festschrift für Heinrich Nagel zum 75. Geburtstag, hrsg. v. *Habscheid, Walther J./Schwab, Karl Heinz*, Münster 1987, S. 402–426.

Schuschke, Winfried/Walker, Wolf-Dietrich (Hrsg.), Vollstreckung und vorläufiger Rechtsschutz, 6. Aufl., Köln, München 2016 (zitiert: Schuschke/Walker/*BearbeiterIn*).

Schwarze, Jürgen (Hrsg.), EU-Kommentar, 4. Aufl., Baden-Baden 2019 (zitiert: Schwarze/*BearbeiterIn*).

Schwennicke, Andreas/Auerbach, Dirk (Hrsg.), Kreditwesengesetz (KWG) mit Zahlungsdiensteaufsichtsgesetz (ZAG) und Finanzkonglomerate-Aufsichtsgesetz (FKAG), Kommentar, 3. Aufl., München 2016 (zitiert: Schwennicke/Auerbach/*BearbeiterIn*).

Schwintowski, Hans-Peter (Hrsg.), Bankenrecht, 5. Aufl., Köln 2018 (zitiert: Schwintowski/*BearbeiterIn*).

Schwörer, Frank/Heßler, Hans-Joachim, Vom Offenbarungseid zur nachprüfbaren Schuldnerauskunft, ZVI 2007, S. 589–596.

Seibl, Maximilian, Evidence, procurement of, in: *Basedow, Jürgen/Rühl, Giesela/Ferrari, Franco/de Miguel Asensio, Pedro Alberto* (Hrsg.) Encyclopedia of Private International Law, Vol. 1, Cheltenham, UK/Northampton, USA 2017, S. 709–719.

Seip, Theo, Anmerkung zu Beschluss LG Nürnberg-Fürth vom 29. August 2013, DGVZ 2013, S. 245.

Siemen, Birte, Datenschutz als europäisches Grundrecht, Berlin 2006 (zugl. Diss., Kiel 2004).

Stamm, Jürgen, Die Prinzipien und Grundstrukturen des Zwangsvollstreckungsrechts, Ein Beitrag zur Rechtsvereinheitlichung auf europäischer Ebene, Tübingen 2007 (zugl. Habil.-Schr., Saarbrücken 2005).

ders., § 28 Zwangsvollstreckung, in: *Leible, Stefan/Terhechte, Jörg Philipp* (Hrsg.), Europäisches Rechtsschutz- und Verfahrensrecht (EnzEuR) Bd. 3, S. 1047–1084.

ders., Plädoyer für einen Verzicht auf den Europäischen Beschluss zur vorläufigen Kontenpfändung – Zehn gute Gründe gegen dessen Einführung, IPRax 2014, S. 124–129.

Stein, Torsten/von Buttlar, Christian/Kotzur, Markus, Völkerrecht, 14. Aufl., München 2017.

Stelkens, Ulrich, Art. 291 AEUV, das Unionsverwaltungsrecht und die Verwaltungsautonomie der Mitgliedstaaten – zugleich zur Abgrenzung der Anwendungsbereiche von Art. 290 und Art. 291 AEUV –, EuR 2012, S. 511–546.

Stern, Klaus/Sachs, Michael (Hrsg.), Europäische Grundrechte-Charta, GRCh: Kommentar, München 2016 (zitiert: Stern/Sachs/*BearbeiterIn*).

Storme, Marcel (Hrsg.), Rapprochement du Droit Judiciaire de l'Union européenne, Approximation of Judiciary Law in the European Union, Bibliotheek van gerechtelijk recht 19, Diegem, Dordrecht/Boston/London 1994 (zitiert: Storme Working-Group).

Storskrubb, Eva, Civil procedure and EU law, A policy area uncovered, Oxford 2008.

Streinz, Rudolf (Hrsg.), EUV/AEUV, 3. Aufl., München 2018 (zitiert: Streinz/*BearbeiterIn*).

Stürner, Marcel, Internationale Zuständigkeit bei Schadensersatzklage wegen Nichtabgabe einer Willenserklärung, IPRax 2006, S. 450–453.

Sydow, Gernot (Hrsg.), Europäische Datenschutzgrundverordnung, Handkommentar, 2. Aufl., Baden-Baden, Wien, Zürich 2018 (zitiert: Sydow/*BearbeiterIn*).

Szczekalla, Peter, Die sogenannten grundrechtlichen Schutzpflichten im deutschen und europäischen Recht, Inhalt und Reichweite einer „gemeineuropäischen Grundrechtsfunktion", Berlin 2002 (zugl. Diss., Osnabrück 2000).

Tarzia, Giuseppe, Aussichten für eine Harmonisierung des Zwangsvollstreckungsrechts in der Europäischen Union, ZEuP 1996, S. 231–242.

Tettinger, Peter J./Stern, Klaus (Hrsg.), Kölner Gemeinschaftskommentar zur Europäischen Grundrechte-Charta, München 2006 (zitiert: Tettinger/Stern/*BearbeiterIn*).

Thöne, Meik, Die Abschaffung des Exequaturverfahrens und die EuGVVO, Tübingen 2015 (zugl. Diss., Göttingen 2015).

Thoma, Ionna, Public policy (ordre public), in: *Basedow, Jürgen/Rühl, Giesela/Ferrari, Franco/de Miguel Asensio, Pedro Alberto* (Hrsg.) Encyclopedia of Private International Law, Vol. 2, Cheltenham, UK/Northampton, USA 2017, S. 1453–1460.

Tinnefeld, Marie-Theres/Buchner, Benedikt/Petri, Thomas/Hof, Hans-Joachim, Einführung in das Datenschutzrecht, Datenschutz und Informationsfreiheit in europäischer Sicht, 6. Aufl., Oldenburg 2018 (zitiert: T/B/P/H/*BearbeiterIn*).

Trocker, Nicolò, The Right to Effective Enforcement of Civil Judgments and Orders: Lessons from the Case Law of the European Court of Human Rights, in: *Stürner, Rolf/Kawano, Masanori* (Hrsg.), Comparative Studies on Enforcement and Provisional Measures, Tübingen 2011, S. 21–48.

Trstenjak, Verica/Beysen, Erwin, Das Prinzip der Verhältnismäßigkeit in der Unionsrechtsordnung, EuR 2012, S. 265–285.

Trüe, Christiane, Das System der Rechtsetzungskompetenzen der Europäischen Gemeinschaft und der Europäischen Union, Baden-Baden 2002 (zugl. Diss., Göttingen 2002).

Ulrici, Bernhard, Die Adressermittlung durch den Gerichtsvollzieher, NJW 2017, S. 2661–2663.

Vandekerckhove, Karen, Droit européen de la procédure: de la suppression de l'exéquatur vers la procédure harmonisée – l'injonction de payer européenne, Tijdschrift@ipr.be 2007, S. 102–107.

Veith, Hans-Michael, Die Rolle der Zentralen Behörde und des Jugendamts bei der Geltendmachung und Durchsetzung von Unterhaltsforderungen, FPR 2013, S. 46–51.

Vollkommer, Gregor, Die Reform der Sachaufklärung in der Zwangsvollstreckung – Ein Überblick, NJW 2012, S. 3681–3687.

von der Groeben, Hans/Schwarze, Jürgen/Hatje, Armin, Europäisches Unionsrecht, 7. Aufl., Baden-Baden 2015 (zitiert: vdG/S/H/*BearbeiterIn*).

von Lewinski, Kai/Pohl, Dirk, Auskunfteien nach der europäischen Datenschutzreform, Brüche und Kontinuitäten der Rechtslage, ZD 2018, S. 17–23.

von Rottenburg, Franz, Rechtsprobleme beim Direktbanking, WM 1997, S. 2381–2393.

Wagner, Lorin-Johannes, Datenschutz in der EU, Wien 2015 (zugl. Diss., Graz 2014).

ders., Grenzüberschreitender Bezug in der justiziellen Zusammenarbeit in Zivilsachen, Eine Bestandsaufnahme, ZZP 2018, S. 183–223.

Walker, Lara/Beaumont, Paul, Empirical Study on the Early Operation of the EU Maintenance Regulation, in: *Beaumont, Paul R./Hess, Burkhard/Walker, Laura/Spancken, Stefanie* (Hrsg.), The Recovery of Maintenance in the EU and Worldwide, Oxford/Portland 2014, S. 337–383.

Walker, Wolf-Dietrich, Zur Zulässigkeit isolierter Anträge von Folgegläubigern auf Einholung von Drittauskünften nach § 802l ZPO, DGVZ 2020, S. 61–64.

Weichert, Thilo, Scoring in Zeiten von Big Data, ZRP 2014, S. 168–171.

Weinert, Mirko, Vollstreckungsbegleitender einstweiliger Rechtsschutz, Tübingen 2007 (zugl. Diss., Frankfurt am Main 2006).

Weitz, Karol, Probleme der Vollstreckung aus polnischer Sicht, in: *Kengyel, Miklós/Harsági, Viktória* (Hrsg.), Grenzüberschreitende Vollstreckung in der Europäischen Union, München 2011, S. 181–208.

Weller, Matthias, Zur Handlungsortbestimmung im internationalen Kapitalanlegerprozeß bei arbeitsteiliger Deliktsverwirklichung, IPRax 2000, S. 202–209.

Würdinger, Markus, Die Sachaufklärung in der Einzelzwangsvollstreckung, Informationsgewinnung des Vollstreckungsgläubigers de lege lata et ferenda, JZ 2011, S. 177–187.

Ziegenhorn, Gero, Der Einfluss der EMRK im Recht der EU-Grundrechtecharta, Berlin 2009 (zugl. Diss., Bonn 2008).

Zöller, Richard, Zivilprozessordnung, 29. Aufl., Köln 2012 (zitiert: Zöller/*BearbeiterIn*, 29. Aufl. 2012).

ders., Zivilprozessordnung, 32. Aufl., Köln, 2018 (zitiert: Zöller/*BearbeiterIn*).

www.ingramcontent.com/pod-product-compliance
Ingram Content Group UK Ltd.
Pitfield, Milton Keynes, MK11 3LW, UK
UKHW020714041026
15590UKWH00002B/656

9 783631 810415